Der Mann, der wieder auferstanden ist

Joseph Hocking

Writat

Diese Ausgabe erschien im Jahr 2023

ISBN: 9789359253046

Herausgegeben von
Writat
E-Mail: info@writat.com

Inhalt

KAPITEL I

DIE HERAUSFORDERUNG EINES ZYNIKERS

Vier Männer saßen im Raucherzimmer eines Londoner Clubs. Sie waren allein. Das ist kaum verwunderlich, denn es war schon weit nach Mitternacht. Darüber hinaus handelte es sich nicht um einen großen Club, und selbst wenn der Ort am stärksten frequentiert war, waren selten große Gruppen anwesend. Drei der Männer unterhielten sich flüchtig über eine Niederlage der Regierung, die in dieser Nacht stattgefunden hatte, aber der vierte, bei weitem der auffälligste Mann des Quartetts, saß fast allein, launisch und schweigsam.

Es waren alles junge Männer. Der Älteste war kaum fünfunddreißig Jahre alt, während der Jüngste offenbar noch keine dreißig Jahre alt war. Sie alle gaben an, junge, müßige Männer zu sein, und jeder von ihnen konnte von sich behaupten, zu der Klasse zu gehören, die man vage als „englische Gentlemen" bezeichnet.

„Wird die Regierung zurücktreten, meinen Sie?" sagte einer.

„Nein", antwortete ein anderer.

„Warum? Es kann kaum von einer Schnappdivision gesprochen werden."

„Nein, aber Regierungen treten nicht zurück, es sei denn, das Land ist gegen sie."

„Was es ist."

„In gewissem Sinne ja; aber in einem anderen Sinne nein. Die Frage heute Abend war eine Frage der Brauer. Nun, wenn sie zurücktraten und aufs Land gingen, würden sie wieder zurückgebracht. Die Brauer, für die die Regierung gewesen ist." kämpfen, bei den Wahlen stark genug sein würden, um die Rückkehr ihrer Anhänger zu sichern."

„Das ist ein wichtiger Grund, warum die Regierung zurücktreten wird."

Sie diskutierten weiter über die Frage und sagten nichts Nennenswertes. Sie schienen jedoch großes Interesse zu haben; vielleicht, weil zwei von ihnen Parlamentskandidaten waren. Der Mann, der abseits saß, nahm jedoch keine Notiz von dem Gespräch. Durch aufmerksames Zuhören hätte er alles hören können, was gesagt wurde, aber seine Gedanken schienen woanders zu sein. Auch mit den anderen sprach er nicht, obwohl er jeden einzelnen gut kannte. Es wäre schwer zu sagen, was er dachte. In seinen Augen lag ein seltsamer, leerer Ausdruck und sein Gesicht war sehr blass.

Er schien die Zeit überhaupt nicht zu bemerken, und obwohl ein Kellner in der Nähe stand, als wollte er die Gäste daran erinnern, dass er sehr schläfrig war, nahm dieser junge Mann besonders keine Notiz von seiner Anwesenheit.

Dann erwachte er und läutete eine Glocke, die neben ihm auf dem Tisch stand.

Der Kellner kam schläfrig auf ihn zu.

„Whisky", sagte er.

"Jawohl."

„Ein großer."

"Jawohl."

„Und beeilen Sie sich."

Der Kellner verließ den Raum, während die anderen sich vielsagende Blicke zuwarfen.

„Wie viele sind das heute Abend?" sagte einer mit leiser Stimme.

„Der Himmel weiß, ich nicht. Er trinkt schon wieder."

„Wenn ich die Hälfte von ihm genommen hätte, müsste ich ins Bett getragen werden."

„Schade, nicht wahr? Er ruiniert seine Karriere."

„Ich weiß es nicht. Er zeigt nie, dass er getrunken hat. Er ist immer in Höchstform, wenn er betrunken ist."

„Er ist nie betrunken."

„Nun, Sie wissen, was ich meine. Er kann sich jetzt nie selbst gerecht werden, es sei denn, er hat das, was jeden von uns unfähig machen würde."

„Ja, aber so etwas kann nicht von Dauer sein. Keine Verfassung könnte dem standhalten. Mit der Zeit wird es seine Nerven zerstören, und dann –"

„Ja, es ist schade."

Der Kellner brachte dem jungen Mann eine große Portion Whisky und eine Flasche Sodawasser. Er goss eine kleine Menge Soda in den Whisky. Seine Hand war ruhig und er schien von dem, was er getrunken hatte, überhaupt nicht betroffen zu sein.

Er hob das Glas an seine Lippen und trank es fast leer. Dann lehnte er sich im Stuhl zurück und schloss die Augen.

„Ich denke, er wird jetzt bald schlafen", flüsterte einer.

„Er nicht."

„Es ist schrecklich schade. Meinen Sie nicht, dass man versuchen sollte, ihn zu warnen?"

„Versuchen Sie es. Ich möchte es nicht."

„Aber er ruiniert sein Leben. Außerdem ein so brillanter Kerl. Erinnern Sie sich an die Rede, die er im Eclectic gehalten hat?"

„Erinnern Sie sich! Wer kennt das nicht? Sie kennen den Wahlkreis, für den er kandidiert? Nun, die Geschichte seiner Adoption für diesen Wahlkreis durch den Generalausschuss ist es wert, erzählt zu werden. Ich weiß nicht genau, wie es war, aber durch ein Missverständnis zweier Männer wurden noch am selben Abend eingeladen, zu ihnen zu kommen und sie im Hinblick auf eine Adoption anzusprechen. Nun, der andere Mann war der junge Lord Telsize, ein fähiger, fähiger Kerl, keineswegs ein schlechter Redner und so reich wie ein Geld verleihender Jude. Jeder musste der Reihe nach vor der Versammlung sprechen, und Telsize kam zuerst. Er hielt eine rasselnde Rede, er äußerte alle ihre Lieblingsmeinungen, und allen wurde klar gemacht, dass es sie keinen Penny kosten würde, bei der Wahl zu kämpfen, wenn er adoptiert würde . Die Versammlung wollte sofort abstimmen und Telsize übernehmen, ohne Leicester anzuhören, insbesondere als sie hörte, dass er praktisch nichts zu den Fonds beitragen würde. Der Vorsitzende überstimmte dies jedoch. Er sagte, es wäre unhöflich, einen Mann nach unten zu fragen und nicht Hören Sie ihn sprechen, also riefen sie ihn herein. Leicester erkannte auf einen Blick, wie die Dinge standen, und das zeigte, dass er auf dem richtigen Weg war. Nach drei Minuten war die Versammlung in Hochglut, und noch bevor eine halbe Stunde vorüber war, wurde er einstimmig eingeladen, ihre Kämpfe auszufechten. Ein Mann, der dort war, sagte mir, dass Leicesters Rede das Bemerkenswerteste sei, was er je gehört habe.

„Das ist mir egal, er ruiniert sich selbst. Die Wahrheit über ihn kommt bestimmt ans Licht, und dann wird er rausgetrommelt."

„Ich nehme an, Miss Blackstone hat ihn abgelehnt, weil sie von seiner Angewohnheit gehört hatte."

„Oh, das war es nicht nur. Miss Blackstone ist eine sehr religiöse junge Dame, und wie Sie wissen, ist Leicester eine Agnostikerin. Nicht nur das, auch seine Ansichten über die Ehe würden ihr wahrscheinlich nicht gefallen. Fantastisch." Radford Leicester wird von einem Mädchen wie Miss Blackstone akzeptiert!"

Sie hatten mit leiser Stimme gesprochen, obwohl sie dachten, der junge Mann stünde zu sehr unter dem Einfluss von Whisky, um sie überhaupt zu bemerken, obwohl der Klang ihrer Stimmen ihn deutlich erreichen konnte. Sie waren daher sehr überrascht, als er, den sie als Radford Leicester bezeichnet hatten, von seinem Stuhl aufstand und sich ihnen näherte. Er blickte sie ruhig an und warf erst einen Blick auf den einen, dann auf den anderen. Jeder erwiderte seinen Blick, als fragte er sich, was er sagen würde.

„Ich hatte Zweifel", sagte er, „ob ich an einem Treffen von Moody und Sankey teilnahm oder ob mich ein seltsames Schicksal mitten in eine Dorcas-Gesellschaft geworfen hatte."

„Warum, alter Mann?"

„Denn zuerst hörte ich von einem Plan, ein Brandmal aus dem Feuer zu reißen, und danach hörte ich Gerüchte, die genauso voller Lügen waren, wie es der Klatsch einer Dorcas-Gesellschaft normalerweise ist. Als ich meine Augen öffnete, war ich ein wenig überrascht. Ich befand mich im Raucherraum meines Clubs, wo Frauen keinen Zutritt haben. Täusche ich mich? Denn der Plan für meine Erlösung war im Wesentlichen weiblich, während der Klatsch kaum das Niveau einer Wohltätigkeitsveranstaltung einer Frau erreichte."

Er stellte einen Stuhl in den Kreis und setzte sich, wobei jeder Mann dabei ziemlich unbehaglich aussah.

„Haben Sie keine Lust auf ein Gebet?" sagte er spöttisch. „Ich bin eher in der Stimmung dafür. Was ist der Prozess? Erst Überzeugung und dann Bekehrung, nicht wahr?"

Seine Stimme war nicht belegt, jedes Wort war sorgfältig artikuliert. Abgesehen von dem seltsamen Blick in seinen Augen ließ er keinerlei Anzeichen von Alkohol erkennen.

„Dein Vater ist Pfarrer, nicht wahr, Purvis?" Er ging weiter. „Er wird erfreut sein zu erfahren, dass sein Sohn in die Fußstapfen seines Vaters tritt, während Spragues Mutter bei Frauentreffen großartig ist. Sprague hat offensichtlich die Gaben seiner Mutter geerbt."

Sprague drehte sich wütend zu ihm um.

„Stetig, ruhig, alter Mann", sagte Leicester mit einem spöttischen Lächeln auf den Lippen. „Sie können nicht leugnen, dass Sie Ihrer Mutter bei ihren Salonbesprechungen assistieren, und Sie können auch nicht leugnen, dass die Geschichte von Miss Blackstones Ablehnung mir gegenüber in einem von ihnen geboren wurde."

„Es könnte dort erwähnt worden sein", sagte Sprague verwirrt.

„Es hat dort seinen Ursprung", sagte Leicester leichthin.

"Warum sagst du das?" fragte Sprague.

„Denn man kann mit Sicherheit davon ausgehen, dass eine Geschichte, die tatsächlich ohne jede Grundlage im Umlauf ist, insbesondere wenn sie ein wenig böswillig ist, in einer von Frauen geleiteten religiösen Versammlung entstanden ist. Außerdem weiß ich, dass deine Mutter mit diesem Klatsch begonnen hat."

Jeder der drei Männer wirkte unbehaglicher. Sie hatten keine Ahnung, dass die scharfen Ohren des Mannes jedes Wort gehört hatten.

„Ich bin ein trauriger Fall", fuhr Leicester spöttisch fort. „Ich ruiniere meine Karriere, meine Nerven brechen zusammen und ich werde bald aus meinem Wahlkreis vertrieben. Mal sehen, wie viele Whiskys ich heute Abend getrunken habe? Sicherlich, sicher, ihr Jungs, die ihr so makellos seid, sollte ein paar Worte des Gebets sagen. Komm jetzt, Purvis, ein paar Worte der Ermahnung. Ich werde geduldig zuhören."

„Wir haben nichts Falsches gesagt, Leicester", sagte Purvis, „und wir haben nichts Falsches gemeint. Wir haben nur gesagt, was diejenigen denken, die Sie am besten kennen und am meisten mögen. Sie können die Tatsache Ihres starken Alkoholkonsums vor der Öffentlichkeit geheim halten etwas länger, aber nicht viel. Solche Dinge werden zwangsläufig durchsickern."

„Vor allem, wenn ich so treue Freunde habe."

„Das ist nicht fair, Leicester. Keiner von uns würde jemals im Traum daran denken, das, was wir untereinander sagen, außerhalb zu sagen. Wir können weder unsere Augen noch unsere Ohren schließen. Wir haben gehört, dass Sie heute Abend einen Whisky nach dem anderen bestellt haben, und Wir haben gesehen, wie du sie getrunken hast.

"Und was dann?"

"Was dann?"

„Ja, was dann? Ich bin genauso nüchtern wie du. Ich sage: Streck deine Hände aus, so wie ich meine ausstrecke. Sind deine stabiler als meine? Ich sage dir, kein Whisky, der jemals destilliert wurde, könnte mich umhauen."

„Alles Unsinn, Leicester; alles Unsinn. Whisky ist Whisky und Nerven sind Nerven, und Whisky wird dich schlagen, wenn du so weiter trinkst. Es mag für dich unangenehm sein, uns das sagen zu hören, aber Wahrheit ist Wahrheit."

„Ich weiß, wann ich aufhören muss", sagte Leicester. „Obwohl mein Kopf und meine Fersen ruhig sind, weiß ich, dass es mir gut geht."

„Trotzdem kann man die Leute nicht davon abhalten, zu reden, und an der Blackstone-Geschichte ist etwas Wahres dran.“

"Wie viel?"

"Du weisst."

„Ja, ich weiß“, sagte Leicester leise; „Und da Sie so sehr an meiner Seele interessiert sind, sage ich es Ihnen. Ich habe Miss Blackstone nie einen Heiratsantrag gemacht; ich habe nie daran gedacht, ihr einen Heiratsantrag zu machen.“

„Warum hast du dann aufgehört, zum Haus ihres Vaters zu gehen?“

Leicester lachte.

„Weil ihr Vater aufgehört hat, mich einzuladen“, antwortete er. „Weißt du warum? Ich sage es dir. Der Teufel hat mich eines Nachts gepackt und ich bin dem alten Mann auf die moralischen und religiösen Hühneraugen getreten. Ich habe das Sägemehl aus seinen Puppen geschlagen. Ich fühlte mich ein bisschen zynisch, und ich griff die Motive und Moral religiöser Menschen an. Na ja, wissen Sie. Aber ich habe Miss Blackstone nie einen Heiratsantrag gemacht; wenn ich es getan hätte, hätte man mich angenommen.“

„Es ist gut, eine hohe Meinung von sich selbst zu haben.“

„Oder eine schlechte Meinung über Frauen“, antwortete Leicester.

„Was hat das mit der Frage zu tun?“

„Nur das. Frauen kümmern sich nicht um Moral. Was Frauen von einem Ehemann wollen, ist ein Mann, über den man spricht; die Zeilen, die ich erwähnt habe, und um die anderen Dinge kümmern sich Frauen nicht.“

"Warum sagst du das?"

"Weil ich es weiß."

"Woher weißt du das?"

„Ich bin dreißig Jahre alt und habe in den letzten zehn Jahren meine Augen offen gehalten – das ist alles. Sie sprechen über meine religiösen Ansichten und meine Vorstellungen von der Ehe und darüber, was Sie allgemein meinen Zynismus nennen. Aber lassen Sie das Beste davon Frauen glauben, dass ein Mann ihnen die Position geben wird, die sie begehren, und dann kann er glauben, was er will, und tun, was er will. Nein, meine lieben, frommen Freunde, ihr braucht weder um mich noch um meine Zukunft Angst zu haben, solange ihr daran glaubt Ihre Ansichten über das, was man meine Fähigkeiten nennt.

„Das ist eine Verleumdung von Frauen", sagte Sprague.

„Ich bin bereit, meine Ansichten auf die Probe zu stellen", antwortete Leicester.

"Wie meinst du das?"

„Meine Sprache ist ziemlich einfach", antwortete Leicester.

Jeder der anderen Männer spürte den Einfluss von Leicesters stärkerer Persönlichkeit, und jeder von ihnen ärgerte sich gleichzeitig darüber. Sie waren fast wütend darüber, dass der Mann, den sie als Trunkenbold bemitleidet hatten, sie so kühl in Schach halten konnte.

„Es ist eine schlechte Sache zu sagen, dass man seine Ansichten auf die Probe stellt, wenn man weiß, dass es nicht möglich ist", bemerkte Sprague.

„Sehen Sie, meine lieben, vorbildlichen Freunde, die so sehr auf meine moralische Wiederherstellung bedacht sind", sagte Leicester in seinem ruhigen, spöttischen Ton, „ich habe eine Erklärung abgegeben, und ich werde dazu stehen. Ich bin kein Wie Sie wissen, heirate ich einen Mann; dennoch bin ich bereit, meine eigenen Gefühle für das Wohl meiner Mitmenschen zu opfern. Suchen Sie sich also Ihre frommste und ehrgeizigste junge Frau aus; Sonntagsschullehrerin bevorzugt, da ist eine gesunde Haltung garantiert Lehre und ich habe einen angemessenen Abscheu vor Männern wie mir. Wählen Sie sie sorgfältig aus, und ich bin bereit, meine Worte zu beweisen.

„Wenn sie dich will."

„Das ist der Punkt. Ich behaupte, dass bei Frauen weder die Orthodoxie des Lebens noch das Verhalten eine Rolle spielen, solange der Bewerber über die von mir genannten Qualifikationen verfügt. Nun wird – zu Recht oder zu Unrecht – angenommen, dass ich das bekommen werde, was man gemeinhin als „Brillant" bezeichnet Karriere. Nun, wählen Sie Ihre vorbildlichste junge Frau – sie muss natürlich das sein, was man eine Dame nennt, und ich muss voraussetzen, dass sie einigermaßen gut aussieht und nicht mittellos ist."

"Und dann?"

„Ich bin bereit, meine Ansichten auf die Probe zu stellen. Natürlich würden vorbildliche junge Männer wie Sie nicht an eine Wette denken; aber wenn es mir nicht gelingt – nun ja, werde ich hundert Pfund für jede religiöse Sache spenden, die Sie wollen." zu erwähnen."

Die Augen des Mannes blitzten in einem neuen Licht. Der Plan, den er entworfen hatte, schien ihn zu amüsieren und zu begeistern.

„Das ist alles Unsinn", sagte Sprague.

„Testen Sie es“, lachte Leicester.

Er hatte offenbar die anderen mit seinem eigenen Geist erfüllt. Im Moment waren sie gespannt, was passieren würde.

„Nennen Sie Ihre Frau“, fuhr Leicester fort. „Was, hast du Angst? Willst du deine Doktrin vom Adel der Frauen nicht unterstützen? Ich bin der Meinung, dass Frauen durchweg egoistisch, eitel und schmutzig sind. Ich behaupte, dass sie einen Mann wollen, der ihnen eine Position verschafft , Name, Prominenz. In Anbetracht dessen, und alles geht nach Plan. Und ich stehe dazu. Ich setze hundert Pfund darauf. Ich bitte Sie nur, Ihrer Frau einen Namen zu geben.“

In seinen Augen lag ein wildes Leuchten, und er war offenbar bereit, zu seinen Worten zu stehen. Die anderen unterlagen immer mehr seiner stärkeren Persönlichkeit.

„Nein“, sagte Sprague plötzlich, „das ist nicht fair. Wenn einer von uns eine Schwester hätte, würden wir sie nicht zum Gegenstand eines solchen Vorschlags machen.“

„Aber wenn Sie recht haben, meine lieben, guten Freunde“, fuhr Leicester fort, „kann kein Schaden angerichtet werden. Ich mache der Dame einen Antrag und werde abgelehnt. Was dann? Es ist nur ein weiteres Beispiel für den Untergang von Radford Leicester.“ , der Atheist, der Zyniker, der Trunkenbold. Aber ich bin bereit, es zu riskieren. Ich sage nur, nenne die Frau. Lass sie die Beste sein, die du dir vorstellen kannst; lass sie die Vorbildlichste, die Hochgesinnteste sein, die orthodoxeste, und ich behaupte, dass sie sich überhaupt nicht um all meine Fehler scheren wird, wenn sie an die Brillanz meiner Karriere glaubt.

„Wenn Sie nicht so viel Whisky getrunken hätten, würden Sie so etwas nicht vorschlagen“, sagte Purvis.

„Oh, Sie machen doch einen Rückzieher, oder?“ höhnte Leicester. „Es ist immer das Gleiche. Kerle wie Sie äußern fromme Plattitüden; Sie verkünden den Ruhm der Frauen; Sie heben voller Entsetzen die Hände über einen Mann, der es wagt, die Wahrheit zu sagen, und weichen dann wie Feiglinge zurück. Ich sage, das gibt es nicht.“ Frau, die aber ihren Preis hat. Sie zitieren das Lügengerücht über Miss Blackstone, die mich wegen meiner Ketzereien und meines Whiskytrinkens abgelehnt hat. Ich sage Ihnen, es ist eine von Spragues Mutter erfundene Lüge, und ich gehe noch einen Schritt weiter und sage, dass es keine Frau gibt Wer sich wirklich für diese Dinge interessiert, vorausgesetzt, Sie können ihren Ehrgeiz befriedigen. Und ich bin bereit, dazu zu stehen. Ich sage nur: Nennen Sie Ihrer Frau einen Namen.“

„Miss Olive Castlemaine.“

Diesmal sprach der Mann, der sich nicht an der Unterhaltung beteiligt hatte, und als ihm der Name über die Lippen kam, zuckten sowohl Purvis als auch Sprague zusammen. Sogar Leicester schwieg für einen Moment. Er schaute misstrauisch von einem zum anderen, dann brach er in Gelächter aus.

„Sie haben ein mutiges Angebot gemacht, Winfield", sagte er. „Sie bringen sogar mich zum Zittern. Miss Olive Castlemaine ist, so nehme ich an, die begehrteste Erbin in London. Sie erfüllt alle meine Bedingungen, und darüber hinaus hat sie sowohl Sprague als auch Purvis abgelehnt. Ich nehme an, wovon Mir wurde gesagt, dass sie Sprague als eine Art Heuchler ansah und Purvis auch – nun ja, wahrscheinlich keine große Zukunft haben würde."

Offensichtlich hat er beide Männer mit seinen Worten verletzt. Es stimmte vollkommen, dass beide von Miss Olive Castlemaine abgelehnt worden waren, genauso wahr war, dass sie von einer Reihe anderer heiratsfähiger Männer begehrt gewesen war und sie alle abgelehnt hatte.

Miss Olive Castlemaine galt als junge Dame von überdurchschnittlicher Schönheit, hohem gesellschaftlichem Ansehen und darüber hinaus als Erbin großen Reichtums. Aber sie war keine Frau der Gesellschaft. Einige Frauen lachten über sie, weil sie lieber danach strebte, Gutes in der Welt zu tun, als das Leben eines Schmetterlings zu führen. Sie arbeitete unter den Armen, sie unterrichtete eine Klasse zerlumpter Kinder, und es war bekannt, dass sie eine starke Meinung sowohl über Menschen als auch über Dinge hatte. Sie hatte einen Abschluss an der St. Andrews University gemacht, war ein Mädchen aus Girton und hatte dort eine hohe Position erreicht. Ohne ein „Blaustrumpf" zu sein, war sie eine kultivierte Frau und kannte die Sprache und Literatur von mehr als einem Land. Vor allem aber sorgte sie dafür, dass viele Frauen aus der Gesellschaft bei der Erwähnung ihres Namens die Augenbrauen hochzogen, denn sie war, um es mit ihrem Ausdruck zu sagen, „fromm". Sie gehörte keinem Ensemble an und wurde bei Empfängen nur selten gesehen. Sie liebte London, weil es das Zentrum des englischen Lebens war – intellektuelles, politisches, religiöses Leben –, aber gesellschaftliche Veranstaltungen hatten für sie keinen Reiz. Manche nannten sie eine Prostituierte, aber nur wenige betrachteten sie als solche – sie war zu gesund, zu natürlich, zu real.

Ihre Mutter war gestorben, als sie noch ein Kind war, und so wurde sie zur einzigen irdischen Freude und zum Stolz ihres Vaters, der Geschäftsführer und Hauptaktionär einer der wohlhabendsten und angesehensten Firmen in London war. Sie lebte mit ihrem Vater in einem dieser schönen alten Häuser, umgeben von einem großen Parkgelände, von dem einige trotz der Verwüstungen des spekulativen Bauunternehmers immer noch im Großraum London liegen.

Sie war zum Zeitpunkt des Beginns dieser Geschichte etwa dreiundzwanzig Jahre alt. Sie war eine vollkommen weibliche Frau. Sie hasste viel von der törichten Leichtfertigkeit, die viele der Frauen, die sie kannte, auszeichnete, und empfand eine gesunde Abneigung gegen diejenigen, die leichtfertig davon sprachen, nicht an jene großen gesellschaftlichen Institutionen gebunden zu sein, die die Grundlage unserer nationalen Größe und Reinheit bilden. Dennoch wagte sie es, selbständig zu denken und hatte eine fast männliche Art, ihre Meinung zu verteidigen.

Als einziges Kind von John Castlemaine, der nicht nur eine hohe Position in der City of London innehatte, sondern auch mehr als ein schönes Anwesen in England besaß, hatte sie alles, was man für Geld kaufen konnte, während die Integrität und der ehrenhafte Ruf ihres Vaters sie zum Neid erregten von denen, die sie gesellschaftlich als minderwertig betrachten würden. Denn obwohl John Castlemaine einen in der englischen Geschichte bekannten Namen trug und über großen Reichtum verfügte, gehörte er dennoch der sogenannten „Mittelschicht" an. Er stand einfach ganz oben in seiner Klasse. Er gehörte nicht zu denen, die sich frei unter die Männer mischten, die die Geschicke der Nation lenkten. Reiche Männer kamen in sein Haus, Männer, die in der Finanzwelt großartig waren; aber große Männer in der Welt der Politik, der Wissenschaft und der Literatur waren ihm unbekannt. Vielleicht war das seine eigene Schuld, oder vielleicht lag es daran, dass sein Geschmack einfach war und dass er nicht über die Eigenschaften verfügte, die einflussreiche und mächtige Männer in sein Haus locken würden. Denn John Castlemaine war ein einfacher Mann. Er gehörte der Kaufmannsklasse an und war stolz auf die Position, die er innehatte.

Wie wir bereits sagten, hatte seine Tochter Olive Castlemaine viele Bewerber um ihre Hand gehabt, aber sie hatte sie alle abgelehnt. Zu den Unglücklichen gehörten Harold Sprague und Herbert Purvis. Sie waren beide mittelmäßige, aber respektable junge Männer. Beide waren in sie verliebt gewesen und beide waren über ihre Weigerung verletzt. Vielleicht war das der Grund, warum sie bei der Erwähnung ihres Namens wie vor Schmerz zusammenzucken ließen.

"Akzeptieren Sie?" sagte Winfield.

„Was sagen unsere Musterjungen?" höhnte Leicester und blickte von einem zum anderen, als würde er auf ihre Antwort warten.

KAPITEL II

DIE HERAUSFORDERUNG ANGEGEBEN

Eine Minute lang herrschte Stille. Obwohl Radford Leicester der Partei seinen eigenen Geist eingeflößt hatte, lag in seinem Zynismus etwas, das sie sowohl abstieß als auch faszinierte. Es waren keine schlechten jungen Männer. Nicht, dass sie hohe Ideale hatten oder von überheblicher Begeisterung erfüllt wären. Aber sie waren konventionell erzogen worden, und obwohl keiner von ihnen es zugegeben hätte, wurden sie von den Konventionen beeinflusst, die ihr Leben geprägt hatten. Für sie lag etwas Schmutziges, etwas Abstoßendes in dem Gedanken an einen Mann, der kühl jemandem die Heirat anbot, um die Wahrheit einer zynischen Aussage zu beweisen, die er geäußert hatte. Dennoch sehnten sie sich danach, seine Herausforderung anzunehmen. Der Geist von Radford Leicester besaß sie; Der kühle und selbstbewusste Zynismus des Mannes zog sie an. Die Kühnheit des Vorschlags brachte ihre konventionellen Vorstellungen zum Scheitern. Außerdem glaubten sie trotz Leicesters Selbstvertrauen nicht, dass seine Ansichten wahr waren. Dies traf insbesondere auf Purvis und Sprague zu. Sie hatten Miss Olive Castlemaine einen Heiratsantrag gemacht und waren abgelehnt worden. Auch andere sehr begabte junge Männer hatten das gleiche Schicksal erlitten. War es also wahrscheinlich, dass Leicester, dessen Ruf so eigenartig war, mehr Glück haben würde als sie?

Darüber hinaus waren beide etwas verbittert gegenüber der Frau, die sie abgelehnt hatte, und obwohl sie es nicht einmal sich selbst eingestehen wollten, würden sie sich freuen, wenn sie etwas von der Demütigung erleiden würde, die sie empfunden hatten. Ein solches Gefühl ist für schwache Männer natürlich. Der Stich der Enttäuschung weckte in ihnen den Wunsch, sich an alles zu klammern, was ihnen eine Art Rache versprach. Sie hatten das Gefühl, dass Miss Castlemaine stolz auf ihre Eroberungen war, und sie würden sich freuen, wenn ihr Stolz gedemütigt werden könnte.

„Was sagen unsere Musterjungen?" wiederholte Leicester. Während er sprach, leerte er sein Glas und drehte sich dann zu ihnen um. „Warum denken Sie, meine lieben Moody und Sankey", fuhr er fort. „Vor ein paar Minuten wollten Sie mich vor meinem Irrtum bewahren. Jetzt ist hier Ihre Chance. Es ist wahr, ich kenne diese junge Dame nur vom Sehen, aber ich habe von ihren religiösen Neigungen gehört. Nun, sie könnte konvertieren Ich. Sie könnte das Brandmal aus dem Feuer reißen. Sie ist so eine vorbildliche junge Frau, so ehrgeizig, so gut. Außerdem wurde mir gesagt, dass sie zur Nonkonformisten-Ordnung frommer Menschen gehört. Sie ist eine Wesleyanerin oder eine Unabhängig oder Presbyterianerin, ich weiß nicht, was; aber als eine von ihnen werden ihre Prinzipien ausgeprägter sein als die derjenigen, die der weltlichen Staatskirche angehören. Hier ist Ihre Gelegenheit, nicht nur Ihren Glauben an den Adel von zu beweisen Frauen, sondern mich unter religiösen Einfluss zu bringen.

Er sprach ruhig und gelassen, doch zweifellos war er von dem Whisky beeinflusst, den er getrunken hatte.

„Außerdem", fuhr er fort, „besteht hier Ihre Chance zu beweisen, dass die Frau, die Sie abgelehnt hat, auch mich ablehnen würde. Kommen Sie, was sagen Sie jetzt?"

„Ich akzeptiere", sagte Purvis.

„Und du auch, Sprague?"

„Miss Castlemaine würde nicht einen zweiten Gedanken an Sie verschwenden."

„Dann nehmen Sie mein Angebot an? Sehen Sie, wenn ich abgelehnt werde, gebe ich hundert Pfund an – was sollen wir sagen – Guy's Hospital? Wenn ich angenommen werde, geben Sie die gleiche Summe. Ist das ein Schnäppchen?"

„Ich sage dir, sie würde dich nicht ansehen. Wenn sie nicht bereits wüsste, was diejenigen, die dich kennen, über dich denken, würde sie es bald erfahren, und dann – nun ja, würdest du aus dem Haus vertrieben."

„Genau; dann stimmst du zu?"

„Oh ja, wenn du möchtest."

„Gut; was Winfield betrifft, so besteht seine einzige Aufgabe darin, der Dame einen Namen zu geben. Meine Herren, ich bin Ihnen wirklich zu großem Dank verpflichtet. Ich habe mich schon lange nicht mehr so sehr für das Leben interessiert. Sie sind wirklich Wohltäter. Aber kommen Sie jetzt." , wir müssen diese Angelegenheit sachlich angehen, und ich schwöre, ich werde noch ein Glas trinken, um auf den Erfolg des Unternehmens zu trinken."

Er klingelte und der Kellner erschien.

„Vier Whiskys, Kellner", sagte er.

„Das gefällt mir nicht", sagte Sprague.

„Was, der Whisky? Ich werde mich beim Management beschweren."

„Nein, die ganze Sache. Es ist nicht richtig."

„Nicht richtig? Nun, es gibt mir ein neues Interesse am Leben, Mann. Meine moralischen Gefühle werden bereits gehoben. Ich sehe mich mit einem Gesangbuch und einer Bibel unter dem Arm in diese nonkonformistische

Kirche gehen. Ich sehe mich sogar als Diakon , oder ein Ältester oder so etwas in der Art. Nicht richtig, wenn es so einen regenerierenden Einfluss hat?"

„Bleibt bei euren Waffen, Jungs", bemerkte Winfield ruhig, der das stille Mitglied der Gruppe gewesen war.

„Aber ich muss Fairplay haben", sagte Leicester. „Ich will ein faires Feld und keine Gunst. Ich verlange nur, dass ihr Jungs den Mund haltet. Dieses Gespräch darf nicht über diese Mauern hinausgehen. Das ist fair, nicht wahr?"

„Das ist nichts als gerecht", sagte Winfield.

„Aber wie soll man sich vorstellen?" sagte Sprague. „Der alte John Castlemaine ist sehr wählerisch, wen er in seinem Haus hat, und obwohl ich dieser Angelegenheit zugestimmt habe, werde ich mich nicht daran beteiligen."

„Ich auch nicht", sagte Purvis; „Und jetzt, wo ich darüber nachdenke, ziehe ich mich ganz davon zurück."

„Außer, dass ich deine hundert Pfund bezahle, wenn ich Erfolg habe", sagte Leicester.

„Davon kann man nicht abrücken", bemerkte Winfield.

„Trotzdem werde ich bei nichts mitmachen", sagte er schwach. „Natürlich weiß ich, dass es zu nichts führen wird. Miss Castlemaine ist eine der klügsten Frauen, die ich kenne, und sie wird alles auf einen Blick durchschauen."

„Dann soll ich fair spielen?"

„Oh ja, ich werde dich nicht stören. Es wird keine Notwendigkeit geben."

„Das heißt, kein Flüstern dieser Unterhaltung verlässt diesen Raum."

„Natürlich ist das aber fair", drängte Winfield erneut.

„Sehr gut", sagte Purvis, „ich werde nichts sagen; aber denken Sie daran, ich glaube nicht an das Geschäft. Es ist falsch, es ist nicht – nun, es ist nicht in gutem Zustand. Aber da spielt es keine Rolle. Es." wird im Nichts enden.

„Genau", sagte Leicester; aber da war ein seltsames Leuchten in seinen Augen. „Und du, Sprague, wirst du auch ehrlich handeln?"

„Oh, sicherlich", sagte Sprague. „Ich werde nichts sagen; trotzdem gefällt es mir nicht. Aber Leicester wird die ganze Idee morgen aufgeben. Er hätte heute Abend nie daran gedacht, wenn er nicht betrunken gewesen wäre."

„Ich habe getrunken, meine Freunde! Ich bin so nüchtern wie der unangepasste Pfarrer der Kirche, die Miss Castlemaine besucht. Ich bin so ernst wie ein Richter. Nein, nein, ich stehe auf Prinzipien – Prinzipien, meine Freunde. Ich habe eine Theorie." des Lebens, und ich stehe dazu und bin bereit, Opfer zu bringen.

„Aber wie soll man sich vorstellen?" fragte Sprague. Offensichtlich war er unruhig.

„Überlassen Sie das mir. Ich bitte Sie, nichts anderes zu tun, als den Mund zu halten, und das haben Sie versprochen. Ich stehe allein da. Ich bin wie Ihr Martin Luther aus alten Zeiten. Gegen mich stehen Konventionen und Orthodoxie, Stolz und Vorurteile, weltlicher und geistiger Donner, aber ich fürchte sie nicht. Ich – ich, ein armer einsamer Zyniker, bin stärker als Sie alle, weil ich auf der Wahrheit stehe und Sie auf Gefühlen, Konventionen und Orthodoxie stehen. Meine Herren, ich Trinken Sie auf Sie mit sehr mittelmäßigem Club-Whisky; nein, ich trinke nicht auf Sie, ich trinke auf den Mann, der auf der Wahrheit steht – Wahrheit, meine Herren, Wahrheit!"

Erneut hob er ein Glas Whisky an die Lippen und stellte es leer ab.

„Ich gehe ins Bett", sagte Sprague.

„Und ich", sagte Purvis.

„Und ich, meine Herren", sagte Leicester, „bleibe hier. Wie alle Männer, die große Unternehmungen unternehmen, muss ich meine Pläne schmieden. Als Verfechter der Wahrheit muss ich sie verteidigen. Ich lebe, um die Welt von Lügen und Täuschungen zu befreien. der Heuchelei. Gute Nacht, meine Herren, gute Nacht.

Der Whisky zeigte endlich seine Wirkung, obwohl seine Stimme immer noch klar und seine Hand immer noch ruhig war. Seine Wangen waren ungesund gerötet; Der seltsame Ausdruck in seinen Augen war deutlicher geworden.

Und doch, wenn in diesem Moment ein Fremder den Raum betreten hätte, wäre dieser Fremde von seiner großen, kräftigen Gestalt und seinem markanten Gesicht beeindruckt gewesen. Denn Radford Leicester war kein gewöhnlich aussehender Mann. Im Vergleich zu ihm waren die anderen alltäglich. Auch sein Gesicht war kein schlechtes Gesicht. Es deutete auf einen Mangel an Glauben und Hoffnung hin, aber es deutete nicht auf das Böse hin. Darüber hinaus deuteten der wohlgeformte Kopf, die breite Stirn und die fein geformten Gesichtszüge auf Intellektualität und Charakterstärke hin. Es erzählte auch von einem Mann, den nichts einschüchtern konnte, wenn er einmal eine Entscheidung getroffen hatte. Aber es war nicht das Gesicht eines glücklichen Mannes. Kein Mensch, der ohne Glauben und Hoffnung ist, kann es sein.

Radford Leicester war behindert zur Welt gekommen. Sein Vater war vor ihm ein starker Trinker und er hatte die Liebe zum Alkohol geerbt. Aber mehr noch, er war in einer schlechten Schule erzogen worden. Seine Mutter war gestorben, als er noch ein Kind war, und so geriet er vollständig unter den Einfluss seines Vaters. Sein Vater war ein kluger Mann, aber ein Mann, den das Leben verbittert hatte. Er war über den Tod seiner Frau verbittert gewesen; Er war verbittert, weil er nie den ersehnten Erfolg erzielt hatte. Er sah, wie Männer, die nicht halb so viel Verstand oder halb so viel Gelehrsamkeit besaßen wie er, in den Ruhm aufstiegen, während er im Dunkeln blieb. Vielleicht lag das daran, dass seine Lebenstheorie so völlig hoffnungslos war und sein Vertrauen in Männer und Frauen so gering war. Der junge Radford wurde natürlich von den Ansichten und dem Charakter seines Vaters beeinflusst, und als er alt genug war, um eine öffentliche Schule zu besuchen, war er wie Shelley ein Atheist.

Daraufhin schickte ihn sein Vater, der große Hoffnungen auf die Zukunft seines Sohnes hatte, nach Oxford. Er wurde Student am Magdalen College, wo er nicht nur den Ruf eines Gelehrten und Debattierers erlangte, sondern er wurde auch ziemlich berüchtigt, ähnlich wie Shelley. Er wurde immer mehr von der materialistischen Philosophie durchdrungen, die von einem bestimmten Teil der Männer dort akzeptiert wurde; tatsächlich wurde er ihr Anführer und Sprecher. Er bekundete eine völlige Verachtung des Lebens. Er betrachtete Männer und Frauen als wertlose Dinge, die an den Ufern der Zeit entstanden waren und bald ins Nichts geschwemmt wurden. Er hatte wenig oder gar kein Vertrauen in den Adel der menschlichen Natur. Männer waren meist schmutzig, egoistisch und niederträchtig. Wenn man die Motive der Menschen auf ihren Ursprung zurückführte, waren sie größtenteils egoistisch. Frauen waren, wenn möglich, schlechter als Männer. Als er etwa vierundzwanzig war, änderte er vorübergehend seine Meinung. Er verliebte sich in ein Mädchen, das ihn durch ihren Witz, ihre Schönheit und das, was er für ihre Güte hielt, faszinierte. Seine Liebe veranlasste ihn, die hoffnungslose Philosophie seines Vaters eine Zeit lang aufzugeben. Er schmiedete Pläne für die Zukunft. Durch seine Mutter verfügte er über ein Einkommen, das zwar nicht groß war, ihn aber in eine wohlhabende Position brachte. Es war groß genug, um ihm den Einzug ins Parlament zu ermöglichen, wo er glaubte, sich eine glänzende Zukunft aufbauen zu können.

Er machte dem Mädchen, in das er sich verliebt hatte, einen Heiratsantrag und wurde angenommen. Er war jedoch kaum zu einem glücklichen, akzeptierten Liebhaber geworden, als ein junger Anwalt, der in der Anwaltskammer viel Lob erhalten hatte und auch ins Parlament eingezogen war, wo von ihm als einem Mann mit großer Zukunft gesprochen wurde, ihr ebenfalls einen Heiratsantrag machte . Ohne zu zögern verwarf dieses

Mädchen, mit Namen Blanche Bridgetown, Leicester beiseite und akzeptierte den Mann, der sich einen Namen gemacht hatte, anstatt jemandem die Treue zu halten, dessen Zukunft ungewiss war. Bei dieser Entscheidung wurde Blanche Bridgetown maßgeblich von ihrer Mutter beeinflusst.

Radford Leicester erholte sich bald von der Wunde, die er in seinem Herzen erlitten hatte, aber er erholte sich nicht von dem Schlag, der seinem Glauben widerfahren war. All sein alter Zynismus und seine Hoffnungslosigkeit machten sich wieder bemerkbar. Wann immer er über Frauen sprach, äußerte er sich verbittert, seine Lebenseinstellung wurde weniger heiter als je zuvor.

Dann trat ein anderes Element in sein Leben. Bis zu diesem Zeitpunkt war er kein starker Trinker gewesen; aber jetzt wurde der Geschmack, den er geerbt hatte, stärker. Der Alkohol ließ ihn seinen verletzten Stolz vergessen; und im Vertrauen auf seine Prahlerei, dass keine destillierten Spirituosen jemals äußerlich auf ihn einwirken könnten, gab er sich dieser bösen Angewohnheit immer freier hin.

Dennoch war der Stolz nicht tot. Obwohl er beteuerte, dass das Leben bestenfalls eine miserable Angelegenheit sei, hatte er dennoch Ehrgeiz. Er wollte sich einen Platz mit Stellung und Macht erkämpfen. Seine Partei hatte einen Wahlkreis für ihn gefunden, und er hatte dagegen angetreten. Zum Zeitpunkt des Wettbewerbs waren die politischen Ansichten, die Radford vertreten hatte, jedoch nicht populär. Sein Gegner gewann den Sitz.

Wieder wurde er verbittert, wieder wurde sein Stolz verletzt, und die Gewohnheit, die immer stärker geworden war, schien nun völlige Herrschaft über ihn erlangt zu haben. Somit war Radford Leicester, von dem nie bekannt war, dass er betrunken war, ein Trunkenbold. Er hatte kein Vertrauen in den Menschen; er hatte keinen Glauben an Gott.

Es gab jedoch eine Kraft in seinem Leben: Ehrgeiz. Er wollte berühmt sein. Er wusste, dass er ungewöhnliche Fähigkeiten besaß; seine Karriere in Oxford hatte es bewiesen; Seine Freunde hatten es hundertmal auf hundert Arten zugegeben. Darüber hinaus hatte das Laster, das ihn beherrscht hatte, ihn in den Augen der Menschen nicht erniedrigt. Nur die wenigsten wussten, dass er ein starker Trinker war. Er war immer gut gekleidet, sprach klar und deutlich und ging sicher. Aus seinem Zynismus machte er kein Geheimnis, aus seiner Ablehnung der christlichen Geschichte und der christlichen Moral, mit der er fast prahlte; Dennoch sprach fast jeder von ihm als einem Mann, der sich einen großen Namen machen würde.

Außerdem übte er auf schwächere Männer eine gewisse Faszination aus. Er inspirierte andere mit seiner eigenen Rücksichtslosigkeit, und viele bewunderten fast seine Verachtung konventioneller Überzeugungen. In gewisser Weise war er außerdem beliebt. Obwohl er theoretisch akzeptierte

Moral ablehnte, war er in vielerlei Hinsicht äußerst peinlich, wenn es um Ehrenpunkte ging. Als er sein Wort gab, brach er es nie. In seinen politischen Reden folgte er nie den Rufen der Bevölkerung. Er sagte Dinge nicht, weil sie beliebt waren, und obwohl er erklärte, dass alle Menschen ihren Preis hätten, war er nie dafür bekannt, sich zu verkaufen.

In der jetzigen Zeit waren viele Augen auf ihn gerichtet. Er war in seinem Wahlkreis zum großen Favoriten geworden. Der Führer seiner Partei war gekommen, um bei einer großen Versammlung zu sprechen, und als er als angenommener Kandidat auch vor der Versammlung sprechen musste, war der große Mann von seiner Rede einfach mitgerissen worden. Wie er später gegenüber seinen Kollegen bemerkte, war es die Rede eines Staatsmannes und Redners. Es könnte Macaulay oder Burke gewesen sein, die wieder zum Leben erwacht waren.

Manchmal gab Leicester vor, das alles zu verachten, aber im Grunde war er stolz darauf. Tatsächlich war es, wie ich bereits sagte, der Ehrgeiz, der ihn davon abhielt, ein Verschwender zu sein.

Zweifellos wurde die Geschichte von Radford Leicester in vielerlei Hinsicht viele Male wiederholt; Dennoch ist es notwendig, es noch einmal zu erzählen, um etwas von der komplexen Figur zu verstehen, die ich meinen Lesern vorgestellt habe.

Der Club, in dem sie sich kennengelernt hatten, befand sich in der Gegend von Pall Mall und war zwar nicht im eigentlichen Sinne politisch, wurde aber hauptsächlich von Leuten besucht, die der Denkweise Leicesters angehörten. Wie gesagt, es war kein großer Verein; Dennoch war die Anzahl der Betten begrenzt. Diese jungen Männer waren gekommen, um einer Debatte im Unterhaus zuzuhören, und übernachteten lieber im Club, als in ein Hotel zu gehen.

„Wirst du das Ding durchziehen, Leicester?" sagte Winfield, als die anderen gegangen waren.

„Und sei es nur, um diesen Idioten den Unsinn auszutreiben", antwortete der andere.

„Die Ehe ist ein hoher Preis."

„Warum sind die Kerle dann so begierig darauf?"

„Ich weiß es nicht. Männer sind wohl größtenteils Dummköpfe."

„Ja, aber dann ging es nicht um eine Ehe. Es ging nur darum, als möglicher Ehemann akzeptiert zu werden."

„Das Gleiche. Kein Ehrenmann kann das Versprechen einer Frau, seine Frau zu sein, gewinnen und sie dann im Stich lassen."

„Sehr viele tun es. Außerdem ist es den Frauen egal.“

„Nicht wahr? Warum glauben Sie das?“

„Weil Frauen Frauen sind. Und es ist nicht so, dass diese Miss Castlemaine Angst hatte, ins Regal gestellt zu werden.“

„Du bist sehr cool dabei, alter Mann.“

„Ganz im Gegenteil. Ich bin ziemlich aufgeregt. Stellen Sie sich nur vor, dass ich vorhabe, der versprochene Ehemann einer schönen Erbin zu sein, einer Art verherrlichter Quäkerin, reich, fromm und hochgesinnt. Eine Wahl zu gewinnen wird im Vergleich zu einem Sieg eine Kleinigkeit sein ihr."

„Aber Sie werden doch sicher nicht versuchen, die Sache durchzusetzen?“

"Warum?"

„Weil du sie nicht liebst.“

Leicester gab einen deutlichen Pfiff ab.

„Liebe“, sagte er, „kommt das rein?“

„So soll es sein.“

„Es ist eine der vielen Illusionen, die bei einer bestimmten Anzahl von Menschen immer noch bestehen. Was ihre Realität betrifft –“

Er zuckte bedeutsam mit den Schultern und wurde dann still.

"Über was denkst du nach?" fragte Winfield plötzlich.

„Die geheimen Gedanken eines Mannes sind heilig“, antwortete Leicester spöttisch. „Glauben Sie, dass meine frommen Gefühle zur öffentlichen Äußerung bestimmt sind?“

Winfield stand auf und streckte seine Hand aus.

„Gute Nacht, Leicester“, sagte er.

„Was, ins Bett gehen?“

„Ja, es ist nach eins.“

„Na, was dann? Du hast keine Frau, die deine Arbeitszeiten regeln könnte.“

„Nein, aber ich habe die Aufgabe, sie zu regulieren. Ein Journalist ist ein Sklave der Öffentlichkeit.“

„Bleiben Sie eine halbe Stunde länger.“

„Was ist das Gute?“

„Ich kann nicht schlafen und es ist schrecklich, ins Bett zu gehen und wach zu liegen. Außerdem glaube ich, dass ich einen Hauch von DT habe."

„Unsinn. Du rühmst dich damit, dass deine Nerven aus Stahl sind und dass kein Whisky dich umhauen kann."

„Das ist wahr, und doch – sehen Sie, Winfield, Sie gehören nicht zu diesen jammernden Sentimentalisten, und man kann deutlich zu Ihnen sprechen. Ich war nie in meinem Leben betrunken; das heißt, ich war nie in einem Zustand, in dem ich es könnte." Ich konnte nicht gerade gehen und konnte meine Gedanken nicht klar ausdrücken. Dennoch, das sagt es, mein Sohn, das sagt es. Ich rege mich nicht auf, und ich werde nicht rührselig. Vielleicht wäre es besser für mich, wenn ich tat."

"Warum?"

„Dann sollte ich Angst haben. So wie es ist, habe ich vor nichts Angst. Und doch, ich sage dir, ich habe eine schlimme Zeit, wenn ich allein im Dunkeln bin. Es ist die Hölle, Mann – es ist die Hölle!"

„Dann gib es auf."

„Das werde ich nicht. Denn das ist der ganze Himmel, den ich habe. Außerdem kann ich nichts ohne ihn machen. Ohne Whiskey ist mein Kopf leer, mein Gehirn kann nicht handeln. Damit – das heißt, wenn ich die richtige Menge nehme – Nichts ist unmöglich, Mann – nichts. Nur –"

"Was?"

„Die richtige Menge erhöht sich – das ist alles. Gute Nacht. Wenn ich mich daran erinnere, werde ich heute Abend keinen Blues mehr haben."

"Warum?"

„Warum? Muss ich nicht meine Eroberungspläne schmieden? Ich muss meine Wette gewinnen!"

„Unsinn. Das meinst du nicht so?"

„Aber das tue ich. Gute Nacht, alter Mann. Lass mich träumen."

Radford Leicester blieb nur wenige Minuten, nachdem Winfield den Raum verlassen hatte, stehen. Einmal legte er die Hand auf die Glocke, als wollte er nach mehr Whisky läuten, aber er hielt sich zurück.

„Nein", sagte er laut, „ich habe heute Abend schon zu viel gegessen."

Er ging mit gleichmäßigen Schritten durch den Raum, und der Kellner, der herumgestanden hatte, bereitete sich darauf vor, das Licht auszumachen.

„Gute Nacht, Jenkins", sagte Leicester, als der Mann die Tür öffnete.

„Gute Nacht, Sir.“

„Alle bis auf dich zu Bett gegangen?“

„Fast jeder, Sir.“

„Dann überlasse ich es dir, für mein morgendliches Bad zu sorgen. Halb zehn reicht.“

„Ja, Sir. Heiß oder kalt?“

Ein kalter Luftstoß wehte durch den Gang. Er wollte gerade „Kalt“ sagen, aber er überlegte es sich anders.

„Heiß, Jenkins“, sagte er. "Gute Nacht."

Als er in seinem Schlafzimmer ankam und das Licht anmachte, blickte er lange und ruhig in den Spiegel.

„Dreißig“, sagte er plötzlich, „nur dreißig, und ich bestelle um halb neun Uhr morgens ein heißes Bad. Das ist aufschlussreich.“

Er wanderte ziellos, aber mit gleichmäßigem Schritt durch den Raum.

„Ja“, sagte er plötzlich laut, „ich werde es tun, und sei es nur, um diese Welpen zum Lachen zu bringen. Wie stehen die Chancen? Blanche Bridgewater oder Olive Castlemaine? Frauen sind alle gleich – gemein, egoistisch, treulos. Nun ja, Was dann? Ich habe Lust darauf.“

Er warf sich auf einen Stuhl neben dem Bett und begann nachzudenken.

„Ja“, sagte er plötzlich, „dieser Plan wird funktionieren.“

KAPITEL III

Der Mann und die Frau treffen sich

„Olive", sagte John Castlemaine, nachdem er die Briefe gelesen hatte, die eines Morgens in seinem Haus eingegangen waren, „ich erwarte heute Abend zwei Männer zum Abendessen."

„In Ordnung, Vater", sagte das Mädchen, das selbst einen Brief schreiben wollte, „ich werde es Mrs. Bray sagen."

John Castlemaine ging zur Anrichte, schnitt eine Scheibe Schinken ab und kehrte dann wieder zum Tisch zurück. Seine Tochter war immer noch auf ihren Brief konzentriert, obwohl sie gelegentlich einen Schluck Kaffee trank.

„Interessanter Brief, Olive?"

"Sehr."

Mr. Castlemaine sah seine Tochter fest an und seufzte. Er sah nicht traurig aus, auch wenn er seufzte. In seinen scharfen grauen Augen lag ein fröhliches Funkeln und ein Lächeln spielte um seinen Mund. Vielleicht seufzte er, weil seine Tochter ihn an ihre Mutter erinnerte, die tot war. Vielleicht erinnerte er sich daran, dass sie sein einziges Kind war und dass er ganz allein sein würde, wenn sie heiratete. Dass er stolz auf sie war, daran konnte es keinen Zweifel geben. Niemand konnte den Blick sehen, den er ihr zuwarf, ohne sich dessen sicher zu sein; dass er sie sehr liebte, war ebenso sicher.

Und tatsächlich war es kein Wunder, dass dies so war, denn Olive Castlemaine war jahrelang seine einzige irdische Freude und sein einziger Trost gewesen. Dies war insbesondere der Fall, seit sie die Schule verlassen hatte. Als Kind hatte er ihr seine ganze Zuneigung entgegengebracht, aber als sie aus Deutschland nach Hause zurückkehrte, nachdem sie sowohl in St. Andrews als auch in Girton viele Ehrungen erhalten hatte, wuchs zu seiner Liebe noch Stolz.

Wenn man sich in einer großen Menschenmenge bewegt, gibt es im Allgemeinen ein Gesicht, eine Persönlichkeit, die sich klar und deutlich von den anderen abhebt. Die große Mehrheit ist alltäglich und unauffällig; aber im Allgemeinen gibt es einen, wenn nicht mehrere, der die Aufmerksamkeit auf sich zieht und das Interesse des Beobachters beansprucht. Wenn man so etwas sieht, fängt man an, Fragen zu stellen. Sie möchten seine oder ihre Geschichte, Vorgeschichte oder Erfolge kennen. Wenn man nichts Wichtiges erfährt, ist man enttäuscht. Sie haben das Gefühl, dass Sie um etwas betrogen wurden.

„Mit einem solchen Gesicht, einer solchen Persönlichkeit", sagen Sie, „sollte er oder sie etwas Außergewöhnliches tun und sein."

Olive Castlemaine war immer diejenige in der Menge. Selten gingen Leute an ihr vorbei, ohne einen zweiten Blick darauf werfen zu wollen. Wenn sie in die Gesellschaft ging, was selten vorkam, wurden ausnahmslos viele Fragen über sie gestellt. Es könnten noch mehr schöne Frauen anwesend sein; Es mag Frauen geben, die durch ein Buch, das sie geschrieben oder ein Bild gemalt haben, bemerkenswert waren, aber sie erregten nicht das Interesse, das Olive Castlemaine erregte. Es lag nicht an einer außergewöhnlichen Schönheit der Form oder des Gesichts. Nicht, dass die Natur ihr gegenüber in dieser Richtung geizig gewesen wäre – ganz im Gegenteil; Sie hatte ein fein geformtes Gesicht, und einige schwärmten von der Reinheit ihres Teints und der Pracht ihres „nussbraunen Haares". Sie war groß und gut gebaut und hatte eine anmutige Haltung. Aber es war nicht die Schönheit ihres Gesichts und ihrer Form, die sie von der Masse abhob. Was es war, werde ich nicht versuchen zu sagen. Ich würde nur scheitern, wenn ich es versuchen würde. Richtig verstandene Schönheit ist eine spirituelle Sache und hängt nicht von der Kontur der Gesichtszüge oder einem strahlenden Teint ab – sie ist in Wahrheit undefinierbar. Eine Puppe mag hübsch sein, aber schön ist sie nicht. Schönheit wird eher angedeutet als dargestellt – sie ist etwas, das hinter dem Material steckt. Ich habe in seltenen Fällen schlichte Frauen gesehen, die schön waren. Was sie so gemacht hat, kann ich nicht sagen, außer dass es das gab, was ich in Ermangelung eines besseren Ausdrucks eine spirituelle Essenz nenne, die alles veredelt und verherrlicht hat.

Wenn man sich das Foto von Olive Castlemaine anschaut, hätte man gesagt: „Das ist ein schönes, auffällig aussehendes Mädchen." Wenn Sie sie treffen und mit ihr sprechen würden, würden Sie diese Worte nicht verwenden. Vielleicht würden Sie gar nicht erst versuchen, sie zu beschreiben. Sie würden von einem Sinn für Adel und Spiritualität beeindruckt sein und Sie wären überrascht, wenn Sie von ihr hören würden, dass sie etwas Kleines und Kleines tut. Tatsächlich würden Sie es nicht glauben. Vielleicht stellten Fremde deshalb im Allgemeinen Fragen über sie. Denn Schönheit, die Wahrheit suggeriert, Lieblichkeit des Geistes, Reinheit der Seele, ist von der seltensten Art. Und doch ist diese Schönheit für alle möglich.

„Ich sage, Olive."

"Ja Vater."

"Fast fertig?"

„Oh, bitte verzeihen Sie mir. Ich sollte mich schämen, aber es ist ein interessanter Brief."

„Von wem ist es?"

„Von Bridget Osborne. Wir waren zusammen in Deutschland, wissen Sie."

„Bridget Osborne? Wo lebt sie?"

„In Devonshire – Taviton Grange. Erinnerst du dich nicht?"

„Oh ja", sagte John Castlemaine mit einem Lächeln. Dann fügte er hinzu:
„Was für ein Zufall!"

„Was ist ein Zufall?"

„Oh, mein Brief ist von einem Mann aus Taviton."

„Welcher Brief?"

„Der Brief, der mich dazu veranlasste, Ihnen mitzuteilen, dass heute Abend
zwei Männer zum Abendessen hierher kommen."

„Oh, das hätte ich fast vergessen. Ja, ich muss es Mrs. Bray sagen. Halb
sieben, nehme ich an."

„Ja, übrigens, was macht Ihren Brief so interessant?"

„Nun, Bridgets Briefe sind immer interessant. Wie Sie wissen, schreibt sie
gut und sie hat eine ziemliche Gabe, Menschen auf den Punkt zu bringen.
Erinnern Sie sich an ihren Brief über diesen französischen Grafen?"

„Sehr gut. Ja, ja, es war sehr klug. Hat noch jemand anderes von Bedeutung
im Grange übernachtet?"

„In gewisser Weise ja. Zumindest denkt sie, dass er bemerkenswert sein wird.
Tatsächlich beschreibt sie einen sehr auffälligen Mann."

"Wer ist er?"

„Er ist der Kandidat, den ihr Vater überredet hat, bei der nächsten Wahl
gegen Sir Charles Trefry zu kämpfen."

John Castlemaine öffnete für einen Moment die Augen ziemlich weit, dann
erschien ein eher amüsierter Ausdruck auf seinem Gesicht.

„Sag mir, was sie über ihn denkt", sagte er leise.

Olive Castlemaine nahm den Brief, den sie auf den Tisch gelegt hatte, und
begann, nach dem Teil zu suchen, der die Beschreibung enthielt, auf die sie
sich bezog.

„Es gibt viel über die Mädchen, die wir in Deutschland getroffen haben",
fuhr Olive fort; „Sie werden sich nicht für sie interessieren. Oh, hier ist es.
Hören Sie: „Ein sehr interessanter Gast hat uns gerade verlassen. Ich bin mir
nicht sicher, ob ich ihn mag oder nicht. Manchmal denke ich, dass ich es
mag, und manchmal schon." genauso sicher, dass ich das nicht tue. Er ist der

Kandidat, der gewählt wurde, um gegen Sir Charles Trefry zu kämpfen, und Vater ist sicher, dass er mit Sicherheit gewinnen wird. Er kam gestern Abend zum Abendessen hierher und hielt anschließend eine Ansprache bei einem Treffen im Taviton Public Hall, und kam dann für die Nacht noch einmal hierher zurück. Natürlich kennt Vater ihn sehr gut, aber da ich immer weg war, wenn er schon einmal hier war, ist dies das erste Mal, dass ich ihn sehe. Er kam gegen sechs an Am Abend mussten wir wegen der Zusammenkunft früh zu Abend essen. Das Bemerkenswerteste an ihm vor der Zusammenkunft war sein Schweigen. Er sprach kaum ein Wort. Und doch bin ich mir sicher, dass ihm nichts entgangen ist. Er hat große graue Augen, die einen seltsamen Ausdruck haben. Sein Gesicht ist sehr blass und er sieht umso auffälliger aus, weil er glatt rasiert ist. Wie gesagt, er war sehr schweigsam und dennoch hatte ich Interesse an ihm. Er beeindruckte mich als einer dieser starken, meisterhaften Männer, die Menschen dazu zwingen, Dinge gegen ihren Willen zu tun. Natürlich lud Vater zwei oder drei Leute von lokaler Bedeutung ein, sich mit ihm zu treffen, und die ruhige Art, mit der er sie brüskierte, ohne unhöflich zu sein – ja, und ohne dass sie das Gefühl hatten, brüskiert worden zu sein –, amüsierte mich. Ich gehe selten zu diesen politischen Treffen, aber ich war so interessiert, dass ich ihn hören wollte, und bin hingegangen. Natürlich war der Andrang groß, aber ich nahm kaum Notiz davon; Ich war zu sehr damit beschäftigt, Mr. Radford Leicesters Gesicht zu studieren. Ich habe gehört, dass er ein eifriger Politiker war, aber ich habe noch nie einen Mann gesehen, der so völlig gelangweilt aussah. Dies war insbesondere zu Beginn des Treffens der Fall; Wenig später erschien ein Lächeln amüsierter Verachtung auf seinem Gesicht, als er Lobreden auf „unsere historische Partei" hörte. Als er aufstand, um zu sprechen, wirkte er angewidert über die Art und Weise, wie die Leute jubelten, und obwohl der erste Teil seiner Rede klug war, war daran nichts Auffälliges. Er schien das Publikum nicht der Mühe wert zu finden. Doch plötzlich stand einer der klügsten Männer der Stadt – er gehörte zur anderen Seite – auf und belästigte ihn. Dann begann der Spaß. Er schien zu merken, dass er seinen Mut hatte, und die Art und Weise, wie er unseren „lokalen klugen Mann" pulverisierte, wird eine Woche lang sonntags für Gesprächsstoff in der Stadt sorgen. Nie zuvor war mir der Einfluss eines starken, klugen Mannes bewusst. Er spielte einfach mit dem Publikum und beeinflusste die Leute nach Belieben.

„„Als wir nach der Versammlung nach Hause kamen, schwieg er erneut eine Zeit lang sehr; dann rief der Pfarrer unserer Gemeinde an, und der Spaß ging wieder los. Diesmal vermischte sich Politik mit Religion, und obwohl solche Diskussionen im Allgemeinen sehr langweilig sind, habe ich... Ich hätte es um nichts verpasst. Zu sehen, wie sich Rev. William Dunstable windet und windet und versucht, es zu erklären und zu qualifizieren, war einfach großartig. Ich glaube, ich verstehe seine Methode. Mr. Dunstable machte eine seiner sehr orthodoxen Behauptungen, mit denen Mr . Leicester schien damit einverstanden zu sein. Danach führte er den Pfarrer durch eine Reihe unschuldigster Fragen, die ihn jedoch bald in eine schreckliche Grube führten, aus der er nicht herauskommen konnte. Was Mr. Leicester selbst glaubt, weiß ich nicht Idee, obwohl mir gesagt wurde, dass er sehr seltsame Meinungen hat; aber dass er Mr. Dunstable eine sehr schlechte Zeit bereitet hat, steht außer Frage. Tatsächlich ist er einer der klügsten Männer, die ich je getroffen habe.

„'Und doch glaube ich nicht, dass ich ihn mag. Er scheint nicht aufrichtig zu sein, und man hat immer das Gefühl, dass er sich über einen lustig macht. Außerdem scheint er an nichts zu glauben. Er überschüttet unsere Liebsten kühl mit Verachtung Traditionen, und doch kann man sich nicht auf ein einziges Sprichwort festlegen, das ihn bindet. In gewisser Weise ist er eine Art moderner Byron, und dennoch kann man ihn niemals mit Byrons Lastern in Verbindung bringen.

„'Ich fürchte, diese lange Beschreibung eines Mannes, den Sie vielleicht noch nie gesehen oder von dem Sie gehört haben, wird Sie furchtbar langweilen, aber er ist gerade in aller Munde, und er ist wirklich ein äußerst faszinierender Mann. Wenn Sie jemals die Gelegenheit dazu haben Um ihn kennenzulernen , seien Sie sicher und nehmen Sie es an. Sie werden mit allem, was er sagt, nicht einverstanden sein wollen, aber Sie werden ihn interessant finden.'"

"Ist das alles?"

„Ja, alles über ihn."

„Er muss ein kluger Kerl sein, denke ich. Sollte es Ihnen nicht gefallen, ihn kennenzulernen?"

„Ich bin mir nicht sicher. Du weißt natürlich, dass Bridget eher dazu neigt, zu begeistern. Dennoch ist ein kluger Mensch immer interessant."

„Weil", sagte Mr. Castlemaine langsam, „es ein eher seltsamer Zufall ist."

"Was ist?"

„Derselbe Mr. Radford Leicester ist einer der beiden Männer, die heute Abend hier zum Essen kommen."

„Es wird interessant sein, sich mit Bridget auszutauschen", sagte Olive nach einem Moment des Zögerns. „Aber warum kommt er hierher?"

„Oh, ein Mr. Lowry, eine Art lokaler Magnat in der Nachbarschaft von Taviton, möchte mich in einer wichtigen Angelegenheit sprechen und hat diesen Mr. Leicester gebeten, sein Sprecher zu sein. Ich wollte nicht dabei sein Ich war heute Abend in der Stadt, also habe ich ihn gebeten, zum Abendessen hierher zu kommen.

„Und um die Nacht zu verbringen?"

„Nein. Sie werden in die Stadt zurückkehren. Gegen zwölf fährt ein Zug."

Ohne den Brief ihrer Freundin hätte Olive Castlemaine der Tatsache, dass zwei Männer zum Essen kamen, keine Beachtung geschenkt, aber als sie sich daran erinnerte, was sie gerade gelesen hatte, verspürte sie den großen Wunsch, Mr. Radford Leicester zu sehen. Vielleicht war das der Grund, warum sie ihrer Zofe sagte, sie solle an diesem Abend besonders vorsichtig sein, ein Kleid auszuwählen, und warum Olive kurz nach sieben Uhr mit mehr als gewöhnlichem Interesse in den Salon ging.

Kurz vor der Essensstunde hörte sie Schritte und Stimmen im Flur, und ein paar Minuten später wurden die beiden Besucher angekündigt.

John Castlemaine stellte ihnen seine Tochter vor und betrachtete dann ihr Gesicht mit einem amüsierten Lächeln. Vielleicht fragte er sich, ob ihre Meinung mit der des Briefes übereinstimmte, den sie am selben Tag erhalten hatte. Mr. Lowry erregte kein Interesse. Er war einfach ein gewöhnlicher Mann, dem es gelungen war, reich zu werden. Olive hatte solche Dutzende gesehen und schätzte sie nach ihrem wahren Wert ein. Aber nur wenige davon waren interessant. In der Regel betrachteten sie alles mit dem Medium Geld. Für sie waren vorübergehende Ereignisse wegen der Auswirkungen, die sie auf den Finanzmarkt haben könnten, von Interesse. Und selbst hier war ihre Sichtweise eng und oberflächlich. Es war jedoch offensichtlich, dass Radford Leicester sie interessierte. Er war ein perfekter Kontrast zum gewöhnlichen, korpulenten Geschäftsmann. Mr. Lowry schien ziemlich beeindruckt zu sein, als er das Haus von jemandem betrat, der in der Geschäftswelt eine so hohe Stellung einnahm. Er war beeindruckt von der ruhigen Würde des großen Hauses. Die altmodischen, kostbaren Möbel, der düstere Reichtum von allem vermittelten ein Gefühl der Ruhe, das seinem eigenen Haus fremd war. Er fragte sich, warum das so war. Er hatte dem Manager eines der größten Einrichtungsgeschäfte in der Tottenham Court Road die Anweisung gegeben, keine Kosten zu scheuen, weder für die Dekoration noch für die Einrichtung des von ihm erbauten Herrenhauses, und obwohl sie ihm gehorcht hatten, wusste er, dass es etwas anderes war. Infolgedessen fühlte er sich unwohl und stammelte, als Olive mit ihm sprach. Aber Radford Leicester war anders. Er fühlte sich im großen Salon vollkommen wohl und stellte sich zu jedem sofort in die richtige Beziehung. Und doch konnte ein aufmerksamer Beobachter erkennen, dass er mehr als sonst interessiert war. Seine großen Augen blitzten, als er Olive Castlemaine sah. Er hatte sie zuvor nur einmal gesehen und war ihr damals nicht vorgestellt worden. Wenn er an sie gedacht hatte, dann nur, um sie als die Tochter eines sehr reichen Stadtmannes zu betrachten, und dass sie angeblich sehr religiös war. Jetzt war jedoch alles anders. Während er unter dem Einfluss von Whisky stand, hatte er gewettet, dass er die Zustimmung dieser Frau gewinnen würde, seine Frau zu werden, und als sie sich nun von Angesicht zu Angesicht trafen, überkamen ihn seltsame Gefühle. Das erste war ein Gefühl der Scham. Er hätte es nicht einmal sich selbst eingestanden, aber er wusste, dass das Gefühl in seinem Herzen war. Zum anderen zweifelte er an sich selbst. Bevor er ein Wort sagte, wusste er, dass diese Frau kein oberflächliches Geschöpf war, das sich von hochtrabenden Phrasen mitreißen ließ. Sie würde auch eine klug geäußerte zynische Meinung nicht mit der Wahrheit verwechseln. Er hatte fast Angst vor den großen braunen Augen, die ihn so furchtlos ansahen.

Als er das Haus betrat, hatte er, wie Mr. Lowry, die ruhige Würde und die Atmosphäre kultivierter Vornehmheit gespürt, die hier herrschte.

„Wer hat das geschaffen", fragte er sich, „der Vater oder die Tochter?"

„Es ist nicht der Vater", schloss er, bevor John Castlemaine ein Dutzend Worte gesprochen hatte. Es stimmte, dass John Castlemaine einen ungetrübten Ruf für Ehre und Aufrichtigkeit hatte, aber er war kein kultivierter Mann; er würde dem Haus niemals seinen Ton verleihen. Es gab hundert Dinge, die auf das Gefühl des Künstlers, den Geschmack des Gelehrten schließen ließen. Als er Olive Castlemaine sah, hatte er keinen Zweifel mehr.

Und er schämte sich. Nicht, dass sich seine Meinung über Frauen im Allgemeinen geändert hätte. Seine Erfahrungen waren zu bitter gewesen. Er hatte einfach das Gefühl, dass sein Gespräch im Club in London vor etwa einer Woche, gelinde gesagt, geschmacklos war. Er wollte seine Worte nicht zurücknehmen; das war nicht seine Gewohnheit. Außerdem machten ihn die Schwierigkeiten, die sich ihm boten, noch entschlossener, seine Pläne in die Tat umzusetzen.

Was Olive betrifft, hatte sie das Gefühl, dass ihre Freundin diesen Mann richtig eingeschätzt hatte – zumindest teilweise. Er war ein auffallend aussehender Mann; er war ein kluger Mann. Der florierende Kaufmann an seiner Seite wirkte im Vergleich zu ihm gemein und gewöhnlich. Die stille Meisterschaft von Leicester beeindruckte sie. Er deutete auf eine Kraft- und Wissensreserve hin, die sie im Kontakt mit anderen politischen Aspiranten nie zuvor gespürt hatte. Sie kannte den allgemeinen Typus der Parlamentskandidaten. Einige hatten Geld verdient und wollten die Ehre des britischen Parlaments in Anspruch nehmen; andere wiederum wurden mit der Idee erzogen, das politische Leben als Beruf zu ergreifen. Weder in dem einen noch im anderen Fall waren sie bedeutende Männer; Sie wären einfach Wahlmaschinen, selbst wenn sie ins Unterhaus einziehen würden – einfach langweilige, uninteressante Männer, die nie die Prinzipien begriffen haben, die das Leben einer Nation bestimmen.

Aber dieser Mann war anders. Das kräftige Kinn, der wohlgeformte Kopf, die großen grauen Augen konnten nur auf einen Mann von überdurchschnittlicher Bedeutung hinweisen.

Sie saßen beim Abendessen nebeneinander, und die ganze Zeit über versuchte Radford Leicester, Olive Castlemaine in die Waagschale zu werfen und seine eigenen Meinungen abzuwägen.

„Ich hoffe, keiner dieser Kerle lässt die Wette durchsickern", sagte er sich. „Das Mädchen macht mich wütend. Was hat die Tochter eines reichen Großstädters – einer religiösen Frau und Nonkonformistin – damit zu tun, mit so forschenden Augen zu schauen? Ich muss vorsichtig sein."

„Sie sind eine Bewunderin von Tolstoi, Miss Castlemaine", sagte er und warf einen Blick auf ein Bild an der Wand.

„Das sagen Sie wegen seines Bildes", antwortete sie. „Ein befreundeter Künstler kennt die Familie. Er besuchte Tolstois Haus und der Graf erklärte sich bereit, für sein Bild zu sitzen. Ich glaube, es ist sehr gut."

„Aber Sie bewundern ihn?"

"Warum denkst du das?"

„Weil du zulässt, dass sein Bild an deiner Wand hängt."

„Du vergisst, dass mein Vater solche Angelegenheiten natürlich regeln würde."

„Ich kann mir nicht vorstellen, dass Ihr Vater sich dafür entscheiden würde, einem Mann mit Tolstois Ansichten Ehre zu erweisen."

„Mein Vater bewundert die Arbeit des Künstlers sehr."

„Aber nicht dieser. Sie haben völlig recht, Mr. Leicester", sagte Mr. Castlemaine, der ihr Gespräch belauscht hatte. „Ich bin kein Bewunderer der revolutionären Ideen dieses Russen. Meine Tochter und ich hatten einen ziemlichen Streit über dieses Bild."

„Und Miss Castlemaine hatte das Beste davon."

„Welcher Mann war jemals einer Frau im Streit ebenbürtig?" sagte Mr. Castlemaine gut gelaunt. „Ja, was haben Sie gesagt, Mr. Lowry?"

„Warum bewundern Sie ihn?" fragte Radford Leicester und wandte sich an Olive.

„Eine Frau bewundert immer Stärke, Mut und Ehrlichkeit", antwortete Olive.

„Und welche am meisten?"

"Ehrlichkeit."

„Das ist interessant. Darf man fragen, warum?“

„Weil die anderen beiden ohne sie nicht existieren.“

Radford Leicester unterdrückte die Antwort, die ihm über die Lippen kam, nicht. Er konnte nicht völlig heuchlerisch sein, selbst wenn er seine Pläne ausführte.

„Das ist eine sehr respektable Tradition“, sagte er.

"Du glaubst es nicht?"

„Ich würde nicht versuchen, es um Welten zu zerstören“, sagte er. „Bei dem Gedanken an ihre Zerstörung spüre ich, wie die ganze Verfassung in meinen Ohren rasselt.“

„Aber Sie glauben es nicht?“

„Was würdest du sagen, wenn ich dir sagen würde, dass ich es nicht tue?“

„Ich würde sagen, dass Tolstois Leben beweisen würde, dass du Unrecht hast.“

„Haben Sie jemals darüber nachgedacht, was für eine komplexe Sache die Menschheit ist, Miss Castlemaine? Ich habe ehrliche Männer – das heißt, wie ehrliche Männer eben eben so sind – gekannt, die so schüchtern waren wie Kaninchen, und ich habe Schurken gekannt, die so mutig waren wie Löwen. Ist kein Mensch.“ Lacht die Natur ständig über uns?“

„Das liegt daran, dass unsere Urteile so oberflächlich sind. Wir schauen nicht unter die Oberfläche.“

„Ja, zweifellos haben Sie Recht. Aber mein Haupteinwand gegen den sogenannten ehrlichen Mann ist, dass er so furchtbar langweilig ist.“

„Um es gelinde auszudrücken: Tolstoi ist nicht langweilig.“

„Deshalb ist er nicht ehrlich.“

„Sicherlich eine umfassende Schlussfolgerung aus einer sehr unsicheren Prämisse.“

„Nein, nicht unsicher.“

„Nein? Darf ich fragen, wie Sie beweisen können, dass es wahr ist?“

„Durch ständige Treffen mit Männern – und Frauen.“

„Du meinst, dass alle ehrlichen Menschen, die du getroffen hast, langweilig sind?“

„Entschuldigen Sie, ich bin mir nicht sicher, ob ich jemals einen ehrlichen Mann getroffen habe. Aber ich habe diejenigen getroffen, die man ehrlich nennt, und –"

Das Mädchen sah ihn fest an. Sie war sich nicht sicher, ob er es ernst meinte. Zwar war sein Gesicht vollkommen ernst, und doch glaubte sie, einen spöttischen Unterton in seiner Stimme zu erkennen.

„Kinder zum Beispiel", sagte sie. „Die interessantesten Kinder sind diejenigen, die am wenigsten selbstbewusst sind. Sobald sie selbstbewusst werden und anfangen, eine Rolle zu spielen, verlieren sie ihre Attraktivität."

„Dann denken Sie, dass alle außer Kindern langweilig sind?"

"Warum sagst du das?"

„Weil alle Erwachsenen eine Rolle spielen."

„Sind wir noch einmal an der Oberfläche?"

„Nein, wir sind sehr tief unten. Wir denken über das Leben nach. Das Leben bedeutet einfach, eine Rolle zu spielen. Warum wir die Rollen spielen, die wir spielen, ist schwer zu sagen. Nur mir ist das aufgefallen: Im Leben, wie auf der Bühne, diejenigen, die wählen." „Es ist ausnahmslos langweilig, die Rolle eines guten, ehrlichen Menschen zu spielen. Es ist Ihr Bösewicht, der interessiert, und Ihr Bösewicht, der die gewagten Dinge tut – außer im Melodram", fügte er schnell hinzu.

„Was für ein unglücklicher Mann Sie sein müssen, Mr. Leicester", sagte sie.

"Warum?"

„Weil Sie in der Gesellschaft, in der Sie verkehrten, so viel Pech hatten."

„Oh nein, ich hatte einzigartiges Glück."

"Ja?"

„Ja, im Großen und Ganzen habe ich die Leute wunderbar interessant gefunden."

Was meinte er mit dieser Art von Reden? Olive Castlemaine versuchte die Frage zu beantworten, war jedoch ratlos. Sie war sich sicher, dass er nicht so ein kleiner Mann war, der sich damit brüstete, anerkannte Regeln des Lebens zu brechen, nur um seltsam zu wirken. Sie wollte das Gespräch gerade in eine andere Richtung lenken, als ein Diener mit einer Karte kam.

„Mr. Purvis", sagte John Castlemaine. „Ich frage mich, ob er zu Abend gegessen hat."

Olive Castlemaine und Radford Leicester sahen sich an, sie wussten kaum warum, und jeder fand, dass der andere unbehaglich aussah.

KAPITEL IV

EINE DOPPELTE PERSÖNLICHKEIT

Ein paar Minuten später saß Purvis am Esstisch. Offenbar wollte er Mr. Castlemaine sehen, und da er nicht wusste, dass er verlobt sein würde, hatte er sich die Freiheit genommen, ihn anzurufen. Er schien überrascht, Leicester dort zu sehen, sagte aber natürlich nichts. Was Leicester anbelangt, so schien sein Interesse an der Versammlung bei Purvis' Eintritt zu schwinden. Er wurde plötzlich ziemlich launisch und als er sprach, richtete er seine Bemerkungen eher an Herrn Castlemaine als an seine Tochter. Das freute offensichtlich Purvis, der über Leicesters düsteres Verhalten ziemlich fröhlich wurde.

Als das Abendessen zu Ende war, ging Olive in den Salon, während die Männer sich in die Bibliothek begaben. Mr. Lowry schien über Purvis' Anwesenheit ziemlich verärgert zu sein, machte aber das Beste aus der Situation, indem er leise mit Mr. Castlemaine sprach.

„Du bist heute Abend enthaltsam, Leicester", sagte Purvis.

"In der Tat!"

„Ja, schließlich bist du nicht bereit, dass sie die ganze Wahrheit erfährt."

Leicester antwortete nicht.

„Sie machen mit diesem Geschäft doch sicher nicht weiter?"

„Warum bin ich sonst hier?"

„Aber Sie müssen ihr Ihren Charakter vollständig mitteilen."

„Der Charakter eines Menschen ist nicht vollständig bekannt."

"Aber aber--"

„Schau her, Purvis, ich werde das Spiel spielen. Schau, dass du es tust", und er warf dem jungen Mann einen Blick zu, der ihn etwas unbehaglich machte.

„Natürlich – natürlich", sagte er nervös. „Das gefällt mir nicht. Trotzdem besteht keine Gefahr – das heißt, es wird keine geben, wenn sie alles weiß."

„Wofür du sorgen wirst."

„Ich werde ihr nichts von unserem Gespräch erzählen; was den Rest betrifft – nun, es wird für mich nicht nötig sein, ihr das zu sagen."

Leicester warf dem anderen einen fast wütenden Blick zu.

„Nein", sagte er, „ich glaube, Sie haben Recht. Die sogenannten Laster eines Mannes werden bald zum öffentlichen Eigentum. Natürlich", fuhr er fort, „werden Sie mit ihr über mich reden."

"Warum sollte ich?"

„Oh, das wirst du. Du wirst sie wissen lassen, was die Welt sagt, und noch ein bisschen mehr."

„Ich sage, Leicester."

„Oh, empören Sie sich nicht, mein Lieber. Ich kenne den Wert Ihrer Empörung; außerdem wollte ich Ihnen nur sagen, dass es Ihnen völlig freisteht, zu sagen, was Sie wollen."

"Du meinst das?"

„Oh, sicherlich. Natürlich ist die Wette ein Geheimnis. Was den Rest angeht, erlaube ich Ihnen, Ihrer Fantasie freien Lauf zu lassen. Ich sage, Purvis, ich stelle mir vor, dass Mr. Castlemaine und Mr. Lowry mit mir über eine Privatverhandlung sprechen möchten Ich bin mir sicher, dass es Ihnen nichts ausmacht, oder? Und Miss Castlemaine wird einsam sein. Ich bin nicht im Geringsten eifersüchtig, mein Lieber.

Herr Castlemaine war sehr beeindruckt von der Art und Weise, wie Leicester die Angelegenheit darlegte, die Herr Lowry ihm vorlegen wollte. Alles war so sorgfältig durchdacht und so klar zum Ausdruck gebracht, dass der Mann, der es gewohnt war, sich mit großen Wirtschaftsunternehmen zu befassen, einfach begeistert war. Wie er später erklärte, war es ein intellektuelles Vergnügen, mit einem solchen Mann zu sprechen. Außerdem machte er das Gespräch so interessant, indem er Dinge anführte, die John Castlemaines Geschmack entsprachen, dass er am liebsten darauf bestanden hätte, dass er über Nacht bliebe. Wenn er in seinem eigenen Haus über geschäftliche Angelegenheiten sprach, was sehr selten vorkam, brachte er es in der Regel so schnell wie möglich durch. Aber heute Abend war alles anders. Als das Geschäftsgespräch zu Ende ging, redete er immer noch weiter.

„Übrigens", bemerkte er, als Leicester etwas gesagt hatte, was ihn mehr als sonst amüsierte, „meine Tochter sollte das hören, und wir könnten genauso gut in den Salon gehen. Du hast deine Zigarre ausgetrunken, nicht wahr?" Du?"

Leicester warf seinen Zigarrenstummel in den Kamin, und nachdem er seinen Whisky ausgetrunken hatte, folgte er seinem Gastgeber.

Sie fanden Purvis, der sich eifrig mit Miss Castlemaine unterhielt, und Leicester wusste sofort, als er eintrat, dass er Gegenstand ihres Gesprächs gewesen war. Sie warf ihm einen kurzen, forschenden Blick zu, als könnte sie kaum glauben, was Purvis ihr erzählt hatte. Der Blick machte ihn wütend. Er hatte Purvis gesagt, dass es ihm freistehe, seinen Charakter bekannt zu geben, und doch ärgerte er sich sehr über seine Mitteilung. Es hatte Zeiten gegeben, in denen ihm sein besonderer Ruf Freude bereitete; aber heute schien alles anders zu sein. Dennoch war Leicester kein Mann, der vor einer schwierigen Situation zurückschreckte; tatsächlich wurde er bald von einer Art wilder Freude erfüllt, als er Gefühle äußerte, die für Menschen seiner Denkweise alltäglich geworden waren . Darüber hinaus schien er Purvis zeigen zu wollen, dass er vor Miss Castlemaine nicht verbergen wollte, was für ein Mann er wirklich war.

„Ich habe gehört, dass Sie in Ihrem Wahlkreis in Devonshire, Leicester, große Fortschritte machen", sagte Purvis.

„Oh ja, wir haben dort unten eine Menge Spaß", lautete die Antwort.

„Ich für meinen Teil finde es keinen Spaß, einen Wahlkreis zu pflegen", sagte Purvis.

„Das liegt daran, dass Sie die Frage nicht auf die humorvolle Seite stellen", antwortete Leicester. „Wenn man das ganze Geschäft mit dem Spiel eines Jungen beim Murmelspielen gleichsetzt, macht es großen Spaß."

„In diesem Licht kann ich mir die Regierung meines Landes nicht vorstellen", sagte Purvis hochmütig.

„Nein", sagte Leicester leise; „Nun ja, Geschmäcker sind verschieden. Politik ist einfach das, was man daraus macht, Komödie oder ernstes Drama. Und ich bevorzuge Komödie."

„So wird es allzu oft zum Fiasko. Ein Mann wird zum Wohle seines Landes Mitglied des Parlaments. Er opfert seine Zeit und sein Geld für das Wohlergehen seiner Mitgeschöpfe. Zumindest sollte er das tun. Ich kenne keine höhere Berufung als Gesetzgeber im eigenen Land zu sein. Es macht keinen Spaß, es ist Pflicht."

„Die größte Komödie, die ich kenne", sagte Leicester, „ist die Vortäuschung, ernst zu sein. Ich lache nie so maßlos wie über das sogenannte ernste Drama. Man kann so leicht die Beschaffenheit der ganzen Sache erkennen Leidenschaft, das Pathos, das hohe moralische Gefühl, die Reue, alles ist für den Anlass geschaffen – und es macht großen Spaß."

„Aber Politik ist etwas anderes als Drama."

„Tatsächlich? Ich hatte nie viel mit der dramatischen Welt zu tun, aber mir wurde gesagt, dass Manager Theater betreiben, um Geld zu verdienen, indem sie die Zuschauer unterhalten. Wenn die Komödie scheitert, versuchen sie es mit der Tragödie. Politik ist so ziemlich das Gleiche. Politiker." Bringen Sie

Stücke auf die Bühne, um die Zuschauer zu unterhalten und sich dadurch selbst zu nützen. Wenn es ihnen nicht gelingt, die Unterstützung des Publikums zu erhalten, werden sie von der Bühne geworfen und eine andere Gruppe von Schauspielern auf die Bühne gebracht."

„Nur in der Politik verdienen die Schauspieler kein Geld."

„Nein", sagte Leicester leise, „das tun sie nicht, zumindest nicht viele. Aber sie sind von demselben Motiv inspiriert wie der Schauspieler."

"Und das?"

„Selbst, mein lieber Freund, ich selbst. Der *echte* Schauspieler ist im Allgemeinen arm, und er strebt nach Geld und Popularität. Der Politiker will nicht immer Geld, aber er will Ruhm. Er will seinen Kopf über die Menge heben, das will er." Wenn er in den Zeitungen erwähnt wird, möchte er auf der Bühne seines Lebens hervorgehoben werden. Kümmert sich der Schauspieler überhaupt um das Wohlergehen der Zuschauer? Alles, was er will, ist ihr Geld und ihren Applaus. Kümmert sich der Politiker überhaupt um das Wohlergehen der Zuschauer? über das Wohl des Wählers? Trotzdem macht es großen Spaß."

„Kommen Sie, kommen Sie, Mr. Leicester", sagte Mr. Lowry, „es würde den Leuten unten in Taviton nicht schaden, Sie so etwas sagen zu hören."

„Genau", sagte Leicester; „Die Leute lassen sich gerne täuschen. Deshalb ist es das Beste, sie zu täuschen. Ist das nicht alles Teil einer großen Show? Wir sind Marionetten auf der Bühne des Lebens, und wir müssen unsere Rolle spielen. Und jeder spielt." es mit seinem Blick auf das Publikum.

„Persönlich", sagte Purvis, „sollte ich weder Zeit noch Geld für einen solchen Zweck verschwenden. Ich weiß, es mag wie Prahlerei klingen, aber ich würde die Politik morgen aufgeben, wenn es nicht zum Wohle meines Landes wäre."

„Vor einiger Zeit", sagte Leicester spöttisch, „wurde ich eingeladen, bei einem politischen Treffen zu sprechen, um die Kandidatur eines jungen Politikers zu unterstützen, der angeblich von sehr edlen Gefühlen erfüllt ist. Ich ging hin und hörte diesem jungen Politiker zu." Während seiner Rede unterbrach ein Mann ihn. Der Redner versuchte ihm zu antworten und scheiterte. Der Mann unterbrach ihn weiter. Schließlich rief jemand: „Machen Sie sich keine Sorgen um ihn, er hat keine Stimme." Sofort sagte dieser junge, hochherzige Politiker: „Ich bin gekommen, um mit Wählern zu sprechen, nicht mit Männern, die keine Stimme und daher kein Interesse am Land haben." Genau. Aber denken Sie einen Moment nach. Wer war dieser Unterbrecher? Er war ein Mann, der ein Leben zu führen hatte. Er hatte seine Lasten zu tragen und seine Schlachten zu schlagen. Aber er war kein

Wähler, er konnte nicht anders, als ihn ins Parlament zu schicken , deshalb –
" und Leicester zuckte mit den Schultern.

Während dieser Rede wirkte Purvis immer wütender. Das Blut stieg ihm ins
Gesicht und er rutschte auf seinem Sitz hin und her. Außerdem sah er, dass
die Augen der anderen auf ihn gerichtet waren, was nicht gerade zu seinem
Trost beitrug.

„Ja, es macht großen Spaß", fuhr Leicester fort, „dieses Schauspiel auf der
großen Bühne des Lebens, während das Publikum jubelt oder stöhnt, je
nachdem. Aber was die Beweggründe betrifft – nun, lassen Sie sie beiseite."

„Aber, Herr Leicester", sagte Olive, die das Gespräch sehr genossen hatte,
auch weil sie nicht sicher war, ob Leicester es ernst meinte oder nur scherzte,
„vergessen Sie nicht, dass es gewissenhafte Künstler gibt? Gibt es nicht
Künstler, die leben? ihre Kunst und scheren sich weder um Lob noch um
Tadel?"

„Ist das nicht eine weitere Form von Egoismus?" bemerkte Leicester.

„Aber sicherlich, Leicester", sagte Purvis, „Sie meinen nicht, dass Sie sich zu
diesen schmutzigen Motiven bekennen – dass Sie Politik nur als ein Spiel
betrachten, das man spielt, um Beifall zu gewinnen? Wollen Sie damit sagen,
dass Sie nein sind?" besser als die Menge, die du beschreibst?

„Mein lieber Freund, mir geht es um einiges besser, und zwar ganz einfach,
weil ich ehrlich bin. Ich behaupte nicht, diese überheblichen Gefühle zu
haben, mit denen sich manche rühmen."

„Als ich Sie das letzte Mal sprechen hörte", sagte Purvis, „haben Sie sich in
unmaßvollen Worten über die gegenwärtige Regierung geäußert. Sie
erklärten es für die Pflicht des Landes, es von der Macht zu verdrängen.
Warum haben Sie das gesagt, wenn es nur eine Partei war?" ist so gut wie der
andere und alle Menschen einheitlich egoistisch?"

„Weil sie das Spiel nicht gut spielen", antwortete Leicester leise; „Weil sie
falsche Bewegungen machen und weil es die künstlerischen Gefühle verletzt,
wenn man sieht, dass etwas schlecht gemacht wird. Aus dem gleichen Grund
würde ich ein Orchester von der Bühne stoßen, weil es Zwietracht erzeugt.
Zunächst einmal hat die gegenwärtige Regierung ein sehr schlechtes Stück."
, und zweitens spielen sie es sehr schlecht. „Miss Castlemaine", fügte er hinzu
und wandte sich an Olive, „bitte verzeihen Sie uns, dass wir so reden; aber
Sie sehen, wir sind alle gleich. Alle Männer fachsimpeln, genau wie die
Frauen." Tun."

„Die Rolle, die Sie jetzt spielen, ist für mich sehr interessant", sagte Olive
lachend.

„Und mir auch", sagte Leicester und sah Purvis an. „In der Tat, wenn man darüber nachdenkt, sind alle ernsthaft gespielten Rollen, besonders wenn viel von der Art und Weise abhängt, wie man sie spielt, ungeheuer interessant."

„Dann geben Sie zu, dass Sie eine Rolle spielen?"

„Spielen wir nicht alle eine Rolle?" antwortete Leicester.

„Und zur Belustigung des Publikums?"

„Und aus egoistischen Gründen? Warum handeln wir sonst?"

Das Mädchen sah ihn fest an, als ob sie versuchte, seine Gedanken zu lesen. Dass sie an ihm interessiert war, musste sie zugeben, nicht so sehr wegen dem, was er sagte, sondern wegen seiner starken Persönlichkeit. Sie konnte sich des Gefühls nicht erwehren, dass er der dominierende Einfluss im Raum war. Sie glaubte nicht an die Meinungen, die er geäußert hatte, und sie glaubte auch nicht, dass er an sie glaubte; Dennoch sprach er sie mit einer solchen Überzeugung aus, dass er sie wider Willen beeindruckte.

„Meine Interpretation des Lebens unterscheidet sich völlig von Ihrer", sagte sie plötzlich. „Hat Charles Lamb eine Rolle gespielt, als er die Frau, die er liebte, und das Leben, das er leben wollte, opferte, um sein Leben zu opfern, um seine arme, verrückte Schwester zu beschützen?"

„Charles Lamb hat nie aufgehört, gelobt zu werden, seit er es geschafft hat", bemerkte Leicester.

„Aber an das Lob hat er damals nie gedacht", sagte Olive.

„Nein, ich gebe zu, dass Sie eine starke Ausnahme gemacht haben, die die Regel bestätigt", sagte Leicester, „und dennoch war der arme Lamb ein Trunkenbold."

Während er sprach, sah er Purvis an, als wollte er ihn daran erinnern, dass er seine Rolle fair spielte.

„Natürlich war das eine schreckliche Schwäche von Lamb", sagte Olive, „und doch kann man nicht anders, als freundlich zu ihm zu sein. Er war so reumütig, so zerknirscht; außerdem hat er die Welt mit seiner hellen, fröhlichen Lebenseinstellung erfreut." Selbst aus Ihrer Sicht spielt der Mann, der das Böse im Leben sucht, eine schlechte Rolle. Wer das Gute und Schöne sucht, ist es, der den Zuschauern wirklich hilft."

„Ich denke anders", bemerkte Leicester. „Der Arzt, der eine Krankheit aufdeckt und bekämpft, ist der größte Wohltäter."

„Eine Krankheit aufzudecken, ohne sie zu bekämpfen, nützt dagegen nur wenig", sagte Olive; „Außerdem scheint mir, dass der größte Arzt derjenige ist, der uns lehrt, ein so gesundes Leben zu führen, dass die Krankheiten in uns keinen Lebensunterhalt mehr finden. Das beste Mittel gegen das Eindringen von Krankheiten ist eine starke, kräftige Gesundheit."

„Aber wie man diese starke, kräftige Gesundheit erlangt, Miss Castlemaine, ist das nicht die große Frage?"

„Durch das Einatmen reiner Luft. Durch den Genuss reiner Nahrung, sowohl geistig und moralisch als auch körperlich", antwortete sie. „Das bisherige Gespräch hat bei mir ein ziemlich morbides Gefühl hervorgerufen."

John Castlemaine und Mr. Lowry lachten herzlich, während Purvis erleichtert aufatmete. Er hatte sich gefragt, wie sich dieses Gespräch auf Olive auswirkte, und freute sich darüber, dass es ihr nicht gefallen hatte. Was Leicester betrifft, warf er ihr einen kurzen, bewundernden Blick zu. Er war froh, dass Winfield sie erwähnt hatte. Hier war zumindest eine Frau, die es mehr wert war, gewonnen zu werden als jede andere, die er je gesehen hatte. Erneut schämte er sich für das Gespräch, das im Club stattgefunden hatte, obwohl er mehr denn je entschlossen war, Purvis und Sprague zu beweisen, dass er mit seiner Behauptung Recht hatte.

„Jedenfalls kann Purvis mir nicht vorwerfen, dass ich meine Meinung verheimliche", sagte er sich und drehte dann den Gesprächsverlauf.

Während des restlichen Abends schien Leicester seine traurigen, hoffnungslosen Ansichten zu vergessen, und er stellte vollständig die gute Meinung wieder her, die John Castlemaine zunächst über ihn gebildet hatte und die er während der Zeit, in der Leicester seine Meinung zum Ausdruck brachte, fast verloren hatte seine zynischen Ansichten. Und das war kein Wunder, denn sogar Purvis selbst war von seiner Klugheit nahezu hingerissen . Er sprach gut über aktuelle Bücher und aktuelle Ereignisse. Er verglich mit Olive Notizen über Orte, die beide besucht hatten, und über Bücher, die beide gelesen hatten. Er bemühte sich, angenehm zu sein, und es gelang ihm sehr. Vielleicht hat ihm die Atmosphäre im Haus geholfen, vielleicht hat er in Olive jemanden gefunden, der dazu beigetragen hat, seine gute Meinung über die Weiblichkeit wiederherzustellen; Vielleicht erkannte er seine Entschlossenheit, seine Wette zu gewinnen und das Versprechen von Olive Castlemaine zu erhalten, seine Frau zu werden. Wie dem auch sei, das Radford Leicester zu Beginn des Abends war nicht das Radford Leicester des Abends.

Olive spürte das. Er erinnerte sie an Dr. Jekyll und Mr. Hyde. Seine Doppelpersönlichkeit wurde zu einem Problem. Welcher war der wahre Mann? Beide waren interessant – fast faszinierend. Er war klug, wenn ihn die pessimistische Stimmung überkam; Als er Student und Gelehrter wurde, war er weitaus klüger und sprach brillant über Bücher, Architektur, Kunst und das kämpfende, unruhige Leben der Menschheit.

Zur Religion sagte er nichts. Ein- oder zweimal, als Olive das Thema in ihre Unterhaltung einbrachte, vermied er es. Vielleicht schreckte er davor zurück, seinen Mangel an Glauben an jene Wahrheiten zum Ausdruck zu bringen, an denen für Olive alle Meinungen der Menschen geprüft werden müssen; aber über andere Dinge sprach er frei und gut. Außerdem half ihm das Mädchen. Ihre Geradlinigkeit, ihre Freiheit von kleinen Gemeinheiten und ihre weitreichende, intelligente Lebensauffassung ließen ihn für einen Moment seine oft geäußerte Meinung über Frauen vergessen. Außerdem hatte er seine Rolle zu spielen, und er spielte sie.

Plötzlich kam ein Diener und sagte, dass Mr. Lowrys Auto vor der Tür stünde.

„Du fährst nicht mit dem Zug in die Stadt?" sagte Herr Castlemaine.

„Nein, ich hatte das Auto in London und dachte, ich könnte es genauso gut benutzen", antwortete Mr. Lowry; „Außerdem komme ich schneller zurück ins Auto."

„Ja", antwortete Mr. Castlemaine, „das nehme ich an; aber ich persönlich würde lieber hinter zwei guten Pferden stehen. Es tut mir wirklich leid, dass Sie so bald gehen müssen", sagte er und wandte sich an Leicester. „Ich freue mich sehr, Sie kennengelernt zu haben. Ich hoffe, wir sehen uns öfter."

Purvis sah Leicester wütend an, als er John Castlemaine dies sagen hörte, aber er sagte nichts; er hatte ein wenig Angst.

„Gehst du zurück nach London, Purvis?" fragte Leicester. „Wenn ja, bin ich sicher, dass Mr. Lowry Sie gerne mitnehmen wird."

„Danke", sagte Purvis; Dann fügte er im Nachhinein hinzu: „Bevor ich gehe, würde ich gerne mit Mr. Castlemaine sprechen. Wir waren alle so an Mr. Leicesters Meinungen interessiert, dass ich den Auftrag, mit dem ich gekommen war, fast vergessen hatte."

Eine Minute lang war Leicester mit Olive allein.

„Ich muss Ihnen für einen angenehmen Abend danken, Miss Castlemaine", sagte er, „einer der wenigen angenehmen Abende meines Lebens."

Sie blickte fragend zu ihm auf.

„Ich meine, was ich sage", sagte er. „Während wir beim Abendessen waren, habe ich dir erzählt, dass ich das Leben sehr interessant gefunden habe. Ich habe dir eine Lüge erzählt. Warum ich es erzählt habe, weiß ich nicht. Es ist mir von der Zunge gerutscht, bevor mir klar wurde, was ich gesagt habe. Ich habe es nicht herausgefunden." Das Leben ist interessant, ich fand es alles andere als das – alles. Aber dieser Abend war eine Oase in der Wüste, und ich danke Ihnen."

„Ich freue mich, dass Sie einen angenehmen Abend hatten", sagte Olive leise; Dennoch fragte sie sich, wie viel Wahrheit in seinen Worten steckte.

„Sie glauben mir nicht", sagte er, „aber was ich sage, ist vollkommen wahr. Ich finde diesen Lebensabschnitt nicht sehr interessant, um darin zu agieren."

„Dann ist es am besten, nicht zu handeln", sagte Olive.

„Das ist keine Frage der Wahl."

„Ich denke, das ist es. Man kann sich dafür entscheiden, eine Rolle zu spielen, oder er kann sich dafür entscheiden, ein Leben zu führen."

„Das Gleiche", antwortete er.

„Verzeihung, das glaube ich nicht."

„Trotzdem danke ich Ihnen für einen angenehmen Abend. Wenn man nur sehr wenige davon hat, ist es eine Menge, wofür man dankbar sein kann."

Es lag etwas in seiner Stimme, das sie davon überzeugte, dass er meinte, was er sagte. Sie stellte fest, dass sein Gesicht traurig war und dass in seinen Augen keine Freude zu sehen war.

„Verzeihen Sie mir, ein Fremder, der eine Frage stellt", fuhr er fort. „Finden Sie das Leben glücklich?"

"Überaus."

„Das ist interessant. Ich wünschte, ich wüsste dein Geheimnis."

„Indem man aufhört, eine Rolle zu spielen."

Sie hatte das nicht sagen wollen; aber die Worte entgingen ihr, bevor sie sie realisierte.

„Wie kann man das machen?"

„Indem wir versuchen, den Zuschauern zu dienen, anstatt ihnen zu gefallen."

Er lachte fast bitter.

„Wenn die Zuschauer es nur wert wären", sagte er. Er streckte seine Hand aus. „Gute Nacht, Miss Castlemaine", sagte er; „Nochmals vielen Dank."

Er ging in die Halle, wo Mr. Lowry auf ihn wartete.

„Ist Purvis bereit?"

„Er spricht mit Mr. Castlemaine."

Instinktiv hatte Leicester das Gefühl, dass er das Gesprächsthema war, und Leicester hatte Recht.

Purvis hatte seinen Besuch bei Mr. Castlemaine in wenigen Worten erklärt und dann gesagt: „Ein komischer Kerl – Leicester, nicht wahr?"

„Er ist kein gewöhnlicher Mann", sagte Mr. Castlemaine. „Er sollte eine großartige Karriere haben."

Purvis schüttelte den Kopf.

"Du glaubst das nicht?"

„Ich leugne seine Klugheit nicht", sagte Purvis. „Das ist allgemein anerkannt; aber – aber –"

„Oh, ich nehme seine Witze kaum zur Kenntnis", sagte John Castlemaine, „denn er hat Witze gemacht."

„Nein, er hat keinen Scherz gemacht."

"Du meinst das--"

„Er glaubt an nichts – weder an Gott noch an den Menschen. Er glaubt nicht an die Gemeinplätze der christlichen Moral. Er prahlt mit seinem Atheismus."

Mr. Castlemaine sah ernst aus.

„Das ist sehr schade für den armen Kerl", sagte er.

„Aber das ist nicht das Schlimmste", sagte Purvis.

"NEIN?"

„Nein, es ist schrecklich schade, aber er ist ein starker Trinker."

„Ah, es tut mir sehr leid, denn er kam mir wie ein Mann mit großen Möglichkeiten vor."

Mr. Castlemaine schien das Gespräch mit Purvis nicht zu genießen, und er ging in die Halle, um seinen Gästen eine gute Nacht zu wünschen.

Während der Fahrt nach London war es in Leicester sehr still. Das Auto fegte schnell über die nun fast leeren Straßen und stand plötzlich vor dem Club, wo wir zum ersten Mal den Mann trafen, dessen Geschichte ich zu erzählen versuche.

Als sie das Raucherzimmer betraten, bestellte Leicester einen großen Whisky, den er schnell trank. Es schien, als hätte seine Abstinenz bei Mr. Castlemaine Gelüste geweckt, die er unbedingt stillen wollte.

„Nun“, sagte Purvis plötzlich, „Sie haben den ersten Schritt getan.“

„Ja, ich habe den ersten Schritt getan.“

„Ich sage, Leicester, gib auf – das ist nicht richtig.“

Leicester zuckte mit den Schultern.

„Selbst wenn es dir gelingen würde, wäre es –“

„Du meinst, ich bin ihrer nicht würdig?“

„Das wissen Sie selbst.“

Leicester lachte.

„Sie sehen, dass Sie sofort zum Whisky eilen, sobald Sie zurückkommen.“

„Nun, sie weiß alles darüber.“

"Wie?"

„Du hast es ihr erzählt – und du hast es auch ihrem Vater erzählt.“

Purvis' Augen senkten sich.

„Oh, seien Sie nicht niedergeschlagen, mein Lieber“, sagte Leicester spöttisch. „Ich habe dir erlaubt, es ihnen zu sagen, und du hast meine Erlaubnis ausgenutzt. Und du hast ihr auch alles andere erzählt. Oh, dafür kenne ich dich gut genug, und im Großen und Ganzen bin ich froh. Aber denken Sie daran.“ und er stand auf wie ein Mann im Zorn, „wenn du den Rest verraten würdest –“

„Du meinst die Wette?“

„Nennen Sie es, wie Sie wollen – wenn Sie oder Sprague das verraten würden, dann wäre es, um Ihre Bibel zu zitieren, besser, wenn Ihnen ein Mühlstein um den Hals gehängt würde und Sie in die Tiefen des Meeres geworfen würden.“

Purvis zuckte vor dem wilden Glanz der Augen des Mannes zusammen.

„Du – das meinst du doch sicher nicht so – dass du mit dieser Sache weitermachst?“

„Ja, das bin ich“, antwortete Leicester. Seine Stimme war ruhig, aber er sprach wie ein Mann im Zorn. „Ich mache weiter, und – und – wenn Sie das Spiel nicht mitspielen – nun, Sie kennen mich, Purvis.“

„Natürlich ist ein Versprechen ein Versprechen“, sagte Purvis; "alles das selbe--"

„Geh ins Bett, mein Sohn", sagte Leicester spöttisch. „Ich denke, es wird dir jetzt gut gehen."

Wenn Purvis geblieben wäre, wäre er bei dem Ausdruck, der in Leicesters Augen erschien, fast erschrocken gewesen.

KAPITEL V

DIE STÄRKUNG DER KETTE

In den nächsten Tagen nach dem Abend des Abendessens in John Castlemaines Haus schien sich in Radford Leicester eine Veränderung vollzogen zu haben. Er wurde weniger hoffnungslos und trank nicht mehr so viel. Es könnte scheinen, als hätte ein Abend in der Gesellschaft einer guten Frau eine wohltuende Wirkung auf ihn gehabt. Er unternahm keine weiteren Schritte, um seine erklärte Absicht zu verwirklichen, aber wenn er von Frauen sprach, geschah dies mit weniger Bitterkeit.

Sowohl Sprague als auch Purvis bemerkten dies und fragten sich beide, was das bedeutete. Konnte es sein, dass Leicester sich reformieren wollte, oder bedeutete das, dass er lediglich eine Rolle spielte, um die Frau zu gewinnen, von der er geprahlt hatte, dass er sie gewinnen könne?

Dennoch war er launisch und schien unglücklich. Er traf diese Männer manchmal im Club, sprach aber wenig. Außerdem war er in der Öffentlichkeit sehr zurückhaltend, so dass sogar der Kellner es bemerkte.

„Dreht er ein neues Kapitel auf?“ fragte Purvis von Sprague.

„Wenn ja, spielt er das Spiel nicht mit“, antwortete der andere.

"Warum sagst du das?"

„Weil klar war, dass er sie unter der Voraussetzung gewinnen sollte, dass er ein Atheist und Trunkenbold war.“

„Aber Sie haben doch sicher keine Einwände gegen seine Reform?“

„Nein, natürlich wäre ich nur zu froh, wenn er es täte, nur dann wäre der ganze Sinn unserer Diskussion verloren.“

Während dieses Gesprächs saßen sie in dem Club, in dem wir sie zum ersten Mal trafen, und gerade als Purvis dem anderen antworten wollte, betrat Leicester den Raum. Er sah noch blasser aus als sonst und die dunklen Ringe um seine Augen deuteten auf körperliche oder geistige Schmerzen hin. Kaum hatte er sie gesehen, ging er auf sie zu, als sei er froh über die Gelegenheit, Gesellschaft zu leisten.

„Wie geht es dir, Leicester?“

„Ich habe schreckliche Kopfschmerzen“, antwortete er.

Sprague und Purvis sahen sich vielsagend an, ein Blick, den Leicester bemerkte.

„Nein", sagte er, „ziehen Sie keine Schlussfolgerungen. Ich habe nicht getrunken. Es ist dieser verwirrte Wahlkreis."

„Warum ist dort etwas passiert?"

„Nein – nichts Wichtiges. Es ist nur das alte Spiel. An diesen Mann muss geschrieben werden, und dem anderen Mann muss eine bestimmte Aussage erklärt werden. Für zwei Pence würde ich das Ganze aufgeben."

„Wo würde deine Karriere dann aussehen, Leicester?"

„Hör auf mit der Karriere", sagte er launisch.

„Es ist schön und gut, das zu sagen, alter Mann, aber es hängt viel davon ab."

"Was?"

„Nun, Ihre Zukunft – Ihre Zukunft im Parlament und Ihre zukünftigen Ehevereinbarungen."

Er warf den beiden Männern einen wütenden Blick zu.

„Sicherlich ist das meine Angelegenheit", sagte er.

„Es tut mir leid, Ihnen zu widersprechen, alter Mann, aber es ist auch unsere Angelegenheit. Diese hundert Pfund, wissen Sie."

Leicester brachte ein Gefühl zum Ausdruck, das eher energisch als elegant war.

Sprague sah ihn gespannt an. Seit der Nacht, als wir diese Männer zum ersten Mal trafen, hegte er in seinem Herzen Zorn gegenüber Leicester. Er hatte das Gefühl, dass dieser Mann ihn verachtete, und er war froh über die Gelegenheit, ihm, wie er es nannte, „auf eigene Rechnung" eine Chance zu geben.

„Unser tapferer Krieger hat Angst zu kämpfen", sagte er höhnisch.

Leicester zuckte zusammen, als wäre er gestochen worden. Der Ausdruck auf Spragues Gesicht machte ihn wahnsinnig. Denn Leicester war an diesem Abend in einem nervösen Zustand. Sein Verzicht auf Spirituosen machte ihm schrecklich zu schaffen. Jede Faser seines Körpers schrie nach Whisky, und jeder Nerv schien angespannt zu sein.

„Was meinst du, Sprague?" er forderte an.

„Ich meine, dass unser tapferer Krieger seine Flagge einholt", sagte Sprague. „Er hat herausgefunden, dass die Zitadelle nicht einfach einzunehmen ist, und er ist bereit, ohne einen Schlag aufzugeben."

Leicester blickte launisch auf den Boden. Im Grunde seines Herzens schämte er sich für die ganze Sache, aber er hatte das Gefühl, er würde lieber alles tun, als es vor diesen Kerlen zu gestehen.

„Ich habe gehört, dass er auch Abstinenzler geworden ist", fuhr Sprague fort, der offenbar bestrebt war, alte Rechnungen zurückzuzahlen. „Wer weiß? Vielleicht sehen wir Leicester schon als Befürworter der Abstinenz."

Leicester stand auf, als könne er sich nicht zurückhalten. Von einem Mann wie Sprague verspottet zu werden, war zu viel. Er schien im Begriff zu sein, eine beleidigende Bemerkung von sich zu geben, doch dann hielt er sich zurück, als hätte er es sich anders überlegt. Er läutete eine Glocke, die auf dem Tisch stand.

Auf seine Aufforderung hin kam ein Kellner.

„Whisky", sagte er.

„Ein großes oder ein kleines, Sir?"

„Bring – bring eine Flasche", sagte er wütend.

„Ich sage, Leicester, tu das nicht!" sagte Purvis.

„Was nicht tun?"

„Fangen Sie nicht wieder an zu trinken."

Wieder war Leicester fast von Wut überwältigt. Wie können diese Kerle es wagen, ihn zu stören!

„Darf ich meine lieben Moody und Sankey fragen, wann die Kontrolle über meine Handlungen in Ihre Zuständigkeit fiel?" sagte er mit einem starken Versuch der Selbstbeherrschung.

„Verstehen Sie es nicht so, alter Mann. Ich bin sicher, Sie schämen sich für die andere Sache, und –"

„Was für ein Geschäft?"

„Du weißt, was für ein Geschäft. Du kannst nicht weitermachen. Du hättest nie daran gedacht, wenn du nicht zu viel getrunken hättest; und wirklich, ich war furchtbar froh, als ich sah, dass du es aufgabst."

Leicester antwortete nicht, sondern blickte stattdessen gespannt auf den Kellner, der auf ihn zukam.

Er schüttete eine große Portion Whisky in ein Glas, fügte dann eine kleine Menge Sodawasser hinzu und nahm einen großen Schluck.

„So", sagte er, als er das Glas leer abstellte, „das für eure frommen Plattitüden, meine Freunde."

Die Aktion schien etwas von seinem Gleichmut wiederherzustellen und brachte auch die alte Tapferkeit zurück, die ihn gekennzeichnet hatte.

„Der tapfere Krieger scheint holländischen Mut zu erfordern", bemerkte Sprague, der offenbar darauf aus war, alles Böse in ihm zu erwecken.

„Besser das als gar nichts", bemerkte Leicester leise. „Und lassen Sie mich Ihnen Folgendes sagen, mein Freund: Sie können Ihrer Mutter sagen, dass ich Ihnen bei Ihren Salonbesprechungen nicht behilflich sein werde . Übrigens, auf welcher Linie sind Sie jetzt? Sind es Hottentotten-Kinder, Anti-Raucher oder? die Bekehrung der Juden?"

Die Farbe war in seine Wangen gestiegen, das alte Licht war in seine Augen zurückgekehrt.

„Als ob es mir wichtig wäre, dass Ihre Dorcas den moralischen Maßstäben entsprechen", fuhr er fort. „Was, du dachtest, der arme Sünder würde Buße tun, nicht wahr? Und du hattest alle deine Texte und deine zusammengewürfelten Ratschläge, die du mir in die Ohren schütten konntest. Sag mir, Sprague, hast du eine deiner Rednerinnen ausgewählt, um zu sprechen? Wort zur rechten Zeit? Du weißt, wie parteiisch ich gegenüber Frauen in der Öffentlichkeit bin."

„Sie haben eine ganze Woche lang versucht, auf das Getränk zu verzichten", erwiderte Sprague wütend.

„Habe ich das jetzt? Nun, dann werde ich meine vergangenen Missetaten wiedergutmachen. Ich bereue meinen Rückfall, mein lieber Pastor, und ich kehre zu meinem geistlichen Tröster zurück."

Er schenkte noch mehr Whisky ein, immer noch mit ruhiger Hand, und sah sie mit einem spöttischen Lächeln an.

„Habe Vertrauen, Sprague", sagte er; „Vertrauen Sie, wie Ihre Lieblingsrednerinnen bei den Treffen im Salon, die Sie so sehr lieben, so eloquent sagen: ‚Ohne Glauben geht nichts.'"

Purvis, der der Bessere der beiden war, sah wirklich verzweifelt aus. Er schämte sich für das, was geschehen war, und hatte aufrichtig gehofft, dass Leicester den wilden Plan, den sie begonnen hatten, aufgegeben hatte.

„Das alles tut mir leid, Leicester", sagte er, „und ich gestehe ehrlich gesagt, ich habe gehofft –"

„Dass ich auf den Stuhl der Reue gedrängt wurde, dass ich mich für meine Missetaten schämte und dass ich das Spiel aufgeben würde. Nein, meine Freunde, ich stehe zu dem, was ich gesagt habe, und darüber hinaus bin ich es." Ich werde es durchsetzen. Ich habe mich nicht zu Ihrem erklärten

Glauben an den Adel der Frauen bekehrt, und was das Schamgefühl angeht – tah, als ob mir Ihre Moral aus dem Lehrbuch am Herzen liegen würde!"

Keiner der Männer antwortete. Sie hatten fast Angst vor dem Mann. Er sprach leise, und doch zeigte das seltsame Leuchten in seinen Augen, wie bewegt er war.

„Und außerdem, lieber Moody und Sankey", fuhr er fort, „ich werde das Spiel ehrlich spielen. Ich werde keine meiner Gefühle verbergen. Ich werde diese Frau unter keinen falschen Bedingungen gewinnen. Warum sollte ich? Da." ist nicht nötig. Was habe ich gesagt? Lasst die Frauen ihren egoistischen Ehrgeiz befriedigen, und nichts anderes zählt."

„Kommen Sie, Leicester, Sie wissen, dass dem nicht so ist. Ich denke, Ihr Besuch bei Mr. Castlemaine hätte Sie zumindest dazu gebracht, diesen Unsinn fallen zu lassen."

Zu diesem Zeitpunkt hatte er sein zweites Glas Whisky ausgetrunken, und obwohl es wie beim ersten Mal keine Auswirkungen auf seine perfekte Artikulation zeigte und er sehr leise sprach, brachte es ihn zweifellos dazu, etwas zu sagen und zu tun, was er ohne seinen Einfluss nie gedacht hätte des Tuns.

„Ich sage, Purvis", sagte er, während er sich bequem in seinem Stuhl zurücklehnte und sich eine Zigarre anzündete, „habe ich meine Gefühle bei Mr. Castlemaine versteckt? Habe ich mich als Moralreformer ausgegeben? Und was noch wichtiger ist: Haben Sie mich verschont?" „Haben Sie Mr. Castlemaine und Miss Castlemaine nicht in großer und treuer Freundschaft Ihre Meinung über mich mitgeteilt? Haben Sie Miss Castlemaine nicht von meinem Ruf in Oxford und von meinen schrecklichen Ansichten erzählt? Haben Sie Mr. Castlemaine nicht gesagt, dass ich... war ein Atheist, dass ich über die christliche Moral gelacht hatte und dass ich ein starker Trinker war? Kommen Sie jetzt, leugnen Sie es, wenn Sie können.

„Du weißt, was du zu mir gesagt hast", sagte Purvis und blickte auf den Boden wie ein beschämter Mann.

„Natürlich habe ich das getan, mein Lieber. Sehen Sie nicht so elend aus. Nun, ich habe mein Schlimmstes getan, und Sie haben Ihr Schlimmstes getan. Schauen Sie sich das jetzt an!"

Während er sprach, warf er Purvis einen Brief zu.

„Soll ich es lesen?"

„Warum habe ich es dir sonst gegeben?"

Purvis öffnete den Brief und las ihn. Es war eine Einladung an Mr. Castlemaine zum Abendessen.

"Werden Sie?" fragte Purvis.

„Natürlich bin ich das. Glaubst du, ich werde mir eine solche Gelegenheit entgehen lassen? Oh, du brauchst keine Angst zu haben, sie Sprague zu zeigen. Es ist keine Einladung zu einem Treffen im Salon, sondern nur zu einem Abendessen." ."

„Nun, das bedeutet nichts", sagte Sprague.

„Nein? Ich denke, es beweist meine Aussagen voll und ganz. Diese Einladung wäre nicht von John Castlemaine ohne die Zustimmung seiner Tochter gekommen – vielleicht geschah es auf ihre Veranlassung hin. Und doch weiß sie, dass ich – nun ja – alles bin, was Sie über mich beschrieben haben zu sein. Ich bin Atheist, ich habe die Sitten aus dem Lehrbuch über Bord geworfen, ich bin ein starker Trinker. Aber was dann? Ich passe mich den Konventionen an; kein Mann hat mich jemals betrunken gesehen; aber vor allem werde ich als solcher erwähnt jemand, der eine glänzende Karriere haben wird. Daher die Einladung."

„Eine Einladung zum Abendessen bedeutet nichts", drängte Sprague.

„Daher die Einladung und daher die künftige Rechtfertigung meiner Aussagen", beharrte er. „Gute Nacht, meine Freunde, es tut mir leid, dass ich nicht länger bleiben kann."

Ganz fröhlich verließ er den Raum. Ein zufälliger Passant hätte ihn, wenn er ihn getroffen hätte, in diesem Moment für einen glücklichen Mann gehalten.

Und doch, obwohl Sprague und Purvis es nicht wussten, hatte Leicester an diesem Abend den Raucherraum des Clubs mit der starken Neigung betreten, die Einladung in John Castlemaines Haus abzulehnen. Er *hatte* sich geschämt, eine Frau zum Gegenstand einer Wette gemacht zu haben, und mehr noch, er hatte mehrere Tage lang gegen das Verlangen nach Alkohol gekämpft. Er erkannte mehr als jeder andere die Macht, die es über ihn erlangt hatte, und er wusste, dass er, wenn er die Gewohnheit nicht ablegen würde, bald mit Leib und Seele ein Sklave dieser Gewohnheit sein würde. Darüber hinaus hatte ein Abend in der Gesellschaft einer guten Frau seine latente Männlichkeit geweckt, und er hatte das Gefühl, dass er sich nicht erniedrigen konnte, indem er zu der Herausforderung stand, die er gestellt hatte. Er wusste genauso gut wie sie, dass es unter dem Einfluss von Whisky hergestellt wurde und dass kein Ehrenmann dazu stehen sollte.

In den Tagen, in denen er gegen sein Verlangen nach Alkohol gekämpft hatte, wurde der Gedanke an das, was er getan hatte, immer abstoßender, und als er den Raum betrat, in dem Sprague und Purvis waren, wollte er ihnen sagen, dass nichts mehr darüber gesagt werden dürfe.

Es schien jedoch, dass das Schicksal gegen ihn war. Er war in einer nervösen, gereizten Stimmung, verursacht durch den Verzicht auf das Gift, das für ihn fast zur Notwendigkeit geworden war, und die vielsagenden Blicke der beiden Männer machten ihn wahnsinnig. Wären sie ihm im richtigen Geist begegnet, wäre es möglich, dass die Affäre, die keinem von ihnen Ehre erwies, als nutzloser Scherz abgetan worden wäre. Wie wir jedoch gesehen haben, hatten sie ihn verspottet, sie hatten ihn wütend gemacht; Diese Männer, die er als seine Untergebenen ansah, hatten eine überlegene Miene angenommen, und das war in der gegenwärtigen Verfassung seiner Nerven mehr, als er ertragen konnte. Er hatte Whisky bestellt, und danach gingen seine guten Vorsätze unter. Radford Leicester wäre lieber gestorben, als zuzugeben, dass er geschlagen wurde. Daher beruhen große Probleme oft auf unwichtigen Ereignissen.

Nachdem er gegangen war, herrschte einige Zeit Stille zwischen den beiden jungen Männern.

„Ich wünschte, wir wären nicht so dumm gewesen, Sprague“, sagte Purvis plötzlich.

"Wie meinst du das?"

„Ich meine, dass wir genauso schlecht sind wie er, vielleicht noch schlimmer. Wir waren zumindest nüchtern.“

„Ja, ich weiß; aber wer hätte gedacht, dass er zu seinen Waffen stehen würde?“

„Wir wissen, was er ist. Ich glaube, wenn wir heute Abend klug gewesen wären, hätte er vielleicht dazu gebracht werden können, es aufzugeben. Aber jetzt wird ihn nichts mehr bewegen.“

„Nun, es könnte Miss Castlemaine eine Lektion erteilen“, sagte Sprague, dessen Stolz sich noch nicht von der Wunde erholt hatte, die ihre Weigerung verursacht hatte; „Aber so ist es – es ist alles in Ordnung. Es wird nie etwas werden. Und falls etwas Ernsthaftes dabei herauskäme, würde ich ihr die ganze Geschichte des Witzes erzählen.“

„Nein, das würdest du nicht.“

"Warum?"

„Weil du es nicht wagst. Weil sie uns alle bis zum letzten Tag verachten würde, weil sie nie wieder mit uns sprechen würde. Du weißt, was für ein Mädchen sie ist.“

Sprague schwieg.

„Ist es eine Dinnerparty, die Mr. Castlemaine gibt, oder ist Leicester auf freundliche Weise eingeladen, frage ich mich?" sagte er sofort.

„Offensichtlich eine freundliche Einladung, da Mr. Castlemaine den Brief eigenhändig geschrieben hat."

„War es wahr, dass Sie Mr. Castlemaine die Wahrheit über ihn gesagt haben?"

Purvis schien sich unwohl zu fühlen.

„Offensichtlich hat er es nicht geglaubt", antwortete er, nachdem er einige Sekunden gezögert hatte. „Sie kennen Leicesters Art. Wenn man in seine wundervollen Augen schaut, kann man nicht sagen, ob er scherzt oder ob er es ernst meint. Außerdem ist er so ein gutaussehender, faszinierender Kerl, und ich habe gesehen, dass Mr. Castlemaine ihn mochte. Dann, Obwohl es völlig wahr ist, dass er während eines Teils des Abends in seiner üblichen spöttischen Art redete, änderte er seinen Ton, bevor er ging. Offensichtlich empfand er Miss Castlemaine als eine sympathische Begleiterin, denn er wurde in seiner Unterhaltung sehr ernst, und Sie auch Wissen Sie, wenn er ernst ist, ist er geradezu brillant. Tatsächlich zeigte er uns an diesem Abend zwei Radford Leicesters: Wir hatten Leicester, den Zyniker, aber wir hatten auch Leicester, den Gelehrten, den brillanten Gesprächspartner, den Mann, der alles gelesen hat Lesenswert und alles gesehen, was sehenswert war. Niemand konnte umhin zu bemerken, wie Miss Castlemaine ihn bewunderte.

„Und Sie glauben, dass er diese Sache jetzt durchziehen wird?"

„Ich bin sicher, er wird ihr einen Heiratsantrag machen. Hast du seine Augen nicht gesehen? Und du weißt, was für ein Kerl er ist. Wenn er sich einmal eine Sache vorgenommen hat, wird er sofort weitermachen. Gewöhnliche Überlegungen schrecken nicht ab." Er. Weigerungen werden ihn nur noch entschlossener machen. Außerdem hast du heute Abend seinen Stolz verletzt, und – nun, ich wünschte, wir wären nicht so dumm gewesen. Ich für meinen Teil schäme mich für die ganze Sache."

„Ich sage Ihnen, wir brauchen uns nicht zu fürchten. Wir wissen, was Miss Castlemaine ist. Sie ist nicht die Art von Frau, die sich von einer attraktiven Erscheinung und klugen Reden mitreißen lässt. Es ist nicht so, dass dies ihr erstes Angebot wäre."

„Nein, aber sie bewundert Stärke. Kennen Sie ihre Lieblingsfiguren in der Geschichte?"

"NEIN."

„Nun, denken Sie mal nach. Die Männer, die sie am meisten bewundert, sind Luther, Richelieu, Cromwell und Napoleon."

„Eine merkwürdige Kombination."

„Ja, aber jeder von ihnen hatte die gleichen Eigenschaften. Alle waren starke Männer, Männer, die Großes wagten und um große Einsätze spielten.“

„Nun, Leicester hat keine großen Dinge gewagt.“

„Aber er ist zu großartigen Dingen fähig. Sie wissen genauso gut wie ich, dass, wenn er in einem Raum ist, alle anderen in den Schatten gestellt werden, das heißt, wenn er sich anstrengen möchte. Ich sage Ihnen, Leicester könnte ein Großartiger sein.“ Mann, wenn er nur die Antriebskraft hätte.

„Aber wir brauchen keine Angst zu haben. Wann, sagten Sie, wurde er zu Mr. Castlemaine eingeladen?“

„Nächste Donnerstagwoche.“

„Ich wünschte, wir wären auch eingeladen“, sagte Sprague.

„Wer weiß? – vielleicht sind wir es.“

Tatsächlich waren sie es, und als der Abend des Abendessens näher rückte, saßen beide nicht nur in unmittelbarer Nähe von Leicester, sondern auch in unmittelbarer Nähe von Miss Olive Castlemaine. Denn dies war einer dieser seltenen Anlässe, bei denen John Castlemaine eine Dinnerparty gab.

Radford Leicester saß neben Olive Castlemaine und alle gaben zu, dass sie das auffälligste Paar im Raum waren. Hätten sie sich in einer glänzenden Gesellschaft getroffen, wären sie genauso bemerkenswert gewesen. Darüber hinaus war dies einer dieser Abende, an denen Radford Leicester sich in der Stimmung befand, sich anzustrengen, während Olive Castlemaine als Gastgeberin natürlich den Wunsch hegte, freundlich zu sein.

Zum ersten Teil des Abendessens wurde nur wenig Bemerkenswertes gesagt. Das Gespräch wechselte von einem Thema zum anderen. Nacheinander wurden Automobile, eine Kontinentalausstellung, der neueste Roman von Bedeutung und die politische Lage besprochen. Gesellschaftsskandale wurden nicht begangen, und die Sprüche und Taten von Schauspielerinnen und Varietésängern durften nicht erwähnt werden. Wenn man darüber nachdenkt, war das Gespräch also von deutlich höherem Niveau als das, was man oft bei gesellschaftlichen Veranstaltungen erlebt. Aber dann muss man bedenken, dass John Castlemaine ein Mann aus der Mittelschicht war, der sich zur christlichen Religion bekannte, und dass die Atmosphäre in seinem Haus nicht für „kluge“ Gespräche geeignet war.

Tatsächlich wurde Radford Leicester, um die Wahrheit zu sagen, ziemlich unruhig. Er bemerkte auch, dass sowohl Sprague als auch Purvis ihn aufmerksam beobachteten und allem zuhörten, was er zu sagen hatte. Er wusste instinktiv, was sie dachten, und mehr noch, er war sich sicher, dass ein Diener ihn zur Tür geführt hätte, wenn sein Gastgeber und seine

Gastgeberin die Umstände gekannt hätten, die dazu führten, dass er an diesem Abend ihr Gast war. Darüber hinaus war er zur Enthaltsamkeit verpflichtet, auch wenn er keine Angst vor den äußerlichen Auswirkungen hatte, wenn er beim Abendessen viel Wein zu sich nahm. Olive Castlemaine hatte von seiner Schwäche gehört und würde zweifellos zur Kenntnis nehmen, wie oft der Kellner sein Glas nachfüllte.

Als wir gerade über Politik diskutierten, bemerkte jemand das Ausmaß an Selbstaufopferung, das von Parlamentsmitgliedern praktiziert worden sei, insbesondere von denen, die eine herausragende Position im Land innehatten.

„Mr. Leicester glaubt nicht daran", bemerkte Purvis. „Er ist der Meinung, dass das alles großen Spaß macht."

Daraufhin richteten sich alle Augen auf Leicester.

„Sie irren sich", antwortete er, „ich glaube, dass die Selbstaufopferung dieser Männer sehr groß ist."

„Mr. Leicester hat seine Meinung in letzter Zeit sicherlich geändert", bemerkte Sprague. „Siehe, ein Saul unter den Propheten!"

„Nicht im Geringsten, das versichere ich Ihnen", antwortete Leicester. „Ich glaube, dass Scharen dieser Männer sich sehr opfern. Wenn Sie mich fragen, für wen sie sich opfern, würde ich sagen: für sich selbst."

„Dann opfert der Kandidat für Taviton seine Freizeit für –"

„Genau der Kandidat für Taviton. Mein lieber Sprague, Sie haben die Situation mit Ihrer gewohnten Glückseligkeit gemeistert."

„Ich glaube nicht, dass Mr. Leicester sich selbst gegenüber fair ist", bemerkte Olive Castlemaine und blickte Leicester fragend ins Gesicht.

„Das versichere ich Ihnen", antwortete Leicester. „Tatsächlich neige ich zu der Annahme, dass die Menschen, die als aufopferungsvoll bezeichnet werden, äußerst unerwünschte Menschen sind, mit denen man in Kontakt treten kann."

„Komm, komm, Leicester, das glaubst du nicht", sagte Purvis.

„Das versichere ich Ihnen aufrichtig", antwortete Leicester ruhig. „Neulich war ich in einem Haus, wo sechs Leute anwesend waren und sie darauf warteten, ein Spiel zu spielen, an dem nur vier teilnehmen konnten. Nun, vier von ihnen waren aufopfernde Menschen und wollten den anderen den Vortritt lassen . Zwei waren egoistisch und wollten sich auf das Spiel einlassen. Nun, keiner dieser vier gab seiner Selbstlosigkeit nach – mit dem

Ergebnis, dass das Spiel überhaupt nicht gespielt wurde. Der Abend wurde von selbstlosen Menschen verdorben."

Während er sprach, sah er so ernst aus, dass Olive Castlemaine schallend lachte.

„Viele Abende, die vielleicht angenehm gewesen wären", fuhr Leicester fort, „sind mir durch diese selbstlosen Menschen verdorben worden, die sich selbst und allen anderen Unbehagen bereiteten, unter dem Vorwand, sie wollten es uns bequem machen. Da bin ich mir sicher, Wenn die Menschen wirklich ehrlich und offen egoistisch wären, dann würde jeder sein eigenes Vergnügen suchen und es finden."

„Und er wird elend sein, wenn er es gefunden hat", bemerkte Olive ruhig.

„Ich versichere Ihnen, das ist ein Trugschluss", sagte Leicester, „warum sonst sind die sogenannten moralischen und selbstlosen Menschen am unangenehmsten im Umgang? Das kann ich wirklich sagen, die mürrischsten und unglücklichsten Menschen, die ich je hatte." erfüllt sind diese moralischen Reformatoren.
„Was würden Sie dann vorschlagen?"
„Ein gutes, gesundes Heidentum. Ich weiß, das ist eine schreckliche Häresie, aber kann irgendein vernünftiger Mann sagen, dass die Engländer mit all ihren religiösen Institutionen genauso glücklich sind wie die alten Griechen?"
„Wir können Leicester nicht vorwerfen, sein Licht unter den Scheffel zu stellen", sagte Sprague zu Purvis nach dem Abendessen, bei dem Leicester weiterhin in der gleichen Manier redete.
„Nein, aber ich habe noch nicht gesehen, dass Miss Castlemaine von ihm abgestoßen wird."
„Das liegt daran, dass sie glaubt, dass er eine Rolle spielt."
„Glauben Sie, dass sie denkt, dass er einen Scherz gemacht hat?"

"Genau."

Aber sie lagen falsch. Olive Castlemaine glaubte, dass in allem, was Leicester sagte, ein Unterton der Aufrichtigkeit liege, und er tat ihr leid. Im Laufe des Abends sah sie viel von ihm, und obwohl sie sich in seiner Gegenwart nicht ganz wohl fühlte, faszinierte sie seine Persönlichkeit. Tatsächlich wurde er für sie zu einem ziemlichen Rätsel. Manchmal, wenn die zynische Seite seines Wesens im Vordergrund stand, empfand sie es fast als leid, dass er in das Haus eingeladen worden war, aber wenn er sich veränderte und ernsthaft über Dinge sprach, die sie interessierten, vergaß sie ihre Abneigung.

Als an diesem Abend alle Gäste das Haus verlassen hatten, dachte Olive Castlemaine tatsächlich darüber nach, was für ein großartiger Mann Radford Leicester wäre, wenn der traurige, hoffnungslose Geist aus ihm vertrieben würde und er sich von hohen und edlen Motiven inspirieren ließe.

„Ich frage mich, was es tun würde?" fragte sie sich immer wieder.

- 55 -

KAPITEL VI

LEICESTER WIRBT

In den nächsten Wochen trafen Radford Leicester und Olive Castlemaine mehr als einmal aufeinander. Durch einen scheinbar seltsamen Zufall erhielt Leicester Einladungen zu Häusern, denen Olive Castlemaine versprochen hatte, dorthin zu gehen. Sie sprachen bei diesen Gelegenheiten nur wenig miteinander, dennoch war es offensichtlich, dass jeder den anderen sehr interessant fand. Darüber hinaus fiel auf, dass Leicester in ihrer Gegenwart weniger zynisch und hoffnungslos wirkte. Seine Augen leuchteten in einem neuen Licht und seine Stimme klang voller Eifer. Sie schien auf ihn wie eine Art mentales und spirituelles Stärkungsmittel zu wirken. Die alte gelangweilte Atmosphäre verschwand, als sie auftauchte, und obwohl er sich anscheinend wenig für die Gesellschaft anderer interessierte, konnte es keinen Zweifel daran geben, dass Olive Castlemaine ihn zu Ernsthaftigkeit erregte.

Wenn er mit Männern zusammen war, war er kalt und zynisch wie immer, und er schien auch nicht gegen die Gewohnheit anzukämpfen, die ihn so sehr beherrscht hatte. Sprague und Purvis sprachen oft über ihn, hatten aber keine Ahnung, was er vorhatte. Getreu ihrem Versprechen sagten sie nichts über den Vertrag, den sie geschlossen hatten, und während einige von Leicesters Freunden glaubten, er würde sich um Miss Castlemaines Hand bewerben, waren andere ebenso sicher, dass er „kein Mann zum Heiraten" sei. Aber niemand schien sich sicher zu sein. Leicester war kein Mann, der sein Vertrauen offen schenkte, und in letzter Zeit wirkte er auf seine Bekannten weniger kontaktfreudig als je zuvor. Freunde besaß er nicht.

Mehr als einmal versuchten Purvis und Sprague, ihn dazu zu bringen, seine Absichten preiszugeben, aber als sie ihm Fragen stellten, blickte er sie auf eine Weise an, die sie, gelinde gesagt, nicht gerade ermutigte. Als er zufällig Olive Castlemaine traf, war er interessiert, eifrig und manchmal fast aufgeregt; Anderen gegenüber war er launisch, schweigsam und offensichtlich alles andere als glücklich.

Eines Tages endlich erschien das Licht der Entschlossenheit in seinen Augen. Er aß in seinem Club zu Mittag und machte sich dann, nachdem er sich sorgfältig gekleidet hatte, auf den Weg zu Olive Castlemaines Haus. Er hatte keine Einladung erhalten und wusste auch nicht, ob er sie im Haus finden würde. Trotzdem ging er. Während seiner Reise dorthin schien er tief in Gedanken versunken zu sein. Am Bahnhof kaufte er eine Zeitung, schaute sie aber nie an. Manchmal schaute er aus dem Fenster, aber offensichtlich sah er nichts. Er war sich seiner Umgebung so unbewusst wie ein Schlafwandler.

Bald näherte er sich dem Bahnhof, von dem er wusste, dass er The Beeches am nächsten lag, dann stieg er in den Wagen und ging zwischen den Sitzen hin und her, als ob er über eine Vorgehensweise nachdachte.

„Soll ich ihr die Wahrheit sagen, die ganze Wahrheit?" sagte er sofort. „Soll ich ihr das Elende erzählen –? Nein, nein – das nicht!" Beim Sprechen biss er die Zähne fest zusammen. „Nein, nein – das nicht!" wiederholte er und blickte wieder mit demselben steinernen Blick aus dem Kutschenfenster.

„Wenn sie mich ablehnt –", sagte er plötzlich. „Aber nein, ich werde nicht abgewiesen. Wenn sie hundertmal Nein sagt, werde ich sie noch einmal fragen. Das werde ich nicht, nein, ich *kann nicht* abgelehnt werden. Es wäre –"

Der Körper des Mannes versteifte sich, während er sprach. Offensichtlich war Radford Leicester in einer ernsten Stimmung und hatte sich auf eine Mission konzentriert, die ihn tief berührte.

Der Zug hielt an und die Gepäckträger riefen den Namen des Bahnhofs. Er betrat den Bahnsteig und sah sich um. Nur sehr wenige Leute waren mit dem Zug gekommen; Für die City-Männer war es noch zu früh. Vor dem Bahnhof heuerte er ein Fuhrunternehmen an und befahl dem Mann, ihn nach The Beeches zu fahren.

„Ich frage mich, ob sie zu Hause ist", sagte er zu sich selbst, „und wenn ja, frage ich mich, ob sie mich sehen wird?"

Es bestand kein Zweifel daran, dass Radford Leicester dem Glauben, den er so oft verkündet hatte, untreu war. „Nichts ist der Mühe wert", hatte er oft geantwortet, als er gefragt wurde, warum er das Leben nicht ernst nehme. Aber er meinte es jetzt ernst. Seine Augen leuchteten voller Erwartung und Entschlossenheit. Er bemerkte nicht das Land, durch das das Taxi fuhr. Er wusste nicht, dass es statt belebter Straßen und hoher Gebäude Gassen und stille Wiesen gab. Ihm fiel nicht auf, dass es dem spekulierenden Bauunternehmer nicht gestattet worden war, ein hübsches Viertel zu ruinieren, und dass das Viertel, obwohl er nicht viele Meilen vom Herzen Londons entfernt war, an ein Dorf auf dem Land erinnerte. Und doch war es so. John Castlemaine besaß das gesamte umliegende Land und hatte den spekulierenden Bauunternehmer in Schach gehalten. Es ist wahr, dass er viele Arbeiterhütten gebaut hatte – Hütten, die gleichermaßen Anerkennung für sein Herz und seinen künstlerischen Geschmack widerspiegelten, aber lange Reihen von hässlichen Bauwerken waren nirgends zu sehen, und die Landschaft bewahrte die süße Rustikalität eines rein ländlichen Bezirks.

Das Beeches war ein schönes altes Herrenhaus, das weit zurück auf seinem eigenen Grundstück stand und von einer Reihe großer alter Bäume umgeben war, die dem Haus seinen Namen gaben. Sobald man die Tore der Lodge betrat, konnte man kaum glauben, dass London mit seinem pulsierenden Leben in der Nähe lag. Es herrschte eine Atmosphäre der Ruhe und Gelassenheit, die nur durch die vorbeifahrenden Züge gestört wurde, die etwas mehr als eine Meile von John Castlemaines Haus entfernt fuhren.

Während Radford Leicester die ruhige Straße entlangging, nahm er keine Notiz von seiner Umgebung, doch als er das Tor der Hütte betrat, schien ihm klar zu werden, wo er war. Er war bereits zweimal im Haus gewesen, hatte die Außenanlage jedoch nicht bemerkt. Tatsächlich hatte er keine Gelegenheit dazu gehabt. Bevor er kam, war es schon Nacht geworden, und da er um Mitternacht gegangen war, war es unmöglich, etwas zu sehen. Jetzt war jedoch alles anders. Es stimmte, es war Spätherbst und viele Bäume hatten keine Blätter; aber die Sonne schien strahlend und die Herbstblumen glänzten im Sonnenlicht. Er bemerkte auch die Atmosphäre stattlicher Ruhe, die das Haus auszeichnete; Er war beeindruckt von den weitläufigen Rasenflächen und den knorrigen alten Bäumen, die den Park übersäten. Hier gab es keine kitschige, geschmückte Behausung der *Neureichen* ; Es war die solide, stattliche Behausung eines städtischen Kaufmanns der alten Schule. Sogar die Bediensteten wirkten besitzergreifend. Sie waren nicht von der Ordnung „Monat vor Gericht". Offensichtlich hatten sie der Familie viele Jahre lang gedient und sich an ihre Umgebung gewöhnt.

Als Leicester dem Taxifahrer sagte, er solle nach The Beeches fahren, war ihm aufgefallen, dass der Mann ihn mit ausgeprägtem Respekt behandelt hatte. Besucher von John Castlemaine sollten nicht auf die leichte Schulter genommen werden.

„Würden Sie eine Minute warten", sagte Leicester zum Taxifahrer, als er an der Tür anhielt. Er war sich nicht sicher, ob derjenige, den er besuchen wollte, bereit sein würde, ihn zu sehen. Er klingelte und stellte fest, dass sein Herz schneller schlug als gewöhnlich.

„Ist Mr. Castlemaine zu Hause?" er hat gefragt.

"Nein Sir."

„Vielleicht ist Miss Castlemaine da?"

"Jawohl."

Der Diener erkannte ihn wieder und reichte Olive lächelnd seine Karte.

„Kommen Sie herein, Sir?" sagte er plötzlich, und dann betrat Leicester, nachdem er den Taxifahrer entlassen hatte, zum dritten Mal das Haus.

Alles war seltsam still. Das Haus könnte im Herzen des Landes gelegen haben. Für den jungen Mann fühlte es sich fast wie ein Tempel an, so anders als der fröhlich dekorierte Club, in dem er so viel Zeit verbrachte. Als der

Diener ihn verließ und er sich in dem Raum umsah, in den man ihn geführt hatte, fühlte er sich wie ein Mann in einem Traum. Es kam ihm vor, als sei er in eine neue Welt eingetreten. Der Hauch von Vornehmheit und Kultur, den er beim ersten Betreten dieses Raumes wahrgenommen hatte, schien mehr denn je vorhanden zu sein. Dann schoss ein großer Schmerz durch sein Herz. Warum war er dort? Was hatte dazu geführt, dass er dort war?

Er hörte draußen ein Rascheln von Kleidungsstücken und Olive Castlemaine trat ein. Es kam ihm vor, als hätte er sie zum ersten Mal zu Hause gesehen. Offensichtlich hatte sie keinen Besuch erwartet und war für keinen Anlass gekleidet. Er bemerkte , dass sie jetzt jünger aussah als bei anderen Gelegenheiten, mädchenhafter, mehr denn je ein Kind der Natur. Er zog es vor, sie so zu sehen. Ihm war es immer so vorgekommen, dass Frauen in der Kleidung, die die Gesellschaft für Abendveranstaltungen verlangt, am schlechtesten aussehen. Es erweckte den Eindruck von Künstlichkeit, als sei man für eine „Show" gekleidet. Aber jetzt war alles anders. Sie stand vor ihm in einem schlichten, eng anliegenden Kleid, das perfekt zu ihrem glänzenden dunkelbraunen Haar und ihrem perfekten Teint harmonierte und auch ihre fein geformten Formen gut zur Geltung brachte.

„Ich entschuldige mich nicht dafür, dass ich mir eine große Freiheit genommen habe, Miss Castlemaine", sagte er. „Ich habe heute Nachmittag angerufen, weil ich keine andere Möglichkeit hatte, Sie zu sehen."

Sie warf ihm einen kurzen Blick zu; Aber so schnell es auch geschah, es zeigte sich, dass Leicesters spöttische, zynische Art verschwunden war. Das Aufblitzen seiner Augen, die strengen, starren Gesichtszüge zeigten, dass es ihm ernst damit war.

„Du machst mir Angst", sagte sie lachend. „Ich hoffe, du hast mir keine schlechten Nachrichten gebracht."

„Ich habe nicht die geringste Ahnung, wie Sie es sehen werden", sagte er, „aber ich bin gekommen, um Sie um einen Gefallen zu bitten."

"Was ist es?" sagte sie und lächelte immer noch. „Ist es eine Spende für eine Wohltätigkeitsorganisation, die Sie zu verurteilen pflegen?"

„Nein", antwortete er, „ich bin gekommen, um Sie zu bitten, mir ein paar Minuten geduldig zuzuhören."

Sie erstarrte etwas darüber. Vielleicht fühlte sie sich durch den Ausdruck in seinen Augen etwas unwohl. Sie erkannte, dass es für einen vergleichsweise Fremden etwas ungewöhnlich war, auf diese Weise zu kommen.

„Ich fürchte, ich bin ein schlechter Zuhörer", sagte sie, „und außerdem weiß ich nicht, wie ich Ihnen dadurch einen Vorteil verschaffen kann."

„Trotzdem wirst du mir zuhören, nicht wahr?"

„Ich habe keine Wahl, oder?" sagte sie fast nervös.

„Ich möchte ehrlich gesagt egoistisch sein", sagte er. „Ich möchte über ein wertloses Thema sprechen – über mich selbst."

Sie spürte, wie ihr Herz flatterte; aber sie sprach ruhig.

„Dann denke ich, dass wir uns besser hinsetzen sollten", sagte sie.

Sie passte die Aktion dem Wort an, aber Leicester blieb stehen. Er legte seinen Hut und seine Handschuhe auf einen Stuhl, blieb aber mit fast steifem Körper vor ihr stehen.

„Ich war in den letzten Jahren selten ernst", sagte er, „aber als ich es war, wollte ich immer aufstehen. Jetzt ist es mir ernst."

Olive Castlemaine antwortete nicht, saß aber da und beobachtete ihn. In seiner Stimme lag kein spöttischer Unterton mehr, und sein blasses Gesicht und seine ernsten Augen ließen nichts von der zynischen Treulosigkeit erahnen, die ihn bei ihrem ersten Treffen kennzeichnete. Es kam ihr so vor, als würde sie sich am liebsten weigern, ihm zuzuhören, doch seine Anwesenheit verbot es ihr. Er war stark und meisterhaft, auch in seiner Anziehungskraft.

„Miss Castlemaine", sagte er, „ich kann mir vorstellen, dass Sie nur wenig Gutes von mir gehört haben. Ihnen wurde gesagt, dass ich ein Atheist bin, ein Mann ohne Glauben an Menschen oder an Gott, und was Sie gehört haben, ist." im Großen und Ganzen wahr. Nicht ganz, aber im Großen und Ganzen. Ich bin nicht das, was man einen guten Mann nennt, ich kann tatsächlich nicht behaupten, auch nur ein Bewunderer des Guten gewesen zu sein. Sicherlich habe ich sehr wenig davon geglaubt."

Olive unterbrach ihn. „Als starker Protestant, Herr Leicester", sagte sie, „glaube ich nicht an Beichten, und ich bin sicher, dass ich nicht dazu geeignet bin, Ihr Vertrauter zu sein."

„Sie haben versprochen, mir zuzuhören, Miss Castlemaine", sagte er, „und ich verlange die Erfüllung dieses Versprechens. Glauben Sie mir, ich bin nicht leichtfertig hierher gekommen, noch spreche ich bedeutungslose Worte. Dieser Nachmittag wird eine Krise für mich sein." Leben, und wenn es einen Gott gibt, weiß er, dass ich so aufrichtig bin, wie ein Mann nur sein kann.

Wieder wurde sie zum Schweigen gebracht. Die Stärke der Persönlichkeit des Mannes bestand darin, dass sie, obwohl sie es nicht wusste, ihren Willen seinem Willen unterwarf. Andererseits übte sie keinerlei Widerstandskraft aus und war daran interessiert zu wissen, was er sagen würde.

„Ich weiß nicht, dass ich Atheist bin", sagte er. „In der Tat habe ich manchmal das Gefühl, dass es einen Gott geben muss und dass dieses Leben nur ein Fragment des Lebens als Ganzes ist; aber das kommt nicht oft vor. Das ist kein Wunder. Ich bin erzogen worden." zu glauben, dass es keinen Gott gibt. Mir wurde beigebracht, jedem zu misstrauen und in jedem Leben nach bösen Motiven zu suchen. Ich glaube, mein Vater wollte freundlich sein, als er das für mich tat; jedenfalls bin ich ein Ergebnis, zumindest in Teil seiner Ausbildung. Ich habe nie die Fürsorge einer Mutter gekannt.

„Verstehen Sie mich bitte nicht falsch; ich werde weder rührselig noch sentimental; ich sage nur Tatsachen. Ich ging nach Oxford, und während ich dort war, wurde die Ausbildung meines Vaters bestätigt und vertieft. Ich nehme an, ich hatte Fähigkeiten und wurde informiert, als ich antrat Mein Abschluss und meine Karriere dort waren mehr als anerkennenswert. Ich habe das Übliche gemacht, als ich drei, vier und zwanzig war. Ich habe mich verliebt."

„Wirklich, Mr. Leicester", sagte Olive, „es kann keine--"

„Es war die Einbildung eines Jungen", fuhr Radford fort, als hätte er sie nicht gehört, „und es dauerte nicht lange. Sie ließ mich auf eine ganz gewöhnliche Weise im Stich, und meine Herzenswunden waren nicht tief. Alles." Ich glaube, das hat meine frühen Eindrücke über die Liebe der Frau bestätigt. Seitdem habe ich Frauen gemieden. Ja, ich sage es ganz aufrichtig, ich habe sie gemieden. Da ich sie verachtet habe, habe ich es überhaupt vernachlässigt, die Gesellschaft der Frauen zu suchen. Ich habe gelebt Hauptsächlich in meinem Club, damit ich nicht mit ihnen in Kontakt komme. Wenn Sie sich überhaupt für mich interessieren, werden Sie natürlich fragen, wofür ich gelebt habe. Mir ist durchaus klar, dass jeder Mann eine gewisse Antriebskraft im Leben haben muss , eine gewisse treibende Kraft, und ich hatte meine eigene. In euren Augen ist es zweifellos sehr arm, sehr gemein; aber ich werde die Wahrheit sagen. Meine treibende Kraft war Ehrgeiz. Ob zu Recht oder zu Unrecht, glauben viele, die mich kennen Ich habe überdurchschnittliche Gaben; sie haben mir gesagt, dass ich, wenn ich will, eine bemerkenswerte parlamentarische Karriere machen könnte. Möglicherweise haben sie recht – ich weiß es nicht. Aber mir ist klar, dass das Motiv trotz meines Glaubensbekenntnisses unzureichend ist . Außerdem muss ich über die ganze politische Welt lachen. Der Großteil unserer politischen Magnaten hat keinen Sinn für Humor, ist aber dennoch unwiderstehlich lustig. Ich kann sehen, dass sie nur Schachfiguren im Spiel sind, obwohl sie denken, dass sie von großer Bedeutung sind, und dann –"

Er blieb stehen und machte zwei oder drei Schritte zum Fenster; dann kam er zurück und sprach weiter, den Ellbogen auf den Kaminsims gestützt.

„Ich habe mich in den letzten Wochen gefragt, ob ich nicht blind für eine sehr reale Welt war“, sagte er. „Das weiß ich: Ich habe mich einfach danach gesehnt, an Dinge zu glauben, deren Existenz ich geleugnet habe. Ich wollte an ein endgültiges Testament, eine endgültige Wohltätigkeit glauben; ich wollte glauben, dass wir nicht die Spielzeuge eines Blinden sind.“ Zufall, und dass das, was wir Unordnung und Zwietracht nennen, nur die Vorspiele zu einer göttlichen Harmonie sind. Mit dieser Sehnsucht ist eine andere gekommen, und dies ist eine selbstsüchtige Sehnsucht. Es geht darum, auf der Bühne des Lebens so etwas wie eine würdige Rolle zu spielen. Manchmal ist diese Sehnsucht existiert kaum; manchmal wird es stark und lärmend. Es gibt Zeiten, in denen ich glaube, dass ich, sogar ich, ein wirklich lebenswertes Leben führen kann. Dieser Glaube gilt nur für ein neugeborenes Kind. Er ist kränklich und es fehlt ihm an Vitalität , aber es existiert.

„Nein, nein, haben Sie noch ein paar Minuten Geduld mit mir. Ich weiß, dass ich ein schlechtes Gesprächsthema gewählt habe, aber dann bekenne ich mich als Egoist. Wie jeder andere Mensch betrachte ich mich als die einzige Person, über die es sich zu reden lohnt.“ Also bitte verzeihen Sie mir. Aber verwechseln Sie mich nicht. Ich gebe mich nicht als guter Mann oder würdiger Mann aus. Ich bezweifle immer noch, dass es so etwas gibt; aber es gibt Zeiten, in denen ich seltsame Sehnsüchte habe, und diese Sehnsüchte manchmal selten zu einer Art Überzeugung werden, dass ich, so wertlos und treu ich auch bin, ein Leben führen kann, das es wert ist, gelebt zu werden.

Er schwieg ein paar Sekunden und schien nicht zu wissen, wie er weitermachen sollte, während Olive Castlemaine dasaß und kaum den wahren Stand der Dinge begriff, während sie gleichzeitig die Meisterschaft des Mannes spürte, der mit ihr sprach.

„Vielleicht interessiert es Sie kaum, den Grund dafür zu erfahren“, fuhr er fort, „nichtsdestotrotz muss ich es Ihnen sagen. Sie sind der Grund.“

Olive blickte erschrocken auf.

„Ich, Herr Leicester?“

„Du. Ich habe nicht gelernt, allgemein an das Gute zu glauben, aber ich glaube an deine Güte. Ich habe nicht gelernt, an Frauen zu glauben, aber ich glaube an eine Frau. Ich glaube an dich. Und ich glaube an dich, weil ich dich liebe.“ ."

Er sprach leise, und seine Stimme zitterte nicht, aber sein Gesicht war, wenn möglich, blasser als gewöhnlich. Dass er es ernst meinte, konnte niemand bezweifeln.

„Ich mache keinen Vorwand“, fuhr er fort. „Ich sage nicht, nein, ich glaube nicht, dass ich jemals ein Mustermensch werden werde. Selbst jetzt habe ich keinen starken Glauben, selbst wenn ich einen hätte, weder an Gott noch an die Menschen; aber ich liebe dich!"

Er schien von seinem eigenen Geständnis mitgerissen zu werden. Fast unhöflich drehte er ihr den Rücken zu, ging zum Fenster und blickte auf die Rasen- und Parklandschaft hinaus. Aber er blieb nicht dort. Als er wieder zurückkkam, blickte Olive ihn fast ängstlich an und war einen Moment lang fast abgestoßen von dem wilden Ausdruck in seinen Augen.

„Ich liebe dich", fuhr er immer noch leise fort; aber seine Stimme hatte sich verändert. In seinen Tönen lag eine Intensität, die sie noch nie zuvor gehört hatte. „Ich liebe dich so sehr, dass ich mit dir an meiner Seite das Gefühl habe, ich könnte alles erobern, alles erreichen – alles! Schau mich an, ja, so. Liebst du mich denn?"

Fast mechanisch schüttelte sie den Kopf. Sie wusste nicht, warum sie das tat, aber es schien, als würde ein unsichtbarer Monitor sie dazu zwingen.

Radford Leicester trat einen Schritt auf sie zu.

„Du musst", sagte er mit demselben leisen Ton, aber immer noch fast heftig, „du musst, du musst! Du darfst es nicht zurückhalten. Guter Gott! Du weißt nicht, was diese Stunde für mich bedeutet. Mein Leben, mein Zukunft, mein Glaube, mein Alles liegt in deinen Händen.

Dennoch schwieg sie. Ihr Gesicht war blass geworden, und obwohl der Ausdruck in ihren Augen nicht von Angst geprägt war, zeigte er doch kein Selbstvertrauen.

„Sprich mit mir", fuhr er fort. „Ich bin kein Junge, der sich nach einem neuen Spielzeug sehnt. Ich bin ein hartgesottener Mann, ein hartgesottener Sünder, wenn Sie so wollen. Ich prahle nicht, ich mache keine Bekenntnisse, aber ich liebe dich, liebe dich! Und du musst mich lieben, du musst ."

Einen Moment lang ärgerte sich das Mädchen über seine herrschaftliche Miene. Sie gehörte nicht zu den schwachen und nachgiebigen Frauen, die sich von wilden Angriffen mitreißen ließen. Sie blickte nun fest zu ihm auf, und Leicester erkannte an dem Ausdruck in ihren Augen, dass er eine falsche Saite berührt hatte.

„Verzeihen Sie mir meine Unhöflichkeit", sagte er, bevor sie etwas sagen konnte, „aber ich denke, dass ein Mann, der es ernst meint, mit Sicherheit unhöflich ist; Was ich verlange. Das tue ich. Ich weiß, dass du überall gesucht wurdest. Ich weiß, dass man von dir sagt, dass du reich bist und dass du wählen kannst, wo du willst. Oh ja, an all das habe ich gedacht , und ich habe meinen Wahnsinn erkannt, als ich zu Ihnen gekommen bin; aber ich bin ein verzweifelter Mann. Nein, nein, denken Sie nicht, dass mich einfach nur ein schönes Gesicht angezogen hat. Ich habe in den letzten zehn Jahren immer schöne Gesichter gesehen; das ist es nicht das. Du bist es, du. Ich liebe dich, das sage ich dir, und wenn du mich nicht lieben kannst, werde ich in eine noch schwärzere Hölle gehen, als ich sie bisher gekannt habe, und ich werde mit Eifer dorthin gehen, und mit einem Eifer, der aus Verzweiflung geboren ist. Aber Mit deiner Liebe kann ich alles erreichen. Oh, ich prahle nicht, und ich spreche nicht, ohne bis in die Tiefe zu blicken, aber mit deiner Liebe kann ich ein lebenswertes Leben führen; ich kann eine Position schaffen, die es wert ist, gemacht zu werden. Sag mir, Olive Castlemaine, sag mir, dass du mir einen Gedanken, einen freundlichen Gedanken, einen liebevollen Gedanken schenken kannst.

Sie war wider Willen gerührt. Olive Castlemaine bewunderte starke, meisterhafte Männer. Sie konnte Unhöflichkeit verzeihen, wo Aufrichtigkeit und Stärke vorhanden waren, und sicherlich war sie noch nie zuvor auf diese Weise umworben worden. Sie konnte nicht umhin, Leicester mit Männern wie Purvis und Sprague zu vergleichen. Sie waren schwach und verweichlicht neben ihm. Gerade sein Zynismus, seine Treulosigkeit erschienen ihr nur als Ausdruck einer starken Natur, die mit Konventionen unzufrieden war und eine schwache Zustimmung zu allgemein akzeptierten Überzeugungen hatte. Es ist wahr, sie hatte seine Schwäche gesehen, sie hatte gehört, wie er die Sinnlosigkeit seines Lebens zum Ausdruck brachte; Aber sie hatte in ihm auch einen anderen Radford Leicester gesehen, der großartig und stark war. Und doch hatte er sie nicht gewonnen. Etwas, von dem sie nicht wusste, was, sagte ihr, sie solle sich weigern. Eine undefinierbare Angst, die vielleicht auf ihre puritanische Ausbildung und ihre gesunde Erziehung zurückzuführen war, hielt sie davon ab, die Worte auszusprechen, die er unbedingt hören wollte.

Dennoch hatte Radford Leicester ihr Herz so schlagen lassen, wie es noch nie zuvor geschlagen hatte; Noch nie war sie von einer solchen Bewunderung angezogen worden, einer Bewunderung, die der Zuneigung ähnelte, wie jetzt. Er war ein starker Mann, und sie spürte instinktiv, dass in ihm die Möglichkeiten der Größe und des Guten schlummerten. Sie glaubte auch, dass sie das Mittel sein könnte, diese Möglichkeiten in das tatsächliche Leben umzusetzen; aber sie gab ihm keinen Hoffnungsschimmer. Ein paar Minuten zuvor hatte sie Lust zu sprechen. Jetzt war die Lust verschwunden. Sie hatte nichts zu sagen, sie wusste nicht warum.

„Du denkst an das, was du über mich gehört hast", sagte er, „nicht wahr?"

"Vielleicht."

Er schwieg einen Moment. Vielleicht lag es daran, dass er an die Nacht dachte, die zu diesem Treffen führte, und sich deshalb schämte. Einmal, auf dem Weg dorthin, hatte er daran gedacht, ihr die ganze Geschichte zu erzählen, aber jetzt hätte er lieber den Tod erlitten, als dass sie es erfahren hätte. Schon damals kam er zu dem Schluss, dass er ihnen das Leben zur Hölle machen würde, wenn einer der Männer, die an dem beschämenden Pakt beteiligt waren, das Geheimnis preisgab. Denn Radford Leicester machte keinen Liebesakt, um eine Wette zu gewinnen. Eine Leidenschaft, die ihm bisher fremd gewesen war, hatte ihn mit Leib und Seele erfasst. In diesem Moment war Olive Castlemaine alles für ihn. Er hätte seine unsterbliche Seele eingetauscht, um ihre Liebe zu gewinnen. Die kalte, zynische Kruste der menschlichen Natur war gebrochen, und die heiße Lava, die darunter gelegen hatte, brach nun hervor.

„Und das liegt Ihnen am Herzen", sagte er.

„Ja, das ist mir wichtig."

„Und wenn ich das gewesen wäre, was man einen guten Mann nennt, was dann?"

"Ich weiß es nicht."

„Aber es würde dich beeinflussen?"

„Es würde mich sehr beeinflussen."

„Glauben Sie an alles, was Sie gehört haben?"

„Sie haben nichts geleugnet – und nein, Mr. Leicester, selbst wenn ich einen bösen Mann lieben würde, würde ich diese Liebe zerstören – das heißt, wie Sie davon gesprochen haben."

Er erinnerte sich daran, was er in der Nacht, in der der Vertrag geschlossen wurde, zu Sprague und Purvis gesagt hatte, und während ihre Worte ihn mit einem Gefühl der Freude erfüllten, durchbohrte ihn die Erinnerung an diese Nacht wie ein vergifteter Pfeil. Diese Frau hatte sein Glaubensbekenntnis mit einem einzigen Satz widerlegt. Denn er wusste, dass sie es ernst meinte. In ihren Worten lag kein schwaches, zögerndes Zögern. Das Aufblitzen ihrer Augen und der Tonfall ihrer Stimme verrieten ihm, dass sie keine leere Drohung ausgesprochen hatte. Hier war eine Natur so stark wie seine eigene, eine Natur, die das Gute ebenso sehr liebte, wie er vorgab, es zu verachten.

Er hatte das Gefühl, dass der Boden unter seinen Füßen rutschte, aber er behielt seine Ruhe.

„Warten Sie einen Moment", sagte er, „ich möchte Ihnen noch etwas sagen."

Kapitel VII

Das Herz einer Frau

Hätte vor ein paar Monaten jemand Radford Leicester gesagt, dass er, um die gute Meinung einer Frau zu gewinnen, seine eigene Lebensweise entschuldigen würde, wäre er entweder wütend geworden oder hätte diesen Mann verächtlich ausgelacht. Dennoch dachte er in diesem Moment darüber nach, es zu tun. Wenn Sprague oder Purvis in diesem Moment im Raum gewesen wären, wären sie vielleicht nicht sicher gewesen, ob er es ernst meinte oder ob er eine Rolle spielte, um seine Wette zu gewinnen. Denn sie glaubten, er sei zu allem fähig. Aber Leicester spielte keine Rolle. Er hatte das Gefühl, dass nichts zu viel war, dass kein Opfer zu groß war, um die Frau zu gewinnen, die vor ihm stand. Und doch schien er sich bei seinem Opfer nicht zu demütigen, denn er war ein stolzer Mann.

„Ich habe mir in der Vergangenheit nicht die Mühe gemacht, nutzlosem Geschwätz zu widersprechen", sagte er. „Ich hielt es nicht für lohnenswert. Außerdem war es mir egal, was die Leute über mich dachten. Aber ich habe das Recht, dir die Wahrheit zu sagen."

„Wirklich, Herr Leicester, es besteht keine Notwendigkeit, und ich möchte keine Geständnisse hören."

„Aber ich habe das Recht."

"Was rechts?"

„Das Recht eines Mannes, dessen Zukunft in Ihren Händen liegt, das Recht eines Mannes, den Sie in den Himmel oder in die Hölle schicken können", antwortete er. „Oh, ich spreche keine leeren Worte. Verzeihen Sie mir, wenn ich zu prahlen scheine. Ich bin kein Dandy, der ein Dutzend Mal Liebe gemacht hat und für den eine Weigerung nichts anderes bedeutet als das, was eine Flasche Wein oder eine Reise auf den Kontinent kann." Sühne dafür. Ob du mit Ja oder Nein antwortest, bedeutet mir alles. Denn du musst meine Frau werden, ich sage dir, du *musst* !"

In den Augen des Mädchens blitzte Ablehnung auf, auch wenn es ihnen nicht an Bewunderung mangelte. Keine Frau respektiert einen Mann umso weniger, weil er nicht über eine Ablehnung nachdenken wird.

„Dann hör zu", fuhr er fort. „Sie haben alles Mögliche über mich gehört. Ich bin Atheist, ich bin ein Trunkenbold, ich bin ein Zyniker und ich lache über die Maßstäbe von Mrs. Grundy. Ja, das haben Sie alles gehört."

„Und ich habe kein Recht, mich in Ihre Lebensweise einzumischen", sagte sie, „nur, Mr. Leicester –"

„Warte einen Moment, bevor du sagst, was auf deinen Lippen ist“, unterbrach er. „In diesem Fall ist es meine Aufgabe, zu sprechen, und Sie können nichts anderes tun, als zuzuhören.“

"Warum?" sie fragte fast wütend.

„Ihr Sinn dafür, was fair und ehrenhaft ist, verbietet es Ihnen“, sagte er. „Ja, vielleicht bin ich das, was gemeinhin berichtet wird, aber auch das hat noch eine andere Seite. Lassen Sie mich Ihnen also sagen, dass ich, der ich nie behauptet habe, an das zu glauben, was man Wahrheit und Ehre nennt, auch nie freiwillig jemanden getäuscht habe durch Worte oder durch Taten. Ja, lasst mich mir selbst gerecht werden. Ich, der ich über Mrs. Grundy und all ihre Wege gelacht habe, habe nie ein gegebenes Versprechen gebrochen. Und mehr noch, niemand kann mir vorwerfen, dass ich die Ehre eines Menschen beschmutze oder Frau. Ich bin vielleicht alles, was über mich gesagt wird, aber ich bin nicht so ein Mann.“

Etwas, nicht nur in seinen Worten, sondern auch in seiner Art, gefiel ihr. Sie warf ihm wider Willen einen kurzen, forschenden Blick zu. In seinem Gesicht lag etwas Edles, in seinen Worten lag eine gesunde Wut. Was auch immer sein Glaubensbekenntnis sein mochte, er war kein schlechter Mensch.

„Ich hatte das Recht, Ihnen so viel zu sagen“, fuhr er fort; „Das war zumindest mein Privileg, und jetzt, nachdem ich es Ihnen gesagt habe, muss ich Ihnen etwas anderes sagen. Sie können mich einmal ablehnen, Sie können mich zweimal ablehnen; aber am Ende müssen Sie mich akzeptieren.“

Wieder glänzte der Zorn in ihren Augen, und er sah den verächtlichen Ausdruck, der auf ihrem Gesicht lag.

„Ich werde dir sagen, warum. Du kannst nicht das Risiko eingehen, einen Mann in die Hölle zu schicken. Mit dir als meiner Frau kann ich alles tun. Oh ja, ich weiß, meine Worte kommen mir vor wie die Worte eines Gauners, aber selbst meine schlimmsten Feinde haben das getan.“ Ich habe mich nie beschuldigt, ein Angeber zu sein, und ich wiederhole es: Kein Schutzengel, von dem deine Märchenbücher erzählen, könnte für einen Mann tun, was du für mich tun könntest. Ich könnte arbeiten, ich könnte denken, ich könnte sogar großartig und gut werden . Aber ohne dich – schon der Gedanke daran ist wie ein Blick in die Hölle.“

„Mit dir als meiner Frau kann ich alles schaffen.“

„Und ich“, sagte Olive, „konnte nur wenig Vertrauen in einen Mann haben, der es nicht wagte, allein zu stehen. Wenn die Zukunft eines Mannes, sein Charakter, seine Karriere von einer Frau abhängen, dann ruht er auf einem schwachen Rohr. Ein Mann.“ Um stark zu sein, muss man sich auf Gott verlassen.“

„Das mag Ihre Theorie sein. Wenn ja, dann weiß ich, dass die menschliche Natur immer über Sie lacht. Wenn Gott das tut, gibt er Ihnen die Gelegenheit, einen Mann aus mir zu machen.“

„Ich würde versuchen, dir zu helfen“, sagte Olive, „aber was du verlangst, ist meine Liebe, und Liebe kann nicht gegeben werden, wenn man darum bittet.

Sie kann nur gegeben werden, wie sie kommt. In einer solchen Angelegenheit sind wir keine freien Agenten."

„Und könntest du mich nicht lieben? Antworte mir ehrlich, könntest du mich nicht lieben?"

Dies war das erste Anzeichen für Leicesters Vorteil. Ihr Blick fiel nach unten, und ihre Wangen bekamen Farbe.

Leicesters Herz schlug laut vor Freude; er konnte einen Freudenschrei nicht unterdrücken.

Aber Olive Castlemaine meisterte sich mit einer starken Willensanstrengung.

„Sie verlangen von mir, ehrlich mit Ihnen zu sprechen", sagte sie. „Nun, das werde ich. Ich könnte niemals einen Mann lieben – so wie du geliebt werden würdest –, wenn ich ihn nicht respektiere, und ich könnte keinen Mann respektieren, der Sklave einer bösen Angewohnheit ist."

„Du meinst –" er zögerte und blickte auf den Boden.

„Ja, das meine ich."

„Schau her", sagte er eifrig, „versprich mir, dass du meine Frau sein wirst und ich nie wieder einen Tropfen Alkohol, welcher Art auch immer, schmecken werde. Dafür gebe ich dir mein Wort. Weder Wein, noch Whisky, noch Spirituosen Art wird jemals wieder über meine Lippen kommen.

Wieder sah sie ihn gespannt an und er glaubte zu sehen, wie ihre Augen weicher wurden.

„Ich meine es ernst", fuhr er fort. „Was ich will, ist Antriebskraft; vorausgesetzt, dass ich alles erobern kann. Nun, ich werde das tun; sagen Sie ja, und von jetzt an werde ich es nie wieder anfassen – nie, nie!"

„Wenn etwas etwas Böses ist, wenn es falsch ist", sagte sie, „sollte ein Mann dagegen ankämpfen, weil es falsch ist. Wenn eine Gewohnheit dich beherrscht, solltest du dagegen ankämpfen und sie besiegen – aus Respekt davor." – deine eigene Männlichkeit."

„Du verlangst zu viel", sagte er. „Kein Mensch kann ohne ausreichendes Motiv handeln und sein. Nimm dich aus meinem Leben, und welches Motiv habe ich?"

„Der Glaube an die eigene Männlichkeit."

„Warum sollte ich daran glauben? Wenn Sie mich ablehnen, wofür soll ich dann leben? Kaninchen, noch die Ideale eines niederen Wirtshauses nehmen diese Position ein. Glaube an Gott und den Menschen! Ich kann nur durch dich an sie denken.

Sie spürte die Unwürdigkeit seiner Position. Sie wusste, dass ihr idealer Mann immer stark und mutig sein musste, ganz gleich, wie die Umstände seines Lebens auch sein mochten, und bisher hatte Leicester sie enttäuscht. Dennoch lag in seinen Worten eine subtile Schmeichelei, die jede Frau anspricht. Sie war, menschlich gesehen, die rettende Kraft seines Lebens. Das Schicksal dieses starken Mannes lag in ihren Händen. Was könnte er nicht tun und sein, wenn er von großen Hoffnungen und hohen Ambitionen inspiriert wäre? Sein Name könnte im Land ein Begriff sein. Millionen von kämpfenden, hungernden Menschen hätten Grund, seinen Namen zu segnen. Und sie, sie könnte das von Gott eingesetzte Mittel sein, mit dem alles, was in diesem Mann am besten und edelsten war, verwirklicht werden konnte. Denn wie alle, die ihn kannten, spürte sie die wunderbaren Möglichkeiten seines Lebens. Es mochte wie Prahlerei klingen, als er sagte, dass er mit ihr an seiner Seite alles erreichen könne, aber sie war sich sicher, dass es wahr war.

Außerdem appellierte Leicester an den Stolz ihrer Frau. Jede Frau sehnt sich nach Stärke und Meisterschaft in dem Mann, den sie liebt; Sie möchte lieber von einem starken Mann beherrscht werden, als von einem schwachen Mann. In diesem Moment vergaß sie Leicesters Zynismus, seine angebliche Verachtung für alles, was ihr am meisten am Herzen lag; Sie hielt ihn für den Mann, der er sein könnte.

Hinter all dem Unwürdigen steckte der wahre Mann, stark und mutig. Er könnte Kabinettsminister werden, Premierminister! Er verfügte über eine Kraft, die ihm sogar dazu gewachsen wäre. Der Einflussbereich eines solchen Mannes war einfach grenzenlos. Er könnte den gesamten Ton der Nation verbessern. Und dann, mehr als alles andere, liebte er sie! Dies war nicht der höhnische, ungläubige Mann, der vor ein paar Wochen zum ersten Mal in das Haus ihres Vaters gekommen war und dem es Freude bereitete, über alles zu lachen, was das Beste und Wahrhaftigste war. Mangelnden Ernst könnte ihm heute niemand mehr vorwerfen. Er hatte sie durch die Intensität seines Appells, die Leidenschaft seiner Worte fast erschreckt. Und liebte sie ihn? Wenn vollkommene Liebe die Angst vertreibt, liebte sie ihn nicht. Dennoch hatte noch nie ein Mann sie so angezogen wie dieser Mann. Andere hatten sie um ihre Liebe gebeten, und sie hatte sie ohne zu zögern abgelehnt; aber Leicester war anders. Wenn sie ihn ablehnte, dann nach vielen Fragen und mit schmerzendem Herzen.

Und doch hatte sie Angst. Sie wollte nachdenken, sie wollte ihr eigenes Herz in Einsamkeit und Stille untersuchen. Ja, und sie wollte mit ihrem Vater sprechen. War das ein Zeichen dafür, dass sie ihn nicht wirklich liebte? Es war schwer zu sagen. Sie hatte von Leicester gehört, dass sie über alles spottete, was ihr heilig war, und es widersprach nicht ihrem gesamten Lebensgedanken, ihr Leben mit einem solchen Mann zu verbinden. Aber es gab noch eine andere Seite der Frage. Er liebte sie, und der Gedanke an seine Liebe ließ ihr Herz schneller schlagen und erfüllte sie mit einer seltsamen Freude.

Diese Gedanken gingen ihr blitzschnell durch den Kopf. Nein, vielleicht glaubte sie überhaupt nicht daran. Sie wurden für sie zu einer Art Bewusstsein, zu einer Reihe von Eindrücken, die sie ohne eigene geistige Aktivität beherrschten. Darüber hinaus erriet Leicester durch eine Art Intuition, was in ihrem Kopf vorging. Denn diese beiden Naturen waren eng verwandt, obwohl ihre Ausbildung, ihre Ansichten und ihre Lebensauffassungen völlig unterschiedlich waren. Wenn er ein kluger, starker und meisterhafter Mann war, war sie in ihrem Grad ihm ebenbürtig. Sie liebte Stärke, auch wenn er sich darüber freute. Obwohl sie in vielerlei Hinsicht einen starken Kontrast darstellten, hatte Mutter Natur sie in eine ähnliche Form gegossen.

Unterdessen beobachtete Leicester sie genau. Er versuchte, in ihrem Gesicht zu lesen, als würde er ein offenes Buch lesen, und zwar mit einem Eifer, den wir kaum zu sagen brauchen. Was als grimmiger und fast abstoßender Scherz begonnen hatte, hatte zu schrecklichem Ernst geführt. Dieser Mann liebte mit der ganzen Kraft seiner Natur.

„Ich möchte Ihre Antwort", sagte er schließlich. „Und ich muss nur eine Antwort haben. Oh, verzeihen Sie mir, wenn ich unhöflich wirke, aber ich kann nichts dagegen tun. Ich weiß, dass ich nicht so gesprochen habe, wie ich sollte: Das liegt daran, dass ich gesprochen habe, wie ich dazu gezwungen wurde. Ich weiß, wie unwürdig Das tue ich – ja, ich meine es ernst. Ich weiß, dass ich es nicht wert bin, deine Stiefel zu putzen; aber ich liebe dich mit der ganzen Kraft meines Lebens. Sag es mir, Olive Castlemaine, damit ich hoffen kann."

„Nein", sagte sie leise, „das – das heißt – kann ich dir noch nicht sagen."

Sie wusste, dass sie mit dieser Qualifikation die ganze Position aufgegeben hatte, obwohl sie es nicht zugegeben hätte – so seltsam ist das Herz einer Frau. Auch Leicester war sich dessen sicher, und obwohl er ungläubig war, hätte er sagen können: „Gott sei Dank."

„Ich muss Zeit zum Nachdenken haben", fuhr sie fort. „Ich muss mit meinem Vater sprechen."

Er trat einen Schritt vor, als wollte er ihre Hand ergreifen, doch sie wich zurück.

„Nein", sagte sie. „Ich habe nicht damit gerechnet, dass Sie auf diese Weise zu mir kommen würden, und es ist keine Entscheidung, die man leichtfertig treffen kann."

„Nein, großer Gott, nein", sagte Leicester. Seine Stimme war heiser und fast zitternd. Er hätte nie gedacht, dass er so bewegt sein könnte. „Es ist alles für mich – alles."

Tief in seinem Herzen glaubte er, dass sie ihn akzeptieren würde, und doch wurde die Angst, dass sie es nicht tun würde, zu einem schrecklichen Albtraum.

„Entschuldigung", fuhr sie fort, „aber ich glaube, ich wäre jetzt gerne allein. Ich möchte –"

„Ja", unterbrach Leicester und nahm seinen Hut und seine Handschuhe. „Ich verstehe. Guten Tag."

Sie war fast enttäuscht. Ging er so weg? Hätte er es für selbstverständlich gehalten, dass sie ihm ihre Entscheidung schreiben würde? Aber sie sagte nichts. Als Antwort auf ihr Klingeln kam eine Dienerin, und Leicester betrat die Halle. Für den Diener wirkten seine Manieren wie die eines Besuchers, der kalt empfangen worden war.

„Soll ich eine Kutsche rufen, Sir?"

„Nein, ich gehe zu Fuß zum Bahnhof."

Der Mann öffnete die Tür und verließ das Haus ohne ein weiteres Wort. Er ging fast wie ein Mann im Traum zum Bahnhof; er konnte kaum erkennen, dass das, was geschehen war, eine tatsächliche Tatsache war. Er hatte Olive Castlemaine einen Heiratsantrag gemacht, und er war nicht abgelehnt worden. Er stellte fest, dass er noch zwanzig Minuten auf den Zug zurück nach London warten musste, aber das störte ihn nicht. Jetzt war nichts mehr wichtig. Ein neues Element war in sein Leben gekommen; alles hatte sich verändert. Er war kein Schiff mehr auf dem Meer des Lebens, er war ein Mann, der liebte und geliebt wurde. Zwar hatte Olive nicht so viel gesagt, aber er hatte genug über ihren Charakter gelesen, um zu wissen, dass sie ihn auf der Stelle abgelehnt hätte, wenn es keine große Hoffnung für ihn gegeben hätte.

Er ging auf dem Bahnsteig auf und ab, ohne etwas zu sehen oder zu hören. Ein Gedanke erfüllte seinen Geist, eine Hoffnung erfüllte sein Herz. Als sein Zug ankam, hatte er eine vage Ahnung, dass er auf dem Weg in die Stadt war.

Eine Stunde später kam er in seinem Club an. Zu diesem Zeitpunkt hatte der Zauber, den das Interview mit Olive auf ihn ausgeübt hatte, etwas an Kraft verloren. Zweifel kamen auf, Ängste kamen in sein Herz. Er war sich weder seiner noch ihrer selbst mehr sicher. Als die Aufregung nachließ, kam die alte Sehnsucht nach Whisky in ihm zurück. Er wollte es gerade bestellen, als ihm einfiel, was er zu Olive gesagt hatte.

„Sie hat es dir noch nicht versprochen", sagte Versuchung. „Gönnen Sie sich etwas, solange Sie können. Sie werden kein Versprechen brechen." Er streckte die Hand aus, um eine Glocke zu läuten, zog sie aber ebenso schnell wieder zurück.

„Nein", sagte er, „ich würde mich schämen, sie wiederzusehen, wenn ich es täte. So ein schwaches Ding werde ich nicht sein."

In dieser Nacht konnte er kaum schlafen. Abwechselnd beherrschten ihn Hoffnung und Angst, Freude und Verzweiflung, und in seinen dunkleren Stunden verfolgte ihn das Verlangen nach Alkohol. Einmal ging er sogar so weit, eine Flasche Whisky aus einem Schrank zu nehmen, aber als ihm klar wurde, was er tat, öffnete er das Fenster und schüttete den Inhalt auf die Straße. Noch nie in seinem ganzen Leben war ihm eine Nacht so lang vorgekommen. Immer wieder schaltete er das elektrische Licht ein und versuchte zu lesen, nur um vor Wut und Müdigkeit ein Buch nach dem anderen von sich zu werfen. Als endlich der Morgen kam, brachte er keinen Trost. Was ihm am Tag zuvor Hoffnung und Freude gegeben hatte, erfüllte ihn jetzt nur noch mit Zweifeln. Außerdem schrie jede Faser seines vom Alkohol durchnässten Wesens nach Befriedigung. Das Leben wurde fast unerträglich.

„Es ist diese Unsicherheit", sagte er. „Wenn sie ja gesagt hätte, könnte ich das Verlangen aus mir vertreiben, so wie man so ein verfluchtes Ding vertreiben sollte, aber während ich im Zweifel bin, komme ich mir vor wie eine Feder im Wind."

Als ihm dieser Gedanke durch den Kopf ging, erfasste ihn der Humor der Situation. Er lachte über sich selbst. Er, Radford Leicester, der Frauen jahrelang verachtet hatte, gab nun zu, dass seine ganze Zukunft von dem einzigen Wort eines verachteten Geschlechts abhing. Was würden seine Bekannten sagen? Das erinnerte ihn an Purvis und Sprague und an den Pakt, den sie geschlossen hatten, und dann hatte er keine Lust mehr zu lachen. Was wäre, wenn sie jemals preisgeben würden, was zwischen ihnen passiert ist?

Er ergriff ein Telegraphenformular und schrieb schnell: „ *Erwarte mich heute Abend um sechs. Leicester.* " Diese Depesche richtete er an Olive Castlemaine, und danach wurde er ruhiger. Es schien eine weitere Verbindung zwischen ihm und der Frau herzustellen, die er liebte. Den Vormittag verbrachte er damit, Briefe aus seinem Wahlkreis zu beantworten, und nach dem Mittagessen ging er zu einem Pferdestall und mietete ein Pferd. Als er zurückkam, wusste er kaum, wo er gewesen war, aber der Besitzer des Pferdes wusste, dass er hart geritten worden war, so hart, dass er beschloss, bestimmte Bedingungen zu treffen, bevor er ihm ein so wertvolles Tier erneut anvertraute.

Wenige Minuten vor sechs war Radford Leicester erneut bei The Beeches.

„Mr. Castlemaine erwartet Sie, Sir", sagte der Diener, als er Hut und Mantel entgegennahm; „Er wird in ein paar Minuten unten sein. Wollen Sie hierher kommen, Sir?"

Es war dasselbe Zimmer. Er bemerkte den Stuhl, auf dem Olive am Tag zuvor gesessen hatte, er erinnerte sich an die leise tickende Uhr auf dem Kaminsims und an die Feuereisen, die auf dem Herd standen. Er erinnerte sich an die Worte des Dieners: „Mr. Castlemaine erwartet Sie, Sir." Bedeutete das, dass Olive ihren Vater damit beauftragt hatte, für sie zu sprechen? Wenn ja, bedeutete es eine Ablehnung. Bei dem Gedanken wurde ihm das Herz kalt. Die Tür öffnete sich und Olive trat ein. Eifrig blickte er sie an, fieberhaft versuchte er, ihre Antwort in ihren Augen zu lesen.

Sie näherte sich ihm und blieb dann stehen. Ihre Augen waren voller Tränen.

"Olive?" er sagte. Alles, was er meinte, schien in ihrem Namen zu stehen, als er es aussprach. Es war eine Frage, es war ein Ausdruck seiner Liebe, seiner Herzenssehnsucht.

„Ja", antwortete sie.

Er hob ehrfürchtig ihre Hand an seine Lippen und küsste sie. Er sehnte sich danach, sie in seine Arme zu nehmen und ihr von der Freude seines Herzens zu erzählen; Er sehnte sich danach, ihre Lippen zu küssen und ihr zu sagen, dass er sein ganzes Leben geben würde, um ihres Vertrauens würdig zu werden. Aber etwas versiegelte seine Lippen. Was war es?

Gibt es menschlich gesehen eine göttlichere Kraft auf Erden als die Liebe einer reinen, weiblichen Frau? Gibt es irgendetwas, das einen schlechten Mann dazu bringen kann, sich seiner Schlechtigkeit zu schämen, oder einen ziellosen Mann dazu bringen kann, sein Leben einer großen und würdigen Sache zu widmen, so wirklich und wahrhaftig wie der Liebe einer Frau, von der er weiß, dass sie ihres Namens würdig ist? Frau? Wenn ja, weiß ich es nicht. Wenn die alte, alte Geschichte wahr ist, dass die Sünde durch eine Frau über die Menschheit gekommen ist, dann ist es umso wahrer, dass gute Frauen Gottes bestes Mittel sind, die Welt von ihrer Sünde zu reinigen. Radford Leicester war kein guter Mann gewesen. Wenn er nicht so tief gefallen war wie manche, dann aus angeborenem Stolz und weil seine Natur einige der gröberen und gröberen Formen der Sünde verabscheute. Er war nicht von hohen Zielen erfüllt, er hatte ganz für sich selbst gelebt; Doch als er Olives Hand küsste, überkam ihn eine Reue und Scham, wie er sie noch nie zuvor gekannt hatte. Obwohl er ein stolzer Mann war, ertappte er sich dabei, etwas zu sagen, über das er vor ein paar Monaten nur gelacht und verachtet hätte.

„Danke, Olive", sagte er und hielt immer noch ihre Hand, „du hast mir ein neues Leben geschenkt." Er zögerte einen Moment und sprach dann wieder weiter. „Das möchte ich dir sagen", sagte er. „Obwohl ich deiner unwürdig bin, werde ich versuchen, mich würdig zu machen. Das Versprechen, das ich gestern gegeben habe, werde ich halten. Ja, ich werde es halten. Und – und wenn es einen Gott gibt, werde ich ihn finden."

Er sprach die Worte ehrfürchtig. In seiner Stimme lag kein Anflug von Zyniker; es war genauso, wie er sich fühlte. Gott hatte diese Frau benutzt, um ihm den ersten Schritt zu seiner Erlösung zu weisen.

„Du hast keinen Zweifel, keine Angst, Olive?" er sagte.

„Nein", sagte sie leise, „nicht einer. Ich glaube dir, ich vertraue dir bedingungslos."

"Und du liebst mich?"

„Ja", sagte sie.

„Wirklich und wahrhaftig. Du weißt, was ich meine?" Er sprach leise und langsam, aber seine Stimme zitterte.

„Wie könnte ich sagen, was ich gesagt habe – sonst?" Während sie sprach, war ein Schluchzen in ihrer Stimme, und doch klang das Schluchzen wie ein Lachen.

"Gott sei Dank!"

Er glaubte nicht, dass Gott existierte, und doch war es die einzige Möglichkeit, die große Freude seines Herzens auszudrücken. Bis dahin hatte er nie gewusst, was Glück bedeutete. Die alte, hoffnungslose, zwecklose Vergangenheit war vergessen; In dieser Nacht begann seine Geschichte von neuem.

Nach dem Abendessen an diesem Abend unterhielten sich John Castlemaine und Radford Leicester lange und ernsthaft. Für den Vater war es keine leichte Sache, seinem Kind die Ehe zu versprechen; Darüber hinaus fühlte er sich nicht ganz glücklich, obwohl er Leicester bewunderte und glaubte, dass ihm eine große Karriere möglich sei. Denn John Castlemaine gehörte der alten Denkschule an und hatte kein Verständnis für die moderne Lockerheit der Ideen. Er stammte aus einer Familie, die mehr als hundert Jahre lang den Kampf um die Religionsfreiheit gekämpft hatte und bereit war, ihr Eigentum, sogar ihr Leben, aus Prinzip zu opfern. Er war ein Puritaner der Extraklasse. Er behielt alle ihre alten starken Eigenschaften bei, er vertrat ihre edelsten Ideale, ohne sich an viel Sonnenloses und Abstoßendes zu halten. Er war ein fröhlicher, freundlicher Mann, der seiner Tochter gegenüber fast nachsichtig war, aber er war stark in seinem Hass auf die sogenannte Moral jener Klasse, zu der Leicester gehören sollte. Außerdem war Olive sein einziges Kind. Er hatte den Reichtum seiner Zuneigung auf sie gegossen, und so war der Gedanke, sie einem Mann zu schenken, keine leichte Sache. Könnte er sie dann nach Leicester geben? Es war ein harter Kampf; aber am Ende gewann Leicester. Er sprach frei und offen mit John Castlemaine, und er sprach mit so viel Leidenschaft und Zielstrebigkeit, dass John Castlemaine trotz allem, was er gehört hatte, von der Würdigkeit des anderen überzeugt war.

„Aber noch nicht, noch nicht", sagte der ältere Mann. „Ich kann es noch nicht ertragen, sie zu verlieren."

„Aber warum müssen wir warten?" fragte Leicester. „Wir sind keine Kinder, und ich brauche sie, Mr. Castlemaine. Sie bedeutet mir alles."

„Ich sage ,noch nicht', denn ohne sie werde ich allein sein. Stellen Sie sich vor, ich lebe in diesem großen Haus ohne Olive. Es wird wie ein Gewölbe werden, ein leeres Gewölbe, und ich weiß nicht, wie ich es ertragen kann."

„Es steht mir frei, dort zu leben, wo du willst", sagte der junge Mann. „Ich werde hier in der Nähe ein Haus bauen, wenn du willst, oder ich werde eines kaufen. Ich habe auf dem Weg hierher eines zum Verkauf gesehen."

„Warum dann nicht hier wohnen?" fragte John Castlemaine. Der Gedanke, seinen Schwiegersohn immer in seiner Nähe zu haben, war angenehm.

„Wenn Olive dazu bereit ist, werde ich gerne zustimmen", antwortete er, „und in diesem Fall werden Sie nicht auf einer langen Verlobung bestehen."

Als Leicester an diesem Abend in die Stadt zurückkehrte, schien die Luft von Musik erfüllt zu sein; als wären überall Engelsgestalten um ihn herum. Er spürte Olives warme Küsse auf seinen Lippen, während Liebesworte in seinen Ohren klangen. Immer wieder erinnerte er sich an die Worte, die sie gesprochen hatte, als endlich ihre natürliche Zurückhaltung gebrochen und die Seltsamkeit der Situation zerstreut worden war. Und er hatte über die Freude der Liebenden gelacht, er hatte die Versprechen einer Frau verachtet! Aber das war jetzt alles vorbei. Zumindest dachte er das. Er war sich nicht darüber im Klaren, dass die Vergangenheit nicht begraben werden konnte und dass der Erzfeind eines jeden Lebens ungehindert wandelt. Wie könnte er? Es kam ihm so vor, als seien die Tore des Himmels geöffnet worden, und als hätte seine Liebe eine Barriere zwischen ihm und der dunklen Vergangenheit geschaffen, die so real und so stark war, dass nichts sie durchbrechen konnte.

Er hatte an diesem Abend kein Verlangen nach Alkohol; er schlief wie ein Kind, und als endlich der graue Novembertag anbrach, kam es ihm so schön vor wie ein Maimorgen.

KAPITEL VIII

DIE VIER MÄNNER TREFFEN SICH WIEDER

Die Hochzeit wurde für einen frühen Termin vereinbart. Leicester plädierte lediglich für eine Verlobung von einem Monat, und obwohl dieser Monat um das Fünffache verlängert wurde, gab er mit Wohlwollen nach, zumal er viel Zeit im The Beeches verbrachte. Nicht, dass er in diesen fünf Monaten untätig gewesen wäre. Vielmehr arbeitete er, wie er noch nie zuvor gearbeitet hatte. Er wollte unbedingt beweisen, dass er der Frau, die er liebte, würdig war. Seinen flüchtigen Bekannten gegenüber schien er sich kaum zu verändern. Wenn er nicht zynisch war, dann war er satirisch; Er lachte wie früher über das, was er den Humor von Politik und Religion nannte. Er gab zu, dass er weder an Philanthropie noch an Selbstaufopferung glaubte. Mehr als einmal beleidigte er einige seiner Wähler durch seine Äußerungen über ihre Institutionen, die ihrer Meinung nach dem Wohl der Menschheit dienten. Dennoch stieg er in der Wertschätzung des gesamten Volkes stark auf. Sie erkannten so etwas wie moralischen Ernst hinter seinen brillanten Reden, während er bei jedem Treffen, an dem er teilnahm, einen tieferen, wahreren Ton anzuschlagen schien.

Dies traf insbesondere auf ein Treffen zu, an dem Olive teilnahm. Sie besuchte ihre alte Freundin in Taviton Grange und während ihres Aufenthalts wurde eine Demonstration in der öffentlichen Halle organisiert. Olive hatte Leicester noch nie öffentlich sprechen hören und freute sich mit großer Spannung auf das Treffen. Zu diesem Anlass sollten neben der des Vorsitzenden zwei Reden gehalten werden. Einer stammte von einem der wichtigsten Oppositionsführer, der andere von Leicester, der als angenommener Kandidat sprechen sollte. Natürlich war der Saal voll. Der ehemalige Kabinettsminister galt als der fähigste Redner der Partei, und sein Name war ein Begriff. Selbstverständlich hatte darüber hinaus der ehemalige Kabinettsminister den Ehrenplatz. Mehr als eine Stunde lang redete er und lenkte die Gedanken des Volkes von einem Punkt zum anderen, bis er, wie jemand bemerkte, das gesamte Feld der Politik abgedeckt hatte und Leicester nichts mehr zu sagen übrig ließ. Olive Castlemaine, die natürlich großes Interesse an dem Treffen hatte, spürte dies mehr als jeder andere. Sie wollte ihren Geliebten von seiner besten Seite und unter den günstigsten Umständen hören.

„Wie kann Radford sein Bestes geben, nachdem die Leute diesem großartigen Mann mehr als eine Stunde lang zugehört haben?" sagte sie sich. „Oh, ich wünschte, er würde aufhören!"

Er war endlich zu Ende und die Leute jubelten herzlich. Seine Rede war eine starke Bestätigung seiner eigenen Politik und eine stärkere Verurteilung der Taten der Regierung. In Wahrheit schien es nichts mehr zu sagen zu geben. Dennoch wurde Leicester als angenommener Kandidat aufgefordert, das Wort zu ergreifen, und als er sich erhob, begrüßte ihn das Volk herzlich. Die Luft war heiß und stickig, das Publikum hatte dem Redner des Abends mehr als eine Stunde lang aufmerksam zugehört, doch nach wenigen Sätzen ließ Leicester sie ihre Müdigkeit vergessen und die drückende Atmosphäre im Saal nicht mehr wahrnehmen.

Als er sich umdrehte, um sich an den Vorsitzenden zu wenden, sah er, wie Olive ihn ansah, und ihm wurde klar, dass dies das erste Mal war, dass sie bei einem solchen Anlass zusammen waren. Er muss sich ihres Vertrauens, ihrer Hoffnung und ihrer Liebe als würdig erweisen. Er hatte ihr gesagt, dass er mit ihr an seiner Seite alles erreichen könne, und er sehnte sich danach, ihr zu zeigen, dass er keine leere Prahlerei geäußert hatte. Außerdem erbebte sein Herz bei dem Gedanken, dass sie seine versprochene Frau war – die einzige Frau auf der ganzen Welt für ihn.

Männer meinten hinterher, dass die großartige Rede des Ex-Kabinettsministers es nur verdiente, als Einleitung zur eigentlichen Rede des Abends bezeichnet zu werden. Noch nie hatte Leicester so gesprochen, wie er an diesem Abend sprach, denn neben brillanten Epigrammen, scharfer Kritik und tiefgründiger Analyse gab es auch großen moralischen Eifer. Für den Moment warf er seine alte Hoffnungslosigkeit beiseite; und seine Worte strahlten vor Wärme und überzeugten durch die glühende Aufrichtigkeit seiner eigenen Überzeugungen. Die Versammlung vergaß, dass ein ehemaliger Kabinettsminister seit mehr als einer Stunde gesprochen hatte, und erinnerte sich nur daran, dass der jetzige Redner sie in einen höheren Gedankenbereich hob, und als er sich plötzlich setzte, erhob sich das Publikum *in Massen* gab ihm eine Ovation.

Kaum betrat er das Vorzimmer, versammelte sich eine Menschenmenge um ihn, um ihm zu gratulieren, aber er schenkte ihnen kaum Beachtung. Ihr Lob für ihn bestand nur aus Worten. Selbst die Glückwünsche des ehemaligen Kabinettsministers schienen ihm nichts zu sein: Seine Augen suchten scharf die Gesichter der Anwesenden ab, um jemanden zu entdecken, der noch nicht gesprochen hatte. Sie kam sofort, und als Leicester sie sah, schlug sein Herz vor großer Freude. Er wusste, was sie dachte – es war deutlich an dem Blick zu erkennen, den sie ihm zuwarf.

Alles andere vergessend, eilte er an ihre Seite; er sagte nichts, sondern wartete gespannt darauf, was sie sagen würde.

„Ich *bin* stolz", sagte sie flüsternd.

"Sind Sie zufrieden?" er hat gefragt.

„Das ist nur eine Andeutung dessen, was ich fühle", war ihre Antwort.

Und sie hat die Wahrheit gesagt. Noch nie empfand sie so viel für ihn wie in dieser Nacht. Sie vergaß den Eindruck, den er zuerst auf sie gemacht hatte, vergaß alle Geschichten, die sie über ihn gehört hatte. Sie dachte nur an ihren Stolz auf ihn und an die große Zukunft, die vor ihm lag. Und mit all dem kam das Bewusstsein, dass sie die Veränderung verursacht hatte. Sie gab ihm edlere Gedanken über das Leben; Sie machte ihm die großen Kräfte bewusst, die bisher schlummerten. Es war etwas, worauf man stolz sein konnte. Um das Mittel zu sein, einem möglichen großen Mann seine Größe bewusst zu machen und latente Kräfte ins Leben zu rufen, deren sich nicht einmal er bewusst war.

Visionen stiegen vor ihr auf, was er sein würde. Sie hatte die Karrieregeschichte von Männern wie dem jüngeren Pitt, John Bright, Disraeli und Gladstone gelesen und glaubte, dass Leicester den Besten von ihnen ebenbürtig war. Sie sah ihn als den Anführer eines Volkes, der seine Wünsche zum Ausdruck brachte und seine Sprache interpretierte; Sie sah in ihm einen Propheten, der der Welt die tieferen Bedeutungen des Lebens einer Nation offenbarte. Und sie war das Werkzeug, das er für seine Erlösung auserwählt hatte. Er hatte gelernt, sie zu lieben, er hatte erklärt, dass er nur durch sie etwas anderes als ein Zyniker, ein Spötter werden konnte. Sie war seine Inspiration, sein Leitstern, seine Hoffnung. Für sie und mit ihr an seiner Seite konnte er alles tun.

Sie glaubte es jetzt. In ihrer Aufregung verglich sie seine Rede mit den brillanten Reden der großen Führer. Sie war sich sicher, dass Leicesters Machtbefugnisse von der gleichen Größenordnung waren wie die Machtbefugnisse von Macaulay und Burke. Und sie – *sie* war das von Gott eingesetzte Instrument, um alles möglich zu machen.

Als sie zu Taviton Grange zurückging und ihre Hand auf seinem Arm ruhte, schien es, als würde sie in der Luft schweben. Ihr Leben schien erweitert, ihr Lebenssinn schien größer. Sie war bereit, sich selbst zu vergessen, ihre eigene Persönlichkeit zu versenken, damit der Mann, den sie als ihren Ehemann angenommen hatte, der Mann sein konnte, den Gott für ihn vorgesehen hatte.

Auch John Castlemaine war bei dem Treffen dabei und obwohl er nicht an alle seine politischen Lehren glaubte, war er von der Brillanz von Leicesters Rede ebenfalls hingerissen. Er war stolz auf seinen zukünftigen Schwiegersohn; und er war sich sicher, dass Olive klug gehandelt hatte, als sie ihn als ihren Ehemann akzeptierte.

Bisher war Leicester seinem Versprechen gegenüber Olive treu geblieben. Er hatte seit dem Tag, an dem er sie gebeten hatte, seine Frau zu sein, keinen Alkohol mehr getrunken. Manchmal war das Verlangen schrecklich gewesen, aber er hatte widerstanden. Er hatte sogar das heimliche Hohnlächeln seiner Bekannten ohne Erwiderung ertragen. Was als düsterer und unwürdiger Scherz begonnen hatte, war für ihn zum großen Antrieb seines Lebens geworden.

Tatsächlich war Leicester überaus glücklich. Er konnte nie ohne Scham an den Vertrag denken, der zu seiner Bekanntschaft mit ihr führte, und er hatte große Angst, dass er ihr auf irgendeine Weise zu Ohren kommen könnte. Nachdem seine Verlobung bekannt geworden war, hatte er mehr als einmal versucht, ein Interview mit Purvis, Sprague und Winfield zu bekommen; Doch die Gelegenheit, nach der er suchte, bot sich lange Zeit nicht, und er war zu stolz, sie nur mit dem vorgeblichen Zweck zu suchen, mit ihnen darüber zu sprechen.

Eines Tages im Februar sah er sie jedoch zusammen. Er war eines Abends spät in seinen Club gekommen und hatte sie allein im Raucherzimmer vorgefunden. Er hatte den Abend mit Olive verbracht und war mit dem letzten Zug zurückgekommen. Wie man sich vorstellen kann, waren weder Sprague noch Purvis besonders freundlich zu ihm. Kein Mann blickt freundlich zu einem erfolgreichen Rivalen. Es ärgerte sie auch, als sie sich daran erinnerten, dass die Verlobung durch ihre Hilfe zustande gekommen war.

Sie hatten über Leicester gesprochen, bevor er hereinkam. Wie viele andere glaubten sie nicht an seine Aufrichtigkeit. Wie konnte Leicester, der Zyniker, der Frauenspötter, der Mann, der unter dem Einfluss von Whiskey eine Wette abgeschlossen hatte, dass er eine Frau gewinnen könnte, die Frau lieben, die er gewonnen hatte? Spielte er diese Rolle nicht nur, um seine Wette zu gewinnen?

„Ich für meinen Teil", sagte Winfield, „glaube, dass er aufrichtig ist. Was als Scherz begann, endete im Ernst. Als er Miss Castlemaine traf, wurde ihm, der Frauen jahrelang gemieden hatte, klar, wie falsch er gelegen hatte." Er hat sich offensichtlich tief verliebt, und ich für meinen Teil bin froh, dass sie ihn angenommen hat. Leicester wird ein guter Kerl sein und eine große Zukunft haben. Ich habe gehört, dass er jetzt keinen Alkohol mehr anrührt."

„Ich glaube es nicht", sagte Sprague. „Der Äthiopier kann seine Haut nicht ändern, und der Leopard seine Flecken nicht. Ich glaube, er spielt einfach nur ein Spiel. Was seinen Verzicht auf das Trinken angeht, ja, das könnte möglich sein. Ich glaube, dass Leicester zu allem fähig ist, was er kann." auf seine Art. Du wirst merken, dass er sich am Ende da rauswinden wird."

„Das sage ich nicht", sagte Purvis. „Warum sollte er? Wie wir wissen, wird sie eine großartige Erbin sein. Es müssen Töpfe voller Geld vorhanden sein, und Leicester will damit umgehen."

„Es sollte gestoppt werden", sagte Sprague.

„Aber wie lässt sich das stoppen?" fragte Winfield. „Selbst wenn wir es wollten, können wir sie nicht an der Heirat hindern. Mir wurde gesagt, dass Miss Castlemaine tief in ihn verliebt ist."

„Ein Grund mehr, ihr die Wahrheit zu sagen."

„Aber das kann nicht sein. Wir haben versprochen, den Mund zu halten, und – nun, ein Versprechen ist ein Versprechen."

„Nicht unter solchen Umständen. Wir haben kein Recht, einer Frau zu erlauben, ihr Leben zu ruinieren. Denn Leicester wird ihr Leben ruinieren."

„Ich persönlich glaube es nicht", sagte Winfield. „Leicester ist verliebt, und der verliebte Leicester wird ein vorbildlicher Ehemann sein."

„Leicester ist verliebt! Er ist nicht in der Lage zu wissen, was Liebe bedeutet. Der Mann, der zu einer solchen Wette fähig ist, ist nicht in der Lage, eine Frau wie Miss Castlemaine glücklich zu machen."

„Jedenfalls ist es nicht unsere Angelegenheit", sagte Winfield. „Außerdem haben wir versprochen, den Mund zu halten, und wir können nicht anders, als unser Versprechen zu halten."

„Aber ein solches Leben wie ihres aufgrund einer falschen Vorstellung von Ehre zu ruinieren – nun, ist das nicht schlimmer, als ein Versprechen zu brechen?"

„Mein Gefühl ist: Lasst die Angelegenheit weitergehen", sagte Purvis. „Jedenfalls könnte es ihr gut tun."

In diesem Moment betrat Leicester den Raum. Als er sie zusammen sah, ging er auf sie zu. Er war, wie wir bereits sagten, gespannt auf die Gelegenheit, gemeinsam mit diesen Männern zu sprechen.

Die Monate, die vergangen waren, seit wir Leicester zum ersten Mal in diesem Raum sahen, hatten eine große Veränderung in ihm bewirkt. Hoffnung strahlte in seinen Augen, und dieser hoffnungsvolle Ausdruck hatte einen glücklicheren, gesünderen Ausdruck zur Folge. Es stimmt, dass er häufig unter nervösen Anfällen litt. Mutter Natur wird nicht so missbraucht werden, wie er sie missbraucht hat, ohne eine schreckliche Strafe zu fordern. Dennoch zeigte seine Lebensveränderung Wirkung, und als Folge davon war der Leicester von vor ein paar Monaten nicht mehr der Mann, der jetzt vor ihnen stand.

„Ich freue mich, euch kennenzulernen", sagte er, als er auf sie zukam, „und ich schätze mich glücklich, euch alle zusammen zu treffen. Ich möchte mit euch sprechen."

Purvis und Sprague tauschten Blicke, und aus den Augen des letzteren leuchtete ein böser Ausdruck. Er hatte Leicester nicht verziehen, wie oft er ihn lächerlich gemacht hatte, und er hatte ihm auch nicht verziehen, dass er dort erfolgreich gewesen war, wo er, Sprague, versagt hatte.

„Als wir das letzte Mal alle zusammen in diesem Clubraum waren", sagte Leicester und sprach mit Mühe, denn wie man sich vorstellen kann, waren die Gedanken in seinem Kopf alles andere als angenehm, „wir – nun, wie Sie wissen, wurde eine Art Wette abgeschlossen." ."

Sie warteten darauf, dass er weiterging.

„Wie Sie wissen", fuhr er sofort fort; "Ich habe--"

„Die Wette gewonnen", sagte Sprague. „Da das so ist, werde ich bereit sein, meinen Scheck an – was war es? etwas damit zu tun gehabt zu haben.

Spragues Tonfall und nicht seine Worte verärgerten Leicester. Der Gedanke, dass die Frau, die er mehr als alles andere auf der Welt liebte, mit einer Wette in Verbindung gebracht werden könnte, machte ihn wahnsinnig.

„An wen soll ich meinen Scheck schicken, Leicester?" fuhr Sprague fort. „Purvis möchte es auch wissen. Nachdem Sie unseren Teil des Geschäfts erfüllt haben, werden Sie natürlich auch Ihren erledigen. Das spiegelt keine Ehre für einen von uns wider."

„Nein", sagte Leicester und sprach sehr leise. „Wenn ein Scheck gesendet wird, werde ich ihn selbst senden."

„Sie meinen also, dass alles, was wir gehört haben, falsch ist und dass die junge Dame Sie abgelehnt hat."

„Was ich meine, betrifft Sie nicht, vorausgesetzt, ich sende den Scheck", antwortete Leicester, immer noch leise sprechend.

„Schließlich wurde Leicester bei einer Salonbesprechung bekehrt", sagte Sprague höhnisch. „Ich habe gehört, dass er in seinen Reden einen ganz anderen Ton angeschlagen hat. Wir werden ihn noch bei Müttertreffen sehen."

Dennoch behielt Leicester die Kontrolle, auch wenn Sprague ihn auf eine harte Probe stellte.

„Komm, Leicester", wollte Sprague sagen, „wenn du bekehrt bist, solltest du dieses unwürdige Geschäft aufgeben; wenn du es nicht bist, dann hast du kein Recht, das Leben einer Frau zu ruinieren."

„Ich denke, ich kann mich um meine eigenen Angelegenheiten kümmern", sagte Leicester.

„Aber die Frage ist, sind Sie von Ihrem Irrtum bekehrt? Sind Sie Moralreformer, Mäßigkeitsdozent und so weiter geworden?"

„Und wenn ja?"

„Oh, nichts – nur denke ich, dass darüber in den religiösen Zeitungen ordnungsgemäß berichtet werden sollte."

Leicester hielt sich immer noch unter Kontrolle, dennoch waren Spragues höhnische Bemerkungen für ihn verräterisch.

„Außerdem", fuhr sein Peiniger fort, „haben Sie das Spiel kaum gespielt, Leicester. Die Vereinbarung war, dass Sie sie als Atheistin, starke Trinkerin und Zynikerin gewinnen sollten, während Sie zum Moralreformer geworden sind." Ich habe eine Maske getragen.

„Nun, das geht dich nichts an."

„Das glaube ich. Wie auch immer, Sie geben zu, dass diese Verlobung ein düsterer Witz ist."

„Ich wiederhole, das geht Sie nichts an", sagte Leicester; „Wenn ich den Scheck an das Krankenhaus schicke, ist die Sache für Sie erledigt."

„Und Sie wollen wirklich sagen, dass Sie ein reformierter Charakter sind? Ich gratuliere Ihnen aufrichtig."

„Wenn Sie damit meinen, dass ich an Ihren Beruf oder Ihre Salontreffen glaube, nein. Ich betrachte sie wie immer."

„Dann haben Sie einfach eine Rolle bei Miss Castlemaine gespielt?"

„Und wenn ja, was geht dich das an?"

Er war jetzt kaum noch Herr seiner selbst, sonst hätte er das Gespräch nicht in eine solche Richtung abdriften lassen. Doch der Mann erzürnte ihn fast über alle Maßen, umso mehr, als er in die Affäre verwickelt war, für die er sich schämte.

„Dann geben Sie es zu. All dieser Abstinenzler, dieser Ton moralischer Ernsthaftigkeit, den Sie in Ihre Reden eingebracht haben – das alles dient dazu, Ihre Wette zu gewinnen."

„Und wenn ja!" er weinte. „Habe ich jemals so getan, als würde ich an die jammernde Sentimentalität der Welt glauben? Habe ich nicht immer darauf bestanden, dass alles eine Frage des Preises ist!"

Er hatte genau das Gegenteil davon sagen wollen, als er diese Männer sah, aber sie hatten ihn gegen seinen Willen zu einer Art unvernünftigem Zorn erregt.

„Ich denke, Miss Castlemaine sollte es wissen", sagte Sprague.

„Vielleicht willst du es ihr sagen?" er hat gefragt.

„Ich habe sicherlich darüber nachgedacht."

„Dann lasst mich euch das sagen, Leute", sagte er, „wenn ihr es jemals tut, werde ich euch zerquetschen, wie ich eine leere Eierschale zertreten würde. Ich werde euch das Leben zur Hölle machen. Ich meine es ernst."! Ich habe keine Angst vor Winfield. Er bekennt sich nicht zu seiner Religion und wird deshalb direkt handeln; aber ich sage euch beiden – euch, Sprague und Purvis –, wenn Miss Castlemaine jemals davon hört, weiß ich, dass es kommen wird von einem von euch beiden. Niemand sonst weiß davon, und ich werde schnell herausfinden, wer von euch beiden es ihr erzählt hat. Nun, ich sage euch eines: Keine verlorene Seele in der Hölle, über die ihr den Sündern predigt, wird so leiden wie ihr wird leiden."

Er hatte den falschen Weg eingeschlagen, und er wusste es, doch zu diesem Zeitpunkt dachte er nicht daran, wie er ihnen das Gefühl geben könnte, was er fühlte. Sein Stolz verbot ihm zu sagen, dass er es jetzt wirklich ernst meinte und dass er sich für den Pakt schämte, den sie geschlossen hatten. Er versuchte, sich dazu durchzusetzen; Aber zu Sprague und Purvis zu gehen und ihnen zu sagen, dass er Miss Castlemaine wirklich liebte, und sie zu bitten, nicht zu erwähnen, was zwischen ihnen vorgefallen war, war zu viel. Wären es Männer einer anderen Ordnung gewesen, hätte er es vielleicht getan; aber nach der Art, wie er sie betrachtet hatte, nachdem er gelacht hatte, um ihre religiösen Vorstellungen und ihren erklärten Glauben an Frauen zu verachten, konnte er es nicht. Er würde seinen alten Charakter beibehalten und ihnen Angst machen, das Geheimnis preiszugeben, das nun zur großen Angst seines Lebens geworden war.

Zum ersten Mal hatte Sprague das Gefühl, die schwache Stelle in Leicesters Rüstung durchbohrt zu haben. Er wusste jetzt, dass der Mann, der ihn ausgelacht hatte, Angst vor ihm hatte, und beschloss, die Position, die er innehatte, auszunutzen. Es würde ihm helfen, alte Rechnungen abzubezahlen.

„Wenn Sie uns versichern würden, dass Sie in dieser neuen Rolle, die Sie spielen, aufrichtig sind", sagte Sprague, „und wenn Sie uns versprechen würden, nie wieder Getränke jeglicher Art anzufassen, könnte es sein, dass –
"

Doch Leicester erlaubte ihm nicht, den Satz zu beenden. In seiner Leidenschaft stand er auf.

"Verspreche Ihnen!" Er rief: „Versprich *es dir* !" Er lachte bitter und verächtlich. Dann setzte er sich wieder hin und schämte sich dafür, dass er zugelassen hatte, dass ein Mann wie Sprague ihn so verärgerte. „Sie irren sich", sagte er. „Ein Gentleman streitet nicht mit einem Taxifahrer und lädt seine Wäscherin nicht zum Abendessen ein. Sie gehen zu weit." Er zögerte erneut eine Sekunde. „Nein", fuhr er fort, „ich werde nichts versprechen und auch nichts bekennen. Ich sage Ihnen einfach, dass kein Wort dieser Angelegenheit über Ihre Lippen kommen darf."

Sprague war von Leicesters Worten betroffen und wollte gerade wütend erwidern.

„Nein, nein, warte mal", sagte Leicester, der nun ganz leise sprach. „Schauen Sie mich einen Moment lang an – das ist es. Jetzt kennen Sie mich. Sie wissen, dass ich nicht an Quatschmoral gebunden bin. Und Sie wissen auch: Wenn ich etwas sage, werde ich es tun, ja, sogar." wenn ich dafür kämpfen muss. Ich werde es tun. Welche Rolle ich auch anderswo spiele, ich spiele jetzt keine Rolle. Ich meine es ernst, und der Teufel hilft immer dem Mann, der ihm treu ist. Nun ja, Ich sage Folgendes: Wenn einer von Ihnen auch nur ein Wort zu unserem Pakt sagt – ein Wort, wohlgemerkt, besonders gegenüber Miss Castlemaine –, dann wird kein Leprakranker auf einer Leprainsel das erleiden, was Sie erleiden werden, kein Opfer der von Ihnen erfundenen Inquisition Religionslehrer haben jemals die Qualen durchgemacht, die du durchmachen wirst; keine Hölle, die jemals erfunden wurde, wird so schrecklich sein wie die Hölle, durch die Ich dich zerren werde.

„Du meinst, sie würde dich umwerfen, wenn sie es wüsste."

„Egal was ich meine; aber denken Sie daran, ich stehe zu meinem Wort, und das ist mir ernst. Ich weiß, dass Winfield in Sicherheit ist, er ist ein Gentleman und er ist kein abgelehnter Liebhaber; aber Sie anderen – nun ja , ich habe mein Wort gesagt."

Während er sprach, verließ er den Club, während die drei Männer sich verwundert ansahen.

Eine Zeitlang geschah danach nichts, was die Ruhe in Leicesters Leben störte. Nach und nach beherrschte er sein Verlangen nach Alkohol, während seine Lebenseinstellung ihn immer fröhlicher machte. Olive Castlemaine hatte tatsächlich eine wundersame Veränderung herbeigeführt. Als er in ihrer Gegenwart war, war jedenfalls der alte Leicester verschwunden und ein neuer und glücklicherer Mann hatte seinen Platz eingenommen. Zwar zeigte Olive ihre Zuneigung zu ihm nicht deutlich, aber er war zufrieden, und als der Hochzeitstag näher rückte, schien es ihm, als könne sein Glück nicht anhalten. Der Himmel seines Lebens war zu hell, die Freude war zu groß. Besonders spürte er dies am Abend vor dem für ihre Hochzeit festgelegten Tag. Er war zum Abendessen aus der Stadt heruntergekommen, und als er und Olive allein waren, nachdem er mit John Castlemaine eine Zigarre geraucht hatte, kam es ihm vor, als wäre sein gegenwärtiges Glück ein Traum und als würde er bald in düsterer und düsterer Stimmung erwachen strenge Realitäten.

„Warum bist du so traurig, Radford?" fragte Olive; „Beunruhigt dich irgendetwas?"

„Ja, nein – ich weiß es nicht."

Sie sah ihn scharf an.

„Etwas *beunruhigt* dich", sagte sie. „Willst du es mir nicht sagen?"

„Olive", sagte er, „morgen ist unser Hochzeitstag. Ich – ich möchte dich etwas fragen. Ich möchte, dass du mir etwas versprichst."

Sie sah ihn verwundert an und wartete dann darauf, dass er fortfuhr.

KAPITEL IX

IN DER NACHT VOR DER HOCHZEIT

„Olive", sagte er plötzlich, „du hast seltsame Dinge über mich gehört?"

Sie nickte.

„Du hast ihnen geglaubt?"

„Du hast sie nicht geleugnet. Aber jetzt kümmere dich nicht darum. Die Vergangenheit ist Vergangenheit."

"Ist es?" sagte er launisch. „Manchmal glaube ich fast, dass es so ist, aber nur manchmal. Im Allgemeinen habe ich das Gefühl, dass es keine Vergangenheit gibt; dass sich das, was wir Vergangenheit nennen, immer wieder gegen uns erhebt und uns verflucht."

„Radford, dir geht es nicht gut."

„Ja, das bin ich. Mein Problem ist, dass ich zu glücklich bin. Oh, ich weiß, wovon ich spreche. Ich bin zu glücklich. Morgen ist unser Hochzeitstag. Denken Sie daran, morgen werden Sie es sein." Meine Frau, du sollst mir gehören – mir. Die Hochzeit soll früh stattfinden, dann am Nachmittag fahren wir nach London und nehmen den Zug zum Kontinent. Wir fahren nach Florenz, nach Rom, nach Neapel, nach Capri, nach Korsika. Wir fahren weg, um die Sonne zu genießen, wir werden sechs Wochen tristes Wetter verpassen, und wenn wir dann zurückkommen, wird der Frühling da sein. Denken Sie daran! Und ich werde Sie haben. Sie die *ganze* Zeit; Du, meine Frau! Ist es ein Wunder, dass ich zu glücklich bin?"

In den Augen des Mädchens lag ein Ausdruck von Stolz. Es bereitete ihr Freude zu spüren, dass sie diesen stolzen, selbstbeherrschten Mann so erregen konnte, dass sie ihm seinen Zynismus vertreiben konnte. Sie dachte an das alte Leicester und das neue, und ihr wurde warm ums Herz.

„Und doch geht es mir elend", fuhr er fort; „Ich habe eine große Angst, dass das alles nie zustande kommen könnte."

Sie lachte fast fröhlich.

„Das Hochzeitskleid ist gekauft", sagte sie, „und gerade jetzt redet unser Pfarrer, Mr. Sackville, mit Vater über die Zeremonie morgen."

„Ja, ja, ich weiß, aber wenn es keine Vergangenheit gibt. Wenn sie wieder aufersteht –"

„Lasst uns nicht darüber reden", sagte sie. „Ich habe alles darüber gehört und – nun, ich habe dir mein Versprechen gegeben."

„Aber wenn ich schlimmer bin, als Sie dachten", rief er; „Wenn du etwas herausfindest, das du nicht verzeihen kannst. Wenn dir jemand sagen würde, dass ich ein Betrüger, eine Lüge, ein Bösewicht bin?"

„Ich sollte dir trotzdem vertrauen", sagte sie leise. „Du hast mir noch nie eine Lüge erzählt, oder?"

„Nein", sagte er, „ich habe dir nie eine Lüge erzählt."

„Dann sollte ich über das lachen, was ich gehört habe. Du hast mir erzählt, dass seit deinem Oxford-Fiasko, als dieses Mädchen dich sitzen gelassen hat, in keiner Weise eine Frau in dein Leben getreten ist."

„Ja, das habe ich dir gesagt, und es ist wahr; so schlecht es mir seitdem auch gegangen sein mag, ich habe nie an eine Frau außer dir gedacht. Wenn es einen Gott gibt, weiß er, dass meine Worte wahr sind."

Olive Castlemaine lachte fröhlich.

„Dann", sagte sie, „werde ich mich kein bisschen um das kümmern, was ich höre."

Er sah ihr ins Gesicht, seine Augen glühten vor der Glut seiner Liebe. Mit ihr an seiner Seite war alles möglich. Anderen gegenüber war er immer noch ein Zyniker, aber er zweifelte ebenso wenig an Olive wie am Sonnenlicht. Sie war über jeden Verdacht erhaben, und doch ließ ihn allein sein Glaube an sie befürchten, dass der kommende Tag seine Hoffnungen niemals erfüllen könnte.

„Ich bin nicht geeignet, dass du meine Frau sein solltest", rief er. „Ich weiß, dass ich es nicht bin, und dennoch würde ich den Mann ermorden, der versucht hat, dich mir wegzunehmen. Oh, ich meine es ernst, das würde ich. Du weißt nicht, was du für mich bist. Du bist Hoffnung, Glaube, Antriebskraft, Himmel."

Er fuhr auf und ging von ihr weg, als ob er sich schämte, an ihrer Seite zu bleiben. Aber er kam schnell zurück.

„Oh ja, ich hasse Glaubensbekenntnisse", fuhr er fort. „Ich verachte reuige Sünder. Ich hätte es tausendmal lieber mit einem ausgesprochenen Schurken zu tun als mit deinem jammernden Konvertiten. Und doch weiß ich, dass ich mit dir als meiner Frau ein guter Kerl sein werde. Und ich breche nie meine Versprechen. Ich war noch nie so gemein wie das. Oh ja, ich war vom Whisky durchnässt, als ich dich das erste Mal kannte, und ich war ein Spielzeug dieser Angewohnheit; aber seit diesem Tag – du erinnerst dich, Olive – habe ich es nie mehr angerührt, und ich habe es auch nie getan werde – nein, ich werde es nie tun!"

Olive Castlemaine war ein wenig erschrocken über die Intensität seiner Worte; Dennoch war sie stolz auf ihre Macht über ihren Geliebten. Welche Frau wäre das nicht?

„Und doch bin ich von dir entfernt, Olive. Ich weiß nicht warum, aber ich fühle es. Du liebst mich, nicht wahr?"

Als Antwort legte sie ihre Hand in seine und sah ihm fest in die Augen.

„Weißt du, Radford", sagte sie.

„Ja", sagte er; „Ja, ich weiß; aber nicht so, wie ich dich liebe. Nein, nein, das konntest du nicht. Es gibt nicht genug in mir, um zu lieben. Du bist für mich die einzige Frau auf der Welt; ich könnte genauso wenig eine andere heiraten, wie ich es könnte." Auferstehung von den Toten. Könnten Sie einen anderen Mann heiraten?"

„Natürlich nicht", sagte das Mädchen; „Du weißt, dass ich es nicht konnte."

„Sag das noch einmal", sagte er leidenschaftlich, „sag es noch einmal. Sag mir, was auch immer passieren mag – ja, ich wiederhole es – *was auch* immer passieren mag, du wirst nie wieder einen anderen heiraten."

„Radford, was ist los mit dir?" Sie weinte. Sein Gesicht war totenbleich und seine Augen leuchteten in einem seltsamen Licht.

„Mir ist egal!" er weinte. „Morgen ist unser Hochzeitstag; denken Sie nur daran! Ich werde früh in der Kirche sein und dort bis Mittag warten, und dann werden Sie kommen, und der Pfarrer wird den Trauungsgottesdienst lesen , und du wirst versprechen, mich im Guten wie im Schlechten zu nehmen, und du wirst schwören, an mir festzuhalten, solange wir beide leben. Ja, ich habe die Trauung gelesen. Mein Gott, das Wunder! Das ist Warum ich Angst habe. Wenn ich dich verlieren würde, würde ich in einer tieferen Hölle versinken, als Dante jemals auf seinen wilden Reisen gesehen hat. Keine „aufregenden Regionen aus dick geripptem Eis", kein bodenloser Abgrund voller Feuer und Schwefel könnten so schrecklich sein als die Hölle, in die ich gehen würde, wenn ich dich verliere. Das ist es, was mit mir los ist. Und du versprichst es mir, nicht wahr? *Was auch* immer passieren mag, du wirst nie einen anderen Mann heiraten?"

„Nein", sagte sie, „ich werde nie wieder einen anderen Mann heiraten!"

„Das konntest du doch nicht, oder?" sagte er fast klagend.

„Nein", antwortete sie, „das konnte ich nicht."

„Und dir ist ein Versprechen heilig, nicht wahr? Du bist nicht wie andere Frauen, für die ein Versprechen nichts weiter ist als ein Kleidungsstück, das aus der Mode gekommen ist."

„Natürlich ist mir ein Versprechen heilig", antwortete sie.

Er sah sie mit wilden, verschlingenden Augen an. Er versuchte, ihre Seele zu lesen.

„Schau mich an", sagte er.

Sie sah ihn an und ihre Blicke trafen sich, in ihm brannte das Licht seiner Leidenschaft, doch standhaft im Einklang mit der Stärke des Mannes hinter ihnen; Auch sie war beständig und voller Liebe und Bewunderung, die ihr Herz erfüllte.

"Sage es noch einmal."

"Sag noch mal "was?"

„Sagen Sie, Sie werden niemals einen anderen Mann heiraten, was auch immer passieren mag."

„Ich werde niemals einen anderen Mann heiraten, was auch immer passieren mag."

Er drückte sie an sein Herz, überschüttete sie mit Küssen und lachte dann.

„Ich habe jetzt keine Angst mehr", sagte er, „ich bin wie der Mann, von dem sie singen: ,Ich fürchte keinen Feind in glänzender Rüstung'. Ich kann mich allem stellen. Olive, es gibt keinen glücklicheren Mann auf der Welt als mich; nein , noch nicht halb so glücklich. Ich fühle mich, als wäre ich der König der Welt. Jetzt lasst uns ruhig reden."

Er setzte sich neben sie und blickte unverwandt ins Feuer. Draußen wehte der Wind heulend durch den Park, aber er schien ihn nicht zu beachten. Die Flammen eines Holzscheits im Kamin schossen in den Schornstein, und obwohl er sie anzustarren schien, sah er sie nicht.

„Es ist alles so wunderbar!" er sagte.

„Was ist, Radford?"

„Mein Glück. Ich bin dessen nicht würdig. Ja, ich war ein schlechter Kerl. Nein, ich war nicht der wilde Lebemann in der Stadt, meine Laster gingen nicht in diese Richtung. Aber ich war ein selbstsüchtiger Rohling; ich Ich war ein Mensch ohne Hoffnung, Gnade oder Glauben. Ich habe mich nicht um andere gekümmert. Wenn mir ein Mann im Weg stand, habe ich ihn beiseite geschoben. Ich habe nur das Schlimmste im Leben gesehen, und das habe ich Ich habe nach dem gehandelt, was ich gesehen habe. Ich war auch betrunken. Ich war der Sklave einer abscheulichen Angewohnheit. Hätte der Alkohol keinen sichtbaren Eindruck auf mich gemacht, wäre ich einer dieser betrunkenen Idioten gewesen, die man einordnen muss Jede Nacht ins Bett. Ich habe weder an Gott noch an Menschen geglaubt. Nein, ich habe Gott, die Religion und die Moral verachtet und mich dem Teufel meines eigenen Egoismus verkauft. Ja, das habe ich getan, ich weiß es. Und doch du Lieb mich! Du, du, von allen Frauen, du!"

„Ja", antwortete sie und in ihren Augen lag ein unruhiger Ausdruck, „aber du hast Buße getan, Radford."

„Und wenn ich es nicht getan hätte?"

„Dann", sagte sie, „hätte ich dir nicht versprochen, dich zu heiraten."

"Du meinst das?"

„Ja, das meine ich so. Ich könnte niemals einen Mann wirklich lieben, den ich nicht respektiere. Und ich könnte einen solchen Mann wie dich nicht respektieren, egal wie schlau ich dich auch finden mag. Auch wenn ich vielleicht einen schlechten Mann liebe." Mann, ich würde ihn nie heiraten.

Er wusste, dass sie meinte, was sie sagte, und obwohl es ihn traurig machte, erfüllte es ihn auch mit Freude. Ja, sie hatte alle seine alten Theorien in den Wind geschlagen. Was auch immer bei anderen Frauen zutraf, diese Frau wurde von wahren Gedanken angetrieben, inspiriert von hohen Idealen.

Er schwieg eine Weile.

„Ja", sagte er plötzlich, „und du hast recht. Was du sagst, ist richtig. Und ich möchte glauben, Olive; manchmal tue ich es, das tue ich jetzt. Und ich möchte ein guter Mann sein, ja, ein guter Mann." . Du wirst mir helfen, nicht wahr?"

„Ich werde alles tun, was eine Frau tun kann, Radford; aber nur Gott kann einen Mann wirklich gut machen."

„Es ist wunderbar, diese christliche Geschichte", sagte er.

„Und Sie glauben es, nicht wahr, Radford?"

Erneut schwieg er.

„Ich werde nicht einmal deinetwegen lügen, Olive", sagte er. „Glaube ich? Ja, in gewisser Weise. Ich glaube an seine erhabene Ethik, ich glaube an Christus – in gewisser Weise. Oh ja, er war ein wunderbarer Mann, ja, ein göttlicher Mann. Ich glaube auch, dass er es getan hat." hat die ganze Welt über Gott geadelt; aber im Übrigen weiß ich es nicht. Dennoch weißt du, was ich dir versprochen habe: Wenn es einen Gott gibt, werde ich Ihn finden. Das ist alles, was ich sagen kann, Olive, außer dass ich versuchen werde, ein guter Mann zu sein. Glaube an den Menschen, an menschliche Motive? Drücke mich nicht zu sehr, Olive. Bist du zufrieden?"

In seiner Stimme lag deutliche Aufrichtigkeit, seine Augen leuchteten liebevoll. Was für ein Wunder also, dass Olive ihre Zufriedenheit und ihr Glück gestand?

Kurz vor Mitternacht verließ er The Beeches. Eine Stunde lang, bevor er gute Nacht sagte, schien er alle traurigen Gedanken zu vergessen. Er unterhielt sich fröhlich mit John Castlemaine und Mr. Sackville, dem Pfarrer der Kirche, mit der sowohl Olive als auch ihr Vater verbunden waren. Alle dunklen Wolken schienen sich verzogen zu haben. In weniger als zwölf Stunden würden er und Olive Mann und Frau sein. Noch bevor der nächste Tag zu Ende ging, würden sie sich auf den Weg nach Italien machen, dem Land der Sonne und des Gesangs. Die Zukunft offenbarte sich ihm in leuchtenden Farben. Er sah, wie er mit Olive an seiner Seite den Hügel des Ruhms erklomm. Es war fast sicher, dass die Parlamentswahlen von diesem Zeitpunkt an in weniger als zwei Monaten stattfinden würden, und selbst wenn dies nicht der Fall wäre, könnte sie nicht auf einen späteren Zeitpunkt als auf den folgenden Herbst verschoben werden. Dann würde er ins Parlament einziehen, und danach sei seine Position gesichert. Der ehemalige Kabinettsminister, der in Taviton mit ihm gesprochen hatte, hatte ihm bereits gesagt, dass er von ihm im Repräsentantenhaus Großes erwarte, und auch bestimmte Fragen angeregt, denen er besondere Aufmerksamkeit schenken sollte. Darüber hinaus waren es Fragen, die Olive zutiefst interessierten: die Unterbringung der Armen, der Alkoholfluch und ähnliches.

„Diese Dinge", sagte der ehemalige Kabinettsminister, „müssen unbedingt vorangebracht werden. Meistern Sie sie, Leicester, und Sie werden sich für Ihre Partei unentbehrlich machen."

Und so war er glücklich. Hoffnung leuchtete in seinem Himmel, Liebe brannte in seinem Herzen, während sein ganzes Wesen von großen Zielen erfüllt war.

Olive begleitete ihn zur Tür, als er das Haus verließ. Sie war in Leicesters Freudenstimmung eingetreten. Sie freute sich, als sie sah, wie sehr ihr Vater ihn bewunderte und wie sehr er seine Unterhaltung genoss. Mit Freude stellte sie auch fest, dass ihre Ehe ihrem Vater nicht den Kummer bereiten würde, den sie befürchtet hatte. Vielmehr schien er sich mit Freude auf die Aussicht zu freuen, seinen klugen Schwiegersohn bei sich zu haben.

„Bis morgen, Olive", sagte er, während er ihr einen Gute-Nacht-Kuss gab.

„Ja, es wird nicht mehr lange dauern."

„Nein, nur ein paar Stunden, obwohl es wie eine Ewigkeit erscheint. Du bist glücklich, nicht wahr?"

„Ja, völlig"; und sie meinte, was sie sagte. "Bist du?"

"Glücklich!" er weinte. „Ah, du kannst dir gar nicht vorstellen, wie glücklich! Nur bis morgen, und dann wird es keine Trennung mehr geben."

In seiner Stimme lag ein neuer Ton der Zärtlichkeit, und während er sprach, traten ihr Tränen in die Augen.

„Eines Tages, Radford", sagte sie, „wird du wissen, wie gut Gott ist, du wirst die Freude erfahren, ein Christ zu sein."

Als Antwort küsste er sie zärtlich.

„Gute Nacht, meine Liebe", sagte er, „gute Nacht bis morgen – meine Frau."

„Bis morgen, Radford."

Er ging ein paar Schritte die Auffahrt hinauf; Dann drehte er sich um und sah sie an der Tür stehen und ihn beobachten. Er kam wieder an ihre Seite.

„Noch ein Kuss – bis morgen, unserem Hochzeitstag", sagte er.

Sie hielt ihm mit einem freudigen Lachen ihr Gesicht entgegen. Er küsste sie noch einmal und eilte dann davon, da er nicht wagte, ein zweites Mal zurückzublicken.

Kaum war sie ins Wohnzimmer zurückgekehrt, als sie, ohne zu wissen warum, ein Gefühl großer Depression in ihr Herz überkam. Ihr Himmel, der noch wenige Sekunden zuvor klar war, hing jetzt mit großen schwarzen Wolken. Dunkle Vorahnungen kamen ihr in den Sinn und in ihr Herz. Sie hörte, wie ihr Vater im Raucherzimmer mit Mr. Sackville sprach. Sie unterhielten sich und lachten freundlich, und doch machte der Klang ihrer Stimmen sie fast wütend.

Ein Diener betrat den Raum.

„Ja, Meister, was ist das?"

„Ein Brief ist gerade für Sie gekommen, Fräulein."

„Bis zum letzten Beitrag?"

„Nein, Miss, es wurde erst vor ein paar Minuten von Hand gebracht. Ich wollte es nicht bringen, bis Mr. Leicester gegangen war, Miss."

Sie nahm den Brief wortlos entgegen und ging in ihr Schlafzimmer. Ihre Magd kam zu ihr, aber sie sagte ihr, dass sie sie in dieser Nacht nicht mehr brauchte; sie wollte allein sein. Sie hielt den Brief immer noch ungeöffnet in der Hand, stellte sich auf einen Stuhl vor das Feuer, lehnte sich darin zurück und schloss die Augen. Warum dieses seltsame Gefühl der Depression?

Warum war ihr Herz so krank? Radfords Küsse waren immer noch warm auf ihren Lippen, seine Worte hallten immer noch in ihren Ohren wider.

Fast mechanisch brach sie das Siegel des mitgebrachten Briefes auf und warf einen flüchtigen Blick darauf. Eine Minute später fesselten ihre Augen das Papier. Während sie las, folgte ein Ausdruck auf ihrem Gesicht dem anderen – Verwunderung, Empörung, Scham, Leidenschaft beherrschten sie abwechselnd.

Sie las den Brief ein zweites Mal, dann ein drittes, dann ein viertes Mal. Ihre Gesichtszüge wurden starr, ihre Augen wurden hart, ihre Hände verkrampften sich und öffneten sich wieder, als hätte sie keine Kontrolle über sie. Sie warf den Brief von sich; aber sie fing es sofort wieder auf und las es dann zum fünften Mal. Es war ein langer Brief, klar und leserlich geschrieben, offensichtlich von einer gebildeten Person.

Nachdem sie es ein fünftes Mal gelesen hatte, saß sie da und starrte ins Feuer. Sie sah nichts, hörte nichts. Sie nahm ihre Umgebung nicht wahr. Ihr Gesicht, sogar ihre Lippen, waren blutleer. So saß sie lange Zeit.

Plötzlich erregte sie sich und zog an der Klingelschnur. Eine Magd erschien.

„Ist mein Vater zu Bett gegangen?" Sie drehte ihr Gesicht nicht zu ihr und sprach offensichtlich mit Schwierigkeiten. Ihre Stimme war fast tonlos.

„Nein, Miss, er sagt Mr. Sackville nur gute Nacht."

„Würden Sie bitte zu ihm gehen und ihn bitten, in die Bibliothek zu gehen?"

"Ja Frau."

"Warum wartest du?"

„Soll ich ihm sagen, dass Sie zu ihm kommen werden, Fräulein?"

"Ja."

Das Mädchen verließ den Raum, während Olive weiterhin mit demselben steinernen Blick ins Feuer blickte.

Noch einmal las sie den Brief durch. Diesmal langsam, Wort für Wort, Satz für Satz, als würde sie dessen Bedeutung sorgfältig und gerichtlich abwägen. Als sie fertig war, hatte sie sich offenbar entschieden. Sie stand auf und machte einen Schritt zur Tür, konnte aber nicht weitergehen. Ihr Gehirn drehte sich, sie spürte, wie sie fiel. Sie hielt sich ein paar Sekunden lang an der Stuhllehne fest, dann beherrschte sie sich wie durch eine plötzliche Willensanstrengung. Dann ging sie stetig durch den Raum, öffnete die Tür und ging langsam die Treppe hinunter. Ihr Gesicht war bis zu den Lippen immer noch aschfahl, und in ihren Augen lag ein strenger Ausdruck. Es gab keine Anzeichen von Schwäche in ihren Bewegungen und doch sah sie aus, als wäre sie betäubt worden. Als sie das Ende der Treppe erreichte, blickte sie sich langsam um, als wüsste sie nicht ganz, wo sie sich befand. In ihren Augen lag ein benommener Ausdruck, der an den Blick einer Schlafwandlerin erinnerte.

Wieder schien sie eine plötzliche Anstrengung zu unternehmen, dann ging sie zur Bibliothekstür und öffnete sie. John Castlemaine schaute beim Eintreten seiner Tochter auf und war von ihrem Erscheinen überrascht. Er saß in einem Sessel und rauchte eine letzte Pfeife, bevor er zu Bett ging.

„Olive, mein Schatz, was ist los? Bist du krank?" fragte er zärtlich.

Sie versuchte zu sprechen, konnte es aber nicht; dann ging sie auf ihn zu und warf sich in seine Arme, während John Castlemaine sie hielt, wie er sie vor Jahren gehalten hatte, als sie ein Baby war.

Am nächsten Morgen wachte Radford Leicester früh auf. Entgegen seinen Erwartungen fiel er, kaum hatte er in der Nacht zuvor seinen Kopf auf das Kissen gelegt, in einen tiefen, traumlosen Schlaf. Nach der Aufregung des Abends verlangte die Natur nach Ruhe, und so schlang sie ihre freundlichen Arme um ihn, als wolle sie gerade jetzt besonders freundlich zu ihm sein. Als er aufwachte, konnte er eine Zeit lang nicht erkennen, wo er war; aber die Wahrheit kam ihm bald klar. Er erinnerte sich auch daran, dass es der Morgen seines Hochzeitstages war. Sein Herz machte einen Satz, als ihm dieser Gedanke kam, und dann war es unmöglich, noch länger im Bett zu bleiben. Er kleidete sich mit großer Sorgfalt, blickte ab und zu aus dem Fenster und nahm mit Befriedigung das Blau des Himmels und die Süße der Luft wahr.

„Nur noch eine kleine Weile", sagte er sich immer wieder. „Ich frage mich, wie sie aussehen wird, wenn sie am Arm ihres Vaters durch den Kirchengang geht?"

Die Hochzeitsvorbereitungen waren mehrere Tage zuvor besprochen worden und alles wurde ordnungsgemäß geregelt. Als Leicester gefragt wurde, wen er zur Hochzeit einladen wolle, nannte er keinen einzigen Namen.

„Überhaupt niemand?" John Castlemaine hatte gesagt.

„Niemand", antwortete Leicester. „Ich habe keinen wirklichen Freund auf Erden, weder Mann noch Frau. Ja, ich habe viele Bekannte, aber ich möchte nicht, dass sie zu meiner Hochzeit kommen. Mein Vater ist vor fünf Jahren gestorben. An meine Mutter kann ich mich kaum erinnern. As für den ganzen Rest der Welt – nein, ich möchte niemanden einladen."

„Aber man muss sich soweit an Konventionen halten, um einen Trauzeugen zu haben."

„Muss ich? Also gut, jetzt lass mich nachdenken. Ja, Winfield reicht aus. Er ist so ziemlich der beste Kerl, den ich kenne."

Kaum hatte er jedoch seinen Namen erwähnt, hätte er ihn schon gern in Erinnerung gerufen. Wie ein Blitz kam ihm die Tatsache in den Sinn, dass es Winfield war, der am Abend der Wette den Namen Olive Castlemaine vorgeschlagen hatte.

„Das ist in Ordnung", sagte Mr. Castlemaine. „Er ist einfach der Typ. Du wirst also niemanden sonst einladen?"

ihn lieber nicht einladen ", sagte Leicester.

„Aber Sie müssen, Leicester. Ich muss unbedingt darauf bestehen. Ich für meinen Teil denke, ich hätte mir gewünscht, dass Sie einige Ihrer wichtigsten Unterstützer in Ihrem Wahlkreis eingeladen hätten."

„Nein, nein", sagte Leicester, „frag mich nicht; wirklich, ich würde es lieber nicht tun."

Obwohl Leicester dieser Gedanke nicht gefiel, wurde Winfield gebeten, als Trauzeuge zu fungieren, und man hatte vereinbart, dass sich die beiden an diesem Morgen an einem Bahnhof drei Meilen von The Beeches entfernt trafen, der zufällig an der Strecke lag die der junge Journalist am häufigsten nutzte.

Zum vereinbarten Zeitpunkt war Leicester dort und fand den Wagen, den er gebucht hatte. Auch hier fand er Winfield, und die beiden fuhren zur Kirche, in der die Hochzeit stattfinden sollte.

„Sie müssen ein glücklicher Mann sein", bemerkte Winfield.

"Ja."

„Alles ist reibungslos verlaufen, hoffe ich?"

"Ja."

„Natürlich waren Sie letzte Nacht im Beeches?"

"Ja."

„Du hast auch einen wunderschönen Hochzeitstag."

„Ja, es scheint, als würde der Frühling früh kommen."

„Ich sage, alter Mann, du siehst nicht so glücklich aus, wie du solltest, weißt du."

„Warten Sie, bis der Bund fürs Leben geschlossen ist, dann wird es in Europa keinen glücklicheren Mann geben", sagte Leicester.

Winfield sah Leicester fragend an und fragte sich, woran er dachte. Er dachte darüber nach, dass er kein Mann war, von dem man leicht Vertrauen gewinnen konnte, und schwieg daher.

„Ich sage", sagte Leicester, als sich die Kutsche der Kirche näherte, „lassen Sie uns diese verdammten Jalousien herunterziehen. Ich möchte nicht von der Menge angestarrt werden."

„Es wird sicher ein Gedränge geben?"

„Sicherlich. Ich schätze, Mr. Castlemaine hat fast zweihundert Gäste eingeladen. Außerdem ist Miss Castlemaine so bekannt, dass die ganze Nachbarschaft vor den Kirchentüren stehen wird."

Als sich die Kutsche der Kirche näherte, zog Winfield den Vorhang so weit beiseite, dass er hinausschauen konnte. Er bemerkte, dass die Kirchentore verschlossen waren und dass es keine Anzeichen einer Hochzeit gab, außer dass eine Reihe von Menschen verwundert und enttäuscht auf die geschlossenen Tore und die geschlossenen Türen dahinter blickten.

"Was ist los?" fragte Leicester, der Winfields Gesichtsausdruck bemerkte.

„War letzte Nacht alles in Ordnung, Leicester?"

„Alles. Warum fragst du?"

„Weil – nun ja, passen Sie auf sich auf und sehen Sie."

Leicester blickte auf die Kirche. Die Eingangstore waren verschlossen, die Kirchentüren waren verschlossen. Mehrere Leute standen herum und unterhielten sich.

Ein seltsamer Ausdruck trat in Leicesters Augen. Sein Herz wurde wie Blei.

„Bleib, wo du bist, Leicester. Du willst dich dieser Menge nicht zeigen. Ich gehe raus und stelle Nachforschungen an."

Er sprang aus der Kutsche und schloss dann mit einem Knall die Tür, während Leicester drinnen saß.

„Großer Gott, was kann das bedeuten?" sagte er immer wieder.

KAPITEL X

DER HOCHZEITSTAG

Ein paar Minuten später kam Winfield zurück. Wortlos betrat er den Wagen. Er schien von dem, was er gehört hatte, fassungslos zu sein.

„Was ist los, Winfield? – sag es mir."

Winfield wirkte nachdenklich, er schien nicht zu wissen, was er tun oder sagen sollte. Dann öffnete er das Wagenfenster.

„Fahren Sie weiter", sagte er zum Kutscher.

„Wohin, Herr?"

„Der Bahnhof", sagte er; „das heißt, The Beeches Station."

"Jawohl."

„Ich sage, was ist los, Winfield?"

"Ich weiß nicht."

„Sei kein Arsch – sag es mir."

„Der allgemeine Eindruck besteht, dass es heute keine Hochzeit geben wird", sagte Winfield grimmig.

Leicester schien darauf vorbereitet zu sein. Er bewegte keinen einzigen Muskel seines Gesichts, aber es war offensichtlich, dass sein Verstand schnell arbeitete.

„Mach weiter", sagte er leise.

„Ich habe den Kirchenverwalter oder Küster, oder wie auch immer sie ihn nennen, gefunden", sagte Winfield, „und er sagte mir, dass er heute Morgen um acht Uhr den Befehl erhalten habe, weder die Kirchentore noch die Kirchentüren zu öffnen, wie es der Fall sei." Hochzeit würde heute nicht stattfinden.

„Ich verstehe", sagte Leicester. „Was außerdem?"

„Unter diesen Leuten scheint die Rede davon zu sein, dass der Telegraphenschreiber heute Morgen viel zu tun hatte. Es heißt, er habe Hunderte von Telegrammen verschickt, die alle mit „Castlemaine" unterzeichnet waren. Ich schätze, das ist etwas übertrieben", fügte er hinzu.

„Und der Sinn dieser Telegramme?"

„Es besteht der allgemeine Eindruck, dass sie alle die Informationen wiederholt haben, die mir der Hausmeister gegeben hat. Ich sage, Leicester, haben Sie eine Erklärung dafür?"

„Ich? Keine. Nein, ich muss die Information erhalten. Ja, das liegt zumindest an mir."

„Haben Sie keinerlei Mitteilung erhalten?"

„Ich? Nein, ich habe es vergessen. Ich habe heute Morgen nicht nach meinen Briefen gefragt. Ich – ich glaube, ich war zu – aufgeregt."

"Trinken?"

„Nein; aber wenn – sage ich!" Er steckte seinen Kopf aus dem Wagenfenster. „Nicht zur Beeches Station", sagte er; „Das Haus – verstehst du?"

Der Fahrer grinste. Offensichtlich hatte er gehört, was gesagt worden war, aber er sagte ganz höflich „Ja, Sir" und änderte die Richtung der Pferdeköpfe.

Winfield wollte Leicester noch mehr sagen, aber er wagte es nicht, der Gesichtsausdruck des Mannes war zu gespenstisch.

„Hier ist ein schönes Exemplar für den gelben Journalisten", dachte Winfield. „Es scheint schade, dass so etwas nicht in meinen Bereich fällt. Es würde gern gelesen werden als jede Nachricht über die armenischen Gräueltaten. Aber da wird es genug geben, um dieser Angelegenheit Publizität zu verschaffen. Ich frage mich, was sich dahinter verbirgt." Natürlich werden den örtlichen Reportern einige plausible Ausreden vorgetragen – Miss Castlemaine ist krank oder Mr. Leicester ist nach Abessinien berufen worden; aber es steckt eine Tragödie dahinter, so sicher wie mein Name Arthur Winfield ist. Armer alter Leicester, er sieht todgeweiht aus."

Die Kutsche hielt vor der Tür von The Beeches, und Winfield blickte hinaus. Niemand war zu sehen. Es gab keine Anzeichen dafür, dass etwas Wichtiges passiert war oder passieren würde. Es hätte ein leeres Haus sein können, trotz aller sichtbaren Lebenszeichen. Hinweise auf eine Hochzeit waren nirgends zu erkennen. Der Frühling war noch nicht da, aber der Tag war warm und eine Atmosphäre der Ruhe schien über dem Gelände zu herrschen. Die Hallentür war geschlossen.

Leicester sprang aus der Kutsche und sah sich dann benommen um. Er bemerkte die großen Buchen im Park und das Vorbeifahren eines fernen Zuges.

„Vielleicht ist Miss Castlemaine krank", sagte Winfield, „oder es könnte sein, dass ihrem Vater etwas zugestoßen ist." Er wollte den gespenstischen Ausdruck vertreiben, der auf dem Gesicht des anderen lag.

Aber Leicester schien das nicht zu beachten; vielmehr schien er zu versuchen, die Situation zu begreifen.

„Lass mich sehen, Winfield“, sagte er. „Ich will es verstehen. Bringen Sie mich in Ordnung, wenn ich Unrecht habe. Heute ist der Tag meiner Hochzeit. Zweihundert Gäste waren eingeladen. Wir sollten in der Kirche dort drüben von diesem Mann, Sackville, getraut werden . Als wir dort ankamen, fanden wir die Wohnung verschlossen vor, während Ihnen mitgeteilt wurde, dass der Hausmeister den Befehl erhalten hatte, die Wohnung verschlossen zu halten, da keine Hochzeit stattfinden sollte. Außerdem wurde Ihnen gesagt, dass der Telegraphenbeamte viele Nachrichten verschickt hatte Ich habe das Gleiche gesagt, was der Mann in der Kirche Ihnen gesagt hat. Ist das richtig?“

„Ja, das stimmt. Aber Miss Castlemaine oder ihr Vater könnten krank sein, wissen Sie. Sie haben heute Morgen nicht auf Ihre Briefe geschaut und waren daher in Unwissenheit.“

„Ich wollte nur sichergehen, dass ich die Fakten kenne“, antwortete Leicester. „Ich könnte mich irren, wissen Sie. Ich fühle mich völlig am Boden zerstört.“

Er ging zur Tür und klingelte. Nach einer für ihn gefühlten Ewigkeit wurde es von einem alten Diener geöffnet.

„Ist Miss Castlemaine zu Hause?“

Der Mann zögerte eine Sekunde und sagte dann:

„Das glaube ich, Sir.“

„Geht es ihr gut?“

Er schien nicht zu begreifen, was er sagte, und beobachtete dennoch aufmerksam das Gesicht des Dieners.

„Soweit ich weiß, Sir.“

„Wirst du ihr sagen, dass ich sie sehen möchte?“

Wieder zögerte der Mann.

„Entschuldigen Sie, Sir“, sagte er plötzlich, „aber Sie können sie nicht sehen.“

"Warum?" fragte er benommen.

„Es steht mir nicht zu, das zu sagen, Sir.“

Mit großer Anstrengung beherrschte er sich, der alte Ausdruck der Entschlossenheit kehrte in seine Augen zurück und er sprach mehr wie er selbst.

„Soll ich verstehen, dass Sie ihre entsprechenden Befehle haben?"

„Ja, Sir – das heißt, von Mr. Castlemaine, Sir."

„Würden Sie bitte gehen und ihr sagen, dass ich hier bin und sie sehen möchte?"

In seiner Stimme lag ein befehlender Ton. Der Mann hatte Lust zu gehorchen.

„Es hat keinen Zweck, Sir", sagte er; „Mein Befehl war sehr deutlich, Sir."

Ein wilder Ausdruck blitzte in seinen Augen auf, aber er hielt sich unter Kontrolle.

„Ich möchte, dass Sie zu Miss Castlemaine gehen und ihr sagen, dass ich sie sehen muss."

„Mein Befehl, Sir, war am meisten –"

„Geh und sag ihr", sagte er leise, „dass ich sie sehen muss und dass ich hier warten werde, bis ich es tue."

Der Ausdruck in seinen Augen erschreckte den alten Diener. Außerdem hatte man ihn schon seit einiger Zeit dazu gebracht, in ihm seinen künftigen Herrn zu sehen.

„Um Gottes willen, Mr. Leicester –" sagte er mitleiderregend.

„Gehen Sie, sonst bin ich nicht für die Folgen verantwortlich", sagte er im gleichen ruhigen Tonfall; „Sagen Sie ihnen, dass ich ‚Nein' nicht als Antwort akzeptieren werde."

Der Diener blickte hilflos zunächst Leicester und dann Winfield an. Schließlich schloss er ihnen wie jemand, der Angst hatte, die Tür vor der Nase zu.

„Ich werde mein Bestes tun, Sir", sagte er, „aber Sie dürfen nicht hereinkommen."

Ein paar Minuten später kam er wieder zurück und sein Gesicht war fast so blass wie das des jungen Mannes, der regungslos wie eine Statue auf der Türschwelle gestanden hatte.

„Wenn es Ihnen recht ist, Sir, folgen Sie mir beide", sagte er mit einem ängstlichen Flüstern.

Leicester war jetzt vollkommen ruhig, aber die Ruhe war unnatürlich; Jedes seiner Gesichtszüge war starr und starr, sein Gesicht hatte eine tödliche Blässe. Er folgte dem Mann wortlos. Winfield hatte das Gefühl, dass die gesamte Atmosphäre des Ortes voller Aufregung war, und er fragte sich, warum auch er gebeten wurde, dem Diener zu folgen.

Mit zögernden Schritten ging der Mann voran in die Bibliothek. Leicester wusste, dass dies John Castlemaines Lieblingszimmer war und dass er hier die meiste Zeit verbrachte, wenn er zu Hause war. Der Diener öffnete die Tür und schloss sie dann wieder lautlos.

Olive Castlemaine und ihr Vater standen beide am Kamin, als die jungen Männer eintraten. Das Gesicht des Mannes war kalt, streng und unerbittlich. Was Olive betrifft, so berichtete sie von einer schlaflosen Nacht. Ihre Augen waren trocken und hart, aber ihr Gesicht, obwohl blass, ließ keine Anzeichen von Schwäche erkennen. Sie sah fast gefasst aus, nur dass ihre Lippen zusammengepresst waren.

Leicester machte einen Schritt auf sie zu, aber nur einen Schritt. Der Ausdruck in ihren Augen verbot es ihm. Dennoch blieb er ruhig.

„Ich bin natürlich gekommen, um eine Erklärung zu bekommen", sagte er.

„Ich dachte, mein Brief hätte mich von dieser Notwendigkeit befreit", sagte John Castlemaine.

„Ich habe keinen Brief erhalten."

„Ich habe heute Morgen eines per Hand verschickt."

"Ich habe es nicht gesehen."

Leicester erkannte an Olives Gesichtsausdruck, dass etwas Schreckliches passiert war, und dieser Blick machte ihn nervös, irgendetwas zu erwarten.

„In meinem Brief", sagte John Castlemaine, „habe ich erklärt, warum heute keine Hochzeit stattfinden konnte und warum meine Türen von nun an für Sie geschlossen bleiben müssen."

„Das hast du letzte Nacht nicht gesagt."
„Seitdem ist viel passiert."
„Seitdem kann nichts passiert sein, was eine solche Behandlung, wie sie mir widerfahren ist, rechtfertigen würde."
„Vielleicht nicht", antwortete John Castlemaine ruhig, „aber seit gestern Abend haben mich Informationen über vergangene Ereignisse erreicht, die jede Behandlung rechtfertigen."
Leicesters Ruhe begann ihn zu verlassen.
„Olive", rief er, „nach dem, was letzte Nacht zwischen uns gesagt wurde, wirst du sicherlich nicht –"

„Sie werden mir gegenüber freundlicherweise alle Bemerkungen äußern, die
Sie machen möchten", unterbrach John Castlemaine. „Ich möchte nicht,
dass meine Tochter irgendeinen Geschlechtsverkehr mit dir hat."

„Dann geben Sie mir bitte eine Erklärung für dieses Fiasko", sagte Leicester.
Er sprach immer noch leise, aber jeder konnte den wütenden Ton in seiner
Stimme erkennen.

„Es gibt nichts, was einem Fiasko gleichkäme", sagte der ältere Mann.
„Persönlich glaube ich nicht, dass es einer Erklärung bedarf, aber der Form
halber werde ich sie geben. Sie wurden wie ein Gentleman in dieses Haus
aufgenommen. Ich glaube nicht, dass einer der Diener, ganz zu schweigen
von mir selbst, Ich habe Sie jemals anders betrachtet. Ich bin ein
altmodischer Mann, Mr. Leicester, und wenn ich weiß, dass ein Mann sich so
verhalten hat, wie kein Gentleman handeln könnte oder wollte, verbiete ich
ihm einfach mein Haus und überlasse es meinen Dienern Anweisungen
entsprechend."

„Seit wann habe ich kein Recht mehr, wie ein Gentleman behandelt zu
werden?" fragte Leicester.

„Seitdem ich wusste, dass Sie meine Tochter zum Gegenstand einer Wette
gemacht haben", antwortete John Castlemaine mit stiller Verachtung. „Da
du hundert Pfund gewettet hast, dass du sie als deine Frau gewinnen
würdest."

Der Schlag war gefallen; der Schlag, den Leicester befürchtet hatte. Das, was
ihn monatelang verfolgt hatte, war geschehen. Die Wahrheit war ans Licht
gekommen und sowohl Olive Castlemaine als auch ihr Vater wussten das
Schlimmste. Er wusste, dass es keinen Sinn hatte, irgendetwas zu leugnen
oder mildernde Umstände zu fordern. Die Anklage enthielt genug Wahrheit,
um jedes Wort von Herrn Castlemaine zu rechtfertigen.

„Ich glaube nicht, dass ich mehr sagen muss", fuhr John Castlemaine fort.
„Ich sehe, dass Sie das durchaus verstehen. Sie können sich daher nicht
wundern, dass ich alle Vereinbarungen für – was wir heute erwartet hatten –
zunichte gemacht habe. Das ist alles, denke ich. Es besteht keine
Notwendigkeit, ein Interview zu verlängern, was auch immer es sein mag für
dich, ist für mich sehr schmerzhaft."

Doch so leicht ließ sich Leicester nicht aus der Ruhe bringen. Er hatte das
Gefühl, dass es an ihm lag, alles zu gestehen und dann bis zum Letzten zu
kämpfen. Außerdem hatte er das Gefühl, nicht fair behandelt worden zu sein.
Zumindest hätte er die Möglichkeit gehabt, seine Position zu rechtfertigen,
bevor ihm die Tür vor der Nase zugeschlagen wurde.

„Wie viel Wahrheit auch in dem steckt, was Sie sagen", sagte er, immer noch
ruhig sprechend, „ich denke, das Recht auf Erklärung gebührt mir. Mehr

noch, ich denke, ich hätte antworten dürfen, welche Vorwürfe auch immer gegen mich erhoben wurden." bevor – bevor der Kirchenverwalter seine Befehle hatte."

„Ich konnte mir nicht vorstellen, wie ein Mann den Wunsch haben könnte, Erklärungen abzugeben", sagte John Castlemaine. „Persönlich denke ich, dass ich weniger schlecht von Ihnen gedacht hätte, wenn Scham Sie ferngehalten hätte. Die Informationen, die ich erhalten habe, waren so genau, so überzeugend, so gut authentisch, dass es keinen Raum für Zweifel gab. Ihr gesamtes Verhalten, Ihr ganzes Verhalten „Der Besuch war eine Beleidigung für meine Tochter."

"Beleidigung?"

„Beleidigung. Ich kann keinen milderen Ausdruck verwenden. Trotzdem erwähnen Sie eine Erklärung. Wenn ich Ihnen keine Chance gegeben habe, es vor der Aufhebung der Vereinbarungen zu machen, gebe ich es jetzt. Sehr gegen meinen Willen, das ist wahr; aber ich gebe es."

Die Worte gaben Leicester einen Lichtblick. Wenn dieses Interview gegen Herrn Castlemaines Willen verlief, muss Olive ihn beeinflusst haben. Er drehte sich eifrig zu ihr um.

„Du wirst mich wenigstens hören", sagte er; „Du wirst verstehen, was dein Vater nicht kann."

„Ich glaube, ich habe Ihnen gesagt, Sie sollen Ihre Bemerkungen an mich richten", sagte John Castlemaine kalt; „Meine Tochter wünscht keinen weiteren Verkehr mit dir."

Während ihres Gesprächs war Olive mit starrem Gesicht und starrem Blick auf das Fenster am Kamin stehen geblieben. Dennoch war es offensichtlich, dass sie alles gehört hatte, was gesagt wurde. Bei den Worten ihres Vaters erwachte sie und sagte:

„Nein, lass ihn sagen, was er will; es wird interessant sein."

Leicester spürte die Verachtung ihrer Worte. In diesem Moment hatte er das Gefühl, dass sie ihn als ein verächtliches Wesen ansah. Dennoch kämpfte er um sein Leben, nein, um mehr als um sein Leben.

„Ich gebe zu", sagte er, „dass der Schein gegen mich spricht." Hier zögerte er wie ein Mann, der keine Worte findet, um seine Gedanken auszudrücken. Er sah sich fast hilflos um, doch seinen Worten folgte nur Schweigen.

„Wer hat Ihnen diese – diese Informationen gegeben?" er forderte an.

„Das geht dich oder mich im Moment nichts an", antwortete sie, „da selbst du die Wahrheit dessen, was mein Vater wiederholt hat, nicht leugnen kannst."

„Es gibt mildernde Umstände", stammelte er.

„Ja, das glaube ich", sagte sie kalt. „Sie waren betrunken; zumindest nehme ich an, dass dies der mildernde Umstand ist, auf den Sie sich beziehen. Während Sie sich in diesem Zustand befanden, sagten Sie, dass alle Frauen niedrig und ohne Ehre seien. Sie sagten, sie könnten alle für einen Preis erkauft werden. Es scheint dass mein Preis die Position war, die Sie mir anbieten konnten. Befriedigen Sie meinen Ehrgeiz, und dann würde ich zustimmen, die Frau eines jeden Mannes zu sein, der mich fragen möchte.

Bis dahin war ihm nie klar geworden, was er getan hatte. Selbst in den Stunden, in denen er seine Wette am meisten bereut hatte, spürte er deren Bedeutung nie so wie damals. Ihre Worte brannten in ihm wie heißes Eisen, aber er sprach immer noch leise.

„Sie haben den Fall unfair dargelegt", sagte er; „In diesem Licht ist es mir noch nie in den Sinn gekommen."

„Dann geben Sie Ihre eigene Version", sagte sie; „Wie gesagt, es wird interessant."

Er versuchte zu sprechen, konnte es aber nicht. Er versuchte, sich eine Möglichkeit auszudenken, wie er die ganze schmutzige Angelegenheit in ein positiveres Licht rücken könnte, aber seine Zunge weigerte sich, seinem Willen zu gehorchen. Nichts als die schreckliche nackte Wahrheit, wie sie es ausgedrückt hatte, erschien ihm.

Sie blickte verächtlich zu ihm auf.

„Du antwortest nicht", fuhr sie im gleichen ruhigen, bitteren Tonfall fort. „Sie geben also zu, dass ich Gegenstand einer Wette war, und zwar darauf, dass Sie meinen Ehrgeiz befriedigen und ich dadurch als Ihre *Frau gewonnen werden könnte*! Natürlich fühle ich mich sehr – geehrt. Wer würde das nicht tun? Ich glaube." dass ich von diesem anderen – Herrn – vorgeschlagen wurde. Da Sie dann als geeignetes Thema für eine Wette angesehen wurden, da mein Preis hundert Pfund betrug, machten Sie sich an die Arbeit, um Zutritt zu diesem Haus zu erhalten. Nun, ich weigere mich, auf eine solche Weise ausgenutzt zu werden. Das ist alles, denke ich. Ich bin sicher, dass wir Sie nicht länger festhalten müssen.

„Nein, nein, das ist nicht alles", sagte Leicester. „Es ist mir gegenüber nicht fair, dass ich meine Erklärungen vor – anderen abgeben soll, aber Sie zwingen mich. Ich muss zugeben, dass ich an diesem abscheulichen Geschäft beteiligt war; aber ich war in dieser Nacht nicht ich selbst. Ich war –"

„Ja, du warst betrunken", sagte John Castlemaine; "mach weiter."

„Ich habe dir die Wahrheit gestanden", fuhr Leicester fort, den Blick immer noch auf Olive gerichtet. „Ich habe dir gesagt, dass diese Angewohnheit bei mir gewachsen ist; aber seitdem – seit dieser Nacht – du erinnerst dich – habe ich nie wieder einen Tropfen probiert. Aber – ja, und du kanntest meinen Ruf; in diesen Dingen habe ich dich nie getäuscht."

Olive schwieg.

„Es ist wahr, ich glaubte, dass Frauen alle niedrig, egoistisch und schmutzig seien", fuhr er fort. „Ja, das habe ich, und ich habe meine Ansichten nicht verheimlicht. Als Purvis und Sprague mich dann herausforderten, gestand ich meine Bereitschaft, sie auf die Probe zu stellen. Ich sagte ihnen, sie sollten die beste und edelste Frau wählen, die sie kannten, und –"

„Sie haben mich ausgewählt", sagte Olive. „Ich fühle mich sehr geehrt."

„Ich kannte dich damals nicht", sagte Leicester; „Meine Bekanntschaft mit Frauen hatte mich glauben lassen, dass sie alle das waren, was ich sagte."

„Und doch warst du bereit, einen von ihnen zu heiraten", sagte sie leise.

„Nein, das würde ich nicht", rief er. „Ich wollte einfach meine Worte beweisen. Eine solche Frau hätte ich nie geheiratet."

„Aber du würdest versuchen, sie zu gewinnen, und nachdem du sie gewonnen hast, würdest du sie verwerfen. Das ist noch schlimmer als das andere."

„Ja, ja", sagte er bitter, „ich verdiene zweifellos alles. Ja, ich war betrunken, wenn Sie so wollen, und ich habe gewettet, dass ich Sie als meine Frau gewinnen würde. Ich kannte Sie nicht und habe es geglaubt." dass du wie alle anderen Frauen seist. Mir wurde gesagt, dass allgemein davon ausgegangen werde, dass ich eine brillante Karriere machen würde, und dass ich glaubte, dass die Aussicht, die Frau eines erfolgreichen Parlamentariers zu sein, ausreichen würde, um Ihr Einverständnis zu gewinnen, meine Frau zu werden. Ja, ich werde die ganze Wahrheit gestehen. Ich glaubte, Sie wären wie der Rest der Welt; aber ich hatte nicht vor, Sie zu heiraten. Ich hatte vor, Ihre Zustimmung einzuholen, und –"

„Und dann ziehe ich meinen Namen in eine weitere betrunkene Orgie hinein", sagte sie und in ihren Augen sprühte Feuer. „Mein Name sollte in den Clubs verbreitet werden, ich sollte als jemand erwähnt werden, der die Wahrheit der überheblichen Ansichten von Herrn Radford Leicester bewiesen hatte, ich sollte als jemand hervorgehoben werden, der für eine Wette gewonnen werden konnte, und und dann verworfen, wenn die Wette gewonnen wurde."

„Nein", rief er. „So abscheulich die ganze Sache auch war, so schlimm war sie nicht. Wir verpflichteten uns, dass kein Wort von der Angelegenheit an die Öffentlichkeit dringen sollte, nicht ein einziges Wort. Außer mir wussten nur drei Männer davon. Sie wissen, wer sie waren, glaube ich . Zwei von ihnen hatten Ihnen einen Antrag gemacht und wurden abgelehnt; der andere war, wie Sie sagen, Winfield hier. Was auch immer passiert ist, niemand hätte es gewusst, wenn sie es nicht erzählt hätten. Einer der anderen beiden hat es Ihnen erzählt, was ich auch tue Ich weiß es noch nicht, aber ich werde es wissen – denken Sie daran. Vielleicht werden Sie es mir sagen?"

Olive schwieg.

„Nun, das spielt keine Rolle. Ich werde es herausfinden, ja, ich werde es herausfinden, und dann –" Er lachte bitter, und jeder, der ihm in die Augen geschaut hätte, hätte dort Mord gesehen. „Aber es gibt noch eine andere Seite dieses Geschäfts, so schlimm es auch ist, und niemand spürt seine Abscheulichkeit mehr als ich. Lassen Sie mich zumindest die Gelegenheit haben, die andere Seite zu vertreten."

Zum ersten Mal schien Olive sich ein wenig zu lockern. Sie sagte kein Wort, aber sie schien bereit, ja sogar begierig darauf zu sein, zu hören, was er zu sagen hatte.

„Lassen Sie mich das sagen", sagte Leicester. „Fast seit ich dich zum ersten Mal gesehen habe, habe ich die ganze Angelegenheit bereut. Sie hat mich Tag und Nacht verfolgt. Als ich dich kennenlernte und erkannte, wie edel und wahrhaft du warst, verachtete ich mich selbst und verabscheute mich." Ich hätte alles gegeben, um das, was geschehen war, rückgängig zu machen. Ich habe es nicht gewagt, es dir zu sagen, denn ich fürchtete, du würdest mich aus deiner Gegenwart vertreiben. Kein Mann ehrt eine Frau mehr als ich dich ehre, kein Mann glaubt an den Adel und die Ehre einer Frau mehr als ich an deine glaube. Wie gesagt, als ich dich sah, verabscheute ich, was geschehen war, denn ich liebte dich."

„Du meinst", sagte Olive, „dass du nicht mehr hierher gekommen bist, weil du diese Wette gewinnen wolltest, sondern –"

„Weil ich dich geliebt habe", sagte Leicester eifrig. Er vergaß die Anwesenheit von Winfield und John Castlemaine. Nur er und Olive waren zusammen, die anderen existierten nicht. „Ja, das stimmt, ich bin nur für dich gekommen. Mehr als einmal war ich versucht, dir alles zu erzählen; aber ich war ein Feigling – ich hatte Angst. Ich hatte gelernt, dass du eine stolze Frau bist, und ich war mir sicher, dass wenn Ich habe dir gesagt, du würdest mich aus deiner Gegenwart vertreiben. Und ich konnte den Gedanken daran nicht ertragen, Olive. Du bist alles für mich, Leben, Hoffnung, Himmel! Du weißt, dass du es bist – ja, du weißt es. Was das betrifft Ich hasste es, so wie ich mich selbst hasste, wenn ich daran dachte. Mein großer Wunsch war, es aus meinem Kopf zu verbannen. Das musst du doch sicher glauben, Olive! Ja, ich verdiene alles, was du gesagt hast – alles und noch mehr ; aber jetzt, wo du die Wahrheit kennst, jetzt, da du weißt, dass das, was in einer grässlichen Farce begann, in schrecklicher Realität geendet hat, jetzt weißt du, dass mein ganzes Leben in dir gebunden ist, nur du, du wirst mir vergeben, nicht wahr?"

Olive Castlemaine ließ ihn nie aus den Augen, während er sprach, sie schien zu versuchen, seine innersten Gedanken zu lesen. Ein- oder zweimal wurde ihr Gesichtsausdruck weicher, als er sprach, als ob sie seinem Flehen nachgeben wollte, aber als er geendet hatte, zögerte sie.

"Das ist wahr?" sagte sie leise. „Jedes Wort ist wahr, nicht wahr?"

„Bei allem, was ich für heilig halte, ist es wahr", rief er. „Ich hatte dich eine Woche lang nicht gekannt, bevor ich das Geschäft verabscheute und es von mir wegwarf, wie ich eine Schlange von mir werfen würde. Ich habe nur an dich gedacht, weil ich dich mehr geliebt habe als jemals zuvor, weil der Mann die Frau geliebt hat, weil der bloße Gedanke daran Das Leben war unerträglich ohne dich.

„Dann gibt es noch eine weitere Frage, die ich Ihnen stellen würde", sagte sie.

KAPITEL XI

LEICESTER UND WINFIELD

Leicester, dessen Herz wieder vor Hoffnung klopfte, trat einen Schritt näher auf sie zu, während sie sprach.

„Ich werde jede Frage beantworten, die du mir stellst, Olive", sagte er; „Lass alles ans Licht kommen."

„Ich möchte wissen", sagte sie ruhig, „wenn das, was Sie sagen, wahr ist, warum Sie den anderen erzählt haben, dass Sie mich nur heiraten wollten, um Ihre Wette zu beweisen."

„Es ist eine Lüge", sagte Leicester; „Ich habe es ihnen nie gesagt."

„Vor weniger als zwei Monaten hast du es ihnen gesagt. Nachdem unser Hochzeitstag festgelegt war, hast du es ihnen erzählt. Du hast sie in deinem Club getroffen, im selben Raum, in dem ich zum ersten Mal besprochen wurde. Die beiden anderen und dieser – Herr. Sie haben darum gebeten „Du musst diese Wette aufgeben" – Olive zögerte, als schmerzte sie schon der Gedanke – „Aber du hast darauf bestanden, das Geld selbst zu zahlen – diese hundert Pfund, den Preis, zu dem ich geschätzt wurde. Sie haben dich gedrängt, ich wiederhole, und Du hast dich geweigert. Sie fragten dich, ob du dich in deinen Ansichten geändert hättest, und du hast es bestritten. Dann haben sie dich beschuldigt, immer noch eine Rolle zu spielen, um meine Zustimmung zu erhalten, dich zu heiraten, damit du deine Wette gewinnen könntest. Und du hast es zugegeben."

"Das ist eine Lüge."

„Ich erinnere mich zufällig an die Worte, die verwendet wurden", sagte Olive und sprach mit derselben harten, ruhigen Stimme. „Einer von ihnen sagte zu Ihnen, es spielt keine Rolle, welcher, aber einer von ihnen benutzte diese Worte, nachdem Sie bestimmte Aussagen gemacht hatten: ‚Dann haben Sie einfach eine Rolle bei Miss Castlemaine gespielt?' und du hast geantwortet: „Und wenn ja, was geht dich das an?" Dann sagte dieser Mann: „Sie geben es also zu? All diese Abstinenz, dieser Ton moralischer Ernsthaftigkeit, den Sie in Ihre Reden eingebracht haben, dienen nur dazu, Ihre Wette zu gewinnen?" Und dann antworteten Sie: „Und wenn ja, habe ich jemals so getan, als ob ich an die jammernde Sentimentalität der Welt glaube? Habe ich nicht immer darauf bestanden, dass es eine Frage des Preises war?" Dann sagten diese Männer, ich müsste es wissen, woraufhin Sie ihnen mit schrecklicher Strafe drohten, wenn sie es wagen würden, es mir zu sagen. Tun Sie so, als würden Sie das leugnen?"

„Ich leugne alles", sagte Leicester mürrisch. Die Wiederauferstehung der Vergangenheit, die Zerstörung seines Glücks hatten seinen Verstand aus den Fugen gebracht. Er wusste kaum, was er sagte, ihm schien der Boden unter den Füßen weggegraben zu sein.

„Ich habe mich gefragt, ob Sie niedrig genug wären, das zu leugnen", sagte sie; „Ich hatte sogar gehofft, dass Sie es nicht wären, aber nachdem ich erfahren hatte, was ich erfahren hatte, wagte ich es nicht zu glauben. Mein Informant bat mich, Mr. Winfield aufzusuchen, um die Richtigkeit dieser Aussage zu überprüfen, deshalb sagte ich dem Diener, er solle ihn mitbringen mit Ihnen. Mr. Winfield, habe ich genau beschrieben, was passiert ist? Hat dieser Mann die Worte gesagt, die ich wiederholt habe?"

Winfield, der wie ein Mann im Traum zugehört hatte, fühlte sich unfähig zu sprechen. Während Olive ihn ansah, konnte er nicht lügen und sagen, dass das, was man ihr gesagt hatte, falsch war, und er konnte auch nicht die Wahrheit bekennen, als er die tödliche Blässe auf Leicesters Gesicht und den ängstlichen Ausdruck in seinen Augen sah .

„Sie sprechen nicht, Mr. Winfield", sagte sie; „Selbst du kannst deinen Freund nicht unterstützen. Dennoch, wenn ich ihn falsch eingeschätzt habe, ist es richtig, dass du die Wahrheit sagst. Hat er das gesagt oder hat er es nicht gesagt?"

„Ich bin sicher, dass er sie nicht so gemeint hat", sagte Winfield zahm.

„Vielen Dank. Dann gehen Sie, Mr. Leicester."

Leicester begann wie ein Mann, der gestochen wurde.

„Das meinst du bestimmt nicht so", rief er. „Nein, nein, Olive, das kannst du nicht so meinen."

„Die Schande, Gegenstand von Hunderten von Klatschreden zu sein, wie ich es in diesem Moment bin, ist nichts im Vergleich zu der Schande, Gegenstand einer Wette unter betrunkenen Männern zu sein. Glaubst du, ich könnte jemals wieder mit dir sprechen, nachdem ich weiß, was ich? Weißt du? Selbst jetzt fühle ich mich durch die Anwesenheit in deiner Gegenwart verunreinigt. Es ist wie Gift für mich. Jedes deiner Worte hat sich als Lüge erwiesen, deine Beteuerungen sind dem Glaubensbekenntnis würdig, zu dem du dich bekennst. Geh also, und möge Gott dir das verzeihen Schmerz, den du verursacht hast.

Aber Leicester hat sich nie bewegt.

„Wenn ich ein Mann wäre", sagte sie, „würde ich dich aus dem Haus werfen; und wenn die Diener nicht reden würden, würde ich in diesem Moment nach ihnen klingeln, damit du genauso behandelt wirst wie du." So wie es ist, werde ich den Raum selbst verlassen, da Sie sich nicht schämen, ein solches Haus wie dieses zu verlassen, um es zu erzählen.

Leicester verlor die Kontrolle über sich. Der Himmel des Mannes war so schwarz wie die Nacht geworden; alles, wofür er lebenswert fand, war in einer Stunde zerstört worden.

„Du sollst nicht gehen", schrie er, „das heißt, du sollst nicht gehen, bis ich die Worte erklärt habe, die in einem Anfall von Wahnsinn geäußert wurden."

„Erklären? Ja, zweifellos würden Sie es erklären, wenn ich meine Ohren durch Zuhören besudeln würde; aber ich werde es nicht tun. Sorgen Sie außerdem dafür, dass Sie es nie wieder wagen, meinen Weg zu kreuzen."

„Ich wage alles", rief er, „alles, alles. Nein, du wirst mir nicht so leicht entkommen. Oh ja, ich erinnere mich, und du erinnerst dich auch an das Versprechen, das du letzte Nacht gegeben hast. Du hast es damals gesagt , dass du, was auch immer passieren mag, *niemals* einen anderen Mann heiraten würdest. Sicherlich wirst du mit deinen guten Vorstellungen dein Versprechen niemals brechen?"

Er war außer sich, sonst hätte er solche Worte nie ausgesprochen. Er sah außerdem, dass der Pfeil eingetroffen war; ein schmerzerfülllter Ausdruck huschte über ihr Gesicht.

„Oh ja, ich habe dich", fuhr er wild fort, „und ich werde dich auch an deine Worte halten. Wenn du jemals davon träumst, einen anderen Mann zu heiraten, werde ich ihm sagen, was du gesagt hast. Ja, das werde ich." tue das und noch mehr, und——"

„Lass mich passieren", rief sie; „Als ob ich jemals davon träumen könnte, einen ehrenwerten Mann zu heiraten, nachdem ich versprochen habe, die Frau von jemandem wie dir zu sein. Treten Sie beiseite, oder ich werde die Diener rufen."

Aber sie hatte keinen Grund, diese Drohung auszusprechen. Ihre Worte hatten ihn zu völlig niedergeschlagen. Er gehorchte ihr wie ein verängstigtes Kind und beobachtete sie dann mit benommenem Blick, als sie den Raum verließ.

„Jetzt geh", sagte John Castlemaine, als er die Glocke drückte. Ein Diener erschien und Radford Leicester verließ das Haus mit der schwarzen Nacht der Hölle im Herzen.

Die Kutsche wartete noch, und beide Männer stiegen wortlos ein.

„Wohin, Herr?" fragte der Kutscher.

Aber Leicester antwortete nicht, er wusste tatsächlich nicht, dass der Mann gesprochen hatte.

„Wohin, Herr?" wiederholte der Fahrer mit lauterer Stimme.

Winfield erwähnte den Namen einer Station, von der sie an diesem Morgen gekommen waren. Zwei Meilen lang ritten sie schweigend, dann drehte sich Leicester um und sah seinen Begleiter an.

„Machen Sie heute Nachmittag etwas Besonderes, Winfield?" er sagte.

„Nein. Nichts Besonderes."

„Dann kommst du mit mir zurück in den Club, ja?"

„Ja, wenn du möchtest."

"Danke schön." Und wieder schaute er auf eine Weise aus dem Wagenfenster, die Winfield bedauerte, sein Versprechen gegeben zu haben.

Nachdem sie in den Zug eingestiegen waren und sich auf den Rückweg nach London machten, sprach Leicester erneut.

„Winfield", sagte er, „glauben Sie, dass sie meinte, was sie sagte? Das heißt, glauben Sie, dass sie jemals dazu gebracht werden wird, ihre Meinung zu ändern?"

„Alle Dinge sind möglich", sagte Winfield.

„Ja, aber glauben Sie, dass sie das tun wird?"

„Nein", sagte Winfield, „ich glaube nicht, dass sie es jemals tun wird." Nachdem er gesprochen hatte, bedauerte er, dass er die Frage nicht beantwortet hatte, so schrecklich war der Ausdruck in Leicesters Augen.

„Ah", antwortete er, „ich wollte nur wissen, was Sie denken. Ich habe Sie immer für einen besonnenen Kerl gehalten."

„Ich glaube", sagte Winfield, „dass ihr Stolz verletzt war, dass sie sehr wütend darüber war, dass man sie zum Gegenstand einer Wette gemacht hat. Welche Frau würde das nicht tun? Dann wurde das Gespräch, das wir vor ein paar Wochen zusammen geführt haben, sehr ernst gemacht." schwarz. Natürlich könnten Sie einen Brief schreiben und eine ausführliche Erklärung geben. Morgen wird sie die Dinge in einem klareren Licht sehen können.

„Nein", sagte Leicester, „das wird sie nie."

Winfield schwieg.

„Trotzdem werde ich den Brief schreiben."

"Ich sollte."

„Ich werde es schreiben, sobald wir wieder im Club sind. Ich werde die ganze Wahrheit sagen. Ich hätte es schon früher tun sollen.“

„Es wäre das Beste gewesen. Aber wer hätte gedacht, dass diese beiden Kerle –“

„Rede noch nicht darüber, Winfield. Bitte nicht – wenn – wenn – aber jetzt ist das egal.“

Das Gesicht des Mannes war leidenschaftlich verzerrt, aber er sprach leise, fast kalt. Winfield zitterte jedoch, als er sprach. Wenn jemals Mord in den Augen eines Mannes brannte, dann brannte er in diesem Moment in Leicesters Augen.

Als sie im Club ankamen, schnappte er sich einen Stift und schrieb schnell, während Winfield eine Zigarre rauchend in seiner Nähe blieb. Seite für Seite war mit Leicesters kühner, klarer Schrift bedeckt; Als er fertig war, gab er das, was er geschrieben hatte, an Winfield weiter.

„Es ist gemein von mir, Sie zu belästigen“, sagte er, „aber ich bin völlig außer sich. Ich weiß kaum, ob ich alles genau so niedergeschrieben habe, wie es sich ereignet hat. Würde es Ihnen etwas ausmachen, zu lesen, was ich geschrieben habe, und mir zu sagen, ob?“ Ich habe die ganze Angelegenheit klar dargelegt?

Winfield las den Brief vom ersten bis zum letzten Wort.

„Ja“, sagte er; „Nichts könnte klarer ausgedrückt werden. Nichts könnte klarer oder direkter sein.“

„Danke. Ich wollte sichergehen, dass ich bei klarem Verstand bin. Ich werde Sie nicht mit dem Rest des Briefes belästigen.“

Wieder schrieb er; und dieses Mal konnte man an seinem Gesichtsausdruck erkennen, dass er etwas ablegte, was nur für Olive Castlemaines Augen bestimmt war. Tatsächlich flehte er sie an, wie es nur ein verzweifelter Mann tun kann. Er warf seinen Stolz in den Wind und betete um Gnade und Vergebung.

"Wie spät ist es?" sagte er, als er fertig war.

„Drei Uhr“, sagte Winfield und blickte auf seine Uhr, „und ich hatte kein Mittagessen.“

„Nein, Sie haben erwartet – das heißt, wir haben erwartet – ich sage, Winfield, ich werde das per Hand schicken.“

"Warte bis morgen."

„Nein, morgen ist eine Ewigkeit. Ich muss es jetzt abschicken. Großer Gott! Du weißt nicht, was das für mich bedeutet. Hol dir dein Mittagessen, Winfield; ich bin gleich zurück.“

Während er sprach, verließ er den Raum, während Winfield ins Esszimmer ging.

„Armer Bettler“, sagte der junge Mann, während er die Speisekarte untersuchte, „er hat es schlimm erwischt, und das ist kein Wunder, denn es war ein herber Schlag. Nun ja, es muss sowieso aus der Zeitung herausgehalten werden.“

Als er sein Mittagessen fast beendet hatte, gesellte sich Leicester zu ihm.

„Ich habe es abgeschickt“, sagte er, „und dem Mann gesagt, er solle auf eine Antwort warten.“

„Besser, Sie hätten bis morgen gewartet“, sagte Winfield.

„Ich konnte nicht, Mann. Höchstwahrscheinlich wird sie heute Abend irgendwohin gehen – das heißt – es sei denn – du weißt schon. Wenn ich bis morgen gewartet hätte, hätte sie meinen Brief nie bekommen, das würde sie tun auf dem Weg zum Kontinent sein, oder – der Himmel weiß wohin. Nein, ich habe es richtig gemacht.“

„Vielleicht hast du das. Wie auch immer, setz dich und iss etwas zu Mittag. Ein Mann muss essen, wissen Sie.“

„Ich könnte genauso gut fliegen. Ah, und das erinnert mich daran. Winfield, lass uns einen Ausritt aufs Land machen. Wir können ein paar Pferde bei Bilson besorgen. Er hat eine verrückte Stute, die ich reiten möchte. Sie ist eine „Es ist ein furchteinflößendes Geschöpf, und kaum jemand wagt es, sie zu besteigen. Ich muss etwas tun, um den Teufel aus mir fernzuhalten.“

„Sehr gut. Ich bin nur in der Stimmung für einen Galopp; aber hol dir etwas zu Mittag, alter Mann.“

„Kommen Sie, wenn Sie fertig sind. Wir können Wimbledon Common in einer Stunde erreichen – in weniger als einer Stunde. Dann werden wir den Pferden von Bilson die Chance geben, herauszufinden, was sie können.“

„Aber wir müssen uns Reitkleidung anziehen, alter Mann. Mit Gehrock und Zylinder kann man nicht reiten gehen.“

„Oh, das habe ich vergessen, aber das wird bald behoben. Wir können um sieben oder acht Uhr zurück sein, und bis dahin sollte es – eine Antwort geben.“

Ein paar Minuten später waren sie auf dem Weg in Richtung Wimbledon Common. Ohne Winfield wäre Leicester durch die überfüllten Straßen galoppiert, und mehr als einmal war er nahe daran, sich über die Einschränkungen seines Begleiters zu ärgern. Als sie jedoch das offene Land erreichten, gab er seinem Pferd die Zügel und raste über den Common, während Winfield ihm dicht auf den Fersen blieb.

„Ich wünschte, ich könnte nach Brighton fahren", sagte Leicester sofort. „Das hilft mir, den Teufel im Zaum zu halten."

"Warum nicht?" sagte Winfield.

„Ich muss jetzt zurück", antwortete er. „Auf meinen Brief wird es eine Antwort geben. Vielleicht ist sie – sehen Sie – sehr gerecht."

„Was will ein Mann von Frauen, wenn er ein gutes Pferd unter sich, den offenen Himmel über sich und das Land um sich herum hat?" fragte Winfield lachend.

„Was will ein Mann vom Himmel, wenn er in der Hölle lebt?" fragte Leicester.

„Wie du willst, Leicester", sagte sein Begleiter; „Aber befolgen Sie meinen Rat. Erwarten Sie nicht – zu viel, und nehmen Sie sich vor, eine gute Zeit zu haben, was auch immer passieren mag."

Leicester lachte, und es war das Lachen eines Verrückten.

„Glaubst du an den Teufel, Winfield?" er sagte.

„Ich sehe nicht, dass der Teufel etwas damit zu tun hat", antwortete der andere. „Wir sind jung, wir haben das Leben vor uns und –"

Aber Leicester hörte nicht weiter auf ihn. Er schlug seinem Pferd die Sporen in die Seiten, und das Tier raste in rasendem Galopp davon. Winfields Pferd wollte ihm folgen, aber der junge Mann hielt ihn zurück. „Lass ihn gehen", sagte er zu sich selbst, „ohne mich geht es ihm besser. Ich habe offensichtlich einen Fehler gemacht, und, mein Gott! Ich mag es nicht, daran zu denken, was passieren wird."

Winfield beobachtete den anderen, der wild über die weite offene Fläche galoppierte, und wartete dann, während er die wahnsinnige Leidenschaft aus sich heraustrieb.

Als Leicester eine halbe Stunde später zurückkam, war sein Blick ruhiger, sein Gesicht wirkte natürlicher.

„Ich dachte, du wärst gegangen, Winfield", sagte er; „Lass uns zurück in die Stadt gehen. Was für einen Hochzeitstag ich habe, nicht wahr?"

Ihre beiden Pferde waren schwarz vor Schweiß, als sie sie dem Arbeitsmeister zurückbrachten, von dem sie sie geliehen hatten, aber

Leicester wartete nicht darauf, sich die Bemerkungen des Mannes anzuhören. Er eilte zurück zum Club und ging direkt ins Büro.

„Irgendwelche Briefe für mich?" er hat gefragt.

Ihm wurde eine Nummer ausgehändigt, die per Post gekommen war.

„Nicht diese", sagte er ungeduldig. „Ist einer mit einem privaten Boten gekommen?"

„Oh ja, das hatte ich vergessen. Hier ist es, Sir."

Er nahm den Brief. Ja, es war in der Handschrift von Olive Castlemaine adressiert und er eilte wortlos direkt in sein Schlafzimmer. Er wollte allein sein. Fieberhaft schaltete er das elektrische Licht ein und brach dann das Siegel auf. Der Umschlag enthielt nichts außer seinem eigenen ungeöffneten Brief.

Eine Zeitlang stand er still. Kein Ton, keine Bewegung machte er. Er hatte jetzt das Gefühl, dass der letzte Faden, der ihn zur Hoffnung hielt, zerrissen war, und doch konnte er nicht erkennen, was das bedeutete. Seit er The Beeches an diesem Morgen verlassen hatte, lebte er in einer Art Trance. Der Schlag hatte ihn gewissermaßen gelähmt. Alles schien in weiter Ferne, obwohl er wusste, dass in seinem eigenen Leben eine Tragödie stattgefunden hatte. Doch plötzlich wurde es ihm klar. Die Hoffnung war verschwunden, die Freude war verschwunden, der Zweck war verschwunden. An seinem Hochzeitstag war die Sonne untergegangen, und sie war auch in seinem Leben untergegangen. Es gab nirgendwo Licht. Seit Jahren hatte er ein hoffnungsloses Leben geführt, seit Jahren war er von einer entwürdigenden Gewohnheit gefesselt, seit Jahren hatte er aufgehört, an Gott zu glauben, an Tugend – an alles, was das Leben lebenswert machte. Dann war eine neue Kraft in sein Leben gekommen. Hoffnung, Glaube und vor allem Liebe waren in seinem Herzen entstanden. Die Welt war neu geworden und er wusste, was Himmel bedeutete. Dann, als der Tag gekommen war, an dem alle seine Wünsche vollständig verwirklicht werden sollten, war der schwarze Ruin hereingebrochen. Die neugeborene Hoffnung und der Glaube wurden in einer Stunde zerstört. Nirgendwo erschien ein Lichtstrahl.

„Leicester, alter Mann, darf ich reinkommen?" Es war Winfield, der sprach.

„Nein – ja – das heißt, wer bist du?"

„Ich bin es, Winfield."

"Komm herein."

Winfield trat ein, und ihm musste nicht gesagt werden, was passiert war. Aus diesem Grund stellte er keine Fragen, er sagte nur:

„Komm und iss etwas zu Abend, Leicester."

„Sehen Sie", sagte Leicester und zeigte ihm den ungeöffneten Brief.

„Ja, ich verstehe, alter Mann. Komm und iss etwas zu Abend."

„Gut", antwortete Leicester fieberhaft, „das ist es, Abendessen! Habe ich nicht immer behauptet, dass es keine Liebesbeziehung auf der Welt gibt, die durch ein gutes Abendessen und eine Flasche Champagner geheilt werden kann? Wir werden es beweisen, alter Mann." . Abendessen, das ist es; und danach – wir machen irgendwo einen Abend daraus."

Ein neues Licht war in seine Augen gekommen, und sogar Winfield, der kein Heiliger war, sah, dass es böse war.

„Ich habe seit Monaten keinen Tropfen Whiskey mehr getrunken", fuhr Leicester fort. „Ich bin ein jammernder Hund gewesen, der hinterhergerannt ist – aber so, ich werde die verlorene Zeit heute Abend wieder gutmachen. Komm schon, Winfield!"

„Müssen wir uns zum Abendessen nicht besser anziehen?" sagte Winfield. „Ich habe hier im Club immer ein paar elegante Klamotten dabei."

„Anziehen! Lasst uns so gehen, wie wir sind; wie können wir für einen Trinkgelage besser gekleidet sein als in Reitkleidung? Tally ho! mein Junge. ‚Wenn sie mir gegenüber nicht fair ist, was kümmert es mich dann, wie fair sie ist?' Das ist der richtige Geist, nicht wahr? Ich war in den letzten Monaten eine Art Hund, der an der Schnur geführt wurde, jetzt bin ich wieder frei. Ich wurde zu der Art von Mann, den jeder verachten sollte, zu einem Jammerer Sentimentalistisch. Ich hatte tatsächlich begonnen, über den moralischen Aspekt der Dinge zu sprechen. Was ist damit? Es ist nie zu spät, sich zu bessern, nicht wahr, Winfield? Weg mit dem Drumherum, Schluss mit den Täuschungen, Richard ist wieder er selbst! Lasst uns essen, trinken, und sei fröhlich, denn morgen sterben wir."

Sein Gesicht war immer noch blass, aber seine Augen leuchteten in einem wahnsinnigen Licht.

„Aber wir können nicht so untergehen, Leicester, wir können genauso gut – "

„In Ordnung, geh deinen eigenen Weg. Ich komme in fünf Minuten zu dir. ‚Die Kleidung verrät oft den Mann', also lasst uns respektabel sein. Respektabel, oh, ich werde einige von ihnen wissen lassen, was Seriosität bedeutet." "

Winfield verließ nachdenklich den Raum. Er war ein Mann von Welt, aber es tat ihm leid zu sehen, wie Leicester seinen Schlag einstecken musste. Er hätte lieber gesehen, wie er der Trauer nachgab oder mit Rache drohte.

Ein paar Minuten später trafen sie sich im Esszimmer. Beide waren makellos gekleidet, obwohl Winfield bemerkte, dass sich die Stimmung seines Freundes nicht geändert hatte.

„Das Club-Dinner“, sagte Leicester zum Kellner, „und lassen Sie es uns sofort haben.“

„Ja, Sir. Was nehmen Sie zum Trinken mit, Sir?“

„Trink! Oh, Whiskey und Limonade. Bringen Sie jeweils eine große Flasche mit.“

Der Kellner ging weg. Er hatte gehört, dass Leicester an diesem Tag hätte heiraten sollen, und er fragte sich natürlich, was er dort tat; aber natürlich zeigte er keine Überraschung.

„Übrigens, Leicester“, sagte Winfield, während er mit einem Stück Brot auf dem Tisch spielte, „ich habe gedacht, dass die Dinge vielleicht gar nicht so schlimm sind, wie wir dachten.“

„Oh, lass es sein, Winfield. Ich habe meine Lektion gelernt. Ich war ein Narr, aber ich werde meine Augen nicht länger vor Fakten verschließen.“

„Vielleicht liebt sie dich immer noch“, beharrte der andere.

„Frauenliebe! Früher hatte ich recht. Es ist alles eine Frage des Preises; nur habe ich mich beim Preis geirrt. Ich habe nicht mit der Eitelkeit einer Frau gerechnet – das ist alles.“

„Nun, lassen Sie uns den Tatsachen gerecht werden. Es war natürlich, dass sie verrückt war. Wenn ein hochgesinntes Mädchen wie Miss Castlemaine – “

„Hochmütig! Reden Sie nicht so einen Blödsinn.“

„Ja, ich wiederhole, hochmütig. Als ihr gesagt wird, dass die Verlobung eine Frage einer Wette war, und als Sie, nachdem der Hochzeitstag festgelegt wurde, zugegeben haben, dass es immer noch darum ging, die Wette zu gewinnen, dann – —"

„Worauf willst du hinaus? Ich sage, ich werde einen Streit über das Management dieses Clubs anzetteln. Dieser Whisky wurde vor mindestens drei Minuten bestellt und er wurde noch nicht gebracht.“

„Ich treibe es auf den Punkt. Sie war verrückt, und ihr Wahnsinn war gerechtfertigt, aber morgen wird sie sich beruhigt haben. Ich habe dir gesagt, dass es zu früh für dich ist, diesen Brief abzuschicken. Wenn ich du wäre, würde ich Ich würde morgen wieder hingehen, und ich garantiere Ihnen, dass sie in einer anderen Stimmung sein wird.

Winfield wollte Zeit gewinnen. Er wusste, dass nichts ihn davon abhalten würde, seine Drohung wahr zu machen, wenn der Whisky käme, während Leicester sich in seiner gegenwärtigen Stimmung befand.

„Sie hat meinen Brief ungeöffnet zurückgeschickt. Sie hat sich nicht getraut, ein Wort zu lesen."

„Ja, und es war ganz natürlich; aber gib ihr Luft zum Atmen, alter Mann. Sie ist ein stolzes Mädchen, das weißt du, und nun ja – sie würde nicht auf Vernunft hören. Aber bis heute Nacht wird sie einsam sein. Sie" Ich werde an die Vergangenheit denken. Sie wird sich an viele Dinge erinnern, die ihr in ihrem Zorn nicht in den Sinn gekommen waren. Glauben Sie mir, morgen wird sie sich danach sehnen, Sie zu sehen."

Der Kellner kam, brachte eine Flasche Whisky und stellte sie auf den Tisch, aber Leicester rührte sie nicht an.

Winfield schickte den Kellner wegen einer unbedeutenden Provision weg und fuhr dann fort:

„Wenn ich du wäre, würde ich heute Abend nicht anfangen zu trinken. Du könntest dich irren, weißt du, und wenn du …"

Leicester stand hastig auf.

„Ich kann nicht essen, Winfield, und ich kann mich nicht dem Spott eines Abendessens hingeben. Ich gehe irgendwohin."

"Wo?"

„Ich weiß es nicht. Wahrscheinlich, um mich in die Themse zu stürzen. Tut mir leid, dass ich so ein Idiot bin, alter Mann. Ich wünsche Ihnen guten Appetit."

Er stürzte aus dem Club und kam erst nach Mitternacht zurück; aber als er zurückkam, zeigte er keine Anzeichen von Alkohol.

Am nächsten Morgen machte er sich wieder auf den Weg nach The Beeches.

KAPITEL XII

Das letzte Glied ist kaputt

Um zehn Uhr stand Leicester vor der Tür von John Castlemaines Haus. Wer ihn am Morgen zuvor auf dem Weg von London gesehen hätte, hätte ihn nicht als denselben Mann erkannt. Zum einen sah er mindestens zehn Jahre älter aus. Sein Gesicht war eingefallen, seine Augen waren stumpf, er ging mit einer Art Zögern. Das Gelände war verlassen, niemand war zu sehen.

Er klingelte, und eine Minute später wurde die Tür von dem alten Diener geöffnet, der am Tag zuvor erschienen war.

„Ist Miss Castlemaine zu Hause?"

"Nein Sir."

„Kommen Sie, das ist eine höfliche Erfindung. Sie meinen, dass sie sich bei mir nicht zu Hause fühlt."

„Ich meine, was ich sage, Sir; sie ist nicht zu Hause."

„Und Mr. Castlemaine?"

„Er ist auch nicht zu Hause, Sir."

„Willst du damit sagen, dass sie weg sind?"

"Jawohl."

"Wo?"

„Ich weiß es nicht, Sir."

„Kommt jetzt, hört auf mit euren Lügen", sagte er. „Du weißt es sehr gut. Sag es mir, ich werde dafür sorgen, dass es sich für dich lohnt."

Er war wütend auf sich selbst, weil er so sprach, aber er hatte die Selbstbeherrschung verloren.

„Ich weiß es nicht, Sir", wiederholte der Mann.

„Wann sind sie gegangen?"

„Letzte Nacht, Sir."

"Wie viel Uhr?"

„Das habe ich nicht bemerkt, Sir", und er bereitete sich darauf vor, die Tür zu schließen.

„Kommen Sie, so kommen Sie nicht davon. Hören Sie mir noch eine Minute zu." Er sprach in seinem alten Befehlston, und der Mann hatte instinktiv das Bedürfnis, ihm zu gehorchen.

„Du sagst, sie sind letzte Nacht weggegangen. War es spät?"

„Ja, Sir – das heißt, ich habe die Zeit nicht gemerkt."

„Aber spät?"

„Ja, Sir – das sollte ich meinen; aber wie gesagt –"

„Sie sind ins Ausland gegangen?"

„Ja, Sir – das heißt, sie haben es mir nicht gesagt."

„Aber Sie haben eine Ahnung, wo sie geblieben sind?"

Der Mann schwieg.

Leicester trat einen Schritt näher, während der Mann zurückschreckte.

„Nein, mein Mann", sagte er, „Sie gehen nicht, bis Sie mir sagen, was Sie wissen."

Der alte Diener sah sich ängstlich um und sagte dann:

„Ich weiß nichts, Sir; niemand weiß etwas."

„Erzählen Sie keine Lügen mehr. Sie müssen Briefe nachsenden lassen."

„Die Haushälterin weiß es vielleicht, Sir."

„Die Haushälterin ist zu Hause?"

"Jawohl."

"Lass mich sie sehen."

„Nein, Sir. Sie dürfen niemanden im Haus sehen. Tut mir leid, Sir, aber Befehl ist Befehl."

„Sie haben Befehle über mich erhalten?"

"Jawohl."

"Wann?"

„Tut mir leid, Sir, aber letzte Nacht, Sir. Sie sollten weggeschickt werden, wenn Sie kämen."

Leicester lachte bitter.

„Ah, ich verstehe. Mr. und Miss Castlemaine sind letzte Nacht abgereist und haben niemandem außer der Haushälterin gesagt, wohin sie gehen, aber sie haben angeordnet, dass die Hunde auf mich losgehen sollten."

„Nicht ganz so schlimm, Sir, aber –"

„Ich verstehe. Ja, ich verstehe."

„Sehen Sie, Miss Castlemaine ist sehr krank, Sir", sagte der Mann, als ob er sich an etwas erinnern würde. „Das war natürlich der Grund, warum die Hochzeit nicht stattfinden konnte. Ich glaube, das war eine Art Schlaganfall."

Leicester lachte laut.

„Gut", sagte er, „und Mr. und Miss Castlemaine sind zusammen weggegangen?"

„Mit Mr. Sackville, dem Minister, Sir."

„Oh, der Pfarrer, eh! Gut. War es ihr *sehr* viel schlimmer, nachdem ich gestern gegangen bin?"

„Ich habe sie nie gesehen, Sir. Ich weiß nichts. Ich weiß nur, dass sie für eine gute Weile weg waren, aber wo sie weg sind, weiß ich nicht. Aber ich hatte den Befehl, Sie wegzuschicken. Es tut mir sehr leid, Sir. Würden Sie mich jetzt entschuldigen, Sir? Ich habe meine Probleme."

Leicester nahm einen Sovereign aus seiner Tasche und warf ihn dem Mann zu.

„In Ordnung, Simmons", sagte er, „viel Spaß, während sie weg sind. Du bist ein sehr fairer Lügner, Simmons, in der Tat ein sehr fairer Lügner."

Er ging zurück zum Bahnhof und wartete auf einen Zug, der ihn zurück nach London bringen sollte. Die Träger beobachteten ihn neugierig. Sie hatten unzählige Gerüchte gehört und daher war dieser Mann für sie von großem Interesse. Sie hatten gehört, dass Miss Castlemaine gesagt worden war, dass er bereits verheiratet sei; Man hatte ihnen auch gesagt, dass er sich der Fälschung schuldig gemacht habe und erst kürzlich aus dem Gefängnis entlassen worden sei. Wieder andere meinten, dass die Hochzeit nicht wegen Leicester stattgefunden habe, sondern dass Miss Castlemaine am Vortag krank geworden sei und ihr beim Anruf beim Arzt gesagt worden sei, dass sie nicht daran denken dürfe, sie zu heiraten verheiratet, muss aber sofort das Land verlassen. In einem Bericht hieß es, der Arzt habe ihr gesagt, dass sie sechs Monate nicht leben könne, während ein anderes Gerücht besagte, dass sie wohl gesund und stark zurückkehren würde, wenn sie für eine zwölfmonatige Weltreise aufbrechen würde. Natürlich waren die Bediensteten eingehend befragt worden, aber ihre Kenntnisse waren sehr spärlich, und es war ihnen unter Androhung einer Entlassung verboten, ihre Kenntnisse preiszugeben.

Aber Leicester achtete nicht auf diejenigen, die ihre Blicke auf ihn richteten. Es hätte sein können, dass er sich in Trance befunden hatte, so sehr er seine

Umgebung wahrnahm. Er hatte einige Zeit, um auf seinen Zug zu warten, und ging langsam, ohne Rücksicht auf alles, den Bahnsteig auf und ab.

„Traurig um Miss Castlemaine, Sir."

Er drehte sich um und sah den Bahnhofsvorsteher, der ein bekannter Tratscher war. Leicester sah den Mann direkt an, sagte aber kein Wort.

„Natürlich muss es für Sie schrecklich sein, Sir. Niemand hat jemals gedacht, dass sie krank ist; aber es muss schrecklich sein, denn Mr. Castlemaine hat mir selbst gesagt, als er letzte Nacht ging, dass sie vielleicht erst in Monaten zurückkehren würden."

„Ah, das hat er dir gesagt, oder?"

„Ja, Sir. Ich konnte sehen, dass er in großen Schwierigkeiten steckte; aber er sprach kaum mit mir, was anders ist als sonst. Er unterhielt sich oft morgens mit mir, wenn er auf seinen Zug wartete. Er nahm immer den „Es war derselbe Zug, der 10.9, und er war immer fünf Minuten vor der Zeit hier. Als ich ihn jedoch fragte, sagte er mir, er würde ins Ausland fahren. In welchen Teil sind sie gefahren, Sir?"

„Hat er es dir nicht gesagt?"

„Nein, ich habe ihn gefragt; aber er schien nicht reden zu wollen. Natürlich wissen Sie das, Sir? Wo sind sie hin, wenn ich fragen darf?"

Aber Leicester machte auf dem Absatz kehrt und ging weg. Der alte Diener hatte ihm also die Wahrheit gesagt. Er wandte sich dem Bücherstand zu und begann, müßig die Plakate zu lesen. „Verschiebung einer modischen Hochzeit. Die Braut ist gefährlich erkrankt", las er.

„Eine weitere religiöse Lüge", und er lachte bitter. „Diese frommen Leute verstehen es, durch Betrug Dinge zu vertuschen."

Er kaufte eine Zeitung und stieg in den Zug, der gerade in den Bahnhof einfuhr. Er hatte die Kutsche ganz für sich allein und konnte so unbeobachtet die Nachrichten lesen. Es dauerte nicht lange, bis er den gewünschten Absatz fand.

„Verschiebung der Hochzeit", las er. „Die Hochzeit zwischen Radford Leicester, Esq., und Miss Olive Castlemaine, die für gestern arrangiert wurde, wurde aufgrund der schweren Krankheit der Letzteren auf unbestimmte Zeit verschoben. Die große Zahl der Gäste, die ins The Beeches eingeladen worden waren, erhielten eine frühe Einladung Man teilte uns mit, dass die Hochzeit nicht stattfinden würde, und auf Nachfragen nach dem Grund erfuhren wir, dass Miss Castlemaine wenige Stunden vor dem angekündigten Zeitpunkt der Hochzeit schwer erkrankt sei. Uns wird auch mitgeteilt, dass Miss Castlemaine bestellt wurde Sie haben England für einen längeren

Aufenthalt verlassen und sind gestern Abend in Begleitung ihres Vaters und ihrer Magd von London auf den Kontinent gegangen. Der Grund für die plötzliche Krankheit der Braut sorgt in der Nachbarschaft von Miss Castlemaines Haus für viele Diskussionen."

Leicester warf ihm mit einem Fluch das Papier ab. "Lügen Lügen Lügen!" er murmelte. „Und sie betrügt sie. Sie ist die Sonntagsschullehrerin, die Makellose. Sie hat mich über Bord geworfen, weil ihr Stolz verletzt war, aber sie konnte lügen, um die Wahrheit zu verbergen. Oh, was für ein vergnügter Idiot ich gewesen bin." ! Warum habe ich es nicht getan – aber da –! Was nützt alles?"

„Jetzt ist alles vorbei", fuhr er plötzlich fort. „Dieses Kapitel ist geschrieben, das Stück ist zu Ende. Ist es das? Soll ich auf diese Weise geschlagen werden? Die Wahrheit über diese Angelegenheit wird bestimmt ans Licht kommen. Die Leute werden sich von einem stümperhaften Bericht wie diesem nicht täuschen lassen. Aufgenommen." Morgens schwer krank und abends ab auf den Kontinent! Bah, so blind ist nicht einmal die britische Öffentlichkeit!

„Nun, was nun? Soll ich mich dem geduldig unterwerfen? In ein paar Tagen werde ich zum Gespött aller sein, die mich kennen. Vielleicht bin ich es jetzt. Purvis und Sprague haben inzwischen großen Spaß. Denn das ist es diejenigen, die das getan haben. Einer von ihnen oder beide, es spielt keine Rolle. Aber ich werde meine Rechnungen mit ihnen begleichen. Was sie betrifft ——!"

Er biss die Zähne zusammen und seine Augen leuchteten wie die eines Verrückten.

„Ich werde sie noch haben!" er weinte. „Zuallererst habe ich ihr heiliges Versprechen, dass sie niemals einen anderen Mann heiraten wird. Noch gestern sagte sie mir, dass sie nicht davon träumen könne, die Frau eines ehrenwerten Mannes zu sein, nachdem sie versprochen hatte, so etwas wie mich zu heiraten. Aber sie wird es tun Bezahlen Sie dafür, indem sie – sie wird es tun! Ja, meine stolze Dame, ich werde Ihren Stolz in den Staub demütigen. Sie werden Ihre Worte fressen."

Er stand auf und ging in der leeren Kutsche auf und ab wie ein verrückter Löwe in seinem Käfig. Eine neue Leidenschaft hatte ihn nun erfasst.

„Keine jammernde Sentimentalität mehr für mich!" rief er, „keine moralischen Plattitüden mehr, kein Gefasel mehr über den Versuch, ein guter Mann zu sein. Guter Mann! Ha, ha! Aber ich werde sie demütigen; ja, ich werde nicht geschlagen werden. Ja, und wenn ich es getan habe." Wenn ich meinen Willen durchgesetzt habe, werde ich sie mit ihren Worten verspotten, ich werde sie leiden lassen, was ich leide; ja, und noch mehr – wenn es möglich ist. Du hast kaum darüber nachgedacht, mein Muster, junge

Sonntagsschullehrerin, von dem, was du was du getan hast, als du mich zum Teufel getrieben hast.

Er nahm die Zeitung und las den Absatz noch einmal. Auf den ersten Blick war es eine Lüge, ein armseliger, ungeschickter Versuch, die Wahrheit zu vertuschen. Die Welt würde bald alles darüber erfahren. Es waren mindestens sieben im Geheimnis. Da waren Purvis, Sprague, Winfield und John Castlemaine – ja, und der Pfarrer Sackville. John Castlemaine würde es ihm bestimmt sagen. Dann würde der Pfarrer es wie selbstverständlich seiner Frau erzählen. Danach – nun ja, würde jede alte Frau in der Gemeinde den pikanten Klatsch von sich geben. Miss Castlemaine hatte ihn verstoßen, weil er in betrunkenem Zustand eine Wette abgeschlossen hatte, dass er sie als seine Frau gewinnen würde, und sie hatte ihn herausgefunden! Er dachte darüber nach, wie die dicken, albernen alten Frauen in der Welt der sogenannten Society beim Nachmittagstee darüber diskutieren würden, er stellte sich vor, wie hirnlose Kerle bei ihrem Whisky ihre Meinung über ihn kundtaten. Die Männer, die er verachtet hatte, würden ihn bemitleiden und Unsinn über ihn äußern. Natürlich würde die Nachricht auch seinen Wahlkreis erreichen. Was für ein Kapital würden seine Gegner daraus machen! Er stellte sich den Leitartikel vor, der in der Zeitung mit dem Titel „ *The Taviton Argus* " *erscheinen würde* und in dem es um die Gründe für die plötzliche Erkrankung von Miss Castlemaine ging. Und es wäre alles wahr! Ja, und was noch schlimmer war, die Leute würden sagen, dass er, Leicester, der Zyniker, der Mann, der die konventionelle Güte der Zeit verachtete, zum Abstinenzler geworden war, zum Unterstützer philanthropischer Institutionen, um eine Wette zu gewinnen. Ja, mehr noch: Er, der über die Religion gelacht hatte, war wie ein Lebensmittelhändler in der Familie in die Kirche gegangen, hatte in der Bank eines unpassenden Konventikels gesessen und den prosaischen Plattitüden eines salbungsvollen geistlichen Hirten gelauscht, um ein Mädchen für sich zu gewinnen, das ihn gefunden hatte aus. Er stellte sich die Cartoons vor, die in *„The Taviton Argus"* erscheinen würden und ihn in der Kirche sitzend zeigen, wie er Sankeys Hymnen sang. Vielleicht ließen sie ihn vor der reuigen Gestalt niederknien, nur um ein Mädchen zu erwischen, das herausfand, dass er ein Lügner und Heuchler war!

Die Reflexion machte ihn wahnsinnig. Aber er würde sie alle auszahlen. Ja, Purvis und Sprague sollten den Tag, an dem sie sich seinem Willen widersetzten, bitter bereuen; Was Olive Castlemaine betrifft – nun, sie sollte mehr leiden als er.

Doch diese Stimmung hielt nicht lange an. So sehr er sich auch bemühte, er konnte die düstere, schwarze Zukunft, die vor ihm lag, nicht verbergen. Er stellte sich vor, wie er war, bevor die Wette abgeschlossen wurde: ein hoffnungsloser Zyniker, ein harter, verbitterter Mann, ein Sklave des

Whiskys. Und jetzt ging es ihm noch schlimmer. Er war in den letzten Monaten im Himmel gewesen. Ja, er konnte nicht leugnen, dass eine Frau seinen bewölkten Himmel befreit und in ihm Hoffnungen und Sehnsüchte geweckt hatte, die ihm fremd gewesen waren. Die Zukunft war ihm wie ein Paradies erschienen, ein Himmel, weil eine Frau, die er mehr liebte, als Worte sagen könnten, versprochen hatte, seine Frau zu sein. Oh, und er hatte sie geliebt! Was er über die Falschheit der Frauen und das Böse der Welt sagen wollte, diese Frau hatte alles für ihn verändert, so dass er voller Freude in die Zukunft geblickt hatte; aber jetzt sah er nichts als die Hölle. Was hatte jetzt seine Zukunft für ihn? Einsames Elend, verfolgt von bitteren Gedanken darüber, was hätte sein können. Was war jetzt ein Sitz im Parlament? Wer kümmerte sich um ihn? Über Jahre hinweg hatte er diejenigen entfremdet, die seine Freunde werden sollten, er war zum Paria geworden, zu einer Art intellektueller und moralischer Ismael. Wie konnte er es ertragen?

Bei diesem Gedanken überkam ihn erneut das Verlangen nach Whisky. Er hatte Olive versprochen, es nie wieder anzufassen, aber das gehörte der Vergangenheit an. Ja, er würde in seinen Club zurückkehren und trinken, bis er es vergaß. Er würde sich mit Geistern ausschweifen. Es war ein Narr gewesen, dass er jemals aufgegeben hatte. Gott, wenn es einen Gott gäbe, hätte ihm nichts angeboten; mehr noch: Er hatte ihm das Einzige genommen, was ihn zu einem Menschen gemacht hätte; aber der Teufel war treu. Die Whiskyflasche konnte er immer nah am Ellenbogen tragen. Ja, und er würde die ganze Skala der Sünde durchgehen. Es gab nichts, was ihn zurückhalten konnte, und er hatte keine treibende Kraft, die ihn dazu bringen könnte, sich etwas anderes zu wünschen.

Als der Zug am Endbahnhof ankam, sprang er in ein Taxi und fuhr direkt zu seinem Club. Nein, er würde nicht in die Raucherkammer gehen, er würde in sein eigenes Privatzimmer gehen, und dort würde er trinken und vergessen. Ein paar Minuten später saß er allein in seinem Zimmer, eine Flasche Whisky neben sich. Mit ruhiger Hand entkorkte er es und goss eine große Menge ein; Er füllte das Glas mit Sodawasser und betrachtete die gelbe Flüssigkeit, die im Glas glitzerte.

„Hier ist jetzt meine Frau", rief er. „Sie wird mir treu bleiben, oder selbst wenn sie scheitert, gibt es diesen grünen Teufel namens Absinth. Nein, nein, der Teufel verlässt keinen Mann, solange er einen Fünf-Pfund-Schein in der Tasche hat."

Selbst dann hob er das Glas nicht an die Lippen. Schließlich zählten die Monate, in denen er Olive gekannt hatte, immer noch. Es stimmte, dass er trotz seiner Vorsätze zweifelte, ob er sie jemals wiedersehen würde; aber die Stunden, die er an ihrer Seite verbracht hatte, waren nicht ohne Einfluss. Schließlich war es edler, ein Mensch zu sein, als ein Tier. Er erinnerte sich an ihre Worte in der Nacht, als er ihr seine Liebe kundgetan hatte. Sie hatte ihm gesagt, dass der Mann, der auf eine Frau für seine Erlösung vertraute, auf einem schwachen Rohr ruhte und dass nur Gott einen Mann retten konnte. Er erinnerte sich auch an seine Antwort.

„Wenn es einen Gott gibt, habe ich ihm seine Chance gegeben", rief er, „und er hat mich im Stich gelassen. Jetzt wähle ich diesen gelben Teufel. Auch ein faszinierender Teufel. Sehen Sie, wie leicht und funkelnd er ist!"

Er hielt das Glas gegen das Licht und beobachtete, wie die hellen Gaskügelchen vom Boden des Glases nach oben schwebten.

„Auf Wiedersehen mit falschen Gefühlen und falschen Idealen, mit falschen Hoffnungen und törichten Fantasien!" rief er, „und hiermit nehme ich dich von diesem Tag an zu meiner rechtmäßigen Ehefrau an, um sie zu haben und zu halten, im Guten wie im Schlechten, im Reicheren im Schlechten, zu lieben und zu schätzen, bis der Tod uns scheidet!"

Er lachte, als er die Worte aussprach.

„Ich wünsche dir viel Freude, Radford Leicester, an deinem Hochzeitstag", sagte er laut, „und mögen du und deine Frau einander treu sein."

Und noch immer zögerte er. Es könnte sein, als ob ein unsichtbarer Engel der Güte seine Hand hielte. Dann flogen seine Gedanken in die Vergangenheit und wieder in die Zukunft. Was hatte die Zukunft für ihn? Er hob das Glas an die Lippen und trank; Als er es abstellte, war es fast leer.

„Ah, aber das ist der große Vergesser", sagte er.

Er setzte sich in einen Sessel und schloss die Augen. Nach wenigen Minuten begann der starke Geist auf ihn einzuwirken. Das Feuer kroch durch seine Adern, er spürte, wie seine Nerven kribbelten.

„Das liegt daran, dass ich es so lange nicht berührt habe", sagte er. „Vor ein paar Monaten hätte ich nicht wissen dürfen, dass ich so einen Tropfen probiert habe."

Er leerte das Glas bis zum Boden und schenkte noch mehr ein. Zwei Stunden lang blieb er dort, trank und grübelte und versuchte zu vergessen.

Dann stand er auf und ging in das Rauchzimmer hinunter. Er ging stetig, aber er konnte sich nie daran erinnern, dass Whiskey ihn so beeinflusst hätte wie jetzt. Er wollte Kameradschaft; Der Whisky hatte jeden Wunsch nach Privatsphäre zerstört. Als er den Raum betrat, sah er, dass die Männer, die sich dort versammelt hatten, sehr aufgeregt waren. Er hatte damit gerechnet, dass jemand so tun würde, als würde er ihm wegen der Verschiebung seiner Heirat Mitleid aussprechen, aber zu seiner Überraschung schien niemand auf ihn zu hören.

„Ah, MacGregor", sagte er zu einem jungen Schotten, den er flüchtig kannte, „der Teufel hat dich also noch nicht beansprucht. Aber vertraue darauf, dass ein Schotte sogar den Teufel überlistet."

„Leicester, bist du das?" sagte der Schotte. „Ich habe gehört, dass Sie Ihre Flitterwochen verbringen würden; aber ich nehme an, selbst glückliche Bräutigame müssen sich den Parlamentswahlen unterwerfen."

„Allgemeine Wahlen – was meinst du?"

„Was meine ich? Weißt du das nicht?"

„Weißt du was?"

Der Schotte lachte.

„Warum, wo warst du tagsüber?"

„Ich war in meinem Zimmer beschäftigt", antwortete er vorsichtig.

„Aber hast du es nicht gehört?"

„Ich habe nichts gehört."

„Was, nicht, dass es eine Auflösung des Parlaments gegeben hätte?"

"Was?"

„Nur das. Wir müssen uns jetzt alle in unsere Wahlkreise beeilen – das heißt diejenigen von uns, die dumm genug waren, sich in die Politik einzumischen. Ich bin in zwei Stunden weg."

„Nun, es wird dir gut gehen. Du wirst wieder zurückgebracht, nehme ich an?"

„Ja, dank meiner Frau glaube ich, dass ich das schaffen werde. Sie ist im Wahlkreis weitaus beliebter als ich, und die Leute werden ihretwegen für mich stimmen. Ich nehme an, Sie fahren heute Abend nach Taviton?"

"Nicht ich."

„Aber, Mann, es wird …"

„Es ist die Kerze nicht wert", sagte Leicester; „Wie stehen die Chancen, welche Partei dabei ist? Liberal oder Konservativ, es ist nur die Frage, welche Maden den Käse fressen sollen." Die Worte, die MacGregor über seine Frau gesagt hatte, hatten ihn getroffen.

„Aber das ist alles Unsinn. Es ist wahr, du hast kürzlich geheiratet, aber du musst untergehen und kämpfen. Bei dir wird es nur Bier und Kegeln geben. Ein guter Redner wie du und gerade mit einer bezaubernden und reichen Frau verheiratet, kann alles tun. Eine Wahlkampf-Flitterwochen! Mein Wort, das wird eine neue Sache im Eheleben sein. Ein ziemliches Thema für eine Romanze. Übrigens habe ich Ihnen nicht gratuliert. Wie geht es Mrs. Leicester?"

Er machte auf dem Absatz kehrt und ging weg.

„Hallo, Leicester", sagte ein anderer Mann, „hier bist du. Übrigens, was ist die Wahrheit über den Absatz, den ich in den Zeitungen gesehen habe?"

„Oh, es ist alles in Ordnung."

„Ist – ist Miss Castlemaine ernsthaft krank?"

„Ich weiß es nicht und es ist mir auch egal."

„Das willst du nicht sagen –"

„Ich möchte damit sagen, dass ich etwas mit dir trinken werde, Bryant", sagte er.

„Aber du bist zum Abstinenzler geworden."

„Dann werde ich mein Versprechen brechen. Was nimmst du?"

„Aber ich sage, Leicester –"

„Willst du etwas trinken?"

„Mit Vergnügen, nur ich dachte, dass –"

„Ich war ein reformierter Lebemann, nicht wahr? Nun ja, das bin ich nicht. Whiskey für zwei, Kellner. Ich sage: Erzählen Sie uns von dieser Auflösung. Was denken Sie darüber?"

„Ich denke, unsere Mannschaft wird einen harten Kampf haben. Außerdem wissen Sie, was unsere Hauptkarte sein muss?"

„Ich weiß nichts, ich war mit – anderen Dingen beschäftigt."

Bryant lachte.

„Was *bedeutet* dieser Aufschub Ihrer Hochzeit, Leicester? Wussten Sie, dass die Regierung scheitern würde?"

„Na, wissen Sie, wir haben es jeden Tag erwartet." Er verachtete sich selbst dafür, dass er diese List benutzte, aber ihm fiel nichts Besseres ein, was er sagen könnte. „Was soll unsere Hauptkarte sein, Bryant?"

„Die Getränkefrage, die Lizenzreform und all dieser Mist."

„Dann lasst uns auf den Erfolg der Zerstörung des Alkoholfluchs anstoßen, Bryant", sagte er. „Es ist alles aus einem Guss."

Der andere sah ihn neugierig an. Dies war nicht wie das Leicester, das er in letzter Zeit gekannt hatte.

„Ich sage, Leicester, hat dieses Mädchen dich sitzen lassen?" er sagte.

Die Worte trafen ihn mehr als alles, was er im Laufe des Tages gehört hatte.

„Ja", sagte er wütend, „und Ihre Frau hätte Sie im Stich gelassen, wenn ich ihr am Morgen Ihres Hochzeitstages einen Heiratsantrag gemacht hätte."

Damit stand er auf und ging weg. Er konnte nicht länger unter diesen Männern bleiben. Er würde zum National gehen und weitere Einzelheiten über die Auflösung erfahren. Es würde ihm helfen, zu vergessen. Als er zwei Stunden später zurückkam, erwartete ihn ein Telegramm. Es war vom Vorsitzenden seiner politischen Vereinigung. „Es ist dringend erforderlich, dass Sie sofort herunterkommen", las er; „Morgen, wenn möglich. Schreiben Sie mir, ob ich morgen Abend ein großes Treffen in Taviton vereinbaren kann. Ich bin anderen zuvorgekommen und habe provisorisch den Saal eingenommen. Versäumen Sie nicht. Es tut mir zutiefst leid, von Miss Castlemaine zu hören."

Da er kaum wusste, was er tat, ergriff er ein Telegraphenformular und sagte, dass er am nächsten Tag in Taviton sein würde.

„So", sagte er, als er es abschickte, „Trink und Politik werden mir helfen, zu vergessen", aber er träumte nicht davon, was passieren würde, bevor der Morgen zu Ende ging.

KAPITEL XIII

DEGRADIERUNG

„Ich hoffe, es macht Ihnen nichts aus, Mr. Leicester, aber ich war gezwungen, Vorkehrungen zu treffen. Sobald ich das Telegramm erhielt, in dem stand, dass das Parlament aufgelöst worden sei, dachte ich, ich sollte den Stier besser bei den Hörnern packen und – –"

„Schon gut, Smith, schon gut. Ich habe keine Lust auf Wahlreden, aber sie müssen gehalten werden, und wir werden diese Angelegenheit mit aller Kraft bekämpfen."

„Vielen Dank, Herr Leicester, Sie erleichtern mir sehr den Kopf. Natürlich habe ich diesen Absatz gestern in der Zeitung gesehen und wusste, dass Sie sehr verärgert sein müssen. Ich hoffe aufrichtig, dass es nichts Ernstes ist, und dass Miss Castlemaine es bald sein wird." Also."

„Wir lassen Miss Castlemaine bitte fallen."

Smith war Leicesters Wahlbeauftragter und schien darauf bedacht zu sein, bestimmte Erklärungen abzugeben.

„Sicherlich, Sir. Ich dachte nur –"

„In Ordnung, aber es gibt bestimmte Themen, die ich gerne vermeiden würde – das ist eines."

Der Mann wusste nichts außer dem, was in den Zeitungen stand; Aber Leicester hatte das Gefühl, alles zu wissen und sprach entsprechend. Außerdem hatte er die Nacht kaum durchgeschlafen und war ein Opfer düsterer Fantasien.

Smith sah ihn verwundert an. Er hatte große Zweifel daran, Leicester zu telegrafieren, und hatte befürchtet, dass er überhaupt nicht nach Taviton kommen würde. In der Stadt gab es viele Gerüchte über die verschobene Hochzeit, und die Oppositionspartei hatte bereits versucht, daraus Kapital zu schlagen.

„Verzeihen Sie mir, Herr Leicester", sagte er, „aber ich persönlich bin der Meinung, dass uns dies, wenn es richtig durchgeführt wird, eine Menge Stimmen einbringen würde. Natürlich hatten wir gehofft, dass Frau Leicester bei der Wahl auf der Liste erscheinen würde." Ich hatte nur einmal das Vergnügen, sie zu treffen, aber aus wahltechnischer Sicht sollte ich sagen, dass sie einfach perfekt war, Sir, einfach perfekt. Nun, wenn das eine vernünftige Aussage ist wurden bei dem Treffen heute Abend gemacht – ich wiederhole das Wort „vernünftig", Sir – und behutsam ausgedrückt, das heißt – nun, Sir, sie ist sehr krank, aber sehr betrübt darüber, dass sie nicht in der Lage ist, mit ihr zusammen zu sein Sie, und dass die Ärzte hoffen, dass die Hochzeit in ein paar Monaten, vielleicht sogar weniger, zustande kommt, ich glaube, es würde Wunder bewirken. Natürlich dränge ich nicht darauf, Sir, aber wenn sie mir eine Nachricht schicken könnte bei einer der öffentlichen Versammlungen vorgelesen werden, würde es –"

Doch Leicester ließ ihn den Satz nicht zu Ende bringen. Zuerst hatte er irgendwie benommen zugehört und kaum verstanden, was er sagte, aber als der Mann fortfuhr, verlor er die Selbstbeherrschung.

„Verflucht, Smith", sagte er, „habe ich dir nicht gesagt, dass du diese Frage fallen lassen sollst?"

Aber Smith war einer dieser hartnäckigen Männer, die sich nicht von seinem Ziel abbringen lassen.

„Ich weiß, dass es für Sie schmerzhaft sein muss, Sir, und auch dafür, dass Sie einander so gern haben. Aber die Wahrheit ist, dass die andere Seite redet – zu viel für Ihr Wohl, denke ich."

„Lass es reden", sagte Leicester wütend.

„Ja, Sir, aber ich muss an meinen eigenen Ruf denken, ebenso wie an Ihren. Ich habe noch nie eine Wahl verloren, Sir, und ich habe nicht vor, alles unversucht zu lassen, um diese zu gewinnen. Das war es Auf meinen Vorschlag hin hat Mr. Grayburn Ihnen letzte Nacht telegraphiert, und seitdem arbeite ich wie ein Sklave. Mit Bedacht gehandhabt, Sir, die Tatsache der Verschiebung Ihrer Hochzeit könnte uns viel Gutes tun. Mit Bedacht gehandhabt, Sir , natürlich. Schwaches Herz, Sir, über das ich nachgedacht habe, und dann übermäßige Freude beim Gedanken an die Hochzeit, führten zu gefährlichen Komplikationen, die eine Reise außer Landes unvermeidlich machten. Das ist es, was ich vorschlage, Sir. Und vielleicht Ich sage auch, Sir, dass Sie einen schlechten Schachzug gemacht haben, als Sie nicht mit dem Sechs-Uhr-Zug heruntergekommen sind, wie ich heute Morgen telegraphiert habe. Dann hätte ich einen großen Andrang bekommen können, um Sie zu treffen. Das Richtige war, was ich gesagt habe wollte. Ich hatte dafür gesorgt, dass eine Menge Männer die Pferde aus der Kutsche holten, die ich engagiert hatte, und habe Sie mit Stil in die Stadt geschleppt. Ihr Telegramm vor einer Stunde, in dem Sie sagten, Sie würden früher hier sein, ließ mir keine Zeit, Herr. Trotzdem muss ich darüber hinwegkommen; aber ich dränge den anderen, Sir. Ich schätze die Feinheit Ihrer Gefühle sehr, aber wir müssen unsere Gefühle im Wahlkampf in den Hintergrund rücken. Tatsächlich wurde, wie Sie vielleicht wissen, Miss Castlemaine fotografiert, als sie hier unten war, und ich habe davon ein Dia für eine magische Laterne anfertigen lassen. Meine Idee ist, dass ihr Bild heute Abend vor der Rede des

Vorsitzenden auf einer Leinwand gezeigt wird und dass eine Erklärung zur Verschiebung der Hochzeit abgegeben wird. Ich kann erklären, dass du unerwartet heruntergekommen bist. Ich kann sagen, dass Sie nach Ihren großen Schwierigkeiten, obwohl Ihr Pflichtbewusstsein Sie dazu veranlasste, diese zu überwinden und frühzeitig abzusteigen, keine Lust hatten, von einer Schar Ihrer treuen Anhänger empfangen zu werden. Das wäre eine gute Karte, Sir, und sie würde bei den Wählern Anklang finden.

Die Worte des Mannes machten ihn wütend, aber er beherrschte sich. Warum sollte er ihm schließlich nicht seinen Willen überlassen? Das Ganze war ein bisschen Theater, eine Farce, ein Spott – warum sollte man das Spiel dann nicht gründlich durchspielen?

Er hatte den ganzen Tag über reichlich getrunken, und obwohl es ihn wie früher äußerlich nicht beeinträchtigte, beeinflusste es ihn doch weitaus stärker als noch vor ein paar Monaten. Seine Abstinenz hatte ihn weitaus anfälliger für die Kraft des Whiskys gemacht. Darüber hinaus verspürte er unter ihrem Einfluss das Bedürfnis, Dingen zuzustimmen, die er ohne sie verachtet hätte. Was geschehen war, hatte die Gefühle, die Olive Castlemaine in seinem Herzen verankert hatte, völlig zerstört. Außerdem wäre dies eine Möglichkeit, alte Schulden abzubezahlen. Lass die Farce weitergehen. Jetzt war nichts mehr wichtig. Selbst wenn die Wahrheit ans Licht käme, wäre es ihm egal.

„Natürlich ist die Vorankündigung kurz“, fuhr der Wahlagent fort, „aber ich hielt es für besser, zuzuschlagen, solange das Eisen noch heiß ist. Die gestrige Auflösung traf uns wie eine Bombe, aber ich beschloss, daraus Kapital zu schlagen, und.“ Ich sage Ihnen, Sir, es wird heute Abend eine riesige Menschenmenge geben, die Ihnen zuhören wird. Es gibt zwei Karten zu spielen, Sir. Erstens werden wir eine enorme Sympathie für Sie wecken, weil Miss Castlemaine entführt wurde Schlimm, das heißt, wenn die Sache mit Bedacht angegangen wird; und zweitens brennt das Volk darauf, von den Ursachen zu erfahren, die zum Sturz der Regierung geführt haben. Natürlich haben Sie alles aus erster Hand, Sir. Das reicht für ... Nacht, und wenn wir unser Spiel gut spielen, ist die Schlacht fast gewonnen, bevor die andere Seite die Chance hatte, einen Blick darauf zu werfen.“

„In Ordnung“, sagte Leicester verzweifelt, „alles, um zu gewinnen.“

„Das ist der richtige Geist, alles zu gewinnen. Aber ich habe ein paar unangenehme Neuigkeiten, Sir – vielleicht können Sie es erklären?“

"Was?" fragte Leicester.

„Nun, wissen Sie, Sir, Sie sind im Allgemeinen bei Mr. Osborne im The Grange geblieben, wenn Sie den Wahlkreis besucht haben. Dementsprechend habe ich mir die Freiheit genommen, ihn heute aufzusuchen und ihm vorzuschlagen, Sie wie folgt einzuladen bei anderen Gelegenheiten, aber er weigerte sich, dies zu tun.

„Genau so", sagte Leicester; „Hat er dir gesagt, warum?"

„Kein Wort, Sir; deshalb habe ich Ihnen hier im Red Lion Zimmer reserviert."

„Das ist in Ordnung", sagte er. „Mr. Osborne hat gerade ein wenig Mitleid mit uns, aber im Großen und Ganzen bin ich sehr froh. Ich wäre viel lieber hier im Hotel."

„Trotzdem ist es ein kleiner Rückschlag. Mr. Osborne ist der einflussreichste Mann im Wahlkreis, und die andere Seite wird mit Sicherheit hässliche Fragen stellen."

„Lass sie fragen."

„Sehr gut, Sir. Dann lassen Sie mich die Dinge auf meine eigene Weise regeln und die Erklärung abgeben, die ich für richtig halte."

„Ja, alles, was Sie wollen. Und sehen Sie, Smith, sparen Sie weder Geld noch Lügen. Es scheint, dass beides notwendig ist. Nur, wie Sie sagen, lassen Sie alles mit Bedacht angehen." Und er lachte bitterlich.

„Vertrauen Sie mir, Sir, vertrauen Sie mir. Sie möchten nicht zu den Räumen des Zentralkomitees gehen, Sir? Ich habe dort ein Treffen mit den wichtigsten Arbeitern vereinbart."

„Nein, ich werde jetzt nicht gehen. Lass mich dich nicht aufhalten, Smith. Ich möchte etwas zu essen und ein wenig Zeit, über meine Rede nachzudenken. Und das möchte ich übrigens auch nicht bis eine Viertelstunde vor dem Treffen von irgendjemandem gestört werden. Verstehen Sie das?"

„Ganz, Herr Leicester. Ich freue mich, dass Sie die Schritte, die ich unternommen habe, gutheißen."

„Erfreut, erfreut. Du hast Wunder vollbracht."

„Ich habe den ganzen Tag wie ein Sklave gearbeitet; es gab tausend Dinge zu arrangieren. Aber ich bin das, was die Amerikaner einen kleinen Stricher nennen, und ich will gewinnen. In Zeiten wie diesen darf man nicht zu zimperlich sein." Wissen Sie. Ich hatte vor ein paar Wochen Angst, dass Sie mich mit dummen Einschränkungen behindern würden, aber ich bin froh, dass Sie mir freie Hand lassen."

„Ja, machen Sie weiter, seien Sie nur umsichtig. Geben Sie der anderen Seite keine Chance, uns zum Scheitern zu bringen."

„Darum werde ich mich kümmern“, und der Agent ging.

Als er weg war, lehnte sich Leicester in seinem Stuhl zurück und lachte bitterlich.

"Was sind die Chancen?" er sagte. „Lassen Sie ihn machen, was er will. Es ist mir egal. Das ganze Geschäft ist ein Stück Arbeit. Smith hält sich für schlau und versucht, den Agenten auf der anderen Seite zu überlisten, während er seinerseits versucht, Smith zu überlisten.“ . Nun, lassen Sie sie. Ich werde ins Parlament kommen und das Spiel mitspielen, und ja, ich werde Olive Castlemaine auf Knien zu mir kommen lassen. Ich habe ihren Stolz verletzt, nicht wahr, indem ich sie zum Thema gemacht habe? einer Wette? Nun, sie wollte hinterher auf keine Erklärung hören, und jetzt muss sie die Konsequenzen tragen. Ich verstehe den Sinn von Osbornes Handeln. John Castlemaine wird ihm einen Bericht über diese Angelegenheit geschickt haben, und – und – nun, es ist nein Machen Sie sich Sorgen. Ich werde sie alle dazu bringen, sich zu winden, bevor ich fertig bin; ja, und ich werde auch meine Wette gewinnen!“

Seine Augen blitzten in einem gefährlichen Licht. „Hohe Ideale! Moralische Zielstrebigkeit! Den Standard der Politik erhöhen! Das waren ihre Parolen!“ Und er lachte spöttisch.

Er saß in einem Privatzimmer im Red Lion Hotel und war, wie er gesagt hatte, froh, die Freiheiten des Hotels zu genießen, anstatt die Einschränkungen zu ertragen, die ihm ein Privathaus auferlegen würde. Darüber hinaus würde Bridget Osborne als Freundin von Olive Castlemaine etwas über die Wahrheit erfahren, und es wäre für ihn unmöglich, dort zu bleiben.

„Ich werde die Farce der Seriosität aufrechterhalten“, sagte er; „Es wurden Berichte verbreitet, dass ich zum Abstinenzler geworden bin. Nun, ich werde den Heuchler spielen.“

Er klingelte und ein Kellner erschien.

„Ich werde hier um sieben Uhr alleine zu Abend essen“, sagte er.

„Ja, Sir. Sonst noch etwas, Sir?“

„Ja, eine Flasche Sodawasser.“

„Nichts dabei, Sir?“

"Nein, nichts."

Er lachte, als der Mann den Raum verließ. Der alte, seltsame Ausdruck war in seine Augen zurückgekehrt. Nachdem der Kellner eine Flasche Sodawasser und ein Glas gebracht hatte, ging er zu seinem Koffer und holte daraus eine Flasche Whisky. Er schüttete eine große Portion in das Glas, fügte etwas Sodawasser hinzu und trank gierig.

„Ich werde die Qualen der Hölle erleiden, wenn ich so weitermache", sagte er; „Aber das ist mir egal. Das ist besser als ewiges Grübeln. Jetzt mache ich mich an die Arbeit an meiner Rede. Oh ja, sie wird sicher eine Kopie der Taviton-Papiere bekommen, da kannst du einer Frau vertrauen – nun ja , sie wird dafür sorgen, dass ich ohne sie auskomme."

Sein Gehirn war immer noch klar und er zeigte keine äußeren Anzeichen von Alkoholkonsum. Männer hatten gesagt, seine Nerven seien aus Stahl und kein jemals destillierter Schnaps könne ihm etwas anhaben. Er skizzierte die Ansprache, die er am nächsten Tag veröffentlichen wollte, und skizzierte dann die Rede, die er am Abend halten wollte. Er lachte, während sein Stift schnell über das Papier fuhr.

„Sie wollen Lügen", lachte er, „sie wollen fromme Plattitüden; nun, sie sollen sie haben, und sie sollen nicht ahnen, dass der Mann, der sie ausspricht, betrunken ist und in der Hölle lebt."

Immer wieder füllte er sein Glas nach und leerte es ebenso oft; aber es hatte immer noch keine äußere Wirkung, außer dass seine Augen glasig und stumpf wurden und sein Gesicht ein ungesundes Aussehen annahm. Seine Hand zitterte nicht, seine Schrift war so klar wie immer. Seine Gedanken wurden klar und überzeugend ausgedrückt.

„Ja", sagte er plötzlich, „das wird reichen. Olives Krankheit wird in vagen Worten erklärt, aber dennoch deutlich genug, um alle zufrieden zu stellen. Ich werde ihre sentimentalen Gefühle wecken und ihre Stimmen bekommen. Natürlich wird die Wahrheit gleich ans Licht kommen." , aber was kümmert es mich? Weitere Lügen werden alles wieder in Ordnung bringen. Sie wollen Lügen und sie werden sie haben – die Welt ist auf Lügen aufgebaut. Dann werde ich einen schönen, hochtönenden Angriff auf die Regierung starten. Oh, das werde ich Spielen Sie die moralische Karte aus und zeigen Sie, dass ihr Untergang ein Urteil des Himmels ist. Das wird den frommen Nonkonformisten gefallen. Danach werde ich mit der Aussage schließen, dass der Kampf dieser Wahl ein Kampf zwischen Nüchternheit und Trunkenheit, zwischen den Freunden ist der Mäßigkeit und der Brauer und Whiskybrenner. Ich werde einen schönen Schlussstrich über die Übel des Alkohols ziehen; ich stelle mir vor, wie hundertfünfzigtausend arme Teufel jedes Jahr zu den Gräbern von Trunkenbolden hinabtaumeln. Das wird sie holen. Von Natürlich werde ich die ganze Zeit betrunken sein, aber was macht das schon? Früher habe ich betrunken meine besten Reden gehalten, und heute Abend werde ich ihnen ein Meisterwerk geben. Natürlich wird die Gegenseite hier nachfragen, was ich getrunken habe, und der Kellner wird sagen, ich hätte nur eine Flasche Sodawasser getrunken!"

Bei diesem Gedanken lachte er grimmig, dann erinnerte er sich an die Zeit, als er in sein Schlafzimmer ging und sorgfältig sein Glas auswusch.

Er erhaschte ein Spiegelbild von sich selbst im Spiegel und der Anblick ließ ihn zusammenzucken.

„Mein Gott", sagte er, „ich bin in drei Tagen um zehn Jahre gealtert, und mein Kopf fühlt sich etwas unsicher an. Ich muss vorsichtig sein. Es würde alles verderben, wenn ich umgeworfen würde."

Als Viertel vor acht kam, war Leicester bereit für die Ankunft seiner wichtigsten Unterstützer. Er war makellos gekleidet und sah ruhig und würdevoll aus. Er empfing den Versammlungsleiter mit ernster Höflichkeit und ging nach ein paar Minuten Gespräch mit ihnen zum öffentlichen Saal, der nur wenige Meter entfernt war.

Wie man sich vorstellen kann, war der Saal überfüllt. Obwohl das Land seit Wochen damit gerechnet hatte, dass die Regierung entweder zurücktreten oder sich auflösen würde, kam die Nachricht von der Auflösung plötzlich. Die politischen Feuer wurden entzündet und die ganze Stadt war voller Aufregung. Die Leute wollten Neuigkeiten aus erster Hand erfahren und stellten sich vor, dass Leicester sie bringen würde. Sie erwarteten auch eine der brillanten Reden, für die er bekannt war. Noch nie zuvor, überlegten sie, hatte man ihm eine solche Chance gegeben, und sie waren sicher, dass er das Beste daraus machen würde. Als daher der Vorsitzende, gefolgt von Leicester und den führenden Magnaten der Stadt, auf die Bühne kam, erhob sich die Versammlung *in Massen* und schrie, bis sie heiser waren. Der Kampf, den sie sich so lange gewünscht hatten, hatte begonnen, und der Anführer der Schlacht stand vor ihnen.

Pünktlich als es acht Uhr schlug, erhob sich der Vorsitzende. Es sei nicht seine Absicht, sagte er, zu diesem Zeitpunkt eine Rede zu halten. Er wusste, dass jeder seinen Kandidaten unbedingt hören wollte und dass er eine unverzeihliche Sünde begehen würde, wenn er zwischen ihnen und dem Redner des Abends und dem Helden des Kampfes stünde. Dennoch gab es eine Erklärung, die er gerne geben würde. Wie viele von ihnen wussten, hatte Herr Leicester zwei Tage zuvor mit der Hochzeit gerechnet, doch aufgrund der plötzlichen und schweren Krankheit der Braut hatte die Hochzeit nicht stattgefunden. Viele Männer wären durch einen solchen Schlag niedergeschlagen worden, aber Mr. Leicester hatte sich darüber hinweggesetzt. Der Ruf der Pflicht war lauter gewesen als die Stimme des Kummers, und obwohl er von Natur aus große Trauer litt, hatte er sich über die Trauer erhoben und war an ihrer Seite, um ihre Schlachten zu schlagen.

Dies wurde natürlich mit großem Applaus aufgenommen. Es hat Jung und Alt gleichermaßen angesprochen. Es hatte etwas Erbärmliches, aber auch

Heldenhaftes, dass ihr Kandidat seinen Kummer überwand, ihnen in ihren Kämpfen zur Seite zu stehen. Was Leicester betrifft, so saß er inmitten der Beileidsrufe ungerührt da. Für ihn war es bitterer Spott und eine schreckliche Tragödie; aber er beherrschte seine Gefühle und saß bleich und regungslos da.

„Dennoch", fuhr der Vorsitzende fort, „haben wir das Mitgefühl und die guten Wünsche der Dame, von der wir hofften, dass sie uns in diesem Kampf unterstützen würde. Sie ist nicht persönlich bei uns, aber sie ist im Geiste bei uns, ja, und mehr als Geist, denn –"

Und hier kam das Auge des Agenten für dramatische Effekte zum Tragen. In diesem Moment wurde das elektrische Licht im Gebäude plötzlich gelöscht und das Bild von Olive Castlemaine wurde auf die Leinwand geworfen, die an der Wand hinter dem Bahnsteig angebracht war.

Wieder gab es Begeisterungsrufe. „Ein Hoch auf die Dame, und möge es ihr bald wieder gut genug gehen, um Mrs. Leicester zu sein", rief jemand.

Der Vorschlag wurde mit einem Testament aufgegriffen. Jubel nach Jubel erfüllte den Saal, und Mr. Smith, der Wahlhelfer, war ziemlich froh, dass die Hochzeit nicht zustande gekommen war. Ihre Vorstellung auf diese Weise sei mehr Stimmen wert, überlegte er, als wenn sie persönlich erschienen wäre. Tatsächlich reichte das auf die Leinwand geworfene Gesicht aus, um die Begeisterung jedes Publikums zu wecken. Olive Castlemaine war sehr glücklich, als dieses Foto aufgenommen wurde. Sie war am Tag, nachdem Leicester seine denkwürdige Rede gehalten hatte, zum Fotografen gegangen und zeigte sich von ihrer besten Seite. Außerdem wurde dem Fotografen und dem Ersteller des Dias gratuliert. Es war ein schönes Bild. Auf ihren Lippen lag ein Lächeln, in ihren Augen lag ein Licht der Freude, und die Vornehmheit ihres Gesichts beeindruckte alle, die es sahen.

Fast ohne es zu merken, drehte sich Leicester um und sah. Er erinnerte sich daran, sie zum Fotografen begleitet zu haben, und er erinnerte sich an den glücklichen Tag, den sie danach verbracht hatten. Ja, das war die Frau, die er gewonnen – und verloren hatte. Der ganze grässliche Spott über das Geschäft wurde ihm bewusst, als er die schöne Frau sah, die ihn voller Verachtung und Zorn von zu Hause weggeschickt hatte. Das Geschrei der Menge machte ihn wütend. Er wollte aufstehen und ihnen sagen, dass das Ganze eine beschämende Lüge war, ein bitterer Spott. Aber er saß still da und schaute und schaute. Plötzlich nahm er die schreiende Menge fast nicht mehr wahr und war sich seines hoffnungslosen Elends und seiner zerstörten Hoffnungen bewusst. Großer Gott! Was bedeutete ihm diese Wahl jetzt, wo sein Herz ganz zerrissen war und blutete und er sich, um alles zu vergessen, in Whisky vergnügt hatte! Noch nie war ihm sein Verlust so bewusst geworden wie damals. Sie gehörte nicht mehr ihm, sie hatte ihn von sich vertrieben, weil er den Stolz ihrer Frau verletzt hatte, weil er sie zum Gegenstand eines betrunkenen Scherzes gemacht hatte.

In einem Moment hatte sich alles wieder verändert. Der Saal erstrahlte in hellem Licht, und die Rutsche war von der Laterne entfernt worden. Sie wurden wieder auf das eigentliche Thema des Treffens zurückgeführt.

„Und jetzt", sagte der Vorsitzende, „habe ich eine grenzenlose Freude daran, unseren brillanten Kandidaten zu bitten, sich an Sie zu wenden, und ich bin mir sicher, dass er nicht nur Ihr zukünftiges Mitglied sein wird, sondern zu gegebener Zeit auch den Kabinettsrang in diesem Land innehaben wird." . Darüber hinaus möchte ich ihm in Ihrem Namen versichern, dass wir alle darauf bedacht sind, ihn nicht nur als unser zukünftiges Mitglied willkommen zu heißen, sondern ihm auch zu sagen, dass wir uns auf die Zeit freuen, in der wir ihn und seine schöne Frau wiedersehen werden diese Plattform."

Der Vorsitzende war nicht besonders sensibel, sonst hätte er diesen letzten Gedanken nicht geäußert. Außerdem war er von der Begeisterung des Treffens und der Würde seiner eigenen Position fasziniert.

Als Leicester sich erhob, um zu sprechen, hatte er das Gefühl, dass ihm der Kopf schwirrte, und ihm wurde klar, dass sein Gehirn sich weigerte, sich an die Dinge zu klammern, die er sagen wollte. Die Atmosphäre in der schlecht belüfteten Halle war mittlerweile etwas stickig geworden, und der Whisky, den er in den letzten beiden Tagen getrunken hatte, zeigte seine Wirkung. Wie er gesagt hatte, war er durch seine lange Abstinenz empfänglicher für die Kraft dieser Droge geworden, und er wusste nicht nur, dass er betrunken war, sondern er erkannte auch, dass andere Gefahr liefen, es ebenfalls zu erfahren.

Er stand da und starrte das Publikum dämlich an, während Jubel auf Jubel folgte. Zuerst erfüllte eine große Angst sein Herz, doch darauf folgte eine Art idiotische Heiterkeit, über die er keine Kontrolle hatte. Als er sprach, schien es ihm, als wäre seine Stimme nicht seine eigene; es klang äußerst lächerlich; es war eher wie das Geplapper eines sinnlosen Idioten als das eines starken, selbstbeherrschten Mannes.

„Meine Damen und Herren", sagte er und spürte, wie er beim Sprechen hin und her schwankte, „ich bin Ihnen sehr verbunden, sehr dankbar für die freundlichen Gefühle, die Sie haben." 'gedrückt für meine schöne Braut.' Hier blieb er stehen; er hatte das Gefühl, dass die Leute ihn voller Verwunderung ansahen. Er hörte spöttisches Gelächter im Saal. Er versuchte, sich etwas anderes auszudenken, aber sein Gehirn weigerte sich zu handeln: Der Whisky hatte Wirkung gezeigt. Die Szenen, die er erlebt hatte, und die drückende Atmosphäre im Raum hatten ihn beherrscht. Zum ersten Mal in seinem Leben offenbarte er, dass er betrunken war. Mehrere

Sekunden lang stand er da, starrte die Menschen mit glanzlosen Augen an und wiegte sich in seiner Hilflosigkeit hin und her.

„Meine Damen und Herren", er schluckte, „ich habe heute auf ihre Gesundheit getrunken, und ich glaube, ich bin ein bisschen betrunken. Trotzdem werde ich es versuchen." ———"

Er versuchte weiter zu sprechen, aber vergebens; Dann, als er sich im Saal umsah, brach er in ein sinnloses Lachen aus und fiel in einem Zustand der Dummheit auf den Boden des Podiums.

KAPITEL XIV

LEICESTERS ABSCHIED VON TAVITON

Selbst als dies geschehen war, erkannte die Versammlung kaum den wahren Stand der Dinge. Zwar lachten die Gegner auf der anderen Seite spöttisch, aber einige Freunde Leicesters führten seinen Zustand auf die Trauer über Miss Castlemaines Krankheit zurück. Inmitten des Tumults und der Verwirrung der Versammlung hoben ihn mehrere Männer auf dem Podium hoch und trugen ihn in einen Vorraum, wo er sich in einen Sessel zurücklehnte und sich mit betrunkener Ernsthaftigkeit umsah. In der Aufregung des Augenblicks betraten nicht nur seine Freunde, sondern auch seine Feinde den Raum. Ein Lokalreporter der Oppositionszeitung trat ein, und der Redakteur, der scharf auf scharfe Texte war, folgte ihm. Sie stießen einander mit bedeutungsvollen Blicken an, während sie darüber tuschelten, welches Kapital aus dem Ereignis gemacht werden müsse.

„Wir müssen einen Arzt holen", sagte Mr. Smith, sein Wahlbeauftragter, der so klar wie jeder andere die wahre Lage der Dinge erkannte.

"Arzt!" Der Lokalredakteur lachte: „Er will keinen Arzt. Er wird schon ausschlafen. Er ist nur betrunken."

"Betrunken!" sagte Leicester feierlich: „Ich bin nüchtern wie ein Richter. Ehrenwort, meine Herren. Mit Bewegung überwältigt, das ist es, was mich ruiniert."

Sowohl der Reporter als auch der Redakteur lachten ironisch.

„Wir müssen ihn zurück ins Hotel bringen", sagte Mr. Smith, „und wir müssen sofort den Arzt rufen."

„Ja, bringen Sie ihn sofort ins Bett", sagte der Oppositionsredakteur. „Morgens wird es ihm gut gehen, bis auf starke Kopfschmerzen."

„Bett", sagte Leicester und kämpfte mit sich selbst, „Bett, wer wagt es, mit mir über das Bett zu reden? Ich muss meine Pflicht erfüllen. Zweitausend treue Sportler warten auf eine Nachricht vom Anführer. Hick! Portieren Sie auch meine Gruppe. „Entschuldigen Sie, meine Herren, ich – ich muss zum Podium zurückkehren. Ich möchte meine Landsleute vor dem schrecklichen Übel des Alkohols warnen! Nein, kein Nicken, auch kein Kummer wird mich behalten." Von der Pflicht. Hat seinen Dichter, 'Whr Pflicht ruft oder Gefahr, O ner willin' da.'

Er versuchte aufzustehen; aber vergeblich. Erneut fiel er mit einem betrunkenen Kichern zurück, während der Redakteur und sein Reporter schadenfroh lachten.

„Ich hoffe, Sie werden die Krankheit von Herrn Leicester nicht ungerechtfertigt ausnutzen, meine Herren", sagte Herr Smith.

„Ich versichere Ihnen, wir werden nur getreulich berichten, was wir gesehen haben", war die Antwort. „Aber ich glaube wirklich nicht, dass Zeitungsberichte nötig sind, das haben die Leute selbst gesehen."

Mit aller Geschwindigkeit wurde Leicester zum Hotel zurückgebracht, wobei er die ganze Zeit beteuerte, er wolle sich an seine treuen Anhänger wenden und sie vor den Übeln des Alkohols warnen. Als er schließlich sein Zimmer erreichte, klingelte er.

„Boll Whisky, James", sagte er. „Gen'l'men, lasst uns die Elth-Party trinken – Nüchternheit und Freiheit."

„Nein, Herr Leicester", sagte der Vorsitzende der politischen Organisation, die ihn als ihren Kandidaten angenommen hatte, „Sie haben bereits zu viel Whisky getrunken. Sie haben nicht nur sich selbst, sondern auch Ihre Partei blamiert. Das haben Sie." Sie haben unsere Chancen, diese Wahl zu gewinnen, ruiniert, Sie haben uns zum Inbegriff unserer Gegner und des Landes gemacht."

„Qui' m'stak'n, meine Herren, schluchzender Richter. Was! Rafford Lester betrunken? Ich könnte nicht betrunken sein, wenn ich es versuchen würde. Whiskey, das können wir. Lass uns was trinken! "

Ein Arzt betrat den Raum und trat an seine Seite.

„Sie sagen, ich sei betrunken, Doktor. Sagen Sie ihnen, was für Idioten sie sind. Sagen Sie ihnen, ich bin ein Verfechter der Mäßigung."

„Bringen Sie ihn ins Bett", sagte der Arzt. Er war ein Unterstützer von Leicester und empörte sich über das, was geschehen war. „Hier, nimm das", sagte er und goss etwas Flüssigkeit in ein Glas.

„Ist es Whisky, Docker? Nein, danke.

"Trinken!" sagte der Arzt streng.

„Alles Gute, Herr Doktor", sagte er, während er den Trank schluckte. Ein paar Minuten später lag er im Bett und schlief, während die ganze Stadt eifrig darüber redete, was in dieser Nacht passiert war. Trotz allem, was sie gesehen hatten, gab es viele, die behaupteten, sein Geist sei vor Kummer aus den Fugen geraten und sie müssten ihn umso treuer unterstützen, statt ihm den Rücken zu kehren; aber im Großen und Ganzen glaubte man, dass das Diktum des Oppositionsredakteurs richtig war und dass er sie beleidigt hatte, indem er im Zustand der Trunkenheit auf dem Podium erschien. Im Laufe der Nacht kursierten Berichte darüber, dass Miss Castlemaine überhaupt nicht krank sei, sondern dass es sich um einen Bericht handele, der von

Leicester selbst stammte, wobei die wahre Wahrheit darin bestand, dass Miss Castlemaine ihn im letzten Moment entdeckt hatte ein Trunkenbold, hatte ihn aus ihrem Haus vertrieben. Noch bevor die Stadt eingeschlafen war, wurde Leicester für schuldig erklärt, dass sie sich aller Sünden im Kalender schuldig gemacht hätten und dass sie sehr dankbar sein müssten, dass sie seinen wahren Charakter herausgefunden hätten. Herr Smith und seine Mitarbeiter waren verzweifelt, während der Agent des anderen Kandidaten jubelte. Ihr Erfolg sei nun gesichert, glaubten sie.

Stunde um Stunde schlief Leicester. Der Trank des Arztes musste zusammen mit den Whiskydämpfen ausgeschlafen werden, und er lag wie ein Baumstamm und atmete schwer. Mehr als einmal kam der Hotelbesitzer und sah ihn an. Während er hinsah, wunderte er sich. Sogar im betrunkenen Schlaf hatte er etwas Edles an sich. Das Gesicht, so verfärbt es auch war, ließ auf einen starken, herrschaftlichen Mann schließen. Es schien unmöglich, dass der zurückhaltende Mann, der ein paar Stunden zuvor zu ihm nach Hause kam und beim Kellner nichts als Sodawasser bestellt hatte, in betrunkener Hilflosigkeit auf den Bahnsteig gefallen sein konnte. Dennoch konnte daran kein Zweifel bestehen. Während er seinem rührseligen Gemurmel lauschte, konnte es nur eine Meinung über seinen Zustand geben.

Als Leicester aufwachte, war es schon hell geworden, aber obwohl er das Gefühl hatte, dass etwas Schreckliches passiert war, war ihm nicht ganz klar, was geschehen war. Sein Mund war trocken und ausgedörrt und sein Kopf pochte fürchterlich. Er hatte eine vage Erinnerung daran, dass er sich seltsam verhalten hatte, aber er konnte die verstreuten Gedanken, die ihm durch den Kopf schwirrten, nicht zusammenfassen.

"Was ist es?" fragte er, nachdem er vergeblich nachgedacht hatte. „Schlafe ich noch? Ist das alles ein Albtraum?"

Er schaute sich im Zimmer um und sah die Sonnenstrahlen durch die Fenster strömen. Nein, er schlief nicht, er war im Schlafzimmer seines Hotels. Aber warum war er dort? Warum war sein Herz so schwer? Warum pochte sein Kopf so schrecklich?

Langsam begann das Gedächtnis zu funktionieren: Er erinnerte sich dunkel an die schwankenden Menschenmengen und die Rufe begeisterter Anhänger. Aber es war alles sehr vage und es schien weit weg zu sein. Seine Zunge war trocken und ausgedörrt, sie bewegte sich kaum in seinem Mund. Er verspürte einen alles verschlingenden Durst.

„Whisky", sagte er, „ich muss Whisky haben!"

Er machte Anstalten, aus dem Bett aufzustehen; Doch während er das tat, überkamen ihn alle Ereignisse der letzten drei Tage wie in einer Flut. Der Hochzeitstag, die Verachtung von Olive Castlemaine, der schwarze

Schrecken hoffnungsloser Dunkelheit, die Rückkehr zum Whisky, die Auflösung des Parlaments, das Telegramm, das ihn in seinen Wahlkreis rief.

Das alles traf ihn mit einem solchen Schock, dass ihn für einen Moment der Durst verließ. Die Szenen des Vorabends erfüllten ihn mit Entsetzen. Ja, er hatte den ganzen Tag über viel getrunken und der Whisky war zu viel für ihn. Er war tatsächlich zu Fuß zum öffentlichen Saal gegangen; Aber die heiße, stinkende Atmosphäre, der Anblick von Olive Castlemaines Gesicht auf der Leinwand hatten ihn völlig überwältigt. Hätte er nicht aufgehört, Whisky zu trinken, wäre alles in Ordnung gewesen. Er hätte seine Rede gehalten, und niemand hätte vermutet, dass er getrunken hatte; aber so wie es war, war er zu einem rührseligen Narren geworden, er war in betrunkener Hilflosigkeit umgefallen.

Der Gedanke machte ihn wahnsinnig. Das war also seine gerühmte Stärke; Zu diesem Punkt war Radford Leicester gekommen. Die Warnungen der frommen Freunde, die er verspottet hatte, hatten sich bewahrheitet. Whisky hatte ihn so betrunken gemacht wie einen Marinesoldaten, der sein Wochenende in Ausschweifungen verbracht hatte, um seinen Wochenlohn zu bekommen. So zynisch er auch in seinen besten Stunden immer gewesen war, war er doch immer ein stolzer Mann gewesen. Er hatte seine Verachtung gegenüber den Männern zum Ausdruck gebracht, denen es nicht gelungen war, die Laster zu überwinden, die ihnen in den Augen der Welt Schande bereiteten. Dieser Stolz hatte ihn von der vulgären Hingabe an Sünden abgehalten, bevor er Olive Castlemaine kennengelernt hatte. Er hatte immer wie ein Gentleman gehandelt und gesprochen, auch wenn er genug Whisky getrunken hatte, um andere Männer hoffnungslos unfähig zu machen. Wie verdorben er auch durch die Angewohnheit gewesen sein mochte, die ihn fesselte, er hatte sich immer mit größter Sorgfalt gekleidet und nie Umgang mit denen gehabt, die er als niedrig und erniedrigt ansah.

Doch nun war alles zu Ende. Unmittelbar nach seiner Entlassung durch Olive Castlemaine hatte er alle guten Vorsätze in den Wind geschlagen, und in diesem Augenblick war er ein Gespött der Stadt, morgen würde er ein Gegenstand des Spottes für das ganze Land sein. Und Olive Castlemaine würde davon wissen. Bridget Osborne würde ihr die Lokalzeitung schicken und sie würde das lesen –

Was für eine dünne Fassade war seine sogenannte Reformation, und was für ein zerbrochenes Rohr war er, trotz all seiner gerühmten Stärke! Er war ein armes Ding gewesen, dessen moralische Erhebung vom Lächeln einer Frau abhing, und als dieses Lächeln zurückgezogen wurde, war er wie ein Schwein in sein Suhlen zurückgekehrt!

Aber was noch schlimmer war: Es war eine Schande! Nie zuvor hatte er seinen Stolz geopfert, nie zuvor hatte er jemandem die Gelegenheit gegeben zu sagen, dass er nicht im vollen Besitz seiner Fähigkeiten sei. Er, der damit geprahlt hatte, dass er Nerven aus Stahl habe und dass kein jemals destillierter Whisky ihn betrunken machen könne!

Er sprang aus dem Bett und öffnete mit zitternden Händen seinen Koffer. Ah! Da war sie – eine Flasche Whisky. Er zog den Korken heraus und zögerte dann. War er also so schwach, dass er zu dem Gift zurückkehrte, das ihn zum Inbegriff der Klotzer gemacht hatte? Der Gedanke verblüffte ihn, und vielleicht hätte er ihn verdrängen können, wenn ihn nicht der Geruch des Whiskys erreicht hätte. Das war wie ein Match mit einem Pulvermagazin. Er nahm einen tiefen Schluck und fühlte sich besser.

„Wenn ich nur vorsichtig gewesen wäre, wäre es nie passiert", überlegte er. „Ich frage mich jetzt, ob –"

Er hörte ein Klopfen an der Tür.

"Ja."

„Ein Gentleman, Sie zu sehen, Sir."

"Sein Name?"

„Mr. Grayburn, Sir."

„Sehr gut, sagen Sie ihm, dass ich in ein paar Minuten bei ihm sein werde. Bitten Sie ihn, Platz zu nehmen, ja, James?"

Er sprach mit seiner alten Stimme. Schließlich handelte es sich bei der Veranstaltung vom Vorabend nur um eine Episode. Er war nicht wirklich verändert; vielleicht würde er doch noch alles in Ordnung bringen können.

Er beschloss, dass er seinerseits nichts unterlassen sollte, um die elende Vergangenheit zu sühnen. Er ging ins Badezimmer, das an sein Zimmer angrenzte, und tauchte in kaltes Wasser; Danach rasierte er sich und kleidete sich dann mit großer Sorgfalt. Als er vor Mr. Grayburn erschien, gab es keine Spuren der Ereignisse der vergangenen Nacht. Seine Nerven kamen ihm wieder zugute. Er war noch nie in seinem Leben ruhiger und gelassener. Dennoch fühlte er sich wie ein Mann, der sein eigenes Todesurteil unterzeichnet hatte.

„Ah! Guten Morgen, Mr. Grayburn."

„Guten Morgen, Herr Leicester."

„Haben Sie gefrühstückt? Wie ich sehe, hat der Mann den Tisch nur für eine Person gedeckt, aber das kann bald behoben werden."

„Danke, ich habe gefrühstückt."

Mr. Grayburn sprach sehr leise, aber er fühlte sich offensichtlich unwohl. Wäre Leicester abgezehrt und zitternd vor ihm erschienen, wäre seine Arbeit einfacher gewesen. Es schien unmöglich, die überlegene Haltung gegenüber Leicester einzunehmen, wie er in diesem Moment erschien.

„Ich bin auf Wunsch des Exekutivkomitees unserer politischen Vereinigung gekommen, Herr Leicester. Als Vorsitzender dieses Komitees dachten sie, ich sei die richtige Person. Sie werden sich natürlich vorstellen können, warum.“

Leicester schwieg.

„Die Ereignisse der letzten Nacht werden es Ihnen natürlich unmöglich machen, erneut als Kandidat in der Division aufzutreten.“

„Entschuldigen Sie“, sagte Leicester; „Aber sicherlich wird meine Krankheit von letzter Nacht nicht –“

"Erkrankung!" unterbrach Mr. Grayburn.

„Nun, nennen Sie es, wie Sie wollen. Sagen wir, ich war betrunken. Reicht das, um die ganze Arbeit, die ich in den letzten drei Jahren im Wahlkreis geleistet habe, zunichte zu machen?“

„Das Mitglied dieser Abteilung muss ein Gentleman sein, dessen persönlicher Charakter makellos ist“, sagte Herr Grayburn. „Es ist wahr, dass viele sich gestern Abend angesichts Ihrer jüngsten Enttäuschung entschuldigen würden, aber nur wenige. Und selbst sie würden sich gegen Sie wenden, sobald bestimmte Fakten ans Licht kämen.“

„Welche Fakten?“

„Fakten, die Mr. Osborne offenlegen könnte, wenn er würde. Derzeit bezeichnet er sie einfach als eine Schande.“

Leicester kämpfte immer noch erbittert weiter. Warum, wusste er kaum.

„Ich gehe davon aus, dass selbst eine politische Organisation nicht so bösartig sein wird, einer vagen und unbewiesenen Anschuldigung Glauben zu schenken“, sagte er.

„Wenn es von einem Mann wie Mr. Osborne kommt, ja.“

Leicester lachte bitterlich – sein altes zynisches Lachen.

„Oh! Ich verstehe“, sagte er, „der Held von einem Tag ist der Verbrecher des nächsten. Natürlich sind drei Dienstjahre und Hunderte ausgegebener Pfund umsonst. Nun, das hätte ich vielleicht erwartet.“

„Einer der Hauptpfeiler unserer politischen Plattform ist die Mäßigkeitsreform", sagte Herr Grayburn. „Wie können die Menschen an Ihre Aufrichtigkeit glauben?"

Wieder lachte Leicester.

„Wenn ich Brauer wäre und mit dem Getränk ein riesiges Einkommen erzielen würde, sollte man mir glauben", sagte er.

„Möglicherweise, wenn Sie nicht erschienen sind in –"

„Genau. Meine große Sünde ist nicht, dass ich Whisky trinke, sondern dass ich ihn zufällig zur falschen Zeit getrunken habe. Nun, mein lieber Freund, ich habe Sie in diesem Raum komisch gesehen, wegen des Whiskys, den Sie auf meine Kosten getrunken haben . Ich habe dich komische Lieder in höchst melodischen Tönen singen hören, und ich musste ein Taxi rufen, um dich nach Hause zu bringen."

„Aber niemals in der Öffentlichkeit", sagte Mr. Grayburn unbehaglich.

„Nur so. Ich sehe mein Versagen ein. Herr Grayburn, erlauben Sie mir, Ihnen zu Ihrem hohen moralischen Standard zu gratulieren. Trinken Sie so viel Sie möchten, aber lassen Sie es niemanden wissen."

„Sehen Sie her, Mr. Leicester", sagte der andere. „Das tut mir genauso leid wie jedem anderen Mann, und wenn ich nur an mich selbst denken würde – nun, die Dinge wären anders. Aber ich bin nur einer. Man muss an diese Abstinenzler denken, und sie sind hier eine starke Partei . Ich erzähle es." Sie, die Leute, sind sauer auf Sie. Wenn Sie jetzt vor dem Hotel auftauchen würden, würden Sie gepfiffen werden. Wenn Sie bei einer Besprechung erschienen wären, würden Sie vom Podium gezischt werden; nein, ich glaube nicht, dass Sie das wären Es ist sicher, auf die Straße zu gehen. Du würdest mit faulen Eiern und dem Müll der Stadt beworfen werden."

Er hatte Leicester endlich gestochen. Der ganze billige Anstrich des Zynismus war nun verschwunden, und er wusste nicht, was er sagen sollte.

„Sehen Sie sich das nur an", fuhr Mr. Grayburn fort. „Dies ist ein Bericht über das Treffen gestern Abend, herausgegeben vom Herausgeber der Oppositionszeitung. Es scheint, dass er und der Reporter in den Vorraum gelangt sind, und der Reporter ist auf seine Art ein kluger Karikaturist. Hier sind Sie in verschiedenen Situationen Einstellungen: Erstens erhebt sich Herr Leicester, um vor der Versammlung zu sprechen. Zweitens bemüht sich Herr Leicester, fortzufahren. Drittens beendet Herr Leicester seine Rede. Viertens: Herr Leicester im Vorraum. Wie könnten wir Ihnen direkt zur Seite stehen? von Bildern wie diesen?"

Als Leicester das Blatt betrachtete, das Mr. Grayburn ihm vorlegte, erkannte er die Bedeutung der Worte des anderen. Jedes Bild zeigte ihn in einem Zustand betrunkener Hilflosigkeit, und unter jedem Bild befand sich ein Zitat aus dem, was er gesagt hatte, so buchstabiert, dass es die Tatsache seiner Trunkenheit bestätigte.

„Habe ich das gesagt?" er stammelte.

„Das haben Sie, Mr. Leicester; das und noch mehr."

Er schwieg einen Moment, dann hörte er durch die offenen Fenster des Zimmers Geschrei auf der Straße.

„Was! Rafford Lester ist betrunken! Ich kann nicht betrunken sein. Nüchterner Richter. Freund der Mäßigkeit. Hurra für Pardy Sbriety!"

Es folgte ein lautes Gelächter, brutales, spöttisches Gelächter, und er, Leicester, war der Auslöser dafür. Er ging zum Fenster und sah eine Menschenmenge vor dem Hotel; sie schauten zu ihm. Kaum sahen sie ihn, begannen sie zu schreien und spöttisch zu lachen.

„Sie wünschen, dass ich zurücktrete", sagte er leise.

„Mein Ausschuss, der heute Morgen zusammentrat, hat mich gebeten, Sie zu diesem Zweck zu bedienen."

„Sehr gut", sagte er. Er schnappte sich einen Stift und schrieb mit ruhiger Hand. „So", sagte er plötzlich, „wird das genügen?"

„Ja, das reicht völlig aus. Und glauben Sie mir, Mr. Leicester, es tut mir genauso leid wie jedem anderen. Und Sie werden mir verzeihen, aber mein Rat an Sie ist: Verlassen Sie die Stadt so schnell wie möglich." Aber fahren Sie nicht am Bahnhof Taviton ab. Dort wird eine Menschenmenge sein, die jeden Zug beobachtet, und diese Menschenmenge will Sie überfallen.

„Das werde ich sehen", sagte Leicester mit blitzenden Augen.

„Gehen Sie nicht zum Bahnhof Taviton, Mr. Leicester. Zweifellos könnten Sie hinterher das Gesetz gegen sie verhängen, aber es hat keinen Zweck, gegen das Gesindel zu kämpfen. Sie glauben, Sie hätten sie bei der Wahl verloren. Mein Rat ist, nehmen Sie ein Taxi Fahren Sie ruhig und fahren Sie nach West Billington, einem kleinen, fünf Meilen entfernten Bahnhof am Wegesrand. Von dort aus können Sie nach London gelangen, ohne überhaupt über Taviton zu fahren. Es tut mir schrecklich leid, Herr Leicester, aber ich bin sicher, Sie verstehen meine Position."

Leicester wollte in seiner Wut schreien — er sehnte sich danach, seinen Besucher, die Stadt, die Wahl, jeden einzelnen zu verfluchen. Aber er beherrschte sich.

„Guten Morgen", sagte er.

Mr. Grayburn streckte seine Hand aus, aber Leicester wollte sie nicht sehen. Als er gegangen war, schloss er die Tür hinter sich und setzte sich zum Nachdenken. Sein Frühstück war unberührt, einige Briefe, die vor ihm auf dem Tisch lagen, waren ungeöffnet. Was sollte er tun? Er bemerkte den Kellner nicht, der kam, um das Frühstück abzuholen, das er nicht gegessen hatte; Er saß mit geschlossenen Augen da, dachte nach und grübelte.

Dann nahm er einen Bradshaw und begann, ihn zu studieren. Hin und wieder hob er den Blick und starrte ins Leere, dann wandte er sich wieder eifrig dem Fahrplan zu, nicht um die Züge zu studieren, sondern um die Karte der verschiedenen Eisenbahnlinien zu studieren.

Gegen Mittag klingelte er, um ein paar Sandwiches zu bestellen, und bat den Kellner, den Wirt zu ihm zu schicken.

„Es tut mir leid, was passiert ist, Mr. Leicester", sagte dieser Herr, als er kam.

„Sehr lobenswert von dir, Jenkins", sagte er; „In der Zwischenzeit können Sie mir eine Kutsche besorgen und mir meine Rechnung schicken."

„Ja, Sir. Natürlich hat Mr. Grayburn Ihnen gesagt, dass ich Sie heimlich aus der Stadt bringen müsste. Das muss ich allerdings sagen, da Sie jetzt Ihren Rücktritt eingereicht haben, sprechen sie freundlicher über Sie."

„Wie rücksichtsvoll von ihnen! Aber das ändert nichts an meinen Plänen. Ich möchte nach West Billington gefahren werden."

„Ja, Sir. Von dort kehren Sie nach London zurück?"

„Ich weiß es nicht. Ich gehe außerdem davon aus, dass der Ort, an den ich gehe, meinem eigenen Geschäft bemerkenswert ähnlich ist."

„Genau, Sir. Ich habe nur an Ihre Briefe gedacht."

„Du kannst sie verbrennen. Das ist mir egal. Ich will keine Briefe. Du schickst die Kutsche."

„Wenn sich jemand nach Ihnen erkundigt?"

„Ich glaube, Sie geben vor, ein sehr religiöser Mann zu sein, Jenkins, trotz Ihrer Berufung. Die Abstinenzler sagen, Ihre Berufung bestehe darin, Menschen in die Hölle zu schicken. Nun, ich werde nicht so explizit sein. Sagen Sie den Fragestellern, dass ich zu einem gegangen bin Region, in der Brände sehr gut sein sollen.

„Aber, Sir —"

„Wie ich Ihnen bereits sagte, scheint dies bemerkenswert meine eigene Angelegenheit zu sein; Ihre Aufgabe besteht darin, meine Rechnung zu schicken und eine Kutsche zu besorgen."

"Jawohl."

„Und übrigens, Jenkins", fügte Leicester mit einem freudlosen Lachen hinzu, „entschuldigen Sie meine Einmischung. Ich nehme an, ich kann denen, die Sie an den Ort geschickt haben, zu dem ich unterwegs bin, sagen, dass Sie dabei sein werden." gegenwärtig?"

Eine halbe Stunde später verließ er das Hotel in einer engen Kutsche und fuhr nach West Billington. Es kam ihm so vor, als sei seine Karriere nun beendet. Er hatte die Stadt in Ungnade verlassen. Er war wie ein Dieb durch einen Hinterhof weggegangen. In West Billington angekommen, nahm er eine Fahrkarte für einen zwanzig Meilen entfernten Bahnhof inmitten der Wiesen von Devonshire. Aber er hörte hier nicht auf. Er stieg erst aus dem Zug, als dieser an einem kleinen, einsamen Bahnhof inmitten der wilden Moore ankam. Dort stieg er aus und sah sich um. Er war der einzige Passagier, der ausstieg, und der Gepäckträger musterte ihn verwundert.

„Willst du irgendwo hingehen, speshul, zur?" er hat gefragt.

„Ja. Ich möchte eine alte Dame finden, die in ihrem Cottage ein Zimmer frei hat", sagte er.

„Früh fürs Fischen, und spät fürs Shettin, zur, sei'ant' ee? In der ganzen Zeit wüsste ich einen Ort."

"Wo?"

„Mein Vater wird zwei Meilen von hier entfernt über den Mooren wohnen. Purty wird sie ruhig stellen, wenn es dir nichts ausmacht, und sei ruhig. Wenn du zehn Minuten wartest Ich werde mit euch darüber reden. Ich werde für niemanden von uns oder von euch gewollt sein.

Eine Stunde später saß Leicester in einem Landhaus inmitten der einsamen Heidelandschaft von Devonshire. Die alte Dame hatte ihn mit einer einfachen Mahlzeit versorgt, und die Stille des Ortes sorgte dafür, dass er sich besser fühlte. Der Tag neigte sich nun dem Ende zu und die Abendschatten fielen.

„Wirst du dann eine Lampe haben, zur?" fragte die alte Dame.

„Noch nicht", sagte Leicester; „Ich gehe spazieren."

Eine Stunde lang wanderte er herum, bis der Tag vorüber war.

„Ich muss mich entscheiden", sagte er, „das alte Leben ist jetzt unmöglich. Was soll ich tun? Die Fensterläden herunterziehen, oder soll ich –?"

Er betrat die Hütte erneut und wurde von der freundlichen Anwesenheit der alten Dame des Hauses empfangen.

Kapitel XV

Der Zyniker und die Landfrau

Radford Leicester blieb mehrere Tage in der Hütte inmitten der Moore von Devonshire. Ein einsamerer Ort kann man sich kaum vorstellen. Das Cottage selbst stand in einer kleinen Senke, in der Bäume wuchsen und ein Bach im Moorland plätscherte. Dort waren frühe Frühlingsblumen zu sehen, und der Geruch des aufblühenden neuen Lebens von Farn, Heidekraut und Weidenstrauch war unbeschreiblich süß; aber die Aussicht von der Hütte aus war so, wie man sie nur in einem Moorgebiet findet. Meilenweit war nichts zu sehen als eine wilde Einöde nahezu unbewohnten Landes. Die wenigen Hütten wurden von denen bewohnt, die brachliegende Landstriche urbar gemacht hatten und sich darauf nur einen dürftigen Lebensunterhalt verdienten. Ein oder zwei Monate später würde die ganze Szenerie von der Blüte von Stechginster und Heide erstrahlen; aber jetzt war es düster und grau und unter einem bewölkten Himmel bedrohlich. Aber Leicester war das nicht leid. Die Landschaft, die Einsamkeit passten zu seiner Stimmung. Er hatte das Gefühl, dass die Vergangenheit zerstört war und dass die Dinge, die ihm einst möglich waren, zu Ende waren. Was hatte die Zukunft für ihn? Was sollte er tun? Das war die Frage, der er sich stellen musste.

Unmittelbar nachdem ihm klar geworden war, dass Olive Castlemaine für immer für ihn verloren war, hatte er wilde Rachepläne ausgeheckt. Er wollte Olive so leiden lassen, wie er gelitten hatte; Er schwor, dass er ihren Stolz zunichte machen würde und dass er die Wette gewinnen würde, die ihm vorerst die Frau, die er geliebt hatte, verloren hatte. Aber das war jetzt vorbei. Er war in den Augen der Nation degradiert worden. Er hatte keinen Respekt vor der Moral der politischen Welt; aber so niedrig es auch sein mochte, es gab eine Art moralischen Standard, den die Menschen von ihren Vertretern forderten. Sie waren nicht beunruhigt, weil er zu viel getrunken hatte, sondern weil er zur falschen Zeit betrunken war. Er war tatsächlich in einem Zustand betrunkener Dummheit auf einer öffentlichen Bühne aufgetreten. Er hatte den Gegnern seiner Partei die Peitschenhand gegeben und seine Partei aller Wahrscheinlichkeit nach bei der Wahl verloren. Das war seine Sünde, und es würde Jahre dauern, bis sie es vergessen würden.

Außerdem war er nicht der Typ Mann, der zurückging und um Vergebung bat. Sein Stolz verbot es ihm. Was? Er, Radford Leicester, der über diese Trottel gelacht hat, geht mit der Mütze in der Hand zurück und fleht sie an, ihn zurückzunehmen! Aber was konnte er tun? Was hatte die Zukunft für ihn? Das war die Frage, der er sich stellen musste. Die Hoffnung war verschwunden, der Glaube war verschwunden, der Zweck war verschwunden, während ihn das alte Verlangen nach Whiskey auf Schritt und

Tritt verfolgte – was sollte er tun? Das Leben war ein Hohn, ein großer, verstörter Fehlschlag! Warum sollte er versuchen, es zu verlängern?

Und so verbrachte er seine Tage mit Nachdenken und Grübeln in der Einsamkeit der Moore. Er sah keine Zeitungen, erhielt keine Briefe, hatte keinen Besuch. Er hatte der alten Dame, die das Haus besaß, gesagt, dass er ein oder zwei Wochen Ruhe und Freiheit vom Trubel der Welt haben wollte. Außerdem hatte er ein großes Problem zu lösen und war dorthin gekommen, um es zu lösen. Er gab seinen Namen als Robert Baxter an; es war das erste, was ihm über die Lippen kam, und er sprach von sich selbst, dass er sich sehr für Soziologie interessiere. Zufällig hatte die alte Mrs. Sleeman nicht die geringste Ahnung, was Soziologie bedeutete, aber sie hatte in der Vergangenheit mehrere Herren gehabt, die zu Gast bei ihr gewesen waren; Sie hatten sich Künstler und Naturforscher genannt und waren im Wesentlichen auf die gleiche Weise gekommen wie Leicester. Sie waren leicht zu befriedigen gewesen, hatten sie gut bezahlt, und als sie gegangen waren, hatten sie nicht nur versprochen, wiederzukommen, sondern ihr Haus auch ihren Freunden zu empfehlen. Sein Erscheinen war ihr daher sehr willkommen, und da er keinen Geschmack hatte, der schwer zu befriedigen war, hoffte sie, dass er noch lange bleiben würde.

Mrs. Sleeman war eine fröhliche alte Dame, die ihr Haus und ihren Mann mit viel Fingerspitzengefühl führte. Es wurde auch gesagt, dass ihr Einfluss in der kleinen christlichen Bibelkapelle, die sie sonntags besuchte, sehr groß war. John Sleeman, ihr Ehemann, war kaum zu sehen. Den ganzen Tag über arbeitete er auf seinem kleinen Bauernhof und verbrachte die Abende in der kleinen Küche, die für Leicester eine versiegelte Kammer war.

Es wurde keine Zeitung ins Haus gebracht, und Briefe kamen selten. Tatsächlich kam der Postbote überhaupt nicht. Im gegenseitigen Einvernehmen wurde vereinbart, dass ein für Mr. Sleeman eintreffender Brief im Haus von Mrs. Maddern hinterlassen werden sollte, die in der Nähe der Hauptstraße wohnte. Gelegentlich spannten Herr und Frau Sleeman ihr kleines Pferd an und fuhren in die Marktstadt, die mehrere Meilen über die Heide hinaus lag, aber das kam nur in sehr seltenen Fällen vor.

Infolgedessen war Leicesters Leben völlig isoliert. Tag für Tag verging, ohne dass irgendein Ereignis die Monotonie des Lebens unterbrach, und er verbrachte seine Zeit damit, durch die Moore zu streifen und zu versuchen, so gut er konnte, das Problem seines Lebens zu bewältigen und die Verzweiflung zu bekämpfen, die an seinem Herzen nagte.

Er wusste nichts von dem, was im Land geschah; und er stellte keine Fragen. Er hatte die Welt und das Leben satt. Die große Frage war: Was sollte er tun? Sollte er Selbstmord begehen und damit einer Existenz ein Ende bereiten, die für ihn keinen Sinn und Zweck hatte, oder sollte er irgendwohin gehen und neu beginnen? Seine Natur lehnte sich trotz seiner Überzeugungen gegen Ersteres auf. Er konnte sich nicht dazu durchringen, es mit eigener Hand zu zerstören, so wenig er sich auch um das Leben kümmerte. Was die letztere Alternative betrifft, stellte sich erneut die alte Frage: Wohin soll er gehen? was sollte er tun?

Er verabscheute den Gedanken, nach London zurückzukehren und das Leben eines nutzlosen Parasiten inmitten von Clubs und Clubliegen zu führen. Die politische Tür war vor ihm verschlossen, und selbst wenn dies nicht der Fall wäre, hatte er das Gefühl, er könne sie jetzt nicht betreten. Er verfügte über ein Einkommen, das für alle seine Bedürfnisse ausreichte, und musste daher nicht arbeiten, um seinen Lebensunterhalt zu bestreiten. Es wäre besser für ihn gewesen, wenn er es getan hätte. Menschlich gesehen gibt es kaum ein besseres moralisches Stärkungsmittel als die Arbeit.

Wichtiger als alle anderen Fragen war die Frage: Hatte er Olive Castlemaine für immer verloren? Hatte er sie gewonnen, nur um sie zu verlieren? Ich kann mir vorstellen, dass er ohne die Entschlossenheit, die trotz seiner Verzweiflung in seinem Hinterkopf steckte, einer Existenz ein Ende gesetzt hätte, die zeitweise fast unerträglich wurde.

Eines Tages, als er allein durch die Heide ging, dachte er zum hundertsten Mal über all diese Dinge nach. Die Wolken hingen schwer am Himmel, während gelegentlich kalte Windböen, begleitet von strömendem Regen, ihn daran erinnerten, dass der Winter noch nicht zu Ende war. Während er ging und nachdachte, hatte sich ein Sturm zusammengebraut, und er sah, dass am Himmel ein Regenguss drohte.

„Was kümmert es mich?" er lachte bitter. „Ich fühle mich wie der alte König Lear. Jetzt fehlt nichts außer Tom Fool, um das Bild zu vervollständigen. ‚Blow, blow, du Winterwind!'"

Der Regen fiel in Strömen und trotz seiner wilden Stimmung machte er sich auf den Weg zu einem einsamen Bauernhaus, um Schutz zu finden. Als er dort ankam, war seine Kleidung vom Regen durchnässt.

Er stand in einem Karrenschuppen und sah zu, wie die Flut fiel. Die wenigen Bäume, die rund um das Gehöft wuchsen, sahen trostlos und bedrohlich aus; in der Ferne schienen die Hügel zu rauchen.

„Und so ist das Leben", lachte er. „Wir werden geboren, wir leiden, wir machen uns lächerlich und wir sterben."

Und doch wusste er, dass es nicht das Leben war, wie es sein könnte. Wenn er Olive Castlemaine an seiner Seite gehabt hätte, wäre er ein glücklicher Mann gewesen. Aber sie hatte ihn aus ihrer Nähe vertrieben, sie hatte ihm befohlen, nie wieder mit ihr zu sprechen.

„Willst du nicht am Hals reinkommen, zur? Dir muss es gut gehen und du bist nass.“

„Danke“, antwortete Leicester auf die Einladung der üppigen Bäuerin. Er betrat die große Bauernküche, an deren einem Ende ein riesiges Holzfeuer brannte.

„Seien Sie doch fair, Streaming“, sagte die Frau. „Zet cloas bei der Vire und trockne Yerself. Tu es dann. Du wirst deinen Tod erleiden, wenn du es nicht tust.“

„Nun, es gäbe einen weniger auf der Welt“, sagte Leicester, „und da die Welt ausreichend bevölkert ist, würde das keine Rolle spielen.“

„Fer shaame, zur. Du machst Witze.“

„Ich mache nie Witze“, antwortete Leicester. „Wenn ich jedoch sterben würde, gäbe es die Mühe, mich zu begraben, und das wäre schade.“

„Fer shaame, I d'zay“, sagte die freundliche Frau; „Was würde deine Mutter sagen, wenn sie es tun würde?“

„Habe keine Mutter.“

„Dann dein Vater?“

„Auch kein Vater“, sagte Leicester. „Wenn er am Leben wäre, würde er wahrscheinlich sagen: ‚Stirb und mach Schluss damit.‘“

„Aber du hast Brüder oder Schwestern oder eine Frau oder einen Schatz?“ Sie sagte dies nicht so sehr, um zu beweisen, dass er im Unrecht war, sondern weil sie wie alle anderen ihres Geschlechts, insbesondere diejenigen, die an einsamen Orten leben, etwas über diesen Fremden wissen wollte.

Leicester schüttelte den Kopf.

„Nun, es geht dir schlecht.“

„Genau“, sagte Leicester, „das bin ich.“ Er gab einem plötzlichen Impuls nach. „Jetzt sage ich es Ihnen, Ma'am“, sagte er, „angenommen, Sie hätten keine Freunde, niemanden, der sich um Sie kümmert; angenommen, Sie fänden die Welt wie einen schmutzigen Ort und hätten keine Freude am Leben, was würde das auch tun?“ du tust?"

„Tu es! Ich scheue jemanden, der sich um mich kümmert.“

„Ich habe es versucht, bin aber gescheitert.“

„Hast du denn nicht einen Schatz?“

"Nicht eins."

„Gibt es niemanden, den du wirklich magst?"

„Ja", sagte er, „aber sie hat mich über Bord geworfen."

„Habe ich den Sack gegeben, machst du das?"

"Genau."

„Warum dann, zur, so blöd?"

Er war in einer unbekümmerten Stimmung, und auf eine Weise, die er nicht verstehen konnte, brachte ihn die dralle, gutherzige Frau zum Sprechen.

„Weil ich ein schlechter Mensch bin."

"Unsinn."

„Tatsache, das versichere ich Ihnen. Ein richtig schlechter Kerl."

„Und geht es ihr sehr gut?"

„Furchtbar gut, furchtbar stolz und furchtbar unversöhnlich."

„Und hat sie dich rausgeschmissen, weil es dir so schlecht geht?"

„Eher, weil ich ihren Stolz verletzt habe, denke ich."

„Ah, ich weiß."

„Was würden Sie unter diesen Umständen tun?"

„Ich würde damit beginnen, ein guter Mann zu sein und den Rest Gott überlassen."

"Gott!" und Leicester lachte.

„Warum glauben wir nicht an Gott?"

„Ich glaube, ich glaube an den Teufel, wenn das etwas nützt."

„Dann, zur, würde ich den Teufel töten."

„Kann nicht; ich liebe ihn zu sehr."

„Was, liebe den Teufel?"

„Ich drücke ihn ins Herz. Er hat mir neulich einen bösen Streich gespielt, aber ich bleibe trotzdem bei ihm. Ja, er ist mein einziger Freund. Er ist fast immer bei mir. Wenn ich mit ihm befreundet bin, hilft er." Ich muss es vergessen. Trotzdem habe ich ihn in gewisser Weise satt. Was würden Sie also tun?"

„Der Teufel besänftigt unseren Feind, zur, besänftigt. Du musst ihn töten, sonst bist du erledigt."

Das Gespräch überstieg ihre Tiefe, aber sie war sich sicher, dass sie das Richtige sagte.

„Ich neige dazu zu glauben, dass Sie Recht haben", sagte Leicester mit einem bitteren Lachen. „Und doch weiß ich es nicht. Wozu hat er mich wohl heute Nachmittag überredet?"

„Alles ist schlecht, darauf kannst du dich verlassen, zur."

„Ich weiß es nicht. Du kennst diesen großen Teich oben in den Mooren. Er übt auf mich eine gewisse Faszination aus, und der Teufel begegnet mir dort immer. Er sagt mir immer, dass es dort unten sehr friedlich und ruhig sei." der Pool."

„Was, du willst Crazzick Pool? Es hat keinen Grund. Es ist der Pool des Teufels, das ist's."

„Genau. Nun, er verleitet mich dazu, hineinzugehen und zu sinken und zu sinken und Ruhe und Frieden zu finden."

„Du hast keinen Frieden außer in Christus, zur", sagte Frau Pethick, die eine Klassenleiterin unter den Bibelchristen war.

Leicester blickte in das freundliche Gesicht der Dame und wunderte sich. Hatte diese einfache, heimelige Frau mit dem freundlichen Gesicht irgendein ihm unbekanntes Geheimnis erfahren? Die Frage interessierte ihn gelinde gesagt.

„Sehen Sie mal", sagte er, „es macht Ihnen doch nichts aus, mit einem armen Teufel wie mir ganz ehrlich zu reden, oder? Eigentlich hat es überhaupt keinen Sinn, mit mir zu reden, es sei denn, Sie reden ganz ehrlich, denn das kann ich." Erkenne eine Lüge in einer Minute. Glaubst du wirklich, dass Christus dir hilft?"

„Glaube ich et? Ich bin zur, zur. Warum, wenn ich versucht bin, Unrecht zu tun, hilft es mir, an Christus zu denken. Wann immer ich schlechte, böse Gedanken habe, muss ich daran denken Ihn, und sie gehen, zur. Denn sie tun es."

„Und Er gibt dir Frieden, nicht wahr?" sagte Leicester halb spöttisch, halb ernst.

„Iss, zur, 'e do fer zure „Ich fürchte mich manchmal, wenn es dunkel ist; denn der Weg ist leicht. Aber ich rede mit Jesus über den Weg, und dann — nun ja, dann wird der Weg voller Licht sein."

Das spöttische Lachen verließ Leicesters Lippen, als sie sprach: Es war unmöglich, an dem zu zweifeln, was sie sagte.

„Aber da", fuhr Mrs. Pethick mit dem Taktgefühl einer Frau fort, „Sie könnten und wünschen, Sie könnten es sein. Ich gebe Ihnen eine Tasse für den Tag und dazu Brot und Brot. Das können Sie Plündere das Papier, während ich weg bin.

Er setzte sich dicht an das prasselnde Holzfeuer und wunderte sich. Warum sollte ihm der Glaube dieser einfachen Frau verweigert werden? Er nahm das Papier, das sie ihm angeboten hatte; Es war das erste Mal, dass er es sah, seit er Taviton verlassen hatte. Die ersten Worte, die er las, waren diese: „Neuer Kandidat für die Taviton-Division ausgewählt."

Er las den Artikel mit seltsamem Interesse durch. Es schien ihm, als würde es von jemand anderem sprechen. Es verwies auf die unglückliche Auswahl der Partei, stellte jedoch fest, dass ihr Fehler durch die Auswahl eines Einheimischen, dessen Karriere allen bekannt sei, korrigiert worden sei. „Was den Mann betrifft, der der Partei so großen Schaden zugefügt hat", schloss der Artikel, „wir wissen nicht, was aus ihm geworden ist. Er verließ die Stadt in Ungnade, seitdem hat ihn niemand mehr gesehen. Es wurden Anstrengungen unternommen." seinen Verbleib herauszufinden, aber vergeblich. Es wurden Erkundigungen in seinen alten Wohnorten in London eingeholt, aber niemand hat ihn dort gesehen. Es ist traurig, dass ein junger Mann mit so brillanten Talenten seine Karriere auf eine solche Weise beenden sollte. aber wir für unseren Teil können sagen, dass wir ihn gut los sind. Er brachte weder unserer Partei noch unserer Grafschaft Ehre oder Ansehen, und obwohl einige seiner Freunde von ihm sprechen, dass er selbstmörderische Tendenzen habe, hoffen wir das aufrichtig Er kann sein vergangenes Leben bereuen und in einem anderen Land, in dem er unbekannt ist, neu beginnen.

Leicester warf die Zeitung lachend weg. Es war nur die Schwärmerei eines lokalen Journalisten, der das ABC seines Fachs nicht kannte, aber es amüsierte ihn.

„Beginnen Sie ein neues Leben in einem anderen Land, in dem er unbekannt ist." Die Worte verfolgten ihn. Warum schließlich nicht? Vielleicht – aber die Gedanken, die ihm durch den Kopf schossen, weigerten sich, konkrete Formen anzunehmen.

Mrs. Pethick brachte ihm Tee, Brot und Sahne.

„Da bist du jetzt fast trocken", sagte sie; „Setz dich an den Tisch und geh zum Tisch. Das wird dir gut tun, meine Liebe."

Frau Pethick hatte ihre Kindheit in Cornwall verbracht und einige der kornischen Ausdrücke nicht vergessen.

„Das ist wunderschöner Tee", sagte Leicester plötzlich.

„Iss, ted'n zo bad. Als Mrs. Maddern zu mir sagte: ,Mrs. Pethick', sagte sie: ,Niemand außer dir kauft den besten Tay.'"

„Frau Pethick", sagte Leicester halb fragend, „glauben Sie, dass der Teufel getötet werden kann?"

„Nicht getötet, meine Liebe, zumindest nicht von uns, aber wir können nicht wegfahren."

„Wie, Frau Pethick?"

„Gebet, zur; Gebet."

Leicester lachte.

„Es ist wahr, zur. Es gibt ein offenes Ohr für die Wüst. Als ich bei der letzten Wiederaufnahme zu Franky Flew ging, sagte ich: ,Franky,

„Während die Lampe brennt, kann der schlimmste Sünder zurückkehren!'"

„Und was dann, Mrs. Pethick?"

„Na, dann wirst du ein neuer Mann, zur."

Wenig später verließ er das Haus. Natürlich war das alles Blödsinn, trotzdem machte ihn das Gerede der einfachen Frau besser. Der Sturm hatte sich inzwischen gelegt und die Moore waren in Abendsonne getaucht. Es war ein wunderbares Panorama, das sich vor ihm ausbreitete. Die Moore, die noch vor zwei Stunden dunkel und bedrohlich waren, waren jetzt von wundersamer Schönheit. Und das Sonnenlicht hatte alles getan! Sonnenlicht!

Den ganzen Abend saß er da und dachte nach. Der Ausdruck in seinen Augen schien, als sei ein neuer Sinn in sein Leben gekommen. Am nächsten Tag verließ er seine einsame Unterkunft und machte sich auf den Weg zurück nach London. Er ging in einen Teil der Stadt, der weit entfernt von seinen alten Lieblingsplätzen lag und in dem er völlig fremd war. Niemand erkannte ihn, niemand kannte ihn in dem kleinen Hotel, in das er ging. Er gab seinen Namen als Robert Baxter an, wie er ihn der alten Frau im Moor gegeben hatte. Warum er nach London gekommen war, wusste er nicht, außer dass eine große Sehnsucht in seinem Herzen gewachsen war, wieder mitten im gewaltigen, wogenden Leben der Stadt zu sein. Trotzdem blieb er in seinem Zimmer im Hotel. Nachdem er so getan hatte, als würde er essen, nahm er eine Zeitung. Er blätterte es nachlässig durch. Er hatte das Interesse am Leben verloren. Die Berichte über die Parlamentswahlen interessierten ihn nicht. Was zählte, welches Puppenset in Westminster war? Die ganze Sache war ein leerer Spott. Doch plötzlich erregte ein Absatz seine Aufmerksamkeit:

„Über den Aufenthaltsort von Herrn Radford Leicester liegen noch keine Nachrichten vor. Viele gehen davon aus, dass er das Land verlassen hat, während einige befürchten, dass die Hinweise, die er dem Hotelbesitzer in Taviton machte, ernst gemeint waren."

Er hatte keine Ahnung, dass die Londoner Zeitungen sich zu seinem Verschwinden äußern würden. Er dachte, dass er aus dem Leben der Welt ausgestiegen sei und dass es niemanden interessierte. Dann las er den Rest des Absatzes. Bis zu diesem Zeitpunkt hatte er nie daran gedacht, sich besondere Mühe zu geben, seine Identität zu verbergen. Die Entscheidung, einen anderen Namen zu vergeben, war lediglich eine spontane Entscheidung.

Er klingelte und bestellte ein Taxi. „Es ist ein Glück, dass ich mich an seine Adresse erinnere", sagte er zu sich selbst, „ein Glück, dass er so still ist wie eine Auster."

Wenig später fuhr er zu einem Haus an einem der vielen ruhigen Londoner Plätze. Es war ziemlich dunkel und er hatte den Kragen seines Mantels hoch um Hals und Gesicht hochgezogen. Niemand erkannte ihn, als er eintrat, aber als er in einen schwach beleuchteten Raum ging, sagte ein alter Mann zu ihm: „Ich wusste es. Du warst nicht so dumm, den Schwamm auszuwerfen."

Danach redete Leicester lange mit dem alten Mann. Als er das Haus verließ, strahlte ein zielstrebiges Licht in seinen Augen, obwohl ein genauer Beobachter, wenn er ihn gesehen hätte, gesagt hätte, dass darin auch viel Zweifel und Unentschlossenheit herrschte.

Kapitel XVI

Ein grimmiger Witz

Eine Woche später war Leicester immer noch in London. Er war aus dem kleinen Hotel, in das er ursprünglich gegangen war, ausgezogen und hatte sich ein Zimmer in einem dieser altmodischen Viertel gemietet, die noch heute im Herzen Londons zu finden sind. Hier war er für sich selbst zuständig, das Zimmer wurde von einer alten tauben und fast blinden Frau geputzt, die froh war, auf diese Weise ein paar Schilling pro Woche zu verdienen. Er sah niemanden. Den ganzen Tag über blieb er in seiner einsamen Kammer; er ging nur nachts aus, und dann, nachdem die Stadt eingeschlafen war. Was in ihm vorging, war schwer zu sagen.

Eines Nachts nach Mitternacht ging er alleine hinaus. Die Theater hatten sich alle geleert, und die Straßen waren, bis auf einen gelegentlichen Passanten, verlassen. Die Lichter brannten noch, aber für ihn sah es aus wie eine Stadt der Toten. Die hallenden Schritte, die gelegentlich seine Ohren erreichten, klangen eher wie die Schritte eines geisterhaften Besuchers als wie die Schritte eines Wesens aus Fleisch und Blut.

Er kam bald zum Gerichtsgebäude und ging in Richtung Ludgate Hill. Die großen Gebäude ragten stattlich und prächtig an seiner Seite auf, aber sie erinnerten ihn eher an ein gewaltiges Totendenkmal als an ein Schlachtfeld, auf dem scharfer Verstand und ernsthafte Weisheit Krieg führten.

„Gerechtigkeit", dachte er. „Welche Gerechtigkeit gibt es auf der Welt? Was kümmern sich Richter, Anwälte oder Geschworene um Gerechtigkeit? Die ganze Welt stinkt nach Lügen, Ungerechtigkeit und Grausamkeit. Und warum schwadroniere ich doch über diese Dinge? Was ist Gerechtigkeit? Gibt es sie?" Gibt es so etwas? Was sind alle unsere Gedanken anderes als blindes Herumtasten nach einem Phantom?"

Der Mond schien deutlich über uns und die Frühlingsluft war selbst im Herzen der Stadt klar und süß; Dennoch wehte ein kalter Wind, der über die offenen Flächen wehte.

„Als ob es irgendetwas interessierte?" er grübelte weiter. „Was spielt es für eine Rolle, ob man gut oder schlecht, müßig oder fleißig ist? Manche arbeiten und manche vergnügen sich, manche sind reich und manche arm. Nun, wie stehen die Chancen? Wir sind nur wie Mücken, geboren, wenn die Sonne aufgeht, und sterben." wenn es untergeht. Das Schlimmste daran ist, dass diese tierische kleine Rasse andere derselben Art zurücklässt. Und so wird die Farce weitergehen, bis die Erde erkaltet und die Rasse stirbt. Nun, und was dann? Ob einer stirbt jung oder alt, was beeinflusst es? Wen interessiert das? Nichts kümmert.

Er schaute zu der großen blauen Kuppel hinauf und sah hier und da einen Stern.

„Als ob, wenn es irgendetwas im Hintergrund aller Dinge gäbe, die Macht, die diese Welten erschaffen hat, sich um einen armseligen kleinen Regenwurm wie mich kümmern könnte!"

Er lachte laut und schauderte dann beim Klang seiner eigenen Stimme. Die Stadt schien ein riesiges Phantom zu sein, das keine wirkliche Existenz hatte.

Er bog in einen der vielen Wege ein, die von der Fleet Street zum Fluss führten. Wenn möglich schien es hier stiller denn je zu sein. Die Lichter waren weniger strahlend, das Leben schien ausgestorben zu sein.

„Oh, was für ein Feigling, ich bin ein armer, jammernder Feigling", sagte er. „Ich denke und grübele und trinke und träume und fluche; aber ich tue nichts. Ich, der ich früher mit meiner Willenskraft und meiner Entschlossenheit prahlte. Ich lebe wie eine Ratte in einem Loch; ich wage es nicht, herauszukommen." und zeige mich, und ich wage es nicht, dem schmutzigen Geschäft namens Leben ein Ende zu machen, weil ich eine Art quälende Angst habe, dass ich mir selbst kein Ende machen sollte, selbst wenn mein Kadaver verfaulen sollte.

Bald erreichte er das Ufer, ging zu der Mauer, die den Fluss begrenzte, und schaute hinüber. Die Flut ging aus. Der dunkle, schlammige Fluss, der einen Großteil des Mülls aus London mit sich führte, rollte weiter in Richtung Meer. Doch das Wasser glänzte hell, sowohl im Licht des Mondes als auch im Licht der Lampen, die an seinen Ufern standen, aber das Wasser war trotzdem faul, faul von den Abfällen einer faulen Stadt. Er wandte sich schaudernd davon ab.

„Warum habe ich nicht den Mut, den Sprung zu wagen, anstatt der jammernde, alberne Idiot zu sein, der ich bin?" er weinte. „Es interessiert nichts, und nichts würde passieren – außer dem Nichts."

Er ging am Ufer entlang. „Und doch habe ich ihr gesagt, dass ich ein Mann sein könnte. Hatte sie schließlich nicht Recht? Hätte ich sie geheiratet, wäre ich vielleicht meiner neuen *Rolle nicht überdrüssig geworden* und hätte mich treiben lassen? Nun, wenn ich es getan hätte, hätte ich sie mit mir herumschleppen sollen. Habe ich sie wirklich geliebt? Habe ich nicht geliebt? Ich dachte, es war nicht von ihr. Es war mein ganzes elendes, schmutziges kleines Ich. Aber wenn es einen Allmächtigen gibt, dann hat er einen Fehler gemacht, als er mich so behandelt hat! Aber da, als ob sich ein Allmächtiger um ihn kümmern würde wie ich. Wenn Er es tut, betrachtet Er uns alle als Teil eines düsteren Witzes.

„Ich habe kein bisschen Ahnung von dir, oder, Chef?"

Während er sprach, erhob sich ein Mann von einem Sitz und zitterte. Am anderen Ende des Sitzes lag eine schlafende Frau.

„Ich kann nicht schlafen, mir ist so furchtbar kalt", fuhr der Mann fort, „und ich sehne mich nur nach etwas Bacca."

„Warum versuchst du hier zu schlafen?" fragte Leicester.

„Weil ich kein Weer mehr habe, Chef. Das ist der Grund. Außerdem ist mein Hinterteil leer, und du kannst nicht schlafen, wenn du leer bist. Sag dir, ich bin ziemlich krank davon."

„Warum machst du nicht Schluss damit?"

„Was meinst du?"

Leicester zeigte auf den Fluss.

„Ich würde es für einen Cent tun", sagte der Mann.

Leicester steckte die Hand in die Tasche und holte die erste Münze heraus, die er spürte. Es war ein Zwei-Schilling-Stück.

„Hier sind ein Dutzend Tuppence", sagte er; „Jetzt wollen wir sehen, ob du den Mut hast."

Der Mann schnappte sich die Münze, untersuchte sie im Licht der Lampe und spuckte darauf. Dann ging er zu der Frau und schüttelte sie.

„Komm schon, Mord", sagte er.

„Weer?" sagte die Frau schläfrig.

„Daan ter ole Jerry's doss-aas."

„Wir krächzen nicht; wir haben kein Geld."

„Ja, das haben wir. Er hat mir zwei Pfund zugeworfen. Komm schon."

Die Frau stand auf und bereitete sich darauf vor, dem Mann zu folgen.

„Aber du hast mir gesagt –"

„Dass ich es für einen Cent tun würde, aber nicht für zwei Penny, Chef. Gute Nacht, und dann geht's dir."

Leicester lachte. Er hatte nicht damit gerechnet, dass der Mann sich in den Fluss stürzen würde; tatsächlich hätte er ihn höchstwahrscheinlich aufgehalten, wenn er es versucht hätte; aber er lachte trotzdem. Zwei

Schilling bedeuteten Essen und einen warmen Ort zum Liegen, und der Landstreicher klammerte sich ans Leben.

„Wir sind alle solche Feiglinge", sagte er, als er weiter zur Blackfriars Bridge ging. Der große Raum vor dem U-Bahnhof Blackfriars war leer. Es war keine Menschenseele zu sehen. Er ging am Ende der Brücke zur Straße und blieb am oberen Ende der Treppe stehen, die zum Fluss hinunterführte.

„Ich werde es mir genauer ansehen", sagte er. „Es wird Spaß machen, da zu stehen und zuzusehen, wie das schmutzige Zeug ins Meer geschwemmt wird."

Er stieg die Granitstufen hinunter, die zum Fluss führten, und kroch unter der Barriere hindurch, die auf halber Höhe angebracht war. Es fühlte sich viel kälter an, als er sich dem Wasser näherte, und das plötzliche Rauschen des Flusses klang beeindruckend. Ein paar Schritte von unten blieb er stehen.

„Wenn es etwas Gutes am Leben gäbe!" er sagte. „Aber das gibt es nicht. Was liegt vor mir? Ich bin ein hoffnungsloser, zielloser, von Whisky durchnässter Idiot. Es gibt nichts, wofür man leben kann."

Er ging näher zum Fluss.

Seine Aufmerksamkeit wurde auf ein formloses Etwas gelenkt, das der Fluss bis zur untersten Stufe gespült hatte und das, als die Flut zurückging, dort liegen blieb. Er ging näher heran und untersuchte es.

Es war die Leiche eines Mannes.

Er drehte sich schnell um, ging wieder zurück und blieb dann stehen.

„Er hatte den Mut dazu", murmelte er; „Er muss sich weiter flussaufwärts gestürzt haben. Die Flut hat ihn dorthin gespült und zurückgelassen. Armer Bettler, ich frage mich, wer er ist?"

Er ging wieder hinunter und betrachtete das gruselige Ding, das dort lag. Er lag im Schatten der Brücke und die Mondstrahlen erreichten ihn nicht.

„Ich frage mich, wer er ist", wiederholte Leicester.

Fast mechanisch und mit ruhiger Hand zündete er ein Streichholz an und untersuchte die Leiche.

„Vielleicht war ich es", murmelte er. „Ungefähr in meinem Alter und meiner Statur. Seine Kleidung ist auch gut. Ich nehme an, dieses Ding war das, was man einen Gentleman nennt." Er lachte leise und grimmig. Eine Art grausige Neugier erfasste ihn, und eine wilde Fantasie schoß in ihm auf. „Ich frage mich, ob er Spuren seiner Identität hinterlassen hat?" sagte er, woraufhin er ein weiteres Streichholz anzündete und genauer untersuchte. Ja, die Hände des Dings gehörten einem einst müßigen Mann. Sie waren zwar verfärbt und geschwollen, aber sie waren sorgfältig maniküit worden. Ohne zu schaudern untersuchte er die Taschen. Es war nichts, absolut nichts darin – nicht einmal ein Taschentuch. Das Hemd war an den Handgelenken mit einem Paar goldener Ärmelknöpfe befestigt, die jedoch keinerlei Spuren aufwiesen. Er öffnete die Kettenglieder und schaute auf die Innenseite der Manschetten, aber da war kein Name darauf geschrieben. Er befestigte sie wieder. Er untersuchte das Halsband des Toten. Wieder war es ohne Namen. Offensichtlich hatte sich der Selbstmörder Mühe gegeben, keine Spuren seiner Identität zu hinterlassen.

Er warf einen weiteren Blick auf das Gesicht. Ja, es hätte er selbst sein können, wenn er schon lange im Wasser gewesen wäre. Es war das Gesicht eines jungen Mannes, soweit er es beurteilen konnte, zwischen dreißig und vierzig. Es war ebenfalls glattrasiert, genau wie sein eigenes. Es stimmte, dass es stark verzerrt und verfärbt war; offenbar war der arme Kerl schon seit Tagen im Wasser.

Fast mechanisch holte er sein Taschentuch heraus und wischte sich die Hände ab. Das Licht war hell genug, um ihm zu zeigen, dass sein eigener Name in der Ecke stand.

„Vielleicht bin ich es, vielleicht bin ich es", wiederholte er immer wieder.

Der Gedanke strahlte eine gewisse Faszination aus.

„Wenn ich mich vor vierundzwanzig Stunden oder vor achtundvierzig Stunden in den Fluss gestürzt hätte und seitdem von den schlammigen Wassern herumgewälzt worden wäre, wäre ich so, einfach so. Nur er ist namenlos; Es gibt keine Möglichkeit, ihn zu identifizieren. Nun, wie stehen die Chancen?"

Er zuckte zusammen, als hätte ihn jemand geschlagen.

„Warum sollte es nicht sein?"

In einem Moment erkannte er die Möglichkeiten des Gedankens.

„Ja, warum sollte es nicht? Morgen früh wird jemand diese Stufen herunterkommen, und dann wird die Polizei den armen Kerl in eine Leichenhalle bringen, woraufhin es das übliche Fiasko einer Untersuchung geben wird. Da es keine gibt Anhand der Zeichen, anhand derer man ihn identifizieren kann, werden unzählige dumme Fragen gestellt. Danach wird er vergessen, es sei denn, jemand kommt, um ihn zu fordern. Aber warum sollte ich nicht – werden?"

Seine Augen strahlten in einem neuen Licht. Er war nicht mehr kalt und ruhig. Er war gespannt und aufgeregt.

Er hörte gespannt zu. Alles war still, bis auf ein grollendes Geräusch, das er in einiger Entfernung hörte. Er tastete sorgfältig seine Taschen ab. Ja, hier war ein alter Brief; es würde perfekt funktionieren. Er tränkte es im schlammigen Wasser des Flusses und zerknüllte es. Es schien, als wäre es tagelang im Fluss gewesen. Er steckte den Brief in die Tasche des Toten.

Wieder wischte er sich die Hände ab und lauschte. Dann nahm er das Taschentuch, das er benutzt hatte, und tauchte es in den Fluss. Es wurde mit dem Wasser der Themse gesättigt. Ja, das würde die Identitätskette stärken. Er steckte das Taschentuch in eine andere Tasche der Kleidung des Toten. Musste er sonst noch etwas tun? Nein. Er hatte den armen Kerl untersucht, und es gab nichts an ihm, aus dem man hätte erkennen können, wer er war. Jetzt wäre das Geheimnis geklärt. Ein an Radford Leicester, Esq. adressierter Brief befand sich in seiner Tasche; Bei ihm wurde ein Taschentuch mit seinem Namen gefunden. Er warf einen Abschiedsblick auf die Leiche und stieg die Stufen hinauf.

„Armer Bettler, ich frage mich, wer er denn ist?" er sagte. „Jedenfalls, wenn es irgendein Geheimnis zu erfahren gibt, dann hat er es gelernt. Er hatte den Mut, ich nicht; aber schließlich hat es mich auf eine Idee gebracht."

Als er die oberste Stufe erreichte, war er allem äußeren Anschein nach wieder ruhig. Er zögerte einen Moment und ging dann die New Bridge Street hinauf.

Ein Polizist kam an ihm vorbei und warf ihm einen misstrauischen Blick zu, sagte aber nichts, als er einen gut gekleideten, wie ein Gentleman aussehenden Mann sah.

„Gute Nacht, Constable."

„Gute Nacht, Sir, spät dran."

„Ja, eher." Er war versucht, dem Mann zu erzählen, was er gesehen hatte, gab aber nicht nach. Es war viel besser, nichts zu sagen. Also gingen sie weiter, er Richtung Ludgate Circus, der Polizist Richtung Blackfriars Bridge.

Als er sein einsames Zimmer erreichte, setzte er sich und begann nachzudenken. Was er getan hatte, kam ihm wie ein düsterer Scherz vor, und er fragte sich, was das Ergebnis sein würde. Der Gedanke daran, was gesagt werden würde, wenn die Leiche am nächsten Morgen gefunden würde, hatte etwas äußerst Interessantes. Er war in einer seltsamen Stimmung, und die Ereignisse der Nacht waren mit ihm einhergegangen. Seit dem Tag, an dem er Taviton verlassen hatte, hatte er den Wunsch gehabt, sich vor denen zu verstecken, die ihn bisher gekannt hatten, und dieses Gefühl war mit den Tagen immer stärker geworden. Warum sollte er, der sich nach den Maßstäben der Welt in Taviton blamiert hatte, vor der nüchternen

Klatschbande erscheinen, die er kannte? Er hatte seinen alten Bekannten nun einen Streich gespielt. Was würden sie sagen, als sie die Nachricht hörten?

Er dachte an Olive Castlemaine. Was würde sie sagen? Hatte sie ihn vergessen? er fragte sich. Nein, nein, das konnte nicht sein. Die Frau, die sich genug um ihn gekümmert hatte, um zu versprechen, seine Frau zu werden, konnte ihn nicht so leicht vergessen.

Oh, aber das war ein Witz, ein Witz, der ihm wirklich Spaß machte. Mögen alle, die ihn kannten, getäuscht werden! Er lachte bei dem Gedanken daran, und eine Art bitteres Vergnügen erfüllte sein Herz, als er zu Bett ging.

Am nächsten Tag kam die alte Frau, die sein Zimmer fegte und Gelegenheitsarbeiten für ihn erledigte, wie üblich. Sie hatte nicht die geringste Ahnung, wer er war. Wenn ihr jemand gesagt hätte, dass er Radford Leicester sei, hätte ihr das nichts bedeutet. Sie wusste nichts und kümmerte sich ebenso wenig um die Vorgänge in der Welt. Wenn sie ihn auf der Straße getroffen hätte, hätte sie ihn nicht erkannt; sie war zu blind.

„Willst du mich heute noch mehr?" sie fragte, als sie ging.

„Nein – ja", sagte Leicester; „Vielleicht kommst du heute Abend gegen halb sieben. Vielleicht möchte ich dich, und bringst du mir eine Abendzeitung?"

„In Ordnung. Welche? Da sind so viele drauf."

„Oh, das spielt keine Rolle. Bringen Sie ein halbes Dutzend mit. Sie können sie von dem Mann bekommen, der oben an der Ecke der Chancery Lane steht."

„Ja, stimmt", sagte sie und nahm den Sixpence, den er ihr gegeben hatte.

Den Rest des Tages saß er allein, immer noch nachdenkend und grübelnd. Als es Abend wurde, blickte er ungeduldig auf seine Uhr. Er wollte unbedingt die Abendzeitungen sehen.

Die alte Frau kam erst um sieben Uhr.

„Hier sind die Papiere", sagte sie; „Möchtest du, dass ich irgendetwas tue?"

„Ja, gehen Sie raus und kaufen Sie ein Kotelett, und bringen Sie es dann zurück und grillen Sie es."

Die Frau nahm das Geld für das Kotelett, nickte und ging wortlos weg. Leicester schlug eifrig eine der Zeitungen auf.

Er brauchte nicht lange nach dem zu suchen, was er finden wollte. Fast der erste Absatz, der ihm ins Auge fiel, handelte von ihm selbst. Er lachte laut, als er es las. Es war wirklich ein düsterer Witz.

„Heute Morgen, im frühen Morgengrauen, als ein Polizist die Blackfriars Bridge überquerte, schaute er über die Brüstung und sah etwas, das ihm wie ein seltsam aussehendes Objekt erschien, auf einer der Stufen liegen, die zum Fluss hinunterführen. Am Als er näher kam, entdeckte er, dass es sich um die Leiche eines toten Mannes handelte, der allem Anschein nach schon seit einiger Zeit im Fluss lag und von der abgehenden Flut zu den Stufen getragen und dort gestrandet worden war. Der Polizist pfiff und war sofort weg Dazu gesellten sich zwei weitere. Der Leichnam wurde in die Leichenhalle gebracht. Bei der Untersuchung wurden zwei Beweise für die Identität des Mannes gefunden. Der erste war ein Brief und der andere ein Taschentuch, auf dem in der Ecke der Name des Verstorbenen stand. Aber für diese beiden Es wäre unmöglich gewesen, ihn zu identifizieren, da das Gesicht bis zur Unkenntlichkeit verzerrt und geschwollen ist. Mit großem Bedauern müssen wir feststellen, dass sowohl der Brief als auch das Taschentuch den Namen Radford Leicester trugen. Viele unserer Leser werden dies tun Ich habe Herrn Radford Leicester dem Ruf nach gekannt. Nach einer glänzenden Karriere in Oxford wurde er schließlich Parlamentskandidat für Taviton, und viele prophezeiten, dass seine hervorragenden Fähigkeiten ihn in die höchsten Räte der Nation bringen würden. Er verlobte sich mit einer bezaubernden jungen Dame von Reichtum und Stellung, aber obwohl der Hochzeitstag feststand, kam die Hochzeit nie zustande. Was auch immer der Grund dafür sein mag, man geht davon aus, dass es den Geist des verstorbenen Herrn aus den Fugen gebracht hat. Seit den traurigen Umständen, die sich in Taviton ereigneten und vor einiger Zeit in der Tagespresse berichtet wurden, wurde Herr Leicester nicht mehr gesehen, und bis zu der traurigen Entdeckung heute Morgen hatte niemand eine Ahnung von seinem Aufenthaltsort. Der verstorbene Herr hatte nur wenige Freunde und führte bis zu seiner Verlobung ein weitgehend zurückgezogenes Leben. Mit großer Trauer nehmen wir das oben Gesagte zur Kenntnis, da man voll und ganz gehofft und geglaubt hat, dass er nicht nur eine sehr bedeutende Zukunft haben würde, sondern dass er für sein Land von großem Wert gewesen wäre.“

Leicester warf die Zeitung weg.

„Gut“, sagte er; „Alles läuft genau so, wie ich es mir vorgestellt habe.“

Er las die anderen Papiere und stellte fest, dass alle nahezu die gleiche Version enthielten. Man moralisierte ausführlich über das traurige Ende des Verstorbenen und ging ausführlich auf die Übel des Trinkens ein.

Es war eine seltsame Erfahrung, diese Lektüre seiner eigenen Todesanzeigen zu lesen, aber sie passte zu seiner Stimmung. So viel Spaß hatte er schon lange nicht mehr gehabt.

Er verließ das Haus nicht. Er beschloss, nichts zu tun, was den Glauben an die Farce, die hier gespielt wurde, erschüttern könnte. Er würde den Spott bis zum bitteren Ende durchstehen. Das ließ nicht lange auf sich warten. Die Untersuchung wurde unverzüglich durchgeführt und die ersten Eindrücke wurden bestätigt. Es handelte sich um einen Indizienbeweis. Radford Leicester hatte gegenüber dem Besitzer des Red Lion Hotels in Taviton einen Selbstmord angedeutet. Seitdem war er von niemandem mehr lebend gesehen worden, der ihn zuvor gekannt hatte. Er hatte auch Taviton in Ungnade zurückgelassen, was seine politische Karriere ruiniert hatte, während allgemein angenommen wurde, dass Miss Castlemaine sich geweigert hatte, ihn zu heiraten, weil sie etwas Schändliches in seinem Leben entdeckt hatte. Seine Trinkgewohnheiten waren vielen bekannt. Als daher eine Leiche entdeckt wurde und zwei Beweise für ihre Identität vorhanden waren, konnte die Jury zu keinem anderen Schluss kommen, als sie tat.

Darüber hinaus ereignete sich bei der gerichtlichen Untersuchung ein seltsamer Zufall. Der Anwalt von Radford Leicester erschien und brachte ein von besagtem Radford Leicester unterzeichnetes Dokument mit, in dem er seinen Wunsch zum Ausdruck brachte, dass sein Vermögen im Falle seines Todes zehn Jahre lang ab dem Datum seines Todes angesammelt werden sollte und dies auch dann der Fall sein sollte an das Guy's Hospital übergeben. Dieser Anwalt war ein alter Mann namens Mr. Flipp, ein überaus exzentrischer, aber dennoch sehr angesehener Vertreter seines Berufsstandes.

Dementsprechend wurde ein Urteil wegen Selbstmord in einem schlechten Geisteszustand gefällt; und es wurde angeordnet, den Leichnam zu begraben, wobei die Kosten aus dem Nachlass des verstorbenen Herrn beglichen werden sollten.

Leicester ging zur Beerdigung. Mr. Flipp war dort, zusammen mit Winfield und zwei oder drei anderen, mit denen er eine intime Beziehung geführt hatte. Er hatte sich so verkleidet, dass kein Verdacht erregt wurde, und er stand ganz in der Nähe des Grabes, als der Gottesdienst gelesen wurde.

Er hätte laut lachen können. Es wurde nie ein schlimmerer Witz gemacht. Er schaute die Umstehenden neugierig an und beobachtete den Ausdruck auf ihren Gesichtern. Mr. Flipps Gesicht war ebenso ausdruckslos wie das der Sphinx. Winfield sah sehr nachdenklich aus; die anderen schienen es kaum zu beachten.

„Ein Produkt von Vererbung, Umwelt und harten Linien", sagte Winfield zu seinem Begleiter, als er ihn zur Kutsche begleitete.

„Armer alter Leicester, ich frage mich, wo er jetzt ist?" sagte der andere.

Die Kutschentür schloss sich, und ein paar Sekunden später stand niemand außer ihm am Grab, außer den Arbeitern, die das Grab zuschütteten.

„Es gibt nicht viel Trauer oder Gefühl in dieser Angelegenheit", sagte Leicester, als er wegging. „Trotzdem war es eine Erfahrung, die sich lohnt. Ich schätze, ich bin einer der ganz wenigen Männer, die jemals auf diese Weise an ihrer eigenen Beerdigung teilgenommen haben."

Als er den Friedhof verließ, kam er an einem Zeitungsladen vorbei und bemerkte die Plakate an der Tafel draußen:

„DER FLUCH DES TRINKS: TRAURIGES ENDE EINES BRILLANTEN JUNGEN POLITIKERS"

Er ging hinein und kaufte die Zeitung, die man am besten als eine Art religiöse Polizeinachrichten bezeichnen könnte. Als er in sein Zimmer zurückkam, las er den Artikel, für dessen Text er ihn verwendet hatte.

„Auf jeden Fall bin ich für die Welt von Wert", sagte er lachend. „Es würde mich nicht wundern, wenn am Sonntag keine Predigten über mich gehalten würden. Es würde sich lohnen, es herauszufinden. Aber dort würde niemand eine Trauerpredigt über mich halten, obwohl ich sagen muss, dass ich gerne eine hören würde. "

„Ich bin jetzt fertig mit London, fertig mit der Welt", fuhr er sofort fort. „Seit diesem Zeitpunkt bin ich ein toter Mann. Radford Leicester hat Selbstmord begangen, wurde von einem Gerichtsmediziner und einer Jury ‚besetzt' und wurde begraben. Schließlich bin ich froh, dass er nicht auf Kosten der Öffentlichkeit begraben wurde." Von nun an gibt es Radford Leicester nicht mehr. An seine Stelle tritt jemand anderes. Jetzt muss ich meine Pläne in die Tat umsetzen."

Kapitel XVII

WIE OLIVE DIE NACHRICHT ERHALTEN HAT

Olive Castlemaine saß unter einem Mimosenbaum im Garten eines Hotels in Grasse im Süden Frankreichs. Neben ihr saß ihr Vater, der fleißig eine französische Zeitung las. Sie saßen schon seit einiger Zeit so da, ohne miteinander zu reden. Trotz des Sonnenscheins und der frischen Winde, die über die Hügel wehten, auf denen dieses französische Dorf erbaut wurde, sah Olive blass und müde aus. Ein Großteil ihrer alten Lebhaftigkeit war verschwunden. Das Funkeln war aus ihren Augen verschwunden; ihr reiches Leben war vergangen. Sie blickte wehmütig nach Cannes, der mondänen Stadt, die mehrere hundert Fuß tiefer, am Ufer des Mittelmeers lag; Dann schaute sie sich im Garten um und bemerkte die fast tropischen Pflanzen, die in so großer Fülle wuchsen.

„Vater, ich möchte nach Hause", sagte sie.

„Sie werden große Schwierigkeiten haben, einen schöneren Ort als diesen zu finden", sagte John Castlemaine.

„Ja, ich weiß, aber ich kann es nicht länger ertragen. Ich möchte wieder arbeiten."

„Sie werden es sehr schwer finden, wieder zu den alten Szenen zurückzukehren; außerdem wissen Sie, was unsere Nachbarn für Klatsch und Tratsch sind."

„Ich sehe nicht, dass das eine Rolle spielt. Es war eine sehr feige Tat von mir, wegzugehen."

„Du hast getan, worauf ich bestanden habe", antwortete ihr Vater.

„Ja, ich weiß; aber ich hätte auch darauf bestehen sollen."

„Ja, und – nun ja, es war schon schlimm genug hier, wo wir unbekannt sind, aber zu Hause in The Beeches – diese Zeitungsberichte hätten uns in den Wahnsinn getrieben."

„Sie hätten nichts dergleichen getan. Wenn sie es getan hätten – nun, es hätte keine Rolle gespielt."

„Du hast den Kerl noch nicht aus deinem Kopf vertrieben."

„Nein", antwortete Olive.

„Dann ist mein Rat, tun Sie es. Warum denken Sie an diese Taviton-Papiere? Auf einer öffentlichen Plattform betrunken zu sein; zuzulassen, dass Ihr Bild auf eine Leinwand geworfen wird, während er sein betrunkenes Gefasel stammelt. Kein Wunder, dass die Leute ihn angeschrien haben raus aus der Stadt.

Olive schwieg, obwohl ihr Gesicht vor Schmerz zuckte.

„Jedenfalls bin ich froh, dass er die Schande hatte, sich zu verstecken. Ich habe gestern in einer Zeitung gesehen, dass nichts über seinen Aufenthaltsort bekannt ist."

"Ja, ich weiß."

"Du hast es gesehen?"

Olive nickte.

„Ich hoffe, wir haben das letzte Mal von ihm gesehen."

Sie sprach nicht.

John Castlemaine drehte sich um und sah Mr. Sackville mit einem Paket Briefen und Zeitungen auf sie zukommen.

„Die Post ist gerade angekommen", sagte der Minister, „und ich habe mir erlaubt, Ihre Briefe und Papiere mitzubringen."

Während er sprach, legte er sie auf einen leeren Stuhl neben Olive Castlemaine und fuhr dann fort.

„Ich muss den nächsten Zug zurück nach England nehmen."

"So früh?"

„Ja, es gibt zwei oder drei Dinge, die meine sofortige Aufmerksamkeit erfordern. Wissen Sie – nun, ich bin etwas plötzlich weggekommen, wissen Sie."

Es tat ihm leid, dass er gesprochen hatte, als ihm die Worte über die Lippen kamen, denn er sah, wie ein Ausdruck des Schmerzes über Olive Castlemaines Gesicht schoss. Aber er hatte genug Fingerspitzengefühl, um sie nicht noch mehr zu verletzen, indem er versuchte, Erklärungen anzubieten.

„Nichts Ernstes, hoffe ich", sagte Mr. Castlemaine.

„Der Mann meiner Schwester ist gerade gestorben", antwortete er schlicht.

„Ah, ich verstehe, und deine Schwester wird dich brauchen. Du hast mein tiefstes Mitgefühl, mein Freund. Wenn ich irgendetwas tun kann, um ihre Last – oder deine – zu erleichtern –"

„Danke, Herr Castlemaine, Sie sind immer sehr gut."

„Aber Sie werden sich erinnern, was ich gesagt habe?"

„Ja, danke, ich werde es mir merken; aber im Moment braucht sie nur mich. Es macht dir nichts aus, dass ich mich beeile, oder? Auf Wiedersehen."

„Ich werde mit Ihnen zum Bahnhof gehen", sagte Mr. Castlemaine. „Du kannst noch nicht in zwei Stunden gehen."

„Und ich werde auch gehen", sagte Olive. „Es tut mir so leid, dass Sie gehen, Mr. Sackville."

Ihre Worte waren mehr als eine leere Konvention, und der Pfarrer spürte es. Sein Herz war voller Mitleid mit dem Mädchen, das er als Baby getauft hatte, mit dem er als Kind herumtollte und das er später in die Kirche aufgenommen hatte. Er liebte sie fast so sehr wie John Castlemaine selbst, und niemand hatte tieferes Mitgefühl mit ihr als er.

„Danke, Olive", sagte er. „Weißt du, worüber ich den ganzen Morgen nachgedacht habe?"

Das Mädchen schwieg.

„Ich bin sicher, es ist richtig", sagte er, „Gott macht nie einen Fehler."

„Aber das tun wir", antwortete Olive.

„Ja, aber es ist in Ordnung. Wie Sie wissen, bin ich kein lockerer Optimist, und ich sehe nicht ein, wie das, was ich gesagt habe, wahr sein kann. Aber es ist so. Es hilft mir, meinen eigenen Kummer zu ertragen, wenn ich es sage." es. Gott segne dich, mein kleines Mädchen.

Er ging zurück ins Hotel und ließ Vater und Tochter zusammen zurück. Trotz der traurigen Nachricht, die er überbrachte, trotz der Tatsache, dass er wegging, trösteten seine Worte sie. Die Worte und die Anwesenheit eines guten Mannes sind immer hilfreich.

„Wenn ich sicher wäre, dass ich das Richtige getan habe", sagte sie plötzlich.

„Sie hätten nichts anderes tun können", sagte John Castlemaine.

Sie antwortete eine Zeit lang nicht und wandte sich auch nicht den Briefen und Papieren zu, die Mr. Sackville neben sich gelegt hatte. Sie dachte an die Worte, die Leicester zu ihr gesprochen hatte. Sie erinnerte sich, wie er gesagt hatte, wenn es einen Gott gäbe, dann hätte er sie als Mittel zu seiner Erlösung benutzt, und sie fragte sich, wie viel Wahrheit in dem steckte, was er gesagt hatte. Dennoch verstand sie ihr eigenes Herz nicht; Sie wusste nur, dass das Leben ein großer Schmerz gewesen war, seit sie den Brief gelesen hatte, der ihre Hoffnungen zerstört hatte. Wut, Stolz, Enttäuschung und Liebe hatten jeweils um die Vorherrschaft gekämpft, und ihr schien in diesem Kampf das Herz gebrochen worden zu sein.

„Nein", sagte sie, „ich glaube, das konnte ich nicht."

„Wir sehen, was seine Reformation wert war", sagte John Castlemaine. „Offensichtlich hat er dich die ganze Zeit falsch dargestellt."

Olive schwieg.

„Jetzt mal ehrlich, Olive", sagte ihr Vater, „angenommen, du hättest eine Chance, die Vergangenheit zu ändern, was würdest du tun? Würdest du ihn heiraten?"

"NEIN."

Das Wort kam über ihre Lippen, bevor sie wusste, dass sie es ausgesprochen hatte. Es schien, als würde ihr Herz für sie sprechen. John Castlemaine atmete zufrieden auf.

„Er war die ganze Zeit über ein schlechter, selbstsüchtiger und zynischer Mann, Olive", sagte er. „Sein Verhalten war in keiner Weise entschuldbar. Einem Trunkenbold hätte ich vergeben können, wenn das alles wäre, obwohl man einen Trunkenbold niemals hätte heiraten können –"

„Nein", sagte Olive leise.

„Aber zu – nein, ich werde es nicht wiederholen. Der Mann hat jeglichen Respekt verwirkt."

„Ich möchte nach Hause, Vater; ich möchte meine Arbeit wieder aufnehmen. Ich war ein Feigling, wegzugehen; lass uns mit Mr. Sackville zurückgehen."

„Unmöglich, meine Liebe. Trotzdem werde ich dich nicht gegen deinen Willen hier behalten. Vielleicht morgen – aber lies deine Briefe, Olive."

Fast mechanisch wandte sie sich ihren Briefen zu und las sie. Sie waren unwichtig und sie überflog sie achtlos. Dann öffnete sie die Hülle einer der Zeitungen und begann zu lesen. Eine Minute später stieß sie einen Schmerzensschrei aus, als es ihr aus den Händen fiel.

„Was ist los, meine Liebe?"

Sie sprach nicht; Aber er blickte mit steinernem Blick weg und blickte auf das leuchtende Meer in der Ferne.

„Sag mir, Olive, was ist los?"

Sie zeigte auf die Zeitung.

„Er ist tot", sagte sie.

Ein Ausdruck, fast wie Erleichterung, erschien auf John Castlemaines Gesicht und er nahm die Zeitung. Während er las, überkam ihn ein Gefühl im Herzen, wie er es noch nie zuvor gespürt hatte. Der Absatz beschrieb den

Fund von Leicesters Leiche auf den Stufen am Flussufer in der Nähe des Blackfriars Pier. Es wurden die Ursachen erörtert, die dazu geführt hatten, und darauf hingewiesen, dass Leicester aller Wahrscheinlichkeit nach Selbstmord begangen hatte. Darin wurde angedeutet, dass er möglicherweise betrunken in den Fluss gefallen sei, es wurde jedoch darauf hingewiesen, dass die Beweislage in Richtung Selbstmord liege. Es bezog sich auf seine Karriere in Oxford, seine großen intellektuellen Begabungen und die Hoffnungen so vieler, dass er in den Räten der Nation hoch aufsteigen würde. Das Ereignis in Taviton hatte jedoch den wahren Sachverhalt ans Licht gebracht, und so fügte sein tragischer Tod ein weiteres Opfer der Liste derer hinzu, die durch Englands größten Fluch zerstört worden waren.

Als er fertig war, wandte er sich an Olive. Sie blickte immer noch auf das Mittelmeer, aber er wusste, dass sie nichts sah.

„Du hast dir nichts vorzuwerfen, Olive", sagte er, „du hättest nichts anderes tun können."

Sie sprach nicht.

„Es war ein trauriger Tag für uns, als er in unser Leben trat", fuhr er fort. „Ich weiß, was du fühlst, mein Liebling. Du gibst seinen Tod auf deine eigene Tür, aber du liegst falsch. Sein Ende kam durch die Laster, die dich dazu brachten, das zu tun, was du getan hast. Offensichtlich war er die ganze Zeit ein Trunkenbold. Vielleicht Ich habe sein Laster im Hintergrund gehalten, als er zu The Beeches kam, aber – aber – das war das unvermeidliche Ergebnis – von – allem anderen."

„Vater", sagte sie, „würde es Ihnen etwas ausmachen, mich eine Weile in Ruhe zu lassen, ich möchte –"

Aber sie beendete den Satz nicht. Fast mechanisch erhob sie sich von ihrem Platz, nahm das Bündel Zeitungen und ging ins Hotel, wo sie langsam die Treppe zu ihrem Schlafzimmer hinaufstieg. Obwohl der Garten verlassen war, war es ihr vielleicht gerade wegen der Werbung unmöglich, dort zu bleiben. Sie wollte allein sein, wo sie in Ruhe alles noch einmal durchdenken konnte. Sie vergaß völlig, dass Mr. Sackville gegangen war, und hatte fast vergessen, wo sie war. Sie war fassungslos, und dennoch war ihr Geist in mancher Hinsicht mehr als gewöhnlich klar.

Leicesters Tod hatte einen neuen und unerwarteten Einfluss auf ihr Leben gebracht. Als er noch lebte, als er sein wahres Wesen zeigte, indem er bei einer öffentlichen Versammlung ihren Namen preisgab und betrunken vor einem Publikum auftrat, hielt sie ihr Verhalten trotz eines Gefühls, das auf Reue hindeutete, für entschuldbar; aber jetzt war er tot, alles war anders. Vielleicht hatte sie auf eine vage, verschwommene Art die Möglichkeit gespürt, dass er wieder in ihr Leben kommen könnte, obwohl sie sich dessen nicht genau bewusst war, aber jetzt wurde ihr klar, dass er aus ihrem Leben verschwunden war, außer als Erinnerung. Sie stellte sich vor, wie er auf den kalten Stufen am Fluss lag; Sie dachte an die Gefühle, die in seinem Herzen gewesen sein mussten, als er sich in seine dunklen, trüben Gewässer stürzte. Es war sehr schrecklich; in der Tat grässlich. Sie dachte nicht darüber nach, wer ihr das Papier geschickt hatte, sie war mit dem Inhalt beschäftigt.

Jetzt fragte sie sich, was passiert wäre, wenn sie ihn geheiratet hätte. Hätte diese schreckliche Tragödie abgewendet werden können und hätte sie, wie er gesagt hatte, ihn zu einem edlen Mann führen können? Schon damals hatte ihr Herz mit Nein geantwortet. Die Reformation, die sie zu bewirken glaubte, war nur ein Hohn; selbst wenn es real gewesen wäre, wäre es nur ein Anschein von Besserung gewesen, so dünn, dass er ihn im Stich gelassen hatte, als sie sich weigerte, weiteren Verkehr mit ihm zu haben. Sie fragte sich, ob sie ihn wirklich liebte. Warum sonst konnte sie so ruhig an seinen Tod denken? Ihr Herz tat sehr weh und die Nachricht von seinem Tod bestürzte sie, doch sie konnte ganz klar und gefasst denken.

Sie las den Absatz über Leicester noch einmal. Sie ging davon aus, dass es keinen Zweifel daran geben konnte, dass er es war. Der Name auf dem Taschentuch, der an ihn adressierte Brief – nein, daran konnte kein Zweifel bestehen. Vielleicht würden die englischen Zeitungen in etwa einem Tag weitere Nachrichten über ihn veröffentlichen. Natürlich würde es eine gerichtliche Untersuchung geben und dann würden die Indizienbeweise geprüft; aber natürlich war er tot.

Plötzlich kam ihr die Erinnerung an ihr letztes Interview zurück. Er hatte sie an ihr Versprechen erinnert, niemals einen anderen Mann zu heiraten, egal was passieren würde. Sie erinnerte sich auch an die Antwort, die sie gegeben hatte. Es war so bitter und grausam, wie sie nur konnte, und sie erinnerte sich an seinen Gesichtsausdruck, als sie gesprochen hatte. Dennoch *hatte* sie versprochen, niemals einen anderen Mann zu heiraten. Aber es spielte keine Rolle. Sie würde niemals heiraten wollen; Der Gedanke an so etwas war abstoßend. Sie wünschte, sie könnte weinen, aber ihre Augen waren trocken; sie wünschte, sie hätte ein Gefühl der Zärtlichkeit in ihrem Herzen; aber sie hatte keine. Sie war kalt und ruhig; tatsächlich schien sie gefühllos zu sein. Wenn sie überhaupt etwas fühlte, dann war es Wut. Dennoch war sie wütend darüber, dass ihr Bild bei der politischen Versammlung in Taviton ausgestellt worden war und dass ein Mann über sie gesprochen hatte, der wenige Minuten später betrunken und hilflos auf den Bahnsteig fiel. Warum war es so? Sicherlich hätte Leicesters Tod solche Gefühle zerstören sollen. Er hatte nun für alles gesühnt, was er getan hatte.

Eine Minute später klopfte es an der Tür und sie hörte die Stimme ihres Vaters.

„Olive, darf ich reinkommen?“

„Ja, Vater; was ist?“

John Castlemaine kam herein und sie erkannte in dem Moment, als er eintrat, dass er ihr etwas Wichtiges zu sagen hatte.

„Wann möchtest du nach England zurückkehren, Olive?“ er sagte.

„Ich weiß es nicht“, sagte sie. Irgendwie war ihr Interesse an einer Rückkehr nach Hause seit der Nachricht von Leicesters Tod verflogen.

„Ich meine nicht zu The Beeches, Olive.“

"Wo dann?"

Er setzte sich neben sie und holte einen Brief aus seiner Tasche.

„Wie du weißt, Olive, habe ich mich nach und nach weniger aktiv am Geschäft beteiligt.“

„Ja“, sagte sie.

„Und ich habe London satt. Die ewigen Nebel und grauen Himmel des Winters bedrücken mich. Seit Jahren sehne ich mich danach, auf dem Land zu leben. Selbst in The Beeches werden wir immer mehr von den Londoner Nebeln heimgesucht. Außerdem Es besteht für mich keine Notwendigkeit mehr, in der Nähe von London zu leben. Ich habe genau so viel Geld, wie ich brauche, und außerdem konnte ich den Leitern der verschiedenen Abteilungen meines Unternehmens immer mehr vertrauen. An ein gelegentlicher Besuch wird mir völlig genügen.

„Na, Vater?“

„Nun, vor einiger Zeit ist ein schönes altes Anwesen in Devonshire auf den Markt gekommen.“

„In Devonshire!“

„Ja, etwa dreißig Meilen von Taviton entfernt. Ich habe nicht mit Ihnen darüber gesprochen, weil ich Sie überraschen wollte. Ich habe einen Mann beauftragt, ein Angebot dafür zu machen; aber aufgrund eines Zwischenfalls wurde die Angelegenheit nicht geklärt, und ich Mir wurde mitgeteilt, dass es in andere Hände übergegangen sei. Ich war furchtbar enttäuscht, weil – weil – nun, Olive, ich es dir als Hochzeitsgeschenk geben und mich dann als deinen ewigen Gast einladen wollte.“

Olive sprach nicht.

„Als sich die Dinge so entwickelten, war ich fast froh, dass ich es nicht gekauft hatte; aber unter den Briefen, die Mr. Sackville uns vor einiger Zeit überbrachte, befand sich dieser."

Während er sprach, überreichte er ihr einen Brief. Während sie las, trat ein interessierter Ausdruck in ihre Augen, den ihr Vater mit Freude zur Kenntnis nahm.

„Es ist ein wunderschöner Ort", fuhr John Castlemaine fort, „und liegt im schönsten Teil von Devonshire. Das Haus liegt hoch oben, und das Klima ist, wie mir gesagt wurde, das schönste in England. Die Gegend wurde oft von empfohlen die Ärzte für seine Gesundheit."

Sie war wider Willen interessiert.

„Du hast es besucht, nicht wahr, Vater?" Sie sagte.

„Ja, ich habe dort vor einiger Zeit zwei Tage verbracht. Auf seine Art ist das Anwesen einzigartig. Es ist sehr groß und der größte Teil des Landes ist sehr fruchtbar; aber es gibt ein großes Stück Moorland, wo es einige sehr schöne gibt." Schießen. Der verstorbene Besitzer hat es schrecklich vernachlässigt. Es gibt ein großes Dorf, das sehr elend und elend ist. Sehen Sie, weder der Gutsherr noch der Pfarrer haben sich darum gekümmert. Ersterer weigerte sich, einen Penny für das Anwesen auszugeben, während letzterer – Nun, er gehört zu der Klasse, die in der englischen Kirche erfreulicherweise immer weniger wächst – jener Klasse, die sich viel mehr um die Fuchsjagd kümmert als um ihre Gemeindearbeit. Als Folge davon sind die Menschen betrunken, sparsam und gottlos geworden."

„Aber ich dachte, die Freikirchen wären in Devonshire stark. Gibt es keine Dorfkapelle?"

John Castlemaine schüttelte den Kopf.

„Dem verstorbenen Gutsherrn gehörte die Gemeinde und er erlaubte nicht, eine Kapelle zu bauen. Wenn einer der Leute zu einer Kapelle gehen würde, in der er nicht einverstanden war – nun, ich brauche nicht weiterzumachen. Ich erwähne die Tatsache nur, um Ihnen zu zeigen, dass es eine gibt Ich brauche den Einfluss eines Mädchens wie dir, Olive. Möchtest du nicht Lady Bountiful in einem Dorf in Devonshire sein, Olive?"

Offensichtlich gefiel ihr dieser Gedanke, und ihr Vater freute sich, dass er sie von ihrem Kummer ablenken konnte.

„Du hast das Haus nicht gekauft, Vater?"

„Nein, aber ein Telegramm von mir wird die Sache klären. Es hängt alles von dir ab, Olive. Wie du weißt, gefiel mir der Gedanke nicht, nach The Beeches zurückzukehren, weder um deinetwillen noch um meinetwillen."

„Aber wir konnten nicht sofort dorthin gehen, um dort zu leben, Vater?“

„Es bedarf nur einer kurzen Verzögerung. Der verstorbene Besitzer ist erst kürzlich gestorben und hat das Anwesen so belastet, dass die Erben es sich nicht leisten können, dort zu leben. Sie sind außerdem bestrebt, dass alle Möbel des Hauses mit dem Anwesen gekauft werden.“ . Natürlich wird eine gewisse Überholung nötig sein, aber es sollte nicht lange dauern. Wenn ich heute ein Telegramm schicken würde, würde der Ort morgen uns gehören; wenn wir dann etwa eine Woche hier warten würden, würden wir Ich könnte zurückgehen und mich dort niederlassen. Natürlich würde man vieles ändern wollen, aber ein paar Tage in London würden ausreichen, um alles auszuwählen, was man wollte.“

„Angenommen, ich würde ja sagen und es dann satt haben?“ Sie sagte.

„Ich glaube nicht, dass du das tun würdest, Olive. Aber selbst wenn du es tätest, wäre es eine sehr gute Investition.“

„Würden Sie The Beeches verkaufen?“ Sie fragte.

„Im Moment nicht; Sie sehen, ich würde gerne einen Ort in der Nähe von London behalten.“

Sie dachte eine Minute nach, und während sie darüber nachdachte, wurde das Bild des alten Hauses in Devonshire immer angenehmer. Der Gedanke, in einen Londoner Vorort zurückzukehren, wurde immer weniger angenehm, während der Gedanke an ein altes Haus inmitten weitläufiger Parks und üppiger Weideflächen, die sich bis zu den Mooren und dem Meer erstreckten, in ihr wuchs.

„Schick das Telegramm, Vater“, sagte sie.

„Das stimmt, Olive“, sagte John Castlemaine, als er den Raum verließ.

„Ich kann es nicht realisieren, ich kann es nicht realisieren“, sagte sie, als er weg war. „Es ist alles so seltsam, so furchtbar seltsam. Selbst jetzt kann ich nicht spüren, dass er tot ist.“

Später wurden ihre Zweifel jedoch beseitigt. Es kamen Papiere mit den Berichten über die Untersuchung und dann über die Beerdigung. Radford Leicester war tot und damit für immer aus ihrem Leben verschwunden.

„Ich bin froh, dass ich dieses Haus kaufen konnte“, sagte John Castlemaine zu sich selbst, während er ihr Gesicht beobachtete. „Sie wird ihn inmitten neuer Szenen vergessen können; außerdem ist sie bestrebt, unter den Armen im Dorf zu arbeiten.“

Ein paar Tage später machten sie sich auf den Weg zu ihrem neuen Zuhause.

Kapitel XVIII

OLIVES LEBEN IN DEVONSHIRE

Mitte Mai hatten sich John Castlemaine und seine Tochter in Vale Linden niedergelassen, einem alten Familiensitz inmitten einer wunderschönen und romantischen Landschaft. Selbst Devonshire, der Garten Englands, hatte keinen attraktiveren Ort zu bieten. Von der Vorderseite des Hauses aus konnte Olive ein weites Panorama der wunderschönen Landschaft überblicken. Unmittelbar hinter den Rasenflächen erstreckte sich der Park, gespickt mit riesigen Bäumen, wie man sie nur in den südlichen und westlichen Grafschaften Englands sieht. Hinter dem Park befand sich ein schönes, hügeliges Land mit bewaldeten Tälern und üppigem Weideland. Hier und da konnte sie die Gehöfte sehen, die sich zwischen den Bäumen schmiegten, während sich dahinter noch die weite Fläche der Moore erstreckte, die sich schnell in einen großen Glanz goldener und violetter Pracht verwandelte. Überall sangen die Vögel fröhlich, während die Luft vom Duft der Blumen erfüllt war.

In Devonshire kommt der Frühling früh. Wenn die Luft in den nördlicheren Landkreisen kalt und beißend ist, ist sie dort oft mild und angenehm. Nicht, dass es an den knackigen, vitalisierenden Elementen mangelt, die dem Norden zugeschrieben werden. Es gibt in England keine belebendere Luft als die, die über Dartmoor weht, und dennoch hat man das Gefühl, dass die Natur dort großzügig und freundlich ist. Während der ersten Wochen, in denen Olive in ihrem neuen Zuhause lebte, wurden ihr ständig neue Wunder offenbart. Tag für Tag wanderte sie durch die Gassen und durch die Felder und genoss fast unbewusst das Leben um sie herum. Primeln schmückten einfach die Hecken, während die ganze Landschaft von Wildblumen erleuchtet war. Sie hörte die Pflügerknaben auf den Feldern singen und beobachtete die Lämmer, die auf den Wiesen spielten; Sie lauschte dem Gesang der Linde, der sich ins Meer ergoss, und atmete die Luft gesunder Ruhe ein, die die ganze Landschaft durchdrang.

John Castlemaine hatte klug gehandelt, als er Vale Linden kaufte. Da er die Schönheitsliebe seiner Tochter kannte, hatte er zu Recht geglaubt, dass Olive nur dann von ihrem Kummer abgelenkt werden konnte, wenn sie in eine Umgebung wie diese gebracht würde. Es kam ihm fast wie eine Vorsehung vor, dass die Post, die die Nachricht von Leicesters Tod brachte, ihm auch den Brief brachte, in dem ihm mitgeteilt wurde, dass Vale Linden immer noch zum Verkauf stehe, und als er die positive Wirkung beobachtete, die der Ort auf sie ausübte, freute er sich darüber, dass er reich war Mensch und konnte so erreichen, was einem Armen unmöglich gewesen wäre. John Castlemaine war sich seiner Verantwortung als reicher Mann nicht bewusst.

Er nutzte sein Geld klug und sinnvoll, und obwohl er in der Öffentlichkeit nicht als Philanthrop in Erscheinung trat, gab es nur wenige Menschen, die sich mehr Mühe gaben, sein Geld für die Bedürfnisse der Menschheit einzusetzen als er. Er machte nie Werbung für sich selbst in den Zeitungen, betrachtete sich jedoch als Verwalter des Allmächtigen und verwendete sein Geld entsprechend. Beim Kauf von Vale Linden war es ihm daher zwar wichtig, seiner Tochter zu gefallen und ihr zu helfen, er vergaß jedoch nicht seine Pflichten gegenüber den Bewohnern des Anwesens. Tatsächlich war er sicher, dass sie nicht nur in den neuen Szenen, sondern auch in den neuen Pflichten, die sich für Olive ergeben würden, die Heilung finden würde, die sie brauchte.

Dennoch freute er sich in den ersten Wochen, sie die Schönheiten der Landschaft genießen zu sehen. Oft begleitete er sie auf ihren Spaziergängen und ging mit ihr in die Bauernhäuser, wo sie mit den Bäuerinnen plauderte. Er kletterte mit ihr zum Linden Tor, von wo aus sie die weite Weite der Moore überblicken konnten; Er saß mit ihr in bewaldeten Tälern und lauschte dem Gesang der Vögel und dem Rauschen des Flusses.

„Bist du mit Vale Linden zufrieden, Olive?" sagte er eines Tages zu ihr.

„Weißt du, Vater", antwortete sie.

„Und du kannst hier glücklich sein?"

„Ich denke schon; ich hoffe es – bald", antwortete sie.

"Aber noch nicht?"

Sie schwieg.

„Wir müssen hier unten ein paar Freunde finden, Olive. Du musst Mädchen in deinem Alter haben, um hier zu bleiben. Es muss ein bisschen einsam sein, wenn du nur mich hast."

„Nein", sagte sie, „ich bin nicht einsam und ich möchte keine Freunde – noch nicht. Ich möchte für eine Weile ruhig sein – jetzt –"

„Derzeit wirst du sie wollen?"

„Nein, ich denke nicht, Vater, und doch weiß ich es nicht. Ja, vielleicht werde ich es tun. Außerdem denke ich, dass wir das sollten. Aber daran habe ich nicht gedacht."

„Ich gehe davon aus, dass die Leute hier bald anrufen werden."

"Nein, ich denke nicht so."

"Warum?"

„Nun, sehen Sie, die Bauern werden es nicht wagen, anzurufen; sie werden es für anmaßend halten. Was die Kreisbewohner betrifft, werden sie es nicht für ihre Pflicht halten, dies zu tun.“

"NEIN?"

„Zwei Dinge werden ihnen dabei im Weg stehen. Erstens sind Sie das, was sie einen Andersdenkenden nennen, und das würde ausreichen, um uns zu ächten; und zweitens würden sie uns als Neureiche betrachten , weil Sie es sind hast deinen Reichtum durch Handel gemacht.

John Castlemaine lachte.

„Ich kann mir nicht vorstellen, dass wir wegen ihrer mangelnden Höflichkeit viel ärmer werden, Olive; trotzdem hoffe ich, dass du dich irrst.“

„Warum sehnen Sie sich nach ihrer Gesellschaft?“

„Oh nein, ich hatte nur gehofft, dass umfassendere und gesündere Ideen in die Gemeinschaft einfließen würden.“

„Ich fürchte, es ist eine vergebliche Hoffnung“, sagte Olive. „Warum, denken Sie mal nach. Als der Pfarrer neulich anrief, war er einfach fassungslos, als Sie ihm sagten, dass Sie ein Nonkonformist seien, während ich dachte, er würde ohnmächtig werden, als Sie ihm erzählten, dass Sie vorhatten, eine Kapelle zu bauen.“

„Ja, er schien überwältigt zu sein“, sagte John Castlemaine.

„Bevor Sie ihm diese Dinge erzählten, sprach er davon, dass seine Frau und seine Töchter anriefen, aber danach nicht mehr. Tatsächlich haben sie auch nicht angerufen.“

„Ah, aber das ist, glaube ich, reine Verzweiflung. Außerdem ist Mr. Lestrange für seine Bigotterie bekannt und daher kein faires Beispiel.“

„Natürlich herrscht hier eine ganz andere Atmosphäre“, sagte Olive. „Nicht, dass es mich beunruhigt. Die Menschen, deren intellektuelle Einstellung so begrenzt ist, dass die Frage der religiösen Meinung die gesellschaftlichen Höflichkeiten beeinflusst, sind keine sehr wünschenswerten Begleiter. Dennoch müssen wir dies im Hinterkopf behalten, wenn wir über unsere Zukunft nachdenken. Was — von Übrigens, bist du sehr reich, Vater?“

„Ja“, sagte John Castlemaine ruhig; „Das glaube ich.“

„Dieser Frage wird zweifellos nachgegangen werden“, sagte Olive, „und es kann sein, dass die kleineren Kreisfamilien mit der Zeit unsere anderen Fehler übersehen, weil Sie ein wohlhabender Mann sind.“

„Bist du nicht ein bisschen zynisch, Olive?“

„Ich habe mich nur gefragt, ob diese Leute es wert sind, in Betracht gezogen zu werden, Vater. Wie Sie wissen, ist mir das, was man Gesellschaft nennt, überhaupt nicht wichtig, und ich habe über andere Pläne für die Zukunft nachgedacht.“

"Welche Pläne?"

„Ich habe versucht, darüber nachzudenken, was ich mit meinem Leben anfangen soll.“

"Ja?" sagte John Castlemaine eifrig.

„Ja. Wir können hier nicht ewig untätig leben; zumindest ich nicht. Außerdem wäre es nicht richtig. Selbst wenn wir am gesellschaftlichen Leben der Grafschaft teilnehmen würden, könnte ich mich nicht damit zufrieden geben, ein bloßer Schmetterling zu sein.“ . Den Hunden zu folgen, zu Tänzen zu gehen, Besuche zu tätigen und so weiter, ist kein sehr interessantes Programm.“

„Nein, das ist es nicht“, stimmte John Castlemaine zu.

„Ich liebe das Land“, sagte Olive, „viel mehr als die Stadt, und – und ich möchte auf dem Land leben. Außerdem gibt es hier genauso viel zu tun wie in der Stadt. Von einer anderen Art.“ , vielleicht, aber genauso wichtig.“

„Das denke ich auch; aber was schlagen Sie vor?“

„Wir haben eine gewisse Verantwortung gegenüber den Menschen hier. Vor allem denen auf dem Anwesen, das Sie gekauft haben. Da es sehr groß ist, wird das mit viel Arbeit verbunden sein.“

John Castlemaine nickte.

„Aber das ist noch nicht alles. Ich möchte, dass das Haus – nun ja, eine Art Lebensmittelpunkt ist.“

„Das klingt sehr gut; aber erzähl mir genauer, was du meinst. Würdest du die Dorfbewohner dazu einladen? Würdest du ihnen Abendessen und Tänze geben?“

„Vielleicht ja, aber darüber habe ich nicht so viel nachgedacht. In der Regel bauen die Menschen große Häuser aus rein egoistischen Gründen. Sie laden Menschen ein, deren Anwesenheit ihnen Freude bereiten wird. Sie geben Abendessen für diejenigen, die in einem Land des Überflusses leben. Sie bereiten denjenigen Freude, die davon gesättigt sind.

„Genau“, sagte John Castlemaine; "was dann?"

„Ich denke, wir könnten diejenigen in unser Haus einladen, denen wir durch die Einladung wirklich helfen könnten.“

„Gründe eine Art Hotel für arme Leute. Ich fürchte, das geht nicht, Olive. In einer solchen Umgebung würden sie sich elend fühlen."

„Es gibt viele Menschen, die wir kennen, denen es nicht schlecht gehen würde und denen wir durch eine Einladung echte Freundlichkeit erweisen sollten. Auf diese Weise könnten wir dieses großartige Haus zum Wohle bedürftiger Menschen nutzen. Es gibt junge Berufstätige, Geistliche, Ärzte und dergleichen, die sehr arm sind und dennoch Menschen mit feinem und kultiviertem Geschmack. Eine Einladung hierher wäre für sie ein wahrer Geschenk des Himmels, und gleichzeitig sollten wir Menschen treffen, die uns im besten Sinne ebenbürtig sind der Welt."

„Ja", sagte John Castlemaine, „da ist Dr. Rickards Tochter, die Sie immer nach The Beeches eingeladen haben. Zwei Wochen hier wären für das Mädchen wie das Paradies."

„Solche gibt es in Hülle und Fülle. Aber noch mehr als das, Vater. Ich denke, es ist möglich, denen zu helfen, die als unsere Gäste im Haus vielleicht nicht glücklich sind oder die wir vielleicht nicht gerne dort haben."

„Nun, was würden Sie dafür tun?"

„Ich würde einen der schönsten Orte des Anwesens wählen und ein großes Haus bauen, das nach dem Vorbild eines guten Hotels ausgestattet wäre. Ich würde es denjenigen zugänglich machen, für die es möglicherweise eine Art Kurort sein könnte."

„Würden Sie sie umsonst zulassen?" fragte Mr. Castlemaine mit einem Lächeln, „oder müssten sie zahlen, wie normale Hotelgäste?"

„Ich denke, sie sollten zahlen; aber ihre Zahlung sollte so geregelt sein, dass zwar niemand verarmt, aber niemand, den man vielleicht gerne aufnehmen möchte, aus Geldgründen ausgeschlossen werden sollte."

Wieder lächelte der eifrige Geschäftsmann.

„Und was würdest du damit machen, wenn du sie hier hättest, Olive?" er hat gefragt.

„Nun, wie gesagt, der Ort sollte nach dem Vorbild eines Hotels oder einer Wasserkraftanlage eingerichtet sein, so dass es viele Möglichkeiten für Indoor-Vergnügungen gibt."

„Ja, aber das ist im Wesentlichen ein Ort im Freien."

„Genau, deshalb sollten Sie Tennisplätze, ein Cricketfeld und darüber hinaus Golfplätze haben."

John Castlemaine hob die Augenbrauen.

„Hast du eine Ahnung, was das kosten würde, Olive?" er hat gefragt.

„Ja, ich habe einen ziemlich scharfsinnigen Verdacht; aber wie Sie mir gerade gesagt haben, sind Sie ein reicher Mann, und niemand hat das Recht, Geld zu horten oder es ganz für sich selbst auszugeben. Außerdem gibt es ein Ein Stück Moorland direkt hinter der Hillhead Farm, das, wenn es angelegt würde, einen perfekten Golfplatz abgeben würde. Dort sollte meiner Meinung nach ein Clubhaus gebaut werden.

„Würden Sie den Verkauf von Rauschmitteln zulassen?" fragte John Castlemaine und es tat ihm leid, dass er die Frage in dem Moment gestellt hatte, als sie ihm über die Lippen gekommen war. Er wusste, dass sie dadurch an Leicester denken musste und viele schmerzhafte Erinnerungen wachrief. Sie sprach einige Sekunden lang nichts, aber dann antwortete sie leise:

„Nein, Vater, und wenn das Anwesen mir gehörte, würde es darauf kein einziges Wirtshaus geben."

„Sind Sie schon mit dem Skizzieren Ihrer Pläne fertig?" fragte John Castlemaine.

„Nein, noch nicht", war die Antwort. „Ich würde eine kleine Kirche und ein Gemeindehaus bauen. Die Pfarrkirche hier ist in einem heruntergekommenen Zustand, und die Gottesdienste sind weder interessant noch inspirierend, weil der Pfarrer nicht mit der Zeit übereinstimmt. Unter Ihren Gästen werden Sie das tun." Sie haben Pfarrer aller Konfessionen. Viele von ihnen werden aufgeschlossene, kultivierte Männer sein, und diese werden durchaus bereit sein, Gottesdienste zu leiten. So werden nicht nur die Besucher des Ortes, sondern auch die Dorfbewohner in den Genuss einer gesunden Religionslehre kommen. "

„Aber selbst dann würden Sie nur einem Teil Ihrer Besucher gerecht werden. Viele Angehörige der Staatskirche würden hoffentlich kommen."

„Sie würden die Pfarrkirche haben; außerdem habe ich gesagt, dass ich Pfarrer aller Konfessionen haben würde, um die Gottesdienste in der Kirche, die Sie bauen werden, durchzuführen, damit die Bedürfnisse der Menschen aus allen Bereichen der christlichen Kirche erfüllt werden."

„Die Katholiken?"

„Wenn sie davon Gebrauch machen wollen."

John Castlemaine lachte leise.

„Du hast große Ideen, Olive", sagte er, „aber ein solcher Plan, wie du ihn erwähnt hast, würde eine unermüdliche Sekretärin erfordern, die viel Zeit und Arbeit dafür investieren würde."

„Dafür würde ich sorgen, Vater."

„Was! meinst du damit, dass du die ganze Angelegenheit beaufsichtigen würdest?"

"Ja."

Mr. Castlemaine sah sie fest an.

„Ich sage nicht, dass dein Plan unmöglich ist, Olive", sagte er. „Es würde eine Menge Geld kosten; aber diese Tatsache sollte kein Hindernis sein. Ich verstehe auch, dass niemand einen Ort wie diesen besitzen und ihn dann selbstsüchtig für sich behalten sollte. Darüber hinaus sollte Ich bin mir sicher, dass Sie es im besten Sinne des Wortes zu einem großen Erfolg machen könnten; aber ich sehe eine fast unüberwindbare Schwierigkeit."

"Und das?"

„Nun, zunächst einmal sollte eine solche Angelegenheit eine kontrollierende Hand und einen kontrollierenden Verstand haben. Auch wenn Sie die kontrollierende Hand und den kontrollierenden Verstand hätten, wäre alles gut, aber im Moment wären Sie nicht in der Lage, die nötige Zeit und Aufmerksamkeit zu geben Aufmerksamkeit, und dann würde die Sache zu einer Angelegenheit des Komiteeismus und der bezahlten Sekretariatstätigkeit werden, was völlig im Widerspruch zu meinen Vorstellungen stünde.

„Aber warum sollte ich nicht weiterhin die nötige Zeit und Aufmerksamkeit schenken?"

„Na ja, du könntest zum Beispiel heiraten."

Ihr Gesicht wurde totenbleich.

„Ich werde nie heiraten", sagte sie.

"Unsinn!"

„Ich werde nie heiraten", wiederholte sie.

„Sie meinen nicht, dass Sie sich an dieses verrückte Versprechen an Leicester gebunden fühlen?"

Sie schwieg, nickte aber zustimmend.

„Aber, Olive, das wäre Wahnsinn. Der Mann ist tot – ein Selbstmord. Selbst wenn das Versprechen gültig gewesen wäre, wenn er gelebt hätte, hat es jetzt, da er tot ist, keine Bedeutung mehr."

„Ja, das ist es", sagte sie.

Ein wütender Blick schoss aus John Castlemaines Augen. Die Entschlossenheit des Mädchens war so absurd, dass es ihm schwer fiel, ungeduldig zu sprechen. Er schwieg jedoch. Er dachte darüber nach, dass der tragische Tod von Leicester so jung war, dass sich Olives Geist in einem krankhaften Zustand befand.

„Jedenfalls werde ich darüber nachdenken, was du sagst, Olive", sagte er freundlich. „Ich stelle mir außerdem vor, dass ich tun werde, was Sie sagen. Selbst wenn der Plan scheitert, wird es ein großartiger Misserfolg sein, und ich glaube nicht, dass er uns weder vor dem Arbeitshaus noch vor dem Insolvenzgericht landen wird."

Ein paar Wochen später war Olive damit beschäftigt, die Pläne der Architekten zu prüfen, sich die Ideen professioneller Golfer über die beste Art der Anlage von Golfplätzen anzuhören und sich die Proteste einiger in der Gemeinde gegen ihren wilden, utopischen und unpraktischen Plan anzuhören. Die Schwierigkeiten brachten sie jedoch nicht von ihrem Ziel ab, und ihre mühevolle Arbeit führte dazu, dass sie weniger über die tragische Wolke grübelte, die sich über ihr Leben gelegt hatte.

Ein Jahr später kam es in Vale Linden zu einer großen Veränderung. Der kleine, etwa drei Meilen entfernte Bahnhof am Wegesrand, der selten genutzt worden war, war ziemlich voll. Die fast verlassenen Hügel und Täler hallten vom Gelächter vieler Stimmen wider. Müde, überarbeitete Männer und Frauen fanden Gesundheit und Erholung in den wilden Mooren und beim Streifzug durch bewaldete Täler, während viele, die inmitten der überfüllten Hauptstraßen Londons wenig Grund zur Freude fanden, das Gefühl hatten, dass ihre Jugend erneuert wurde, während sie ihre Tage füllten Lungen mit der milden Luft von Devon.

Das große Haus in Vale Linden, das während der letzten Zeit des Besitzes nie einen Gast empfing, außer aus einer erlesenen Klasse, war jetzt oft mit Leuten gefüllt, die man als Plebejer bezeichnet hätte; Dennoch war es seit seiner Erbauung noch nie so ein Zentrum der Gastfreundschaft und Freude gewesen wie jetzt.

Das neue Gehöft war fast sofort nach seiner Eröffnung gefüllt, während in der neuen Kirche, die John Castlemaine gebaut hatte, Menschen, die keinem Prediger außer dem prosyischen Pfarrer zugehört hatten, sich über die Gedanken von Männern freuten, die eine echte Botschaft zu überbringen hatten , während diejenigen, die ihr Leben inmitten von Aufruhr und Streit verbracht hatten, das Gefühl hatten, dass ihre spirituellen und intellektuellen Bedürfnisse in diesem malerischen Dorf in Devonshire „weit weg von der Hektik" erfüllt wurden.

Und Olive Castlemaine war überall das präsidierende Genie. Sie war es, die Wettbewerbe auf den Golfplätzen und Spiele auf den Tennisplätzen organisierte. Ohne sie schien kein Konzert oder Vortrag im Gemeindehaus vollständig zu sein. Die Pfarrer, die in die kleine Kirche kamen, erklärten, dass es ihnen ohne die Orgel, die sie spielte, und den Chor, den sie trainierte, viel schwerer fallen würden, zu predigen, während der Pfarrer der Pfarrei mit großer Trauer darüber trauerte, dass eine so schöne und Ein erfolgreiches Mädchen sollte eine Andersdenkende sein.

Dennoch konnte er nicht leugnen, dass die Menschen ein neues Leben führten. Bücher, von denen die Dorfbewohner noch nie zuvor gehört hatten, wurden nun eifrig gelesen, während Trunkenheit immer mehr der Vergangenheit angehörte.

Damit trat Olive Castlemaine in einen neuen Abschnitt ihres Lebens ein. Inmitten ihrer vielen neuen Pflichten versuchte sie, denjenigen zu vergessen, der den Weg ihres Lebens gekreuzt und ihn dann plötzlich verlassen hatte. Nicht, dass es ihr ganz gelungen wäre. In ihren stillen Stunden kam ihr oft das Bild dieses Mannes in den Sinn, wie sie ihn zum ersten Mal gesehen hatte. Wieder sah sie das blasse Gesicht und die gerade, aufrechte Gestalt, während die Erinnerung an seine zynischen und treulosen Worte sie verfolgte. Trotzdem konnte sie nicht umhin, ihn zu bewundern. Ganz gleich, wer im Raum war, er war die auffälligste Gestalt; niemandem hatte man trotz seines Zynismus so eifrig zugehört wie ihm. Obwohl sie bei dem Gedanken an seine Wette, sie als seine Frau zu gewinnen, wütend wurde, fragte sie sich, ob es richtig gewesen war, ihn zu vertreiben. Sie wusste, dass er betrunken gewesen war, als er es getan hatte, und wusste auch, dass er wenige Wochen nach der Hochzeit gestanden hatte, dass er sie heiraten würde, um seine Wette zu gewinnen und am Reichtum ihres Vaters teilzuhaben. Nein, sie hätte es nicht anders machen können. Ihre Selbstachtung, der Stolz ihrer Frau hätten es ihr nicht erlaubt; Darüber hinaus waren seine Reformationsbekenntnisse nur ein Teil seines Plans, sie zu täuschen. Innerhalb von drei Tagen nach der Zeit, als er sie hätte heiraten sollen, hatte er, während er betrunken war, zugelassen, dass ihr Bild vor einer Menge gaffender Bauern ausgestellt wurde; er hatte rührselige Worte über sie geäußert und war dann in einem Zustand betrunkener Dummheit auf den Bahnsteig gefallen. Nein, sie hatte das Richtige getan, und doch war sie sicher, dass er sie geliebt haben musste. Außerdem war er trotz seiner Laster ein bemerkenswerter Mann. Selbst in seinem Zynismus lag etwas Feines, in seiner Verachtung gegenüber konventioneller Moral etwas fast Edles.

Trotzdem war alles vorbei. Er hatte seine Laster und seine Täuschung mit seinem eigenen Leben bezahlt. Er hatte es vorgezogen, im trüben Wasser der Themse zu sterben, anstatt ein Leben voller Nutzlosigkeit und Bedauern zu führen. Sie sollte ihn vergessen; aber sie konnte nicht. Manchmal machte sie sich Vorwürfe, die Ursache seines Todes zu sein; aber nicht oft. Dafür war sie zu gesund und zu vernünftig. Der Mann, der aufgrund dessen, was sie getan hatte, sein Leben wegwerfen konnte, konnte niemals jemand sein, den sie respektieren konnte.

Ihr Trost war die Arbeit, das Leben zum Wohle anderer, und dafür gab sie ihr Leben. Nach und nach lernten die führenden Familien des Kreises sie kennen und schenkten ihr viele Aufmerksamkeiten. Instinktiv erkannten sie, dass sie keine gewöhnliche Frau war, während der große Reichtum ihres Vaters ihren Leistungen noch mehr Charme verlieh. Bevor zwei Jahre vergangen waren, hatte mehr als ein Bezirksmagnat um ihre Hand gebeten, und viele wunderten sich über ihre offensichtliche Entschlossenheit, ledig zu bleiben.

Doch als die Jahre vergingen, glaubte ihr Vater, eine Veränderung in ihr zu erkennen. Sie wurde nicht mehr ungeduldig, wenn er ihr von der Ehe erzählte, und er hoffte mit großer Hoffnung, dass sein Alter durch die Schreie der Kinderstimmen und durch den Gedanken, dass sein einziges Kind eine tote Vergangenheit begraben hatte, erheitert würde.

KAPITEL XIX

DER MANN MIT DER FEZ

Olive Castlemaine saß auf dem Rasen ihres Hauses in Devonshire und blickte über das Tal zu den dahinter liegenden Moorlandschaften. An ihrer Seite stand ein junger Mann von dreißig bis fünfunddreißig Jahren.

„Sie sagen nicht, dass ich Ihnen leid tue, Miss Castlemaine", sagte er.

„Sie sind nicht auf meiner Seite", antwortete sie lächelnd.

„Würde das einen Unterschied machen? Hätten Sie mir gratuliert, wenn ich auf Ihrer Seite wäre und den Sitz gewonnen hätte?"

„Und wenn du es verloren hättest – wenn du einen guten Kampf gemacht hättest."

„Du glaubst ans Kämpfen?"

„Bis zum Schluss."

„Trotzdem kann ich meinen Mantel nicht umdrehen – nicht einmal für dich", sagte er entschuldigend.

„Das möchte ich nicht."

„Und schließlich ist die Schlacht nicht wegen einer einzigen Niederlage verloren."

„Du wirst wieder aufstehen?"

„Ja, ich werde wieder kandidieren. Wir müssen in ein oder zwei Jahren Parlamentswahlen haben; in der Zwischenzeit werde ich weitermachen. Die Mehrheit war nicht unüberwindbar. Die Regierung wird sich zwangsläufig lächerlich machen, die Parlamentswahlen." wird kommen, und ich werde den Sitz gewinnen.

„Du scheinst sehr sicher zu sein."

„Der Mann, der immer weitermacht und niemals aufgibt, hat immer Grund zur Gewissheit. Und ich gebe niemals auf."

Olive schwieg.

„Glauben Sie nicht an diese Einstellung?" er hat gefragt.

„Ja – in gewisser Weise. Dennoch sollte ich sicherstellen, dass ich nicht nach einer Unmöglichkeit strebe."

„Alles, was jemals getan wurde und sich lohnte – ich meine jede wirklich großartige Sache – wurde durch den Versuch des Unmöglichen erreicht."

Olive wandte sich ihm mit einem Blick zu, dem es nicht an Bewunderung mangelte. Er war ein hübscher junger Kerl; groß, wohlgeformt und wohlgeformt. Er gehörte zu der Klasse, die die besten Traditionen der alten Kreisfamilien pflegt . Er war der Besitzer eines Anwesens, das an das von John Castlemaine angrenzte, und er war ein gesunder, geistig klarer junger Engländer. In vielen Dingen waren die beiden gegensätzlich. Seine Sympathien galten hauptsächlich den Klassen; ihres mit den Leuten; er hatte nur wenig Glauben an die Demokratie, sie hatte. Er glaubte an die Aristokratie der Geburt; sie in der Aristokratie des Intellekts und des persönlichen Wertes. Nicht, dass er nicht am Wohlergehen der Menschen interessiert gewesen wäre – das war er; aber ihre Vorstellungen darüber, wie dieses Wohlergehen verwirklicht werden könnte, waren unterschiedlich. Sein Geist war geprägt und geprägt von der Klasse, in der er aufgewachsen war, von der Atmosphäre, in der er gelebt hatte, und die Atmosphäre im Haus dieses Devonshire-Squires war anders als die, die Olive Castlemaines Leben umgeben hatte.

„Nein", fuhr er plötzlich fort, „ich glaube nie daran, aufzugeben. Das ist ein Merkmal meiner Rasse. Die Briarfields waren schon immer für ihre – Sturheit bekannt."

„Das ist nicht immer eine angenehme Eigenschaft", sagte sie lachend.

„Aber ein nützlicher", sagte er. „Es hat mich mehr als einmal vor einer Niederlage bewahrt. Als ich zum ersten Mal auf eine öffentliche Schule ging, kämpfte ich gegen einen Jungen, der größer war als ich. Er hat mich heftig ausgepeitscht, aber am Ende habe ich ihn gemeistert."

In der Art, wie er sprach, lag keine Prahlerei; außerdem hatte er offenbar einen Grund, das Gespräch in diesen Kanal zu lenken.

„Das ist einer der Gründe, warum ich mich weigere, ein ‚Nein' von Ihnen anzunehmen", fuhr er fort. „Ich habe nie eine andere Frau geliebt, das werde ich auch nie tun, und ich werde die Hoffnung, dich zu gewinnen, nie aufgeben."

„Das tut mir wirklich sehr leid, Mr. Briarfield."

„Sagen Sie das nicht, Miss Castlemaine. Ich halte es für eine schlechte Politik, meine Hand auf diese Weise bloßzustellen; dennoch ist es wahr, was ich Ihnen sage. Obwohl Sie mich vor drei Jahren zum ersten Mal abgelehnt haben, werde ich die Hoffnung, dass ich es tun werde, nie aufgeben Gewinne dich und gib niemals auf, es zu versuchen.

„Wäre es nicht besser, das Thema zu wechseln?“ sagte sie eher kühl, obwohl in ihren Augen kein Ausdruck von Wut oder Groll zu sehen war.

„Das wollte ich dir nur sagen. Es ist mehr als ein Jahr her, seit ich das letzte Mal mit dir gesprochen habe, und ich wollte, dass du weißt, dass ich mich nicht verändert habe – nie ändern werde. Ich liebe dich und werde die Hoffnung darauf nicht aufgeben.“ Sie zu gewinnen. Ich weiß, dass ich nicht Ihrer Meinung bin. Um ganz ehrlich zu sein, interpretiere ich die Pflichten und Verantwortlichkeiten eines Landbesitzers anders als Sie. Aber ich bewundere Sie trotzdem. Zweifellos haben Sie mir viel Freude bereitet indem Sie einen Tag der offenen Tür halten; zweifellos ist auch Ihr Zuhause der Ruhe für eine abgestumpfte Menge sehr schön, aber dann habe ich altmodische Ideen.

Olive lachte fröhlich. Sie hatte die Kritik, die in den letzten fünf Jahren an ihrer Arbeit geübt worden war, geradezu genossen.

„Jedenfalls wurde das Haus noch nie so genutzt“, sagte sie.

„Niemals“, sagte Herbert Briarfield. „Der verstorbene Besitzer – nun ja, er glaubte nicht daran, sein Haus als eine Art Wasserkraft oder Erholungseinrichtung zu nutzen.“

„Nein“, sagte Olive, „ich nehme an, das hat er nicht, aber schließlich hat man seine Pflichten.“

„Ja, aber Pflicht ist ein Wort, das von verschiedenen Menschen unterschiedlich interpretiert wird. Ich für meinen Teil verstehe nicht, warum man sein Haus für alle öffnen sollte. Natürlich geht es mich nichts an, aber denken Sie nicht? hast du deine Pflicht erfüllt, als du dein Ruhehaus gebaut hast?“

„Nein“, sagte Olive. „Das Heim der Ruhe, wie Sie es nennen, ist für Fremde, aber diejenigen, die ich hierher einlade, sind Menschen, die ich kenne. Sie kommen als meine persönlichen Freunde hierher.“

„Du musst viele persönliche Freunde haben.“

„Das habe ich, und diese letzten Jahre waren wirklich eine Offenbarung für mich. Mir war nie bewusst, wie viele überarbeitete Herren es gibt, und ich habe auch nie davon geträumt, wie viel Dankbarkeit es auf der Welt gibt.“

„Und haben Sie vor, so etwas weiterhin zu tun, Miss Castlemaine?“

"Ja, ich denke schon."

„Was, wenn du heiratest?“

„Ich werde nie heiraten.“

Herbert Briarfield sah sie fest an. In den letzten drei Jahren war er ein Bewerber um Olive Castlemaines Hand, und obwohl sie ihn nicht ermutigt hatte, hatte er die Hoffnung nie aufgegeben, dass er sie eines Tages gewinnen würde. Darüber hinaus war er sich so sicher, dass er eines Tages Erfolg haben würde, dass er fast unbewusst eine Art Eigentumsrecht auf sie übernommen hatte.

„Natürlich wirst du heiraten", sagte er, „und dann wirst du anders denken. Deine ersten Pflichten werden dann deinem Mann gegenüber sein – und gegenüber – deiner Position."

Olive Castlemaine antwortete nicht. Er hatte diese Art von Gefühl so oft zum Ausdruck gebracht, dass sie es nicht der Mühe wert hielt.

„Miss Castlemaine", fuhr Herbert Briarfield fort, „Sie werden nicht beleidigt sein, wenn ich Klartext spreche, oder?"

„Ich werde meinen Freunden gegenüber wahrscheinlich nicht beleidigt sein, Mr. Briarfield", sagte sie, „aber es gibt ein Thema, das ausgeschlossen werden sollte. Sie wissen sehr gut, dass ich mich entschieden habe."

„Lassen Sie kein Thema ausschließen, Miss Castlemaine. Es ist nicht richtig, dass das so ist. Wenn es jemand anderen gäbe, müsste ich Ihre Ablehnung natürlich als unvermeidlich ansehen. Aber es gibt niemanden sonst – oder?"

Olive Castlemaine sagte nichts, aber in ihren Augen lag ein Ausdruck, den Herbert Briarfield, wenn er ihn gesehen hätte, für klug gehalten hätte zu schweigen.

„Wir sind keine Kinder", fuhr er fort; „Ich bin sechsunddreißig und daher nicht unwissend über die Welt. Ich weiß, dass Sie viele Heiratsangebote erhalten haben, und ich – ich weiß, dass der Mann, mit dem Sie einst verlobt waren, tot ist."

Während er sprach, kam es ihm vor, als würde er sich wie ein Idiot benehmen, aber die Worte entgingen ihm wider Willen.

„Aber Sie werden nicht zulassen, dass das Ihr Leben ruiniert", fuhr er fort. „Du bist jung – und – und du weißt, wie schön du bist. Außerdem liebe ich dich; liebe dich wie mein eigenes Leben. Du bist für mich die einzige Frau auf der Welt. Ich kenne die – die Geschichte dieses Geschäfts nicht." , aber – aber sicher – oh, Olive, du kannst nicht zulassen, dass eine solche Episode – die Tatsache, dass ein wertloser Kerl Selbstmord begangen hat – dein Herz für immer für mich verschließt. Oh, Olive, habe doch ein wenig Mitleid mit mir!"

Ihr erstes Gefühl, als er sprach, war Wut, doch darauf folgte Mitleid. Sie hatte immer mit Freundlichkeit an ihn gedacht. In vielerlei Hinsicht war er ein guter junger Kerl und in der Nachbarschaft beliebt; Daher konnte die Tatsache seiner Liebe nicht ganz unangenehm sein.

„Mr. Briarfield", sagte sie, „das tut mir wirklich sehr leid; aber lassen Sie mich ein für alle Mal sagen –"

„Nein, nein, nicht jetzt. Gib mir noch drei Monate – dann lass mich noch einmal mit dir sprechen. Denke in der Zwischenzeit noch einmal alles durch, Olive."

„Es nützt nichts, Mr. Briarfield. Ich bin nicht der Typ, der seine Meinung so schnell ändert."

„Aber es gibt sonst niemanden, oder?"

"NEIN."

„Dann lass mich in drei Monaten noch einmal mit dir sprechen. Darf ich?"

„Aber meine Antwort wird die gleiche sein wie jetzt."

„Nein, das wird es nicht. Du wirst mich dann doch noch einmal sprechen lassen, nicht wahr?"

„Und Sie werden das, was ich dann sage, als endgültig akzeptieren?"

„Wenn du es wünschst. Das heißt, wenn du mir eins versprichst."

„Sag mir, was es ist."

„Wenn du mich nach Ablauf von drei Monaten ablehnst und es dir danach anders überlegst, sagst du mir Bescheid."

„Ja, das verspreche ich. Aber denken Sie daran, danach dürfen Sie nicht mehr mit mir sprechen, das heißt über dieses Thema, bis ich es Ihnen sage."

„Ja, das verspreche ich."

Während er sprach, wandte sich Herbert Briarfield von Olive ab und ging zum Ende des Rasens. Es bestand kein Zweifel daran, dass es ihm sehr ernst war. Ein Ausdruck grimmiger Entschlossenheit strahlte aus seinen Augen, und seine Hände ballten und öffneten sich nervös.

„Sie muss, sie muss", sagte er. „Es gibt niemanden sonst, und ich *werde* sie gewinnen."

Er kehrte sofort zu ihr zurück, zog einen Stuhl neben sich und setzte sich neben sie.

„Ich nehme an, Ihr Heim der Ruhe ist voll", sagte er scheinbar nachlässig.

„Ja", sagte sie, „wäre es doppelt so groß gewesen, wäre es gefüllt gewesen. Was die Golfplätze betrifft, sind sie immer beliebt. Sie sehen, während es in

London neblig und miserabel ist, ist das Wetter hier perfekt. Einfach." Stellen Sie sich vor, wir haben erst Mitte April und sitzen dennoch vollkommen bequem im Freien. Es ist so warm wie im Juni.

„Da unten ist eine gemischte Besatzung", sagte Briarfield und nickte in Richtung dessen, was er „das Zuhause der Ruhe" genannt hatte.

"Ja?"

„Ja. Es ist gut, dass Sie in Ihren Ansichten so kosmopolitisch sind. Ich bin gestern Abend dort vorbeigekommen und habe mich mit einem Deutschen und einem Franzosen unterhalten, während ich im Raucherzimmer einen Araber sitzen sah . Auf jeden Fall trug er einen Fez."

"In der Tat?"

„Ja. Ich habe nicht mit ihm gesprochen, da er in einer eher ungesellen Stimmung zu sein schien; aber der Deutsche sagte mir, er sei ein bemerkenswerter Charakter. Es scheint, dass er den größten Teil seines Lebens in Afrika verbracht hat, irgendwo in der Nähe von die Wüste der Sahara, glaube ich."

„Was hat ihn dazu gebracht, hierher zu kommen?"

„Der Himmel weiß es. Warum kamen der Deutsche und der Franzose? Ich nehme an, sie hörten von der herausragenden Genialität des Hauses, von seiner wunderschönen Umgebung und seinem gesunden Klima. Abgesehen von seiner Billigkeit kursieren außerdem alle möglichen Geschichten." über den Ort. Das weißt du."

Olive lachte.

„Ich habe erst gestern gehört", fuhr Briarfield fort, „dass Sie es aufgrund eines Traums gebaut haben, den Sie als Kind hatten; während mir vor einiger Zeit jemand erzählte, dass Sie vor einigen Jahren einen Jugendlichen geliebt hätten, der an Schwindsucht gestorben war." , weil es uns an einem solchen Zuhause der Ruhe mangelt."

Olive lachte erneut.

„Ich war in letzter Zeit sehr selten dort", sagte sie. „Ich hatte so viele andere Dinge zu tun."

„Ja, aber ich glaube, sie hoffen alle, dich zu sehen. Dieser Deutsche sagte mir, dass der Mann mit dem Fez ein Fatalist sei und nicht an richtig oder falsch glaube. Er ist ein auffällig aussehender Kerl und würde in jeder Menschenmenge auffallen . Er ist erst seit zwei Tagen dort, steht aber im Mittelpunkt des Interesses."

„In der Tat", sagte Olive; "wie ist er?"

„Ich habe ihn nicht stehen sehen, aber ich schätze, dass er überdurchschnittlich groß ist. Er hat einen intensiv schwarzen Bart, den er lang wachsen lässt. Sein Gesicht ist sehr gebräunt und daher hat er ein ziemlich orientalisches Aussehen."

"Wie alt ist er?"

„Oh, ich schätze, ich bin ziemlich fünfundvierzig. Aber im Übrigen könnte er jedes Alter haben. Wie ich schon sagte, ich habe ihn nicht sprechen hören, aber der Kerl rätselhaft zu allen möglichen Geheimnissen. In seinen Augen liegt ein Ausdruck, der... erzählt wundervolle Dinge. Er könnte ein esoterischer Buddhist sein oder ein Mohammedaner, der viel in Mekka gelebt hat. Der Kerl lässt einen an Reinkarnation denken, an Geisterwanderungen und an Magie – eigentlich an alles, was geheimnisvoll ist. Der Deutsche sagte mir, dass er das getan habe ein Gespräch mit ihm.

"In welcher Sprache?"

„Auf Deutsch. Es scheint, dass er alle Sprachen spricht. Der Franzose sagte mir, er spreche Französisch wie ein Pariser, während der Deutsche sagt, dass er über fundierte Kenntnisse der deutschen Literatur verfügt. Er spricht mit den Kellnern auf Englisch und liest die Zeitungen mehrerer Länder. Als ich ihn sah, schrieb er auf Arabisch.

"Kannst du arabisch?"

„Nein, aber soweit ich das aus der Entfernung beurteilen konnte, schrieb er in arabischen Schriftzeichen. Aber es könnte auch auf Chinesisch oder einer anderen Sprache gewesen sein; ich weiß es nicht."

"Weißt du seinen Namen?"

„Ja, der Kerl interessierte mich so sehr, dass ich nachfragte."

"Was war es?"

„Signor Ricordo."

„Ricordo? Das klingt italienisch."

„Er könnte Italiener sein. Ich nehme an, dass viele Italiener von Genua nach Tunis reisen. Er könnte tatsächlich alles sein – Russe, Spanier, Italiener oder Araber."

„Ich nehme an, er ist ein Gentleman?"

„Wie ich Ihnen sagte, habe ich nie mit ihm gesprochen; aber der Deutsche sagte mir, es könne kein Zweifel daran bestehen, dass er ein Mann von beträchtlicher Stellung sei. Er hält ihn für einen Grafen oder so etwas in der Art; aber, wie ich sagte Für ihn sind italienische Grafen billig. Wie dem auch sei, er bezeichnet sich selbst als einen einfachen „Signore" und stellt seine Größe überhaupt nicht zur Schau."

„Das liegt vielleicht daran, dass er keines hat."

„Aber ich gehe davon aus, dass er es getan hat. Dieser Deutsche ist ein Mann, der sich auskennt, und er sagt mir, dass es keinen Zweifel daran geben kann, dass Signor Ricordo sich in den einflussreichsten Kreisen bewegt hat. Oh, ich kann Ihnen versichern, dass es keine Schwierigkeiten gibt wenn man es glaubt. Man kann ihm nicht ins Gesicht sehen, ohne zu spüren, dass er ein Mann ist, der mitten im Geschehen gelebt hat."

„Du machst mich ziemlich neugierig. Ich muss das Haus besuchen und seine Bekanntschaft machen."

„Es wird sehr interessant sein zu erfahren, was Sie von ihm halten."

„Natürlich ist er nicht reich? Er würde nicht zum Homestead gehen, wenn er es wäre."

„Die Frage wurde nicht gestellt. Die Wahrheit ist, dass er nicht der Typ Mann ist, der solche Dinge vorschlägt. Sie sind von der Persönlichkeit des Mannes beeindruckt, nicht von seinen Besitztümern."

„Ich wundere mich, dass Sie nicht versucht haben, ihn kennenzulernen."

„Das wollte ich unbedingt; aber wie gesagt, er schien in einer ungeselligen Stimmung zu sein."

„Ich gehe davon aus, dass du irgendwann mit ihm reden wirst."

„Oh ja. Ich gehe heute Abend dort hinein, um mit meinem deutschen Bekannten zu essen."

Olive zog die Augenbrauen hoch.

„Oh ja, ich weiß, was Sie denken. Sie sagen sich, dass ich meinen Glauben verleugne, indem ich mit einem Fremden speise, um einen Mann zu treffen, der vielleicht ein Eseljunge in Kairo war; aber wenn Ich habe dich neugierig gemacht, indem ich über ihn gesprochen habe. Was muss ich sein, wer hat ihn gesehen?

„Sie haben also die Einladung des Deutschen angenommen, um Signor Ricordo vorzustellen?"

„Genau. Ich weiß, dass ich meinem deutschen Gastgeber gegenüber nicht höflich bin, aber es ist die Wahrheit. Außerdem machen sie die Dinge dort sehr gut, um Ihrem „Home of Rest" die Ehre zu geben."

„Danke", sagte Olive lachend. „Ich freue mich immer, wenn ich meinen Kunden Zufriedenheit gebe."

Wenig später verließ Herbert Briarfield Vale Linden und ritt zurück zu seinem Haus.

„Wie sehr muss sie den Kerl doch geliebt haben!" er sagte zu sich selbst. „Es müssen mindestens sechs Jahre vergangen sein, seit er den Schwamm erbrochen hat, und doch bleibt sie seiner Erinnerung treu. Ich kann es nicht verstehen. Natürlich weiß man nicht alles, was passiert ist; aber wie konnte sie den Kerl wegen ihm aufgeben?" War so ein Kerl und weigerte sich dann, jemand anderen zu heiraten, weil er Selbstmord begangen hatte?"

Am Nachmittag ritt er los, um sich ein paar abseits gelegene Bauernhöfe anzusehen, und kam dann zurück, um sich für das Abendessen umzuziehen. „Was für eine Idee, so einen Ort zu bauen!" sagte er, als die Kutsche vorbeirollte. „Dennoch denke ich, dass eine eigenwillige Frau ihren Willen durchsetzen muss."

Herr Trübner, der Deutsche, empfing ihn mit großer Höflichkeit und bewirtete das Abendessen mit großer Begeisterung.

„Kennen Sie die Schirmherrin dieses Etablissements?" sagte er sofort.

„Ja, ich kenne sie", antwortete Briarfield ziemlich ungnädig.

„Ich habe gehofft, sie zu sehen", sagte Herr Trübner, „aber bisher hatte ich keinen Erfolg. Und doch wurde mir gesagt, sie käme ständig hierher. Das war einer der Gründe, warum ich kam. So schön, so großzügig." , so fromm, ich konnte dem Wunsch nicht widerstehen, sie zu sehen.

„Es ist möglich, dass Sie enttäuscht sind", sagte Briarfield. Er war ziemlich wütend darüber, dass über die Frau, die er heiraten wollte, auf diese Weise gesprochen wurde.

„Oh nein, ich werde nicht enttäuscht sein", antwortete der Deutsche. „Erst vor einer halben Stunde wurde mir gesagt, dass sie, während ich mit Signor Ricordo spazieren ging, hier unten war und dass sie für zwei Abende ein Konzert arrangiert hatte. Ach, und ich liebe Musik! Ich bin es aus dem Land von Händel und Strauss und Schubert und Wagner, ich liebe es! Ich bin vielleicht ein armer, heruntergekommener alter Deutscher, aber ich liebe es, so wie ich alle schönen Dinge liebe."

„Ist es nicht ziemlich seltsam, dass Ihr Freund Signor Ricordo, der ein reicher Mann ist, an einen Ort gekommen ist, der gebaut wurde – nun ja, nicht um Geld zu verdienen?" sagte Briarfield ziemlich brutal.

„Ist er reich?" fragte der Deutsche.

„Ich dachte, Sie hätten mir gesagt, dass er ein Mann von beträchtlicher Stellung sei."

„Und was dann, Mr. Briarfield? Ein Mann kann arm sein und trotzdem ein Gentleman sein. Ich bin arm – aber ich sage es nicht, um zu prahlen – ich gehöre zu den besten Familien in Deutschland. Meine Mutter war eine von Finkelstein, während die Trübners vom besten Blut meines Landes sind. Ach ja!“

„Ich bitte um Verzeihung. Aber ich sehe Signor Ricordo nicht.“

„Ah, aber er ist hier in The Homestead. Ja, ich mag diesen Namen. Er lässt mich an Deutschland denken, dieses Wort ‚Homestead‘. Deshalb sind wir Deutschen und ihr Engländer ein großes Volk. Keine Nation kann so stark das Gefühl haben, dass sie das Wort „Heimat“ haben muss, ohne ein großes Volk zu sein. Die Franzosen mit ihrem *chez vous* und die Italiener mit ihrem *casa sua* sind arm, nicht nur in ihrer Sprache, sondern auch in der erhabenen Eigenschaft, die ein Volk dazu bringt, das Wort „Heimat“ zu erfinden. Verzeihen Sie mir, dass ich prosy bin; aber ich denke gerne, dass die Deutschen und die Engländer verwandt sind. Aber was habe ich gesagt? Oh ja, Signor Ricordo ist im Homestead und freut sich darauf, Sie kennenzulernen. Als ich es ihm sagte Da du unseren Schutzpatron kennst, wurde er interessiert und bat um die Ehre, vorgestellt zu werden. Bist du fertig? Das ist gut. Wir lassen uns unseren Kaffee ins Rauchzimmer bringen.“

Als Herbert Briarfield hinter Herrn Trübner ins Rauchzimmer ging, fragte er sich, warum er so töricht gewesen war, dessen Einladung zum Essen anzunehmen. Er wusste, dass Olive das Lokal mit einer Idee der Nächstenliebe erbaut hatte, und obwohl er keinen Zweifel daran hatte, dass Herr Trübner aus einer guten deutschen Familie stammte, gefiel es ihm nicht, mit einer Reihe mittelloser Menschen zu speisen. Als er jedoch eintrat, bereute er sein Kommen nicht mehr, denn als er in der Ecke des Zimmers saß, sah er den Mann, der am Abend zuvor sein Interesse so stark geweckt hatte und den er eigentlich sehen wollte.

KAPITEL XX

HERBERT BRIARFIELD UND DER FREMDE

Signor Ricordo erhob sich, als Herr Trübner und Herbert Briarfield auf ihn zukamen. Dabei bemerkte dieser, dass er überdurchschnittlich groß und offensichtlich ein Mann von großer Muskelkraft war. Aber er vergaß schnell die körperlichen Proportionen des Fremden, als ihm bewusst wurde, dass die Gegenwart des Mannes eine besondere Eigenschaft hatte, die darauf hindeutet, dass es kein besseres Wort dafür gibt als „Persönlichkeit". Hätte man ihn später gebeten, ihn zu beschreiben, hätte er sich überhaupt nicht mit seiner äußeren Erscheinung beschäftigt, es sei denn, sie deutete auf jene subtile Kraft hin, die ihn bemerkenswert machte. Denn er war bemerkenswert. Bevor er ein Wort sagte, spürte Briarfield es. Es war nicht so, dass sein Gesicht ihm etwas verriet. Das Kinn und der Mund waren von einem dichten schwarzen Bart und Schnurrbart bedeckt, während die Stirn durch den türkischen Fez, den er trug, vor ihm verborgen war. Dennoch wusste er, dass er dieses Gesicht niemals vergessen sollte. Die Augen des Fremden waren groß, aber aufgrund seiner eigentümlichen Angewohnheit, sie halb zu schließen, wurden sie selten weit geöffnet. Im Lampenlicht sahen sie schwarz aus, könnten aber auch jede andere Farbe haben. Darüber hinaus warf die hervorstehende Stirn einen Schatten auf sie. Seine Haut war stark gebräunt, als hätte er sein Leben unter einer tropischen Sonne verbracht; Auch seine großen nervösen Hände waren fast so braun wie die eines Indianers. Seine Kleidung hatte außer seinem Fez nichts Orientalisches, und doch erinnerte er an den Osten. Sogar die Stimme unterschied sich von der englischen Stimme. Es war, wenn man die Begriffe verwenden darf, subtiler, fließender. Außerdem erhob er selten seine Stimme; selbst wenn er tief interessiert war, zeigte er sein Interesse nie durch Eifer oder Lautstärke seiner Rede. Seine Zuhörer fühlten es, anstatt es zu hören oder zu sehen.

Niemand hätte von ihm als einem gesprächigen Mann gesprochen, und doch sprach er frei – zumindest schien er es zu tun; Dennoch fragte sich Herbert Briarfield schon während er sprach, was er wirklich dachte.

„Das Leben hier muss für Sie etwas seltsam sein, Signor Ricordo", sagte Briarfield, nachdem ihnen der Kaffee gebracht wurde.

"Inwiefern?"

Die Frage schien natürlich, und obwohl er mit leiser Stimme sprach, deutete sie dennoch auf eine Art Wut hin.

„Herr Trübner erzählt mir, dass Sie Ihr Leben im Osten verbracht haben. Ich weiß nicht viel über den Osten, aber ich habe Tunis besucht und ein paar

Tage in Kairo verbracht. Es kam mir daher vor, dass es sich um jemanden handelt, der sein Leben gelebt hat." Das Leben dort, ein Dorf in Devonshire, muss seltsam erscheinen.

„Ist Ihnen nie in den Sinn gekommen, Mr. Briarfield" – er sprach den Namen zögernd aus, als wäre er sich über die genaue Aussprache nicht sicher – „dass die Unterschiede, die man in verschiedenen Teilen der Welt sieht, alle an der Oberfläche liegen?"

„Nein, das kann ich nicht sagen. Nach allem, was ich gesehen habe, sind sie tief."

"Wie tief?"

„Das lässt sich natürlich nicht berechnen."

„Das glaube ich nicht. Was ist die Hülle der Welt hier? Schlamm. Ja, nennen Sie es anders, wenn Sie möchten; aber es ist immer noch Schlamm. Natürlich ist es sehr nützlich; es baut Nahrung an. Weg in Afrika Die Welt ist an vielen Stellen mit Sand bedeckt; aber es ist nur eine andere Form von Schlamm. Mahlen Sie ihn ausreichend fein, und er wird zu Schleim – Schlamm. Aber wir dürfen nicht meckern; daraus wächst Nahrung. Es ist nicht genau das Gleiche, was Sie hier haben ; aber seine Eigenschaften sind ähnlich. Es geht um die Herstellung von Blut, Knochen und Sehnen. Im Wesentlichen ist es dasselbe; nur oberflächlich betrachtet ist es anders."

„Aber ich dachte an Männer und Frauen. Die Eigenschaften der Menschen, die in der Nähe des Nils leben, unterscheiden sich von denen von uns, die hier in England leben."

„Wie groß ist der Unterschied?"

„Ich fürchte, ich kann dir nicht ganz folgen."

„Und doch ist der Gedanke sehr einfach. Der Sand der Sahara und Libyens unterscheidet sich von Ihrem Boden in Devonshire. Genau so; aber wie ich schon sagte, er baut dort Nahrung an. Er enthält die gleichen lebenswichtigen Elemente. Der Araber ist anders als der Engländer." ; ja, aber wie tief ist der Unterschied? Seine Haut ist dunkler, das stimmt; er drückt seine Gedanken durch unterschiedliche Laute aus, das stimmt. Sogar seine Gedanken mögen oberflächlich betrachtet unterschiedlich sein; aber wenn man tiefer gräbt, findet man die gleichen elementaren Eigenschaften. Der Osten isst und schläft, ein Engländer auch. Der Osten liebt und hasst, ein Engländer auch. Der Osten denkt über die Geheimnisse des Lebens nach und wundert sich über das große Unbekannte, das tut der Engländer auch. In einem geringeren Maße, das gebe ich zu, aber Das tut er. Lassen Sie die kitschigen Auswüchse beiseite, Mr. Briarfield, und alle Orte sind gleich, alle Menschen sind gleich.

Alle Männer, alle Klimazonen, alle Altersgruppen erzählen die gleiche Geschichte."

„Und die Geschichte? Was ist das?" fragte Briarfield.

„Ah, ich werde nicht versuchen, das in Worte zu fassen."

"Warum?"

„Es lohnt sich nicht."

Briarfield schwieg einen Moment; er war sich nicht ganz sicher, ob der Mann es ernst meinte oder nicht.

„Sind Sie schon lange in England?" fragte er plötzlich.

"Drei Monate."

„In welchem Teil, wenn ich fragen darf?"

"London."

„Und dir gefällt London?"

„Ja – nein – London ist die Hölle."

Er sprach leise, doch in seinem Ton lag eine seltsame Intensität.

„Verzeihung", fuhr er nach einem Moment des Zögerns fort, „ich mache keine Angaben, wenn ich sage, dass London die Hölle ist. Es kommt mir nur mehr wie die Hölle vor als andere Orte, weil dort mehr Menschen sind."

„Sie spielen auf den Osten Londons an?"

„Und im Westen. Am meisten im Osten vielleicht, weil die Menschen dort realer sind. Es gibt weniger Künstlichkeit, weniger Fassade. Je näher man dem wirklichen Leben kommt, desto näher kommt man der Hölle. Und doch weiß ich es nicht; Die gleichen Feuer brennen im Westen, obwohl sie sorgfältiger vor den Augen verborgen sind.

„Sie haben andere Teile Englands besucht?"

„Ja, besucht."

„Und wie sind Ihnen die anderen Teile aufgefallen?"

„Immer noch die Hölle, aber langweiliger."

Herbert Briarfield blickte Signor Ricordo mit einer Art nervösem Lachen an. Dennoch wusste er nicht, wie er ihn betrachten sollte.

„Ich stimme mit Ihrem – wie nennen Sie ihn? – Dr. Johnson überein. Als er gefragt wurde, wo er im Sommer lieber leben würde, sagte er: ‚Im Großen und Ganzen London.' „Und wo im Winter?" fragte seinen Fragesteller. „Ah, im Winter", sagte er, „gibt es keinen anderen Ort. Ja, London ist interessant."

„Was hat Sie in London am meisten beeindruckt?" fragte Briarfield, weil ihm eine bessere Frage fehlte.

Ricordo zögerte einen Moment.

„Die Freundlichkeit der Kellner, denke ich", antwortete er.

Alle drei brachen in Gelächter aus.

„Gut", sagte Herr Trübner. „Ah, es ist wahr, wahr. Ein Mann geht durch Londons Straßen und trifft nie einen Freund; aber wenn er in ein Restaurant geht, werden die Kellner ihn sofort ins Vertrauen ziehen."

„Und haben Sie in London unsere nationalen Institutionen besucht?"

„Ja, ich habe sehr hart gearbeitet. Ich habe alles gesehen. Osten, Westen, Norden, Süden, ich bin überall hingegangen – überall. Ich wollte sehen, verstehen."

„Und Ihre Eindrücke?"

„Ah, Mr. Briarfield, Sie stellen eine große Frage. Wo soll ich anfangen?"

„Nun, was hat dich am meisten interessiert, der Osten oder der Westen?"

"Der Osten."

"Warum?"

„Weil die Menschen so viel glücklicher sind."

"Sie scherzen."

„Ich spreche natürlich nur als Beobachter, aber ich spreche, wie ich sah. Ich ging zu den Vergnügungsstätten, ich beobachtete die Gesichter der Menschen. Im Westen zahlte ich eine halbe Guinea für einen Sitzplatz, ich saß inmitten einer farbenfrohen Umgebung." Um mich herum waren überfütterte Männer und untergekleidete Frauen. Während der Unterhaltung saßen sie kühl, kritisch und leicht amüsiert da. Es fiel ihnen schwer, ihr Gähnen zu unterdrücken, der Applaus war schwach. Im Osten zahlte ich Sixpence für meinen Sitzplatz. Die Leute waren die Werktätigen der Stadt; aber ach! Sie hatten Spaß. Signore, sie hatten Spaß. Sie lachten, sie schrien, sie applaudierten. Es tat mir gut, sie zu hören. Ich habe in Ihren modischen West-End-Hotels gegessen, wo seltene Weine angeboten wurden , und wo reiche Männer einem Koch, der die Kunst hat, den Gaumen der Menschen zu verwöhnen, Tausende pro Jahr zahlen. Die Gäste murrten mit ihrem Essen, ihren Weinen. Ich habe auch in Whitechapel gegessen. Ich habe acht Pence für mein Abendessen ausgegeben. Ah, das hätten Sie sehen sollen Die

Leute essen dort! Sogar diejenigen, die am ärmsten waren und nur ihre – wie nennt man sie? – ihre Blähungen, ihre Kutteln und Zwiebeln, ihre Blutwurst hatten – ah, aber sie genossen diese Dinge weitaus mehr als Ihre eleganten Gäste der Savoy! Oh ja, ich bin überall hingegangen. Ich ging zu den Kirchen, den Kapellen. Wieder fiel mir der gleiche Unterschied auf. Im Osten herrschte ein Realitätssinn; aber im Westen – ach, großer Allah! verzeihen Sie mir!"

„Dann würden Sie lieber im Osten leben?"

„Ja und nein, Signor Briarfield. Ja, weil ich trotz Armut und Elend im East End mehr von dem gesehen habe, was wir Glück nennen; nein, denn obwohl die Menschen glücklich schienen, war es für mich die Hölle. Die Sehenswürdigkeiten." , die Gerüche, die Geräusche! Dennoch, wenn ich Mitleid hätte, würde ich eher Mitleid mit Ihren Leuten haben, die in Mayfair leben, als mit denen in Stepney.

„Sie waren im Unterhaus?"

„Ich bin überall hingegangen."

„Und du hast gesehen--?"

„Die Puppen – ja. Es war sehr amüsant – sehr."

„Was hat dir am meisten Spaß gemacht?"

„Der Vorwand, es ernst zu meinen, denke ich. Aber die Maschinerie war zu schlicht, um sie wirklich genießen zu können. In den Theatern machen sie es besser. Dort geben die Spieler vor, Puppen zu sein, überzeugen Sie aber davon, dass sie real sind. In Westminster die Die Spieler tun so, als wären sie real, überzeugen Sie aber davon, dass sie Marionetten sind. Schließlich hat mir Ihr Unterhaus gut getan."

"Wie?"

„Es gab mir eine Art Vertrauen in die menschliche Natur, in die Einfachheit der Leute, die die Schauspieler dorthin schicken. Es beweist, dass die Menschen in England eher Narren als Schurken sind. Aber es hat mich sehr amüsiert. Nein, Mr. Briarfield, Ihr." Dr. Johnson hatte Recht. Wenn man in England leben muss, würde ich sagen, dass London im Sommer der beste Ort ist, während es im Winter keinen anderen Ort gibt.

„Man fragt sich, was hat Sie dann an diesen abgelegenen Ort geführt?"

„Ich wollte ruhig sein. London ist ein Strudel, aus dem ich nur mit Mühe herauskam, aber ich kam heraus. Dann sagte ich: ,Lass mich ruhig sein, lass mich nachdenken.' Dann traf ich einen Mann, der hier gewesen war und der sagte, es sei der schönste Ort in England. Außerdem erzählte er mir eine romantische Geschichte über die Dame, die hier regiert. Und wir Ostländer lieben Romantik. Also bin ich gekommen. Ich bin nicht gekommen Ich habe die schöne Dame schon gesehen. Kennen Sie sie?“

"Ja, ich kenne sie."

„Ah, ich würde gerne etwas über sie hören. Können Sie mir sagen, wie sie ist?“

„Ich fürchte, ich verfüge nicht über Ihre Beschreibungsfähigkeit, Signor Ricordo.“

Der Mann mit dem Fez blickte Briarfield aus seinen halbgeöffneten Augen unverwandt an, aber kein Muskel seines Gesichts bewegte sich. Es war unmöglich zu sagen, was er dachte, aber dass er seine eigenen Schlussfolgerungen zog, war offensichtlich.

„Mir wurde gesagt, dass sie sehr begabt, sehr schön und sehr fromm ist“, sagte er.

„Sie sprechen unsere Sprache gut“, sagte Briarfield; „Ohne eine leichte ausländische Betonung würde ich Sie für einen Engländer halten.“

„Allah bewahre es!“ schrie er und hob flehend die Hände.

„Sie möchten kein Engländer sein?“

„Wenn ich aus einem Land stammen muss, ja. Aber ich gehöre keinem Land an. Wenn man ein Land hat, hat man Verantwortung, Pflichten und Vorurteile.“

„Und du bist ohne diese?“

„Soll ich sie übernehmen?“

„Ohne sie lebt kein Mensch sein ganzes Leben.“

„Mit ihnen wird er eng, abgeschottet und das, was Ihr Dichter ‚eingesperrt, eingesperrt und eingesperrt‘ nennt.“

„Sie sind die notwendigen Grenzen unserer Menschlichkeit.“

„Hängt das nicht von dem Zweck ab, für den ein Mann lebt, Signore? Außerdem gibt es Dinge, die manchen Männern widerfahren, die zu ihnen sagen: ‚Herren, Sie sind ohne Land, ohne Vater, ohne Mutter, ohne Freunde und ohne Verantwortung und …‘ also ohne Vorurteile; lebe dein Leben auf deine eigene Weise.‘“

„Das ist unmöglich, Signor Ricordo.“

"Und warum?"

„Ein Mensch ist immer der Menschheit gegenüber verantwortlich, von der er ein Teil ist, er ist dem Gott gegenüber verantwortlich, der ihn geschaffen hat."

„Immer zum Letzteren, nicht immer zum Ersteren."

„Du glaubst also an Gott?"

Der Fremde schwieg einen Moment. Ein Ausdruck huschte über sein Gesicht, der auf Schmerz hindeutete.

„Ein Mann könnte das sein, was Sie in London einen Atheisten nennen, Signor Briarfield", sagte er, „mit dem grauen, bleifarbenen Himmel, seinen langen Straßenreihen und seinen Myriaden von Männern und Frauen, die wie Ameisen übereinander übereinander kriechen." -Hügel; aber im Osten, inmitten der großen Stille – nein, dort muss ein Mann an Gott glauben. Die Sonne bei Tag und der Mond und die Sterne bei Nacht, mit der großen Stille, die über ihm brütet – großer Gott, ja!"

Briarfield war von der ruhigen Intensität seiner Worte sprachlos.

„Das ist ein Mann, der gelitten hat", dachte er; aber nach einem peinlichen Schweigen sagte er laut: „Sie sind wohl ein Mohammedaner, Signore?"

„Ich", antwortete der andere, „ich bin nichts, Signore, und ich bin alles – Christ, Mohammedaner, Brahmane, was Sie wollen. Ich glaube an sie alle, weil alle einen Teufel postulieren."

„Du glaubst also an einen Teufel?"

„Habe ich nicht in London gelebt? Ja, und auch in Marokko. Aber vor allem habe ich gelebt!"

Hätten einige Männer das gesagt, hätten seine Worte etwas Theatralisches, Melodramatisches, aber der Fremde sprach so leise, dass die anderen nie daran dachten.

„Aber hier ruhe ich", fuhr er fort, „hier ist Ruhe und Frieden. Eine gute Dame wurde bewegt, ein Heim der Ruhe für müde Männer zu bauen, und ich bin müde. Sie haben mir nichts von dieser Dame erzählt, Herr. Briarfield. Sie ist eine großartige Philanthropin, nehme ich an?"

„Sie ist sehr freundlich zu den Armen", antwortete der junge Gutsbesitzer.

„Und ich bin arm; ich bin in ihrem Zuhause der Ruhe. Es ist eine Erfahrung. Der Ort ist wie der Himmel nach London: Deshalb schulde ich meiner Wohltäterin großen Dank. Ja, und wenn ich sie sehe, werde ich es ihr sagen." . Aber sagen Sie mir, warum hat sie diesen Ort gebaut?"

„Ich weiß von nichts außer dem, was die Welt weiß. Sie war bestrebt, sich mit denen anzufreunden, denen ein Ort wie dieser helfen würde, also baute sie ihn. Sie hält auch das Haus in Vale Linden offen, das heißt, sie lädt alle möglichen Leute ein dort als ihre Gäste. Sie war eine großzügige Frau für den Bezirk.

„Verteilt Traktate und so weiter?"

„Ich weiß es nicht. Sie hat mir noch nie eines gegeben."

„Sie ist also einfach eine dieser ‚auffälligen' Frauen?"

„Sie muss sicherlich Ansichten haben, sonst hätte sie nicht getan, was sie hat."

Signor Ricordo lachte leise.

„Ich glaube, ich verstehe", sagte er plötzlich.

"Was siehst du?"

„Ihre Motive."

„Was sind sie dann?" fragte Briarfield fast wütend.

„Berühmtheit – und, sagen wir mal, Stellung?"

„Urteilen Sie nicht ohne ausreichenden Grund?" fragte Herbert Briarfield herzlich. „Sie haben Miss Castlemaine noch nie gesehen."

„Ich bin kein Junge mehr", sagte der andere seufzend.

„Was könnte das bedeuten?"

„Dass ich Frauen gesehen habe – in Paris, in Berlin, in Wien, in Damaskus, Konstantinopel, Kairo, Bagdad, Kalkutta. Ja, ich habe sie gesehen – Frauen aller Sprachen, aller Nationalitäten. Und überall sind sie gleich."

„Nun, und was ist die Summe Ihrer Erfahrungen?"

„Ich würde es dir lieber nicht sagen."

„Warum? Es ist immer gut, die Wahrheit zu kennen."

„Herr Briarfield, wenn es etwas gibt, wovor ich Angst habe, dann ist es die Wahrheit. Viele Jahre lang habe ich es mir zur Aufgabe gemacht, meine Augen davon abzuhalten, die Wahrheit zu sehen; dennoch drängt sie sich mir immer wieder auf – immer. Das Deshalb bin ich ein trauriger Mann.

„Vielleicht hast du nur eine Seite des Lebens gesehen."

Wieder huschte ein schmerzverdächtiger Ausdruck über das Gesicht des Fremden, doch er sprach immer noch leise.

„Mr. Briarfield", sagte er, „ich habe sogar das Buch gelesen, das für das englische Volk ein Lehrbuch der Religion ist. Ich glaube, ich bin so etwas wie eine Ausnahme, aber das habe ich. Nun ja, der Teil dieses Buches, der …" Am meisten interessiert mich das Buch Prediger. Vielleicht liegt das daran, dass die Erfahrung seines Autors meine eigene Erfahrung ist. In allen wesentlichen Punkten hat Solomon, oder wer auch immer der Autor war, meine Erfahrung niedergeschrieben. Ich habe alles versucht, Mr. Briarfield."

„Und Ihr Fazit?"

„Salomos."

„Wenn das mein Credo wäre", sagte Briarfield, „sollte ich Selbstmord begehen."

„Natürlich habe ich darüber nachgedacht – ohne Angst. Aber ich kam zu dem Schluss, dass es sich nicht lohnte. ‚Denn in diesem Todesschlaf können welche Träume kommen! Ja, da ist das Problem.' Außerdem habe ich etwas, wofür es sich zu leben lohnt.

„Nach Ihrem Glaubensbekenntnis sehe ich nicht, was", sagte Briarfield. „Es wäre interessant zu wissen."

„Ah, aber ich habe etwas, wofür es sich zu leben lohnt, Mr. Briarfield."

„Ich nehme an, ich würde in Ihre Privatsphäre eingreifen, wenn ich wissen wollte, was das ist?"

„Es ist keine Liebe und es ist kein Geld", sagte Ricordo. „Ah, Herr Trübner, es tut mir leid. Ich habe Ihren Gast völlig monopolisiert, und das ist unverzeihlich. Sie haben eine große Gabe, mein Freund – alle Deutschen haben sie – und sie macht sie zu einem großartigen Volk."

„Was ist das für ein Geschenk, Signore?"

„Die Gabe des Zuhörens."

Danach verlagerte sich das Gespräch auf allgemeine Themen, und wenig später verabschiedete sich Herbert Briarfield.

„Der Mann interessiert mich, fasziniert mich, und dennoch mag ich ihn nicht", sagte er sich, als er nach Hause ritt. „Ich frage mich, wer und was er ist? Ohne diesen seltsamen, weit entfernten Klang in seiner Stimme spricht er Englisch wie ein Engländer. Manchmal glaubte ich, in seinen Tönen eine Anspielung auf Oxford zu erkennen. Aber dann wieder, als er Deutsch sprach Für Trübner könnte er in Berlin oder Heidelberg aufgewachsen sein. Auch hier scheint er den Osten perfekt zu kennen. Ich möchte mehr über ihn wissen und habe dennoch Angst vor ihm. Auf jeden Fall werde ich bei diesem Konzert sein am Freitag. Ich frage mich, was sie von ihm halten wird?

„Was halten Sie von Mr. Briarfield, Signore?" fragte Herr Trübner, als er mit dem Fremden allein war.

„Ich glaube, er ist in das verliebt, was Sie den Schutzengel dieses Ortes nennen."

„Daran habe ich nie gedacht", sagte der Deutsche. „Wie bist *du* darauf gekommen?"

„Ich habe meine Augen offen gehalten und zugehört, das ist alles."

„Es kann sein, wie Sie sagen", sagte der Deutsche nachdenklich. „Nun, ich würde sagen, nach allem, was ich gehört habe, würde es gut zusammenpassen. Er ist ein schönes Exemplar des englischen Gentleman. Mir wurde gesagt, dass er wohlhabend und sehr ehrgeizig ist."

„Und wie drückt sich sein Ehrgeiz aus?"

"Parlament."

Signor Ricordo lachte.

„Sie scheinen amüsiert zu sein, Signore. Sie sind heute Abend fröhlicher als sonst. Sie mögen Mr. Briarfield. Glauben Sie nicht, dass er ein guter Ehemann für unseren Schutzengel wäre?"

„Ich werde es dir nach Freitagabend sagen."

"Warum denn?"

„Weil ich dann die Dame gesehen habe, von der Sie mir so wundersame Dinge erzählt haben. Ich möchte ihr vorgestellt werden, um mit ihr zu sprechen. Ah!"

Herr Trübner blickte zu seinem Begleiter, als er seinen Ausruf hörte. Zum ersten Mal sah er, dass Signor Ricordos Augen weit geöffnet waren und dass ein Ausdruck auf seinem Gesicht ruhte, den er noch nie zuvor gesehen hatte. Aber nur für einen Moment. Schon bald schlossen sich seine Augen wieder halb, und der Ausdruck zynischer Melancholie kehrte in ihn zurück.

„Wir haben noch mehr Besucher, wie ich sehe", sagte er und nickte in Richtung zweier Männer, die gerade den Raum betreten hatten.

Der Deutsche drehte sich um und sah, wie zwei Fremde ihre Plätze einnahmen.

„Haben Sie Zigarren bei sich, Purvis?" hörte er einen sagen. „Ich habe meins in einer anderen Tasche gelassen, und ich glaube nicht, dass wir hier etwas bekommen können, das zum Rauchen geeignet ist."

Als Antwort zog der andere seinen Koffer aus der Tasche und die beiden unterhielten sich leise miteinander.

„Ja, Herr Trübner", sagte Signore Ricordo, „ich freue mich auf einen interessanten Abend am Freitag."

KAPITEL XXI

EIN GOLFSPIEL – EIN SPIEL DES LEBENS

„Ich wünschte, ich wäre nicht hierher gekommen, Purvis.“

"Warum nicht?"

„Nun, du weißt, wie ich mich fühle.“

Purvis zuckte mit den Schultern.

„Ihr Fehler kann leicht behoben werden, Sprague. Sie müssen nur den Zug vom Bahnhof Vale Linden nehmen und können dann nach Ilfracombe oder Westward Ho! fahren oder, was das betrifft, nach London zurückkehren.“

„Ja, ich weiß; und ich weiß auch, dass du durch mich hierher gekommen bist. Trotzdem fühle ich mich sehr gemein. Weißt du, obwohl dieser Brief die Auflösung der Verlobung und damit ihre Rettung bedeutete? Leben aus dem Ruin, sie hat es nie zur Kenntnis genommen und seitdem auch nie mehr mit mir gesprochen. Nicht, dass ich Dankbarkeit erwartet hätte, zumindest eine Zeit lang, aber nach sechs Jahren –“

„Wissen Sie, wir haben beide England für einen längeren Auslandsaufenthalt verlassen, als wir sofort wussten, dass die Blase geplatzt war.“

„Ja, ich weiß; trotzdem dachte ich, dass sie aus purer Dankbarkeit –“

„So eine Sorte ist sie nicht, Sprague. Folge meinem Beispiel und denk nicht mehr an sie. Halt, wir sind keine Kinder, und sie ist nicht die einzige Frau auf der Welt. Sie gab uns beiden unser *Congé* ; nehmen wir es gnädig an, und genießen Sie unser Golfspiel.“

„Ich wünschte, ich könnte sie vergessen, alter Mann; aber ich kann nicht. Ich fühle mich nicht wohl. In all diesen sechs Jahren habe ich sie nie vergessen, und als Leicester sich selbst ein Ende machte, sagte ich mir: „In zwei oder drei Jahren wird sie mir so dankbar sein, dass –“ Nun, Sie wissen, was ich dachte. Aber sie hat mich nie in irgendeiner Weise erkannt. Andere Leute, die wir kennen, wurden nach Vale Linden eingeladen, aber ich „Ich war noch nie einer der Glücklichen. Deshalb habe ich Sie dringend gebeten, mit mir an diesen Ort zu kommen. Das bedeutete, dass ich die Chance hatte, sie zu sehen, und ich hoffte, dass sie mir gegenüber freundlich sein würde.“

„Na ja, vielleicht. Wer weiß?“

„Ich frage mich, was sie jetzt für Leicester empfindet?“

„Höchstwahrscheinlich hat sie ihn vergessen.“

"Kaum."

"Warum nicht?"

„Nun, sehen Sie, sie hat sonst niemanden geheiratet.“

„Daraus mache ich mir nichts. Außerdem, wenn sie ihn wirklich geliebt hätte, glaubst du, sie hätte ihn über Bord geworfen?“

„Ja“, sagte Sprague nach kurzem Zögern.

„Wie kommst du da raus?“

„Keine Frau, die so stolz ist wie Olive, hätte ihn nach dem Brief, den ich geschrieben habe, heiraten können. Ich habe starke Argumente vorgebracht, Mann. Wissen Sie, Leicester hat sich so vollständig hingegeben, dass ich nur seine genauen Worte zitieren musste, um zu beweisen – nun ja , genau das, was ich beweisen wollte. Jedenfalls hat sie ihn umgeworfen.“

„Glauben Sie, Leicester hat sich wirklich um sie gekümmert?“

„Der Himmel weiß es. Es war unmöglich, genau zu sagen, was er empfand. Auf jeden Fall hat er danach Vollgas gegeben und sich dann umgebracht. Weißt du, obwohl das Ende des Kerls so furchtbar traurig war, habe ich einen... „Seufzer der Erleichterung, als ich den Bericht in den Zeitungen sah? Wenn er überlebt hätte – nun, ich möchte nicht darüber nachdenken, was mit uns beiden passiert wäre. Sie kennen diesen schrecklichen Ausdruck in seinen Augen, als er uns drohte.“

„Ja; aber was konnte er schließlich tun?“

„Man weiß nicht, was ein Kerl wie Leicester getan hätte. Aber da ist er tot, und damit ist Schluss.“

Schweigend stiegen die beiden Männer den Hügel in Richtung Moor hinauf. Mit etwas Abstand dahinter folgten zwei Jungen mit ihren Golfschlägern.

„Ich nehme an, das ganze Land hier in der Gegend gehört John Castlemaine“, bemerkte Purvis plötzlich.

„Das nehme ich an. Ich sage, Purvis, ist dir aufgefallen, was für ein gemischter Haufen wir im Homestead sind?“

„Eher; aber mir gefällt es. Dort geht es auch sehr gut. Natürlich war es nie für Leute wie uns gedacht, aber ich bin mir sicher, dass es dort Leute gibt, die nicht sparen müssen. Das hat mir jemand gesagt.“ Gestern Abend hat ein benachbarter Gutsbesitzer dort gegessen; und ist Ihnen dieser türkische Bursche aufgefallen?

„Ja, ein bemerkenswert aussehender Kerl, nicht wahr? Er lässt einen an Vampire denken. Dennoch habe ich gehört, dass er ein guter Typ ist. Ich würde gerne mit ihm plaudern.“

„Nun, das dürfte ganz einfach sein. Jemand hat mir erzählt, dass er auf die Links gegangen ist. Vielleicht sehen wir ihn dort.“

Sie machten sich auf den Weg zum Clubhaus und bereiteten sich darauf vor, ihr Spiel zu beginnen. Ein paar Männer standen am ersten Abschlag und warteten auf den Start.

„Wir müssen nicht lange warten“, sagte Purvis. „Ich sage, da ist dieser Türke. Ich glaube, er sucht nach einem Gegenstück.“

„Sicherlich wird er nicht spielen können.“

„Jedenfalls hat er seine Vereine und er scheint ein Spiel zu wollen. Bitten wir ihn, sich uns anzuschließen. Das wird nur höflich sein.“

„Ich mag keine Dreier.“

„Ich auch nicht auf einer überfüllten Strecke, aber das spielt hier keine Rolle. Wir haben viel Zeit; es ist noch nicht zehn Uhr.“

„Aber ich gehe davon aus, dass er nur ein Anfänger ist. Wenn er es ist, wird er uns das Spiel verderben.“

"Okay, lass uns nachsehen."

Signor Ricordo stand in der Nähe des Abschlags, als sie heraufkamen. Er verneigte sich vor ihnen und trat beiseite.

„Spielen Sie nicht, Sir?“ fragte Purvis.

„Ja“, antwortete Ricordo. „Ich werde alleine herumgehen, wenn du weg bist. Ich habe hier kurz nach neun ein Treffen mit einem Herrn vereinbart, aber ich habe die Nachricht erhalten, dass er nicht kommen kann.“

„Hast du viel gespielt?“ fragte Sprague.

Ricordo sah ihn mit halb geschlossenen Augen an; Dennoch war an seinem Blick offensichtlich Interesse zu erkennen.

„Wir im Osten spielen das Spiel nicht. Aber als ich nach England kam – was würden Sie? –, was andere taten, tat ich. Das ist die englische Mode, nicht wahr?“ und er lachte leise.

„Haben Sie eine Behinderung?“ fragte Sprague.

"Ein Was?"

„Ein Handicap. Das bedeutet – nun ja, es handelt sich um die Anzahl der Schläge, die einem Spieler erlaubt sind.“

„Ein Handicap. Ach ja, ich bin behindert; aber nicht auf diese Weise, Signore. Ich fürchte, ich spiele nicht einmal gut genug, um ein Handicap zu haben.“

„Willst du nicht mitmachen?“ fragte Purvis. „Wir können problemlos einen Dreier machen.“

Der Fremde warf einen Blick zu, nicht auf Purvis, sondern auf Sprague, und er sah, dass er den Vorschlag nicht freundlich aufnahm. Sowohl Purvis als auch Sprague waren gute Spieler, und vor allem Letzterer wollte sich das Spiel nicht verderben lassen.

„Ich kann eine so freundliche Einladung nicht ablehnen“, sagte Signor Ricordo. „Aber ich werde mich nicht in Ihr Spiel einmischen. Lassen Sie das Spiel zwischen Ihnen beiden stattfinden, während ich weiterkämpfe, so gut ich kann. Wenn – wenn ich so etwas nicht beweise – wie nennt man das? – dumm wie ich Angst, dann könnte ich manchmal am Wettbewerb teilnehmen; aber das wird, glaube ich, nicht der Fall sein. Dennoch kann ich eine solche Höflichkeit nicht ablehnen.“

Er sah beeindruckend aus, als er neben ihnen stand. Seine Kleidung unterschied sich zwar nicht sehr von der der anderen, hatte aber einen etwas fremden Stil; während sein Fez, der sein dunkles, orientalisch anmutendes Gesicht überragte, ihn überall als Orientalen erkennen würde.

„Werden Sie fortfahren, meine Herren?“ er machte weiter; „Was mich betrifft, werde ich das Schlusslicht bilden. Wenn ich merke, dass ich Ihnen das Spiel verderbe, steige ich aus.“

Purvis und Sprague wetteiferten um die Ehre, und ersterer fuhr als Erster, nachdem er sie gewonnen hatte. Sein Ball flog pfeilgerade auf die ferne Flagge zu. Als nächstes folgte Sprague und schickte seinen Ball bis auf ein Dutzend Meter an den Ball heran, den Purvis geschlagen hatte.

„Ah“, sagte Signore Ricordo, „ich fühle mich demütig, bevor ich anfange. Ich sehe, dass ich Ihre Gesellschaft nicht mehr lange verdienen werde.“

Er hat seinen Ball geschlagen und ihn schlecht verpfuscht. Es verschwand im Heidekraut, wo man etwa zwei oder drei Minuten damit verbrachte, es zu finden. Sprague und Purvis halbierten das Loch, während Ricordo mehrere Schläge weniger hatte.

„Wir müssen den Kerl loswerden“, sagte Sprague. „Sie sehen, er ist nur ein Anfänger.“

„Lasst uns höflich sein“, sagte Purvis. „Wir bleiben am selben Ort und er verspricht interessant zu werden.“

Beim nächsten Loch schnitt Ricordo etwas besser ab, aber nur geringfügig. Sprague begann über einen Hinweis nachzudenken, den er ihm geben könnte, der ihn dazu veranlassen würde, sie zu verlassen.

„Ich werde noch ein oder zwei Löcher mit Ihnen spielen, Herr – Herr – ah, ich fürchte, ich habe Ihren Namen nicht verstanden."

„Sprague ist mein Name."

„Sprague, Sprague – danke; ja, ich werde mich erinnern. Mein Name ist Ricordo – das bedeutet erinnern, und ich werde mich erinnern, ja."

„Und meiner ist Purvis."

„Danke. Ja, ich werde mich daran erinnern. Ich werde noch ein oder zwei Löcher mit dir spielen, und wenn ich dann weiterhin so ein Dummkopf bin – ja, das ist das richtige Wort –, dann gehe ich weg und fordere dich heraus." für morgen."

„Golf ist ein schwieriges Spiel", sagte Sprague; „Man lernt es nicht an einem Tag."

„Ah, Sie glauben nicht, dass ich Ihnen morgen gewachsen sein werde."

"Warum tun Sie?" und Sprague lachte leicht.

„Wenn nicht morgen, dann am nächsten Tag. Ich ruhe nie, bis ich meinem – wie nennt man das – Feind gewachsen bin?"

„Nicht ganz so schlimm – Gegner", sagte Purvis.

„Gegner, ja, das ist das richtige Wort. Ich habe Englisch gelernt, als ich ein Junge war, aber in letzter Zeit hatte ich so wenig Übung darin, und so – aber da werde ich mich erinnern. Wann immer ich ein Spiel spiele – und das ist kein Leben." ein Spiel? – Zuerst werde ich oft geschlagen. Aber dann fällt mir ein, dass es immer ein Morgen gibt, und so mache ich weiter."

„Bis du deinem Gegner gewachsen bist?"

„Bis ich ihn geschlagen habe", sagte Ricordo.

Sprague lachte. „Im Golfsport ist viel Morgen gefragt, Herr Ricordo", sagte er.

„Ja, sie werden für die meisten Dinge benötigt; aber sie kommen. Trotzdem hat dieses Spiel gerade erst begonnen. Wer weiß? Vielleicht werde ich mich verbessern!"

Dieses Gespräch fand statt, als ich vom Grün zum Abschlag ging, was in diesem Fall eine kurze Distanz war.

Die nächsten fünf Löcher spielten Sprague und Purvis mit unterschiedlichem Erfolg, aber als das siebte Loch gespielt wurde, lag ersteres um eins vorne. Was Ricordo anbelangt, so hat er sich zwar erheblich verbessert, konnte aber bei keinem von beiden ein einziges Loch halbieren. Als es ihm besser ging, boten sie ihm Streicheleinheiten an und machten so die Möglichkeit eines Matches möglich, aber er lehnte ab.

„Ich spiele immer gerne auf Augenhöhe", sagte er sentimental. „Du schlägst nie einen Mann, wenn er dir Schläge gibt. Lass mich sehen, ich bin jetzt sieben weniger. Wenn ich noch zwei verliere, wird es für mich unmöglich sein, das Match zu gewinnen, oder?"

„Das ist die Rechnung, denke ich", sagte Purvis.

"Ah!" sagte Ricordo.

Ding! Ding! Ding! Die drei Bälle flogen durch die Luft und jeder landete direkt auf dem Grün, nur dass Ricordos Ball in diesem Fall mehrere Meter weiter flog als die anderen.

„Das war ein Glücksfall von mir", sagte er, als er sah, wie sie vielsagende Blicke wechselten. „Ah! Wenn ich es nur immer tun könnte!"

Zum ersten Mal verspürte Sprague in dem Spiel eine Spur von Konkurrenz. Obwohl er sieben Löcher vor dem Fremden hatte und nur noch elf Löcher zu spielen hatten, schoss ihm die Möglichkeit einer Niederlage in den Sinn. Außerdem verspürte er einen kleinen Groll wegen der überlegenen Art, in der der Ausländer sprach. Er ergriff einen Eisenschläger und platzierte seinen Ball innerhalb von zwei Metern Entfernung zum Loch.

„Das ist großartig", bemerkte Ricordo. „Hier kommt es auf Geschick an."

Als nächstes kam Purvis, und als er seinen Ball auf das Grün schickte, befand er sich in einer extremen Ecke.

„Wenn ich dieses Loch verliere, schrumpft meine Chance, bei dir zu gewinnen, auf den Nullpunkt", bemerkte Ricordo. „Nun, ich darf es nicht verlieren."

Er blickte fest auf den Ball und wandte sich dann an seine Gefährten.

„Ist das nicht skurril?" er sagte. „Dieses kleine Ding scheint ein Teil unseres Lebens geworden zu sein, nicht wahr? Und das Golfspiel ist auch ein Spiel des Lebens, *nicht wahr*? Verzeihen Sie mir, Signores, aber ich bin ein Ostler, und alles im Leben ist ein Gleichnis." an solche wie mich."

Er schlug den Ball und legte ihn, wie Golfer sagen, „tot" hin.

„Guter Schuss", sagte Purvis; Sprague sagte nichts.

Zum ersten Mal verlor Purvis ein Loch gegen Ricordo, aber Sprague halbierte es mit ihm.

„Gutes Loch“, bemerkte Purvis. „Einer unter Bogey.“

„Ah ja“, sagte Ricordo, „aber ich kann es mir nicht einmal leisten, mit Mr. Sprague zu halbieren, wenn ich das Match gewinnen will, nicht wahr? Sieben auf und zehn zu spielen. Nein, ich muss gewinnen und nicht halbieren. Ich habe verloren.“ so viel am Anfang des Spiels. Das Spiel des Lebens ist immer schwer zu gewinnen, wenn man am Anfang verliert.“

Sprague nahm die Ehre entgegen und fuhr mit unfehlbarer Präzision. Als er es fallen sah, erschien ein Ausdruck der Zufriedenheit in seinen Augen.

„Der längste Ball, den du heute gefahren hast, Sprague“, sagte Purvis. „Von dort aus ist es möglich, das Grün mit einem guten ‚Brassy‘ zu erreichen.“

„So wie es aussieht, gibt es kurz vor dem Grün eine gefährliche Gefahr“, bemerkte Sprague mit festem Blick.

„Da ist es, zur“, sagte einer der Caddies, „eine große, große Grube, überwuchert mit Vuss und Vearny-Zeug.“

Ricordo sprach seinen Ball an. Der Tee war etwas zu hoch, und er klopfte darauf. Einen Moment später machte er seinen Schuss. Es gab eine leichte Kurve, aber er überholte Sprague um zwei oder drei Meter. Purvis hat zum ersten Mal seine Fahrt vermasselt.

„Wirst du es versuchen?“ fragte Purvis, als Sprague vor seinem Ball stand.

„Es ist riskant“, sagte der andere. „Tragen Ihre Spieler hier das Grün in zwei Teilen?“ fragte er den Caddy, der ein Bügeleisen für ihn herausholte.

„'T 'ave bin dun, zur“, antwortete der Caddy. „Die Perfeshernalen haben es getan, ein Herr aus London; aber sie tun es nicht. Bezides, es weht ein wenig Wind.“

„Ich werde es versuchen“, sagte Sprague und nahm das Blech entgegen.

Er schlug den Ball fair, aber er ging nicht ins Tor. Es fiel ins Gebüsch.

Sprague unterdrückte einen wütenden Ausruf.

„Wirst du auf Sicherheit spielen, zur?“ fragte der Caddy von Ricordo.

Ricordo nahm dem Jungen das Messing ab und blickte unverwandt in Richtung des Grüns.

„Risiko“, bemerkte Purvis fast unwillkürlich. Er wusste, dass er nach strengen Regeln kein Recht hatte, etwas zu sagen.

„Das Wesen des Lebens ist das Risiko", bemerkte Ricordo. Irgendwie hatten beide das Gefühl, dass er ein anderer Mann war als noch vor einer Stunde. Er schien kein Spiel mehr zu spielen, von dem nichts abhing, sondern er kämpfte um einen großen Sieg im Leben. Seine Augen waren nicht mehr halb geschlossen und der alte Ausdruck zynischer Gleichgültigkeit war verschwunden. Wenige Sekunden später fiel sein Ball bis auf sechs Yards an den Kegel heran.

Keiner der Spieler gab einen Ton von sich; aber die Jungen konnten ihre Bewunderung nicht unterdrücken.

„Sie haben an der Wende sechs Vorsprung, Signore", bemerkte Ricordo zu Sprague. „Das stehen die Chancen gegen eins; aber *noi verremo* ."

Sprague ging schweigend zum nächsten Abschlag. Es war das erste Loch, das er gegen den Ausländer verloren hatte, und obwohl seine Position nahezu uneinnehmbar schien, hatte er Angst zu verlieren. Er hatte das Gefühl, nicht mit einem Mann, sondern mit dem Schicksal zu spielen.

Ricordo nahm die Ehre entgegen. Das Grün war über zweihundert Meter entfernt, aber er landete seinen Ball sicher darauf. Sprague fuhr als nächstes; er schaffte es nicht, es um mehr als dreißig Meter zu erreichen. Purvis erging es nicht besser. Wieder gewann Ricordo das Loch.

„Fünf gespielt, noch acht übrig", lachte er freundlich. „Ich kann es mir nicht leisten, Fehler zu machen, Signore."

Ding, dong, die Bälle gingen. Als sie das siebzehnte Loch gespielt hatten, hatte sich Ricordo tatsächlich einen Vorsprung vor Purvis gesetzt und war mit Sprague völlig einverstanden. Das Spiel sollte auf dem letzten Grün beendet werden.

„Ah, das gefällt mir", sagte Ricordo leichthin. „Das Leben ist nie interessant, wenn alles früh im Spiel geklärt ist, nicht wahr, Mr. Sprague? Und alles ist viel mehr wert, wenn wir mit einem einzigen gewagten Schlag gewinnen, nicht wahr?"

Warum das so war, konnte Sprague nicht sagen, aber sein Herz schlug schneller als gewöhnlich. Eine Atmosphäre grimmiger Ernsthaftigkeit erfüllte ihn, und noch mehr, eine Angst erfüllte sein Herz. Nachdem er das Spiel in der Hand hatte, lief er Gefahr, es zu verlieren. Nicht, dass er schlecht gespielt hätte. In fast allen Fällen war er mit dem Bogey auf Augenhöhe gewesen, aber dann hatte ihn der Fremde auf den letzten neun Löchern in fast allen Fällen mit einem Schlag geschlagen. Ja, er war wütend. Der Mann hatte als Anfänger angefangen, er hatte seine Chancen verspielt und doch hatte er alles verlorene Terrain wieder gut gemacht. Mehr als einmal ertappte er sich dabei, wie er Ricordos dunkle Gesichtszüge beobachtete. Der Fez, der sein Gesicht überragte, ließ ihn unheimlich aussehen. Der schwarze Bart und der Schnurrbart bedeckten seinen Mund, aber er bildete sich ein, dass ein spöttisches Lächeln seine Lippen umspielte. Der Mann machte auf ihn einen mysteriösen Eindruck. Manchmal stellte er sich vor, er sei ein Engländer, doch wieder schossen ihm seltsame Vorstellungen über ihn durch den Kopf. Er stellte sich vor, wie er an Orten in der Wüste unterwegs war und von dunklen Dingen träumte.

„Jedenfalls kann ich nicht gewinnen", sagte Purvis. „Das Beste, was ich tun kann, ist, das Spiel mit Ihnen zu halbieren, Herr Ricordo."

„Aber ich habe eine Chance zu gewinnen", sagte Sprague. „Übrigens, Signore, wir hatten nichts mit dem Spiel zu tun. Was sagen Sie zu einem Einsatz auf diesem Loch?"

„Nein, Mr. Sprague, ich spiele nie um Einsätze, außer um den Einsatz des Lebens."

"Wie meinst du das?"

„Ein Spiel ist für mich immer mehr als ein Spiel. Es hat ein Schicksal in sich. Deshalb spielen wir um Einsätze, um große Einsätze."

"Was sind Sie?"

„Ah, wer kann das sagen? Vielleicht für den Himmel, vielleicht für die Hölle."

„Oh, sage ich!"

Sie standen jetzt am achtzehnten Abschlag und das Grün befand sich in der Nähe des Clubhauses. In der Nähe der Fahne sahen sie eine Frau und einen Mann.

„Weißt du, wer das auf dem Grün ist?" fragte Ricordo den Caddie, der seinen Abschlag gemacht hatte und wegzog.

„Ja, das ist Miss Castlemaine, zu der die Links gehören, und Muster Briarfield." Der Junge eilte in Richtung Grün davon.

"Ah!" sagte Ricordo, „vielleicht spielen wir für die Dame – wer weiß?"

Während er sprach, blickte er Sprague an und bemerkte die Blässe seines Gesichts.

„Kennen Sie Miss Castlemaine?" fragte Purvis.

„Ich hatte erwartet, sie zu sehen, als ich hierherkam", sagte der Fremde; „Aber, wie ich gestern Abend zu Mr. Briarfield sagte, hatte ich, obwohl ich schon mehrere Tage hier bin, noch nicht das Glück, sie zu Gesicht zu bekommen. Aber das Glück ist mir jetzt wohlgesonnen. Ah, wir spielen um einen großen Einsatz, Mr. Sprague. Wer weiß?

„Vielleicht wird der Mann, der an ihrer Seite steht, sie gewinnen“, lachte Purvis. Er wusste kaum, warum er sprach.

„Der Mann, der danebensteht, sieht vielleicht den größten Teil des Spiels“, sagte Ricordo, „aber er gewinnt nie – niemals. Es ist nur der Mann, der spielt, der gewinnt. Ach, meine Herren, am Abschlag über die Einsätze zu diskutieren, ist eine schlechte Vorbereitung.“ ein Schlaganfall; deshalb werden wir das Thema abtun. Außerdem schließe ich nie Wetten ab. Das Leben selbst ist die Wette.“

Er schlug seinen Ball, und obwohl er weit flog, hatte er das, was Golfer einen „Slice“ nennen. Es umging die Gefahr, rollte aber rechts vom großen Grün weg, mindestens zwanzig Meter vom Loch entfernt. Er machte keine Bemerkung, sondern trat zur Seite, damit Sprague spielen konnte.

„Du hast deine Chance, Sprague“, sagte Purvis mit leiser Stimme. „Ein guter gerader Schlag, und Sie sind nah am Abschlag; es dürfen nicht mehr als 180 Yards sein.“

Sprague spürte, wie seine Hände zitterten. Er hatte in dieser Runde keine Fahrt verpasst; Er beschloss, dass er es jetzt nicht verpassen würde. Der Fremde hatte ihm das Gefühl gegeben, dass das Spiel ein Spiel des Lebens *sei* . Er wusste nicht warum, aber es schien ihm, dass die Zukunft davon abhängen würde, ob er gewann oder verlor.

Sein Ball flog durch die Luft. Es war geprägt und rein und wahr; es fiel bis auf zehn Meter an das Loch heran.

"Gut!" sagte Purvis, „ein guter Putt, und Sie liegen mit zwei Schlägen am Boden.“ Irgendwie hatte er selbst das Interesse an dem Spiel verloren; sein gesamtes Interesse konzentrierte sich auf die anderen beiden. Selbst als sein Ball das Grün nicht erreichte, machte es ihm nichts aus; Es war ihm egal, ob er verlor.

Als sie das Grün erreichten, stellten sie fest, dass Spragues Ball den Ball von Ricordo behindert hatte – das heißt, er lag auf dem Grün auf einer geraden Linie zwischen Ricordos Ball und dem Loch.

„Werden Sie entweder ausspielen oder Ihren Ball abholen, Signore?“ sagte Ricordo leise. „Ich glaube, es ist das Gesetz, dass es in einem Spiel mit drei Bällen keine Hindernisse gibt.“

Er sagte das, weil Sprague darauf wartete, dass er spielte.

„Wenn es ein Stymie *ist* , sicherlich“, sagte er fast wütend.

„Sehen Sie selbst“, sagte der Fremde.

Sprague schaute. „Sehr gut, ich werde es durchspielen“, sagte er.

Er warf einen hastigen Blick in die Runde und sah, dass Olive Castlemaine und Herbert Briarfield an den Rand des Grüns gegangen waren und den Wettbewerb beobachteten.

Sprague maß sorgfältig die Distanz und ergriff dann den Putter, den er spielte. Der Ball rollte zum Rand des Lochs und blieb stehen. Sein Herz hörte fast auf zu schlagen. Dann bog sich vielleicht ein Grashalm oder ein Windhauch bewegte sich – jedenfalls fiel der Ball in das Loch.

Ricordo lachte freundlich. „Ah, wir halbieren es, wie ich sehe", sagte er.

„Dafür werden Sie Ihre ganze Zeit brauchen", sagte Sprague triumphierend.

Seine Worte waren kaum über seine Lippen gekommen, als Signor Ricordos Ball über das Grün rollte.

„Zu lebhaft", dachte Purvis; aber er hat sich geirrt. Es kam direkt zum Loch und fiel hinein.

Sie hörten, wie jemand am Rande des Grüns klatschte; es war Herbert Briarfield, der zugesehen hatte.

„Wir werden es an einem anderen Tag durchspielen", sagte Sprague.

Signor Ricordo ging zu der Stelle, wo Herbert Briarfield und Olive Castlemaine standen. Seine Augen hatten sich wieder halb geschlossen, während sich in seinem Gesicht der alte Ausdruck zynischer Melancholie manifestierte.

KAPITEL XXII

SIGNOR RICORDO UND OLIVE

„Das war ein toller Putt von Ihnen, Signore. Haben Sie das Match gewonnen?" sagte Herbert Briarfield, als er heraufkam.

„Nein, es wurde nur halbiert. Das Spiel muss noch ausgespielt werden."

„Signore, ich möchte Ihnen Miss Castlemaine vorstellen, deren Güte wir diese Verbindungen verdanken."

Olive sah ihn gespannt an. Sie streckte halb ihre Hand aus, aber der Fremde bot ihr nicht an, sie zu nehmen. Er verneigte sich tief und legte seine rechte Hand auf seinen Fez; aber er hob es nicht hoch.

„Ich fühle mich sehr geehrt", sagte er mit leiser Stimme, und Briarfield glaubte einen Akzent zu bemerken, den er vorher nicht bemerkt hatte.

„Ich hoffe, Sie genießen Ihren Besuch hier, Signore", sagte Olive und blickte ihn neugierig an.

„Es wird von Tag zu Tag interessanter", war seine Antwort.

„Ich bin sehr froh", sagte Olive. „Vielleicht kam Ihnen der Ort anfangs ziemlich seltsam vor, und jetzt, wo Sie sympathische Bekannte finden, fühlen Sie sich, wie wir Engländer sagen, ,mehr zu Hause'."

„Ja, ich mache Bekanntschaften. Heute Morgen zum Beispiel habe ich den Kreis erweitert und fand Mr. Sprague und Mr. Purvis sehr interessant."

„Wen hast du gesagt?" fragte Olive schnell.

„Mr. Sprague und Mr. Purvis", sagte Ricordo und betonte ihre Namen, so wie es ein Ausländer tun würde. „Ah, du kennst sie? Ich glaube, sie kommen hierher."

„Ich muss zurück, Mr. Briarfield", sagte Olive schnell. „Vater erwartet mich zum Mittagessen."

„Ich werde mit dir zurückgehen", sagte Briarfield.

„Und ich auch, wenn ich darf", sagte Ricordo.

„Du spielst heute Nachmittag nicht?" sagte Briarfield.

„Nein, ich glaube, ich bin faul, oder vielleicht werde ich alt. Wir Ostländer lieben es, in der Sonne zu sitzen, wissen Sie, anstatt sich darin zu bewegen. Nicht, dass ich mich müde fühle. Die Luft hier gibt einem Kraft. Ah, Fräulein

Castlemaine, Sie waren eine Wohltäterin für den müden Teil der Bevölkerung Ihres Landes, als Sie Ihr Gehöft errichteten."

„Ich fürchte, nur in geringem Maße", antwortete Olive. „Nur wenige können davon profitieren."

„Ah, aber wenn alle in Ihrer Lage das Gleiche tun würden –" bemerkte Ricordo. „Aber da darf ich mich nicht beschweren, ich bin einer der wenigen. Außerdem habe ich mehr als mein Verdienst. Ich wurde nicht als Fremdling angesehen. Ach, man muss sehr vertrauensvoll sein, einen Fremden aufzunehmen, ohne Fragen zu stellen." "

„Miss Castlemaine hat keinen Respekt vor Nationalitäten", warf Herbert Briarfield ein.

„Ah nein, arm zu sein, müde zu sein – das reicht. Aber Mr. Sprague und Mr. Purvis, mit denen ich Golf gespielt habe, sahen weder arm noch müde aus. Aber vielleicht kennen sie dich – sie haben gesprochen als ob sie es täten.

Olive antwortete nicht, noch begegnete sie Ricordos Augen, die auf ihr Gesicht gerichtet waren. Sie fragte sich, ob sie diesem Mann etwas aus der Vergangenheit erzählt hatten.

„Und du magst Vale Linden?" fragte sie plötzlich, um das Schweigen zu brechen.

„Es ist der Garten Eden", antwortete Ricordo; „Ja, der Garten Eden, bevor die Schlange Unheil brachte."

Sie wollte antworten; aber es fiel ihr nichts ein, etwas zu sagen. Sie hatte das Gefühl, dass Herbert Briarfield Recht hatte. Der Mann schlug ein Geheimnis vor; Sie war sich nicht sicher, ob er einen positiven Eindruck auf sie gemacht hatte, und dennoch lag eine gewisse Faszination in seiner Gegenwart.

„Sie kennen England?" sagte sie plötzlich; „Sie sprechen unsere Sprache so gut, dass Sie bestimmt viel Zeit im Land verbracht haben."

„Kann irgendjemand ein Land kennen?" fragte Ricordo. „Die Geographie ist nicht schwierig. Eine Stunde mit einer Karte, und sogar London kann man kennen. Aber die Felder, die Hügel, die Straßen, die Städte, sie machen kein Land aus. Die Menschen in England also? Ah." , ich kenne die Menschen zutiefst nicht."

„Und doch sind wir kein schwer zu verstehendes Volk", bemerkte Olive.

„Nein, denkst du nicht? Ich weiß es nicht, ich habe nie versucht, es zu wissen."

"NEIN?"

„Ich begnüge mich mit dem Blick auf die Oberfläche."

„Ist das nicht eine seltsame Geisteshaltung für einen Ostler?"

„Ich fürchte, ich folge dir nicht."

„Nun, ich habe immer geglaubt, dass die Menschen aus dem Osten sehr philosophisch und große Wahrheitssucher sind."

„Ah, aber die Jahre lehren Weisheit, Signorina, und diese Weisheit sagt: ‚Suche niemals die Wahrheit.'"

"Warum?"

„Denn die Wahrheit ist es nie wert, sie zu kennen."

Er sprach ganz natürlich und schien sich nicht bewusst zu sein, dass er eine zynische Aussage machte. Er hob auch nicht den Blick zu ihr. Er ging langsam und ließ den Blick auf den Boden gerichtet.

Olive verspürte eine seltsame Faszination in seiner Gegenwart; außerdem hatte sie nicht das Gefühl, mit einem Fremden zu sprechen. Sie hatte das Gefühl, ihn schon einmal gesehen zu haben, ihn schon einmal sprechen gehört zu haben. Und doch war alles an ihm seltsam. Seine Stimme kam ihr nicht bekannt vor, und sie hatte einen seltsam fließenden Ton, der unenglisch klang, und doch bildete sie sich ein, sie irgendwo gehört zu haben. Während sie zuhörte, erinnerte sie sich an die Vergangenheit und dachte an die Tage, bevor der dunkle Schatten auf ihr Leben fiel. Ohne zu wissen warum, dachte sie an Leicester. Der Zynismus des Fremden erinnerte sie an die Nacht, als sie ihn zum ersten Mal traf. Sie erinnerte sich, wie Leicester die Versammlung im Haus ihres Vaters dominiert hatte und dass sie ihn bewundert hatte, obwohl sie mit allem, was er gesagt hatte, nicht einverstanden war. Das Gleiche geschah jetzt. Herbert Briarfield, an den sie in den letzten Tagen viel gedacht hatte, schien in den Hintergrund gerückt zu sein. Er war jemand, der keine Rolle spielte, während der Mann, der ein Fremder war, ihn ausgelöscht hatte. Vielleicht lag das daran, dass sie merkte, dass sie allem, was er sagte, eine doppelte Bedeutung beimaß. Natürlich könnte das daran liegen, dass er aufgrund seiner orientalischen Assoziationen die Dinge anders betrachtete als ein Engländer; Aber sie hatte schon früher mit Männern aus dem Orient gesprochen, und diese hatten sie nicht im gleichen Maße beeindruckt. Dennoch verspürte sie eine Art Vergnügen, ihren Verstand mit seinem in Einklang zu bringen, auch wenn sie das Gefühl hatte, dass sie bei dieser Begegnung vielleicht nicht die Beste sein würde.

„Aber wäre Ihre Geisteshaltung nicht verhängnisvoll, wenn sie universell wäre, Signore?" Sie fragte.

„Entschuldigen Sie, ich denke, es ist universell."

„Sie meinen, dass es uns nicht darum geht, die Wahrheit herauszufinden?"

„Genau. Wohlgemerkt, ich sage nicht, dass ihr Engländer, die ihr euch mit eurer Ehrlichkeit rühmt, theoretisch nicht der Meinung seid, dass die Wahrheit das Größte ist, wonach man streben muss; aber im Handeln, im Leben, nein. Lasst einen Mann treu sein." Wahrheit und er wird als Verrückter und Narr hingestellt.

„Würde es Ihnen etwas ausmachen, ein Beispiel zu geben?"

„Ein Dutzend, wenn Sie so wollen. Hier ist einer. Es ist eine allgemein akzeptierte Theorie, dass Wohlbefinden und Glück nicht davon abhängen, was wir besitzen, sondern davon, was wir sind. Dass ‚sein' mehr ist als ‚haben'. Wie viele sind ihrem Glauben treu? Einer von einer Million? Wo einer seine Energie darauf verwendet, sein Leben zu bereichern, geben eine Million ihre Energie dafür aus, etwas zu erreichen, das nach allgemeiner Zustimmung vergänglich ist. Wenn die Hälfte der Energie für die Verschönerung des Charakters aufgewendet würde, wird diese aufgewendet Wenn man in der gewöhnlichen Akzeptanz des Begriffs „weiterkommt", würde das kommen, was Christen das Tausendjährige Reich nennen."

„Nehmen Sie nicht viel an, Signore?"

„Aber was, Signorina?"

„Dass du die Beweggründe des menschlichen Herzens verstehst?"

Er zuckte mit den Schultern.

„Man urteilt nach dem, was man sieht", sagte er. „Und damit begnügt man sich am besten. Wer unter die Oberfläche schaut, wird verrückt."

„Und doch bist du nicht verrückt?" und sie lachte fröhlich.

„Ich bin nicht sicher", sagte er, und in seinem Ton lag eine ruhige Intensität – „Nein, ich bin nicht sicher. Manchmal denke ich, dass ich es bin. Aber was dann, Signorina? Wir haben unser kleines Leben zu leben, unser kleines." Rolle auf der Weltbühne zu spielen."

Wieder wurde sie an Leicester erinnert, und als sie an ihn dachte, überlief sie eine Art Schauer. Das war wieder Leicester; aber ein anderes Leicester – ein Leicester der besonderen Art.

„Aber warum sollte man es spielen, wenn es so schlecht ist?"

„Ah, Signorina, glauben Sie nicht, dass ich diese Frage tausendmal gestellt habe? Aber ich habe ja im Osten gelebt. Was kann ein Mann gegen das Schicksal tun? Die Araber haben eine große Wahrheit in die Hände bekommen: Kismet. Ist nicht alles." Philosophie, die sich darauf konzentriert?

„Nein", sagte sie, „das glaube ich nicht. Wenn das wahr ist, dann wäre jede begangene schlechte Tat Ausdruck des Willens Gottes. Jeder Mord, jedes Verbrechen und jede Gräueltat hat seine Sanktion, seinen Segen."

„Signorina hat noch nie im Osten gelebt?"

„Ich sehe nicht, dass das wichtig ist."

Signor Ricordo lachte leise.

„Es ist erfrischend, Ihnen zuzuhören", sagte er. „Ich kann jetzt in deinen Geist sehen. Du denkst, dass die fatalistische Doktrin alle Tugend und jede Verantwortung zerstört."

"Genau."

„Und doch sind wir verantwortlich? Wird nicht jede Handlung des Lebens für uns durch Umstände, Veranlagung, Vererbung, alle Kräfte bestimmt, über die wir keine Kontrolle haben?"

„Und nachdem Sie das alles zugegeben haben, sagt Ihnen jede Fähigkeit Ihres Wesens, dass Sie verantwortlich sind. Nachdem Sie jedes fatalistische Argument zugegeben haben, wissen Sie, dass es falsch ist. Und mehr noch: Sie wissen, dass Sie von Reue heimgesucht werden, wenn Sie Unrecht tun. weil du das Gefühl hast, dass du es richtig *hättest* machen können.

"Richtig falsch!" sagte Ricordo und lachte auf seine sanfte, einschmeichelnde Art.

„Du glaubst nicht an sie?"

„Ah, Signorina, lassen Sie uns aufhören zu streiten. Ihr Glaube ist ein Baum, der so schöne Blumen und so wundersame Früchte getragen hat, dass Sie die Logik verwirren. Aber andererseits, Signorina, haben Sie nie in der Hölle gelebt."

Sowohl Herbert Briarfield als auch Olive warfen ihm kurze Blicke zu, aber er änderte seine Haltung nicht; Er ging ruhig weiter, den Blick auf den Boden gerichtet.

„Ich sage, Signor Ricordo", sagte Briarfield in einem anprangernden Ton.

„Deshalb habe ich Angst vor der Wahrheit", fuhr Ricordo fort, ohne Briarfield zu bemerken. „Wenn ein Mann jahrelang in der Hölle gelebt hat, bringt das vorgefasste Meinungen durcheinander, es zerstreut die Logik und lässt die konventionelle Moral als das erscheinen, was sie ist."

Olive Castlemaine hatte das Gefühl, dass der Mann eine Art Zauber auf sie ausgeübt hatte. Sie war sich nicht darüber im Klaren, dass ihre Unterhaltung, gelinde gesagt, nicht das Selbstverständliche zwischen Menschen war, die sich zum ersten Mal begegnet waren. Hätte ihr am Vortag jemand gesagt, dass sie bei einem Treffen mit einem Fremden, von dem sie nichts wusste, mit ihm über solche Themen diskutieren würde, hätte sie darüber gelacht, es sei unmöglich, aber sie spürte nichts von der Ungereimtheit der Situation. Irgendwie wirkte Ricordo wie eine Stimme aus der Vergangenheit, und eine Zeit lang vergaß sie die Gegenwart.

„Du hast gelebt – das heißt –"

„Ja, Miss Castlemaine, ich habe in der Hölle gelebt. Ich bin tiefer in ihre Tiefen vorgedrungen, als Dante jemals gesehen hat. Die Flammen, die er sah, haben mich verbrannt, die ‚aufregenden Regionen aus dickgeripptem Eis', von denen Shakespeare sprach, haben mich zermalmt." Ich habe all diese natürlichen Eigenschaften der Menschheit aus mir herausgeholt. Nein, ich habe vergessen, nicht alle, nicht alle!"

Wieder zitterte Olive Castlemaine. Sie dachte wieder an Leicester, sie wusste nicht warum. Der Gedanke an ihn beschäftigte sie in letzter Zeit immer weniger. Ein Mann, der vor mehr als sechs Jahren gestorben war, war natürlich immer mehr nur noch eine Erinnerung. Sie konnte nicht sagen, warum sie an ihn dachte, denn dieser Fremde mit seinem dicken schwarzen Bart und seiner dunklen Haut hatte wenig Ähnlichkeit mit dem blassgesichtigen, glattrasierten Mann, den sie vor Jahren gekannt und geliebt hatte. Außerdem waren die Stimme und die Sprechweise unterschiedlich. Auch er hatte eine größere Form als Leicester und war viele Jahre älter.

„Ich fürchte, meine Rede ist Ihnen zuwider", fuhr Ricordo fort, „und ich bitte Sie um Verzeihung. Ich bin Ihre Art und Ausdrucksweise nicht gewohnt. Und ich vertraue darauf, dass ich Sie nicht beleidigt habe. Glauben Sie mir, so etwas." dachte, ein solcher Wunsch liegt mir fern."

„Auf keinen Fall", sagte sie schnell. „Ich – ich bin sehr interessiert. Zweifellos sind die Erfahrungen derjenigen, die in anderen Ländern gelebt haben, andere als diejenigen, die ihr Leben in solchen Umgebungen verbringen."

Signor Ricordo ließ seinen Blick schnell umherschweifen und erblickte einen der schönsten Landstriche der Erde. Der Frühling war früh gekommen, und das überall strömende Leben ließ an eine allgemeine Auferstehung denken. Die ganze Natur schien ihre Grabgewänder abzuwerfen. Wälder und Hecken, Felder und Gärten schienen sich vor ihren Augen in einen magischen Mantel zu hüllen, während die Chöre des Himmels vor lauter Freude sangen.

„Ich denke, es muss einfach sein, in einer solchen Umgebung und an einem solchen Tag gut zu sein", sagte Olive.

Ricordo blieb plötzlich stehen und hob den Kopf. Seine Augen erstrahlten in einem neuen Licht, sein Gesicht verriet Leidenschaft.

„Was ist das denn anderes als Spott?" Er sagte: „Ein Versprechen, das niemals eingelöst werden kann, die helle Haut, die Krankheit bedeckt – Fäulnis? Signorina – verzeihen Sie mir. Aber es gibt Orte auf der Erde, die schöner sind als dieser – schöner, ja, tausendmal. Blumen, Laub, im Vergleich dazu." Alles, was Sie sehen, ist nur eine Andeutung. Die Sonne! Großer Allah! Haben Sie eine östliche Sonne gesehen, haben Sie die Verschwendung gesehen, mit der die Natur ihre Schönheit verstreut? Aber Güte! Wann hat jemals natürliche Schönheit zu dem beigetragen, was Sie moralische Güte nennen? In An den Orten, wo die Natur mit ihren Geschenken am großzügigsten war, gibt es die schwärzesten und schmutzigsten Leben. Was ist alles, wenn im Herzen ein Krebsgeschwür ist; was zählt, wenn die Hölle in unserem Leben weiter brennt? Verzeihen Sie mir, Signorina; Wenn es eine Sache gibt, in der ich Ihren christlichen Predigern zustimme, dann ist es die, dass natürliche Schönheit nicht in der Lage ist, das Herz von dem zu reinigen, was Sie Sünde nennen."

„Aber sicherlich wird ein Mann von seinen Umständen beeinflusst", warf Herbert Briarfield ein.

„Lacht uns die Natur nicht immer aus?" sagte Ricordo. „Wir träumen unsere kleinen Träume, machen unsere kleinen Pläne und leben in einem Paradies für Narren. Lasst die Menschen von schönen Dingen umgeben sein, sagen wir; lasst sie Kunstwerke, schöne Bilder, Musik haben; lasst sie im Sonnenschein leben und." Schauen Sie sich die Schönheiten der Natur an, dann werden sie ein wunderschönes Leben führen. Ich habe gehört, wie Ihre Moralreformer dies – diesen Unsinn – predigen. Nun, was passiert? Ist die Moral in Ihrem Westen von London besser als im Osten? Ah, aber ich sage es Ihnen Ich habe an den schönsten Orten der Welt gelebt, aber sie waren trotzdem die Hölle. Kann man Krebs heilen, indem man seinem Patienten einen Blumenstrauß ins Zimmer legt?"

„Was ist dann Ihr Gegenmittel – Ihr Evangelium?" fragte Olive.

„Gibt es das eine oder das andere?" fragte Ricordo.

Die Party ging einige Minuten lang ruhig weiter. Ricordo schien tief nachzudenken; ab und zu hob er den Blick, um einen flüchtigen Blick auf seine Gefährten zu werfen.

Wieder dachte Olive Castlemaine an Leicester. Erinnerungen an die Tage, die er im The Beeches verbracht hatte, kamen ihr in den Sinn. Sie dachte an das Glück, das ihr zuteil wurde, als sie hoffte und betete, dass sie das Mittel sein möge, durch das der Mann, den sie liebte, zum Glauben – zu Gott – gebracht werden könne. Auf eine subtile Art und Weise, die sie nicht verstehen konnte, machte der Fremde ihn real, ja, und mehr noch, er gab ihr das Gefühl, dass sie dem Mann gegenüber, dessen Frau sie versprochen hatte, hart und ungerecht gewesen war. War es schließlich nicht ihr Stolz, den er verletzt hatte? Darüber hinaus hatte Ricordo sie für sich selbst interessiert, wie sie sich seit langem für keinen anderen Mann mehr interessiert hatte. Es lag nicht so sehr an dem, was er sagte. Vielmehr lag es an der Faszination des Mannes selbst. Er ließ solche wie Herbert Briarfield klein und alltäglich erscheinen. Sie war sich sicher, dass er in einem Reich des Denkens und Seins gelebt hatte, in dem der junge Gutsherr ein Fremder war.

Der Kern des Interesses ist das Geheimnis. Die Faszination liegt eher in den Dingen, die man nicht sieht, als in den Dingen, die man sieht. Wir sehnen uns immer danach, neue Regionen zu erkunden und bisher unbekanntes Terrain zu betreten. Die geheime Kammer eines Hauses ist von unendlich größerem Interesse als die Kammern, die zur Besichtigung offen sind; Deshalb kümmern wir uns wenig um die Menschen, in deren Leben es keine geheime Kammer des Denkens und Erlebens gibt.

„Ich wundere mich, dass Sie kein Buch schreiben, Signor Ricordo“, sagte Briarfield plötzlich.

„Und warum, Mr. Briarfield?“

„Sie müssen eine wundervolle Geschichte zu erzählen haben.“

„Ja, vielleicht eine wunderbare Geschichte; aber möchtest du, dass ich meine Seele den Blicken der vulgären Menge öffne?“

„Andere Männer haben es getan.“

"Warum?"

„Vielleicht um Geld zu verdienen, vielleicht um Ansehen zu erlangen oder um Gutes zu tun. Dante gab der Welt seine Vision von der Hölle und vom Himmel; warum nicht auch Sie?“

„Weil ich kein Dichter bin und weil – nun ja, jeder Mann seine eigene Art hat, seine Geschichte zu erzählen. Außerdem sollte ich, wenn ich jemals die Geschichte meines Lebens erzählen würde, mein Publikum auswählen.“

Zu diesem Zeitpunkt hatten sie das Tor erreicht, das den Weg zum Gelände von The Homestead freigab, und als wäre das Trio einvernehmlich eingewilligt worden, blieb es stehen.

„Bleiben Sie lange hier, Signore?“ fragte Olive.

„Ich weiß es nicht. Mir wurde zu verstehen gegeben, dass es eine ungeschriebene Regel gibt, dass sich kein Besucher länger als einen Monat in Ihrem schönen Haus für die Armen und Müden aufhalten darf, Miss

Castlemaine", sagte er. „Die Regel ist gerecht und weise. Ihr Wunsch ist es, der größtmöglichen Zahl das größte Glück zu bereiten, und deshalb ist es nicht richtig, dass ich länger als einen Monat bleibe. Dennoch, weil der Ort immer schöner und interessanter zu werden scheint." Jeden Tag kann es sein, dass ich in einem Bauernhaus ein Zimmer miete. Andererseits kann es sein, dass ich Ende nächster Woche abreise."

Während er sprach, blickte er zu ihr auf und beobachtete sie aufmerksam aus seinen halb geschlossenen Augen.

„Ich hoffe, dass ich das Privileg haben kann, Sie vor meiner Abreise noch einmal zu sehen, egal ob mein Aufenthalt lang oder kurz ist", fügte er sofort hinzu.

Sie wusste nicht warum und fragte sich hinterher, ob sie das Richtige getan hatte. Sie hatte ihn an diesem Tag zum ersten Mal gesehen. Alles, was sie von ihm wusste, war, dass er ein Fremder aus dem Osten war, der seinem eigenen Bekenntnis nach eine seltsame Vergangenheit hatte und Meinungen vertrat, die gelinde gesagt gefährlich schienen, doch dem Impuls des Augenblicks nachgebend, äußerte sie die Hoffnung, dass sie sollte ihn in Vale Linden sehen.

„Ah, Signorina", sagte Ricordo, „ich bin einer so großen Ehre nicht würdig; dennoch nehme ich sie an, bevor Sie Zeit haben, Buße zu tun und Ihre Einladung zurückzuziehen." In diesem Moment blieb er vor den Toren von The Homestead stehen.

Wieder streckte sie halb ihre Hand aus, aber wieder bemerkte er es nicht. Er hob leicht seinen Fez und ging dann mit einer etwas übertriebenen Verbeugung in den Garten. Aber er blieb nicht, um diejenigen zu bemerken, die in der warmen Frühlingssonne saßen: Er schien es kaum erwarten zu können, in seine Zimmer zu gelangen. Dort angekommen saß er lange da und starrte ins Leere. Seine Augen waren nicht mehr halb geschlossen, sondern weit geöffnet, und er hatte einen Ausdruck, der sie zum Schaudern gebracht hätte, wenn Olive Castlemaine ihn gesehen hätte. Denn in ihnen war der grimmige Blick eines Verrückten. Der alte Ausdruck zynischer Melancholie oder gelassener Gleichgültigkeit war verschwunden. Er war kein fatalistischer Philosoph mehr, der nachdenkliche östliche Gentleman, der leise über konventionelle Vorstellungen lachte. Seine Hände ballten und öffneten sich, seine Gesichtszüge arbeiteten mit Leidenschaft. Dann erhob er sich und ging im Zimmer auf und ab; es schien, als könnten die vulkanischen Leidenschaften seines Wesens nicht länger unterdrückt werden; Sein ganzer Körper zitterte, seine Augen wurden fast grell.

„Sie hat es vergessen, vergessen", sagte er plötzlich. „Sie ist glücklich wie Lady Bountiful, und sie hat sich halb entschieden, diesen schwerköpfigen, schwergliedrigen Knappen zu heiraten. Aber –"

Er hörte auf zu sprechen und warf sich wieder auf einen Stuhl.

„Ich bin in das große Haus eingeladen", fuhr er sofort fort. „Dort werde ich mich treffen – wer weiß?"

Er wandte sich einem Spiegel zu und betrachtete sich selbst lange und fest. Zuerst lag ein neugieriger Ausdruck in seinen Augen, als wollte er sich über etwas sicher sein; doch plötzlich verwandelte sich der Ausdruck der Neugier in einen Ausdruck der Zufriedenheit.

Als er ins Esszimmer hinunterging und sich unter die anderen Gäste mischte, war sein Gesicht wieder vollkommen ruhig, während seine Augen halb geschlossen waren, als ob er nicht genug Interesse am Leben hätte, um sie weit zu öffnen.

KAPITEL XXIII

SPRAGUE'S ERKLÄRUNG

Währenddessen saßen Purvis und Sprague im Golfclubhaus und aßen die Koteletts, die die Frau des Hausmeisters für sie gekocht hatte. Zu Beginn des Essens waren sie sehr still gewesen und schienen sich entweder auf das Essen zu konzentrieren, das ihnen serviert wurde, oder auf die Heidelandschaft, die sie von den Fenstern des Speisesaals aus sehen konnten.

„Ich sage, Purvis, was denkst du über ihn?“

"Von wem?"

„Weißt du. Glaubst du nicht, dass er uns zu Beginn des Spiels ausgelacht hat?“

"Warum?"

„Warum, denken Sie mal nach. Auf den ersten paar Löchern spielte er wie ein Mann mit 27 Handicap, oder sogar noch schlimmer. Dann plötzlich — warum, haben Sie selbst gesehen. Ich habe ein gutes Spiel gespielt, und Sie auch; aber wo?“ Waren wir? Er könnte ein erstklassiger Profi gewesen sein. Was hat er Ihrer Meinung nach damit gemeint?“

„Wahrscheinlich nichts. Ich würde sagen, er ist einer dieser bemerkenswerten Kerle, von denen man manchmal hört, die man aber selten sieht, die fast alles können. Irgendwie weiß ich nicht warum, aber in dem Moment, als ich mit ihm sprach, hatte ich das Gefühl, dass er war ein Mann mit enormen Reserven.“

„Weißt du, an wen er mich erinnert?“

"Ja."

„Ja, das ist es. Natürlich ist er völlig anders als Leicester, und doch lässt er einen an ihn denken. Sie erinnern sich, was für ein guter Golfer er war und wie tödlich er auf den Grüns war. Wenn Leicester gelebt und hierher gekommen wäre „Sie hätten viele Gemeinsamkeiten gefunden.“

„Wenn Leicester gelebt hätte, mein Lieber, wären wir wahrscheinlich nie hierher gekommen.“

„Nein, vielleicht nicht. Trotzdem erinnert mich dieser Mann an ihn. Ich habe immer das Gefühl, dass er etwas zurückhält. Irgendwie weiß ich nicht warum, aber der Kerl ist mir heute Morgen auf die Nerven gegangen. Ich habe immer einen gesehen Doppelte Bedeutung in allem, was er sagte. Wissen Sie, dass ich einmal wirklich Angst vor ihm hatte. Es kam mir vor, als würde ich um einen schrecklichen Einsatz spielen. Ich fühlte mich an das Bild erinnert, auf dem ein Mann mit dem Teufel um seine Seele Schach spielt. Dann alle Hin und wieder kam es mir vor, als würde Leicester sprechen. Ja, ich weiß, es war nicht Leicesters Stimme, und er ist auch nicht wie Leicester. Seine Augen sind anders, und natürlich ist sein Gesicht anders. Leicesters Gesicht war blass wie der Tod; er war auch dünn und erinnerte an die Griechen; dieser Mann mit seinem großen schwarzen Bart und der dunklen Haut war anders als Leicester; und doch war er manchmal wie Leicester. Erinnern Sie sich nicht an die Oxford-Unverschämtheit von Leicester, die er benutzte? um einige Leute in den Wahnsinn zu treiben, und wie er, während er die unschuldigsten Dinge sagte, die ganze Zeit nur über sie lachte? Das habe ich bei diesem Kerl empfunden. Er spricht Englisch mit ausländischem Akzent, und dennoch hatte ich manchmal das Gefühl, dass er England gut kennt.

„Wahrscheinlich tut er das.“

„Er sagt, er sei erst drei Monate im Land.“

„Du hast gesehen, wie er wegging mit –“

„Ja, ich habe ihn gesehen. Der junge Kerl, der bei ihr war, hat ihn vorgestellt. Glaubst du übrigens, sie war nah genug dran, um zu wissen, wer wir waren?“

„Das glaube ich nicht. Sie sind sofort weggezogen, als der Fremde auf sie zukam.“

„Wir werden sie vermutlich morgen Abend beim Konzert sehen. Mein Wort, Purvis, ich bin nervös.“

„Gib es auf, Sprague – gib es auf, Mann. Du hast sie vor Jahren gefragt, und sie hat dich abgelehnt. Was seitdem passiert ist, wird dich wahrscheinlich nicht bei ihr beliebt machen.“

„Ich glaube eher, dass es so ist. Weißt du, dass ich das Gefühl habe, dass sie mir jetzt dankbar ist?“

„Übrigens möchte ich, dass Sie diesen Signor Ricordo morgen zum Golfen herausfordern. Ich werde morgen früh ein Match mit jemandem veranstalten, und dann können wir am Nachmittag einen Vierer spielen.“

„Ich nehme an, einer von uns muss ihn bitten, noch einmal zu spielen; aber wissen Sie, ich mag den Kerl nicht.“

„Andererseits schon“, sagte Purvis. „Ich werde ihn heute Abend wieder gutmachen. Er ist einer dieser Männer, die den Wunsch wecken, sie besser kennenzulernen. Ich garantiere, dass er uns eine merkwürdige Geschichte erzählen könnte, wenn er wollte.“

Am nächsten Tag spielten Signor Ricordo und Sprague ihr Rückspiel, doch Letzterer war nicht in Bestform. Er klagte darüber, dass er einen Anfall von Verdauungsstörungen hatte und dass seine Nerven außer Kontrolle geraten seien. Infolgedessen gewann Ricordo leicht.

„Sie spielen ein bemerkenswertes Spiel, Signore; das ist für jemanden, der so wenig Übung hat", sagte er.

„Ah, ich bin nur ein Anfänger, Mr. Sprague", sagte er leise; „Irgendwann kann ich vielleicht ein gutes Spiel spielen."

„Du leidest nie unter Nervosität, nehme ich an?"

„Ja, schrecklich."

„Dann hast du eine wunderbare Selbstbeherrschung."

„Ein Mann kann alles wollen. Es gibt keine Schwierigkeit, die die Willenskraft nicht überwinden kann. Golf ist, wie das Leben, ein Spiel; zu gewinnen bedeutet zu gewinnen."

„Ich wollte gewinnen, habe aber verloren."

„Nein, Sie haben sich vorgenommen, es zu versuchen. Ich gehe immer weiter. Ich wollte gewinnen, wenn nicht an einem Tag, dann am nächsten."

„Und das tust du immer?"

„Ja, das tue ich immer."

Sprague lachte unbehaglich.

„Wollen Sie damit sagen, dass Sie alles erreicht haben, was Sie sich vorgenommen haben?" fragte er neugierig.

„Noch nicht, aber ich werde es tun. Manche Spiele sind lang, sie brauchen Zeit. Aber es gibt immer ein Morgen für den Mann, der will."

„Ist das ein Teil Ihrer östlichen Philosophie?"

„Wenn Sie so wollen. Östlich oder westlich, es spielt keine Rolle – die menschliche Natur ist immer dieselbe."

„Aber die menschliche Natur hat ihre Grenzen. Das Leben ist schließlich nicht sehr lang."

„Ich kenne Ihre englische Literatur nicht gut, Signore Sprague; aber ich habe Ihren Browning gelesen. Er hatte das größte Gehirn des neunzehnten Jahrhunderts, glaube ich. Seine Mischung aus östlichem Blut könnte dafür verantwortlich sein. Er sagte: „Gehen Sie „jetzt"" für Hunde und Affen hat der Mensch für immer.' Das ist immer wahr. Es gibt keinen Tod, und wenn doch, dann steht der Mensch immer wieder auf."

„Dann glauben Sie, dass das, was einem Mann in diesem Leben nicht gelingt, er in einem anderen tun wird?"

„Immer. Es gibt eine Sache, die ein Mann nie verliert – das Gedächtnis. Es kann ihn für eine Zeit verlassen, aber es kehrt immer wieder zurück. Können Sie Italienisch, Signore?"

"NEIN."

„Mein Name ist Ricordo. Es bedeutet Erinnerung. Es ist nicht nur ein Name, es ist Ausdruck einer ewigen Wahrheit. Nichts ist vergessen, nichts. Sogar diejenigen, die wir tot nennen, erinnern sich."

„Ah, du übersteigst meine Erwartungen", lachte Sprague unbehaglich. „Ich bin kein Philosoph. Dennoch werde ich mich daran erinnern, was Sie über ‚wollen' sagen. Wenn wir das nächste Mal spielen, werde ich gewinnen wollen.

„Das werde ich auch tun."

„Was wird dann passieren?"

„Sieg für den stärksten Willen."

Die beiden Männer trennten sich, Sprague mit einem unruhigen Gefühl im Herzen und Ricordo mit einem seltsamen Lächeln im Gesicht.

An diesem Abend fand im Dorfsaal das Konzert statt, bei dem Signor Ricordo nur wenig Begeisterung zeigte. Tatsächlich saß er die meiste Zeit mit geschlossenen Augen da, und ein- oder zweimal schien es ihm schwer, ein Gähnen zu unterdrücken, als wäre er gelangweilt. Als Olive jedoch sang, war alles anders. Er beobachtete ihr Gesicht genau und hörte mit fast schmerzlicher Aufmerksamkeit zu. Er schien erfreut zu sein, als das Publikum applaudierte, und mehr als einmal stieß er ein leises „Bravo" aus; aber in seiner Wertschätzung war keine ausgeprägte Begeisterung zu erkennen. Tatsächlich war es schwierig zu sagen, was er insgesamt von ihrer Leistung hielt.

Als das Konzert zu Ende war, wurde er John Castlemaine vorgestellt. Dies war das erste Mal, dass er ihn traf. Herr Castlemaine war mehrere Tage in London gewesen und erst am Tag zuvor zurückgekehrt. Olive hatte nach ihrer Rückkehr vom Golfplatz mit ihm über Ricordo gesprochen, und er war bereit, sich für den Mann aus dem Osten zu interessieren.

„Das muss eine große Abwechslung zu Ihrem Leben im Osten sein, Signor Ricordo", sagte er.

„Ja und nein", antwortete Ricordo; „Aber es war sehr interessant."

„Bleibst du lange?"

„In Vale Linden? Nur ein paar Tage, schätze ich. In England? Ja, für ein paar Monate, glaube ich. Wahrscheinlich bis dein Sommer vorbei ist. Es wäre schwer, einen weiteren Winter in England zu verbringen. Ich kam kurz nach deinem Weihnachten, und ich verbrachte drei Monate in London. Ich hatte dort Affären.

„Ah, Sie sind also ein Geschäftsmann?“

„Wir haben alle Geschäfte, nicht wahr? Ich bin Partner der Tripoli, Fezzan, Mourzouck Company.“

John Castlemaines Augen blitzten vor Zufriedenheit. Der Fremde war kein umherziehender, namenloser Abenteurer. Die Tripoli, Fezzan, Mourzouck Company war die große Handelsmacht des Ostens und machte nicht nur in England, sondern auf der ganzen Welt große Geschäfte.

„Ich bin nicht als Vertreter meiner Firma hier, Signor Castlemaine“, sagte Ricordo, „aber ich kenne die englischen Bräuche.“ Er holte ein kleines Etui aus der Tasche und überreichte ihm eine Karte sowie Papiere, aus denen die Imprimatur der Firma hervorging. Herr Castlemaine sah auch, dass sich auf seinem Briefkasten der Stempel der Firma befand.

„Es ist mir eine Ehre, Sie in unserer Nachbarschaft begrüßen zu dürfen“, sagte John Castlemaine. „Vor Jahren habe ich mit Ihnen Geschäfte gemacht. Damals hätte ich kaum gedacht, dass ich mich unter solchen Umständen mit einem Partner Ihrer berühmten Firma treffen sollte.“

„Die Welt ist klein“, sagte Ricordo leise. „Im letzten Jahr habe ich mich nur wenig aktiv an den Angelegenheiten beteiligt; und ich bin aus persönlichen Gründen nach England gekommen.“

„Und ich freue mich, Sie zu sehen, Signore – erfreut. Darüber hinaus kann ich nicht zustimmen, dass Sie Vale Linden bald verlassen. Ich hoffe, Sie kommen zu mir nach Hause, Signor Ricordo. Ich bin jetzt ein Mann der Muße, und Ich werde mich darauf freuen, viel von Ihnen zu sehen. Olive, wissen Sie, dass ich die großartige Firma, deren Partner Signor Ricordo ist, gut kenne? Es ist ein großes Glück, dass Sie ihn gestern kennengelernt haben. Ja, Signore, ich kann keine Ablehnung ertragen. Ich muss darauf bestehen, dass Sie heute Abend nach Vale Linden kommen, um zu rauchen und sich zu unterhalten.

Für einen Moment lag in den Augen des Fremden ein Ausdruck, der fast wie Angst wirkte, aber er sprach auf seine ruhige, lockere Art.

„Ich fühle mich sehr geehrt“, sagte er; „Aber wir im Osten haben viele – was Sie Konventionen nennen. Bevor ich in die Freuden Ihres Hauses eintauche, muss ich beweisen, dass ich das bin, was meine Karte anzeigt.“

„Oh, Unsinn, Unsinn", sagte John Castlemaine herzlich. „Niemand könnte solche Papiere wie Sie tragen, ohne –"

„Entschuldigen Sie, Mr. Castlemaine, wenn ich darauf beharre", sagte der Fremde. „Wenn nicht um dich zufriedenzustellen, dann um mich selbst zufriedenzustellen." Er zog ein kleines Stück eigenartiges Pergament aus seinem Etui und reichte es John Castlemaine. „Mein Volk sehnt sich immer danach, wenn wir mit den Oberhäuptern großer Häuser in Kontakt kommen", fügte er hinzu.

Herr Castlemaine nahm das Pergament fast ehrfurchtsvoll entgegen und las, dass Abdul Ricordo ein verantwortlicher Partner der Firma Tripoli, Fezzan und Mourzouck sei und dass das Dokument von der Firma unterzeichnet sei.

„Natürlich brauche ich das nicht, Signore", sagte John Castlemaine; „Trotzdem danke ich Ihnen, dass Sie mir dies gezeigt haben. Es zeigt mir die Methoden Ihrer Firma, und allein von diesem Standpunkt aus ist dieses Dokument überaus interessant."

Er wandte sich wieder seiner Tochter zu.

„Wirst du mir nicht helfen, Signor Ricordo davon zu überzeugen, mit uns zum Haus zu gehen, Olive?" er sagte. „Es ist noch ziemlich früh, und wundersamerweise haben wir derzeit keine Gäste."

Ricordo wandte sich an Olive, die ihre Freude über den Gedanken zum Ausdruck brachte, dass er sie begleiten würde.

„Dann bleibt mir nichts anderes übrig, als dankbar anzunehmen", sagte Ricordo; „Aber ich fürchte, ich monopolisiere Ihr Unternehmen, Signor Castlemaine."

Während er sprach, drehte er sich zur Seite und machte Platz für Purvis und Sprague, die offensichtlich auf eine Gelegenheit gewartet hatten, mit ihnen zu sprechen.

„Ich konnte nicht anders, als die Gelegenheit, die Sie mir geboten haben, optimal zu nutzen", sagte Sprague. „Ich fürchte, das Homestead war nicht für Leute wie Purvis und mich gedacht; aber Sie werden mir verzeihen, nicht wahr?"

John Castlemaine begrüßte die beiden Männer mit deutlicher Zurückhaltung, begrüßte sie jedoch höflich. Vielleicht hatte er teilweise vergessen, welche Rolle sie in dem schmerzhaften Drama der Jahre zuvor gespielt hatten. Was Olive betrifft, war sie offensichtlich unentschlossen, was sie tun sollte. Am Ende sprach sie jedoch höflich mit den beiden, schien aber überhaupt nicht erfreut darüber zu sein, dass sie kamen und mit ihr redeten.

„Wie ich sehe, kennen Sie meinen verstorbenen Gegner auf den Golfplätzen", sagte Sprague und wandte sich an Ricordo.

„Wir haben uns heute Abend zum ersten Mal getroffen", sagte Mr. Castlemaine und drehte sich zu dem Fremden um, und als er sich umdrehte, sah er einen Ausdruck in seinen Augen, der ihm ein Unbehagen bereitete. Auf Ricordos Gesicht lag ein so düsterer Ausdruck, dass er sich fragte, ob es richtig gewesen war, ihn trotz seiner unbestreitbaren Glaubwürdigkeit in sein Haus einzuladen. Aus diesem Grund war er fast froh, dass Sprague und Purvis da waren. Er hatte sie schon vor Jahren gut gekannt, und obwohl es ihm keine Freude bereitete, sich an die Vergangenheit zu erinnern, hatte er das Gefühl, dass er unhöflich und unhöflich wirken könnte, wenn er sie nicht einlud. Er folgte also dem Impuls des Augenblicks, was bei ihm sehr selten vorkam, und forderte sie beide auf, zum Haus zu gehen.

„Signor Ricordo kommt herauf", sagte er; „Du könntest dich ihm genauso gut anschließen, wenn es dich interessiert, und dann könnt ihr alle gemeinsam zurückgehen."

„Begeistert, da bin ich mir sicher", sagte Sprague; aber Purvis machte Kopfschmerzen geltend und erklärte, dass er ein so langweiliger Begleiter sein würde, dass er ihnen seine Gesellschaft nicht aufdrängen würde. Das Quartett begann seinen Spaziergang und lief fast wortlos durch das Dorf. Ob Ricordo über Spragues Anwesenheit erfreut oder verärgert war, ließ sich nicht sagen. Er zeigte jedenfalls kein Zeichen. Während sie im Dorf waren, gingen sie nebeneinander, aber nachdem sie durch die Tore der Hütte gegangen waren, gingen Sprague und Olive Seite an Seite, während Ricordo und Mr. Castlemaine ihnen folgten. Sprague war seltsam nervös, als ihm klar wurde, dass er mit Olive allein war. Er war es, der den Brief geschickt hatte, der solch verhängnisvolle Folgen hatte, und seitdem hatten er und Olive Castlemaine nie mehr miteinander gesprochen.

„Ich freue mich, die Gelegenheit zu haben, allein mit Ihnen zu sprechen, Miss Castlemaine", sagte er.

Olive antwortete nicht, sondern wartete darauf, dass er fortfuhr. Jahrelang war ihr Herz ihm gegenüber sehr verbittert, obwohl sie glaubte, er hätte ihr den wahren Charakter des Mannes offenbart, den sie zu heiraten versprochen hatte. Aber Spragues Rolle in der Angelegenheit war nicht ganz ehrenhaft. Er war an der Diskussion beteiligt gewesen, die zu der Wette geführt hatte, und obwohl er auf eigene Faust sein Bestes getan hatte, um Leicester davon zu überzeugen, seinen eingeschlagenen Kurs fortzusetzen, konnte sie nicht ohne ein Gefühl der Wut an ihn denken.

„Ich weiß nicht, ob Sie wütend oder dankbar waren, dass ich diesen Brief geschrieben habe", sagte er. „Ich habe darauf nie eine Antwort erhalten."

„Es gab nichts, worauf ich antworten konnte", sagte sie.

„Vielleicht nicht", antwortete Sprague, „und doch habe ich nie erfahren, wie Sie mein Vorgehen in dieser Angelegenheit beurteilt haben. Deshalb bin ich so dankbar für die Gelegenheit, mit Ihnen zu sprechen."

„Verzeihung", sagte Olive, „aber würde es Ihnen etwas ausmachen, die Vergangenheit tot und vergessen zu lassen? Wie Sie sich vorstellen können, kann es für mich nicht angenehm sein."

„Ich wollte nur wissen, dass du mir vergeben hast", sagte Sprague. „Außerdem wollte ich Ihnen die Wahrheit sagen. Niemand kann sich mehr schämen als ich für den Verlauf der Ereignisse. Aber ich hätte nie gedacht, dass Ihr Name jemals erwähnt werden würde. Es wurde mir sozusagen aufgezwungen. Was diesen Brief betrifft – nun, ich hatte das Gefühl, dass ich nichts anderes tun konnte, als ihn zu schreiben. Es wäre feige und niederträchtig von mir gewesen, Ihnen nicht die Wahrheit zu sagen."

„Und was Sie mir gesagt haben, war die Wahrheit – die ganze Wahrheit?" fragte Olive. Sie sprach schnell und nervös, als hinge viel von der Antwort ab.

„Soweit ich weiß, habe ich Ihnen genau gesagt, was passiert ist – genau. Mir kam es so vor, als hätten Sie ein Recht darauf, es zu erfahren, und es wäre für mich kriminell gewesen, wenn ich geschwiegen hätte. Das wollte ich sagen." "

„Und jetzt, nachdem du es gesagt hast, wirst du dich nie wieder darauf berufen."

„Nur noch ein Wort, bitte. Du bist nicht böse auf mich, das heißt, du denkst nicht schlecht über mich, weil ich es dir gesagt habe?"

„Ich sollte Ihnen für diesen Teil Ihres Handelns in dieser Angelegenheit dankbar sein, und – das bin ich."

Sie schien sich beim Sprechen Mühe zu geben, aber Sprague war offensichtlich zufrieden.

„Sie haben einen wunderschönen Ort zum Leben gewählt, Miss Castlemaine", sagte er; „Und Hunderte von Menschen sind dankbar für das, was Sie getan haben. Ich fühle mich kaum berechtigt, von – soll ich es Ihre Gastfreundschaft nennen? – zu profitieren, aber ich wollte Sie unbedingt wiedersehen."

„Ja, es ist eine wunderschöne Gegend", sagte Olive; „Und ich hoffe, Sie werden Ihren Aufenthalt hier genießen."

„Vielen Dank, das werde ich sicher tun“, antwortete Sprague. Er hatte den schmerzhaften Teil seines Gesprächs überstanden – allerdings ungeschickt; Aber es war immer noch vorbei, und jetzt empfand er ein wahres Vergnügen bei dem Gedanken, dass er in den nächsten Tagen in unmittelbarer Nähe der Frau leben würde, die er einst zur Frau gewählt hatte.

„Was halten Sie von Signor Ricordo?“ Er ging weiter. „Ein auffällig aussehender Kerl, nicht wahr?“

„Ja“, antwortete Olive.

„Wissen Sie, ich habe zweimal mit ihm Golf gespielt und kann ihn nicht erkennen. Vielleicht liegt es an seiner östlichen Sprechweise, aber er lässt mich immer an Geheimnisse denken. Als ich ihn zum ersten Mal sah, machte er mich Denken Sie an Vampire, und obwohl dieses Gefühl verschwunden ist, bin ich mir nicht sicher, ob ich ihn mag.

„Ich denke, er ist ein sehr bemerkenswerter Mann“, sagte Olive ausweichend.

„Er ist auf jeden Fall mysteriös“, sagte Sprague. „Wie schön der Park im Mondlicht aussieht!“

Er hielt inne, während er sprach, und schaute über den Park zu den Moorlandschaften, die im Mondlicht undeutlich sichtbar waren. Als sie anhielten, kamen Mr. Castlemaine und Signor Ricordo heran.

„Ich genieße Ihre wundervolle Landschaft, Mr. Castlemaine“, sagte Sprague.

„Ja, es ist sehr schön. Von hier aus kann man fast die Golfplätze sehen.“

„Ah, reden Sie nicht über sie“, sagte Sprague lachend. „Ich dachte, ich könnte ein anständiges Spiel spielen, aber Signor Ricordo hat mich heute so stark geschlagen, dass ich mich gedemütigt fühle. Ich dachte, ich sollte auch in ihm einen leichten Gegner finden. Er sagte mir, er sei nur ein Anfänger.“

„Vielleicht haben Sie beim nächsten Mal mehr Glück“, sagte Mr. Castlemaine.

„Wenn Signor Ricordo meint, ich sei würdig, für ein weiteres Spiel sein Gegner zu sein“, antwortete Sprague.

„Oh ja“, antwortete Ricordo, „unser Stück ist noch nicht zu Ende. Wir werden es bis zum bitteren Ende spielen.“

Er lachte leise, während er sprach, aber Olive glaubte, etwas Unheimliches darin zu entdecken.

„Ich hoffe, dass nichts Bitteres dabei ist“, sagte Sprague. „Ich für meinen Teil denke, dass Golf das freundlichste und geselligste Spiel der Welt ist.“

„Ah, aber wie ich Ihnen schon sagte, ich bin ein Ostler“, sagte Ricordo; „Und für uns sind alle Spiele ernst. Aber wir werden es spielen, Signore, wir werden das Spiel ausspielen.“

„Das stimmt“, sagte Herr Castlemaine; „In der Zwischenzeit sind wir hier im Haus. Wollen Sie eintreten, meine Herren?“

Signor Ricordo und Sprague betraten nebeneinander das Haus.

KAPITEL XXIV

RICORDOS ERINNERUNGEN

Obwohl der Frühling schon weit fortgeschritten war, brannte ein helles Feuer in dem Raum, in dem Mr. John Castlemaine seine Gäste empfing. Um das Feuer herum waren mehrere Sessel aufgestellt. Offensichtlich nutzte Herr Castlemaine diesen Raum als eine Art Raucherlounge, obwohl es auch Hinweise darauf gab, dass er nicht ausschließlich für Männer genutzt wurde.

Sie hatten kaum Platz genommen, als ein Diener eintrat, der Zigarren und eine Karaffe mit Spirituosen trug.

„Nehmen Sie etwas Whisky, Signor Ricordo?" sagte Mr. Castlemaine und wandte sich an seinen Gast.

„Nein, danke, ich trinke nie Whisky."

„Sie sind ein Abstinenzler?"

"Ja."

Seine Stimme hatte einen seltsamen Ton, aber er sprach sehr leise, wie es seine Gewohnheit war.

„Ah, vielleicht sind Sie ein Mohammedaner", sagte Sprague, der Mr. Castlemaines Einladung annahm.

„Nein, Herr Sprague, ich bin kein Mohammedaner, wie Sie es verstehen. Ich trinke keinen Whisky, weil – nun ja, weil ein Mann, der einst mein Freund war, dadurch ruiniert wurde."

In diesem Moment betrat Olive das Zimmer und setzte sich in die Nähe ihres Vaters. Sie hatte Ricordos Antwort an Sprague gehört.

„Das ist kaum ein Grund, ein harmloses Getränk abzulehnen", sagte Sprague.

"Harmlos?" sagte Ricordo; „Nun, das ist sicherlich Ansichtssache."

„Nach diesem Argumentationsprinzip müsste man im Leben alles aufgeben", forderte Sprague.

„Ich möchte nicht streiten", sagte Ricordo, „aber ich werde den Fall Herrn Castlemaine vorlegen. Angenommen, er hätte einen Freund, der ihm sehr am Herzen lag, oder für den jemand, der ihm lieb war, sehr am Herzen lag, und dieser Freund wäre es." durch Alkohol ruiniert; angenommen, er hätte aufgehört, ein Mann zu sein und wäre dadurch ein Unhold geworden, würde er dann seinen Gästen Whisky anbieten?"

Signor Ricordo richtete die Frage an seinen Gastgeber. aber er behielt Olive im Auge, die zusammenzuckte, als wäre sie gestochen worden, und dann totenbleich wurde.

John Castlemaine lachte unbehaglich.

„Ihr Hass auf Alkohol ist fast so stark wie meine Tochter, Signore", sagte er. „Ich persönlich bin ein sehr enthaltsamer Mann. Ich habe fast jedes Wirtshaus auf dem Anwesen geschlossen, aber ich erinnere mich an meine Pflichten als Gastgeber."

Ricordo antwortete nicht, aber Olive spürte, wie unlogisch die Position ihres Vaters war.

„Aber Sie rauchen", fuhr Mr. Castlemaine fort und reichte ihm eine Kiste Zigarren. „Ich glaube nicht, dass das schlecht ist."

„Ich bin mir sicher, dass sie ausgezeichnet sind", sagte Ricordo, „aber ich bin verpflichtet, nur eine Marke zu rauchen. Ich musste eine hohe Steuer bezahlen, um einen ausreichenden Vorrat mitzubringen, aber ich musste es entweder tun oder mit dem Rauchen aufhören." . Es wird Ihnen nichts ausmachen, wenn ich dieses anstelle Ihres rauche, da ich keinen Zweifel daran habe, dass es sehr viel besser ist."

„Oh, sicherlich nicht, wenn Sie so wollen", sagte Mr. Castlemaine ziemlich kalt.

Ricordo verneigte sich und zündete sich eine Zigarre an, die er aus seinem eigenen Etui genommen hatte. Seine Weigerung, Whisky zu trinken oder die Zigarren seines Gastgebers zu rauchen, hatte in der Gruppe ein Gefühl der Zurückhaltung hervorgerufen.

„Meine Zigarren sind eine besondere Marke", fuhr Ricordo fort. „Sie sind nicht besser als andere, nehme ich an, aber ich kann keine anderen rauchen. Ich kann mir vorstellen, dass die Konstitution der Ostländer eigenartig sein muss."

Während er sprach, blickte er Olive an und bemerkte, dass sie ihn beobachtete. Als sich ihre Blicke trafen, ließ sie ihren fallen. Sie hatte nichts gesagt, seit sie den Raum betreten hatte.

„Die Sitten und Gebräuche der Menschen im Osten sind natürlich ganz anders als bei uns. Und natürlich sind auch ihre Vorstellungen andere."

„Wieso, Signore?"

Während er sprach, lehnte er sich in seinem Stuhl zurück und schloss die Augen, wie jemand, der eine träge Zufriedenheit genießt.

„Nun, ich nehme an, ihre Vorstellungen von Gastfreundschaft sind anders. Mir wurde gesagt, dass sie niemals an der Kost eines Feindes teilhaben werden.“

"Ist das nicht richtig?"

„Andererseits sind ihre Bräuche natürlich anders, nehme ich an. Sie dürfen mehrere Frauen haben.“

„Und die Folge ist, dass viele überhaupt nicht heiraten.“

„Sie scheinen gefühlvoll zu sprechen“, lachte Sprague.

„Oh nein, das versichere ich Ihnen. Ich sage nur eine Tatsache. Hier bin ich zum Beispiel, der man nicht mehr als Junge bezeichnen kann und der ein Ostler ist, der auch ein Zölibatär ist.“

„Du warst noch nie verheiratet?“

"Niemals."

„Nun“, sagte Sprague, „daran ist nichts so Wunderbares. Ich bin kein Junge mehr und habe nie geheiratet.“

„Man macht neugierig“, sagte Ricordo.

"Wie?"

„Man würde gerne wissen, warum Sie, Mr. Sprague, der offensichtlich ein häuslicher Mann ist, nie geheiratet haben.“

„Ich werde es Ihnen unter einer Bedingung sagen.“

"Und das?"

„Dass du mir sagst, warum du nie geheiratet hast.“

"Ich akzeptiere."

„Dann habe ich nie geheiratet, weil die einzige Frau, die ich jemals wollte, sich geweigert hat, mich zu haben.“

„Und ich habe von einer Heirat Abstand genommen, weil ich Angst habe.“

"Besorgt?"

"Genau."

"Von was?"

„Von vielen Dingen, Signore, von vielen Dingen.“

„Du machst mich neugierig, was das für Dinger sind.“

„Ihnen zu erzählen, würde bedeuten, die Geschichte des Lebens eines anderen Mannes zu erzählen", antwortete Signor Ricordo ernst. „Wie Sie bemerkt haben, bin ich ein Ostler, aber wir Ostler unterscheiden uns in dieser Hinsicht nicht von den Westlern. Wir alle haben eine geheime Kammer in unserem Leben."

„Trotzdem", drängte Sprague, „kann ich mir nicht vorstellen, dass Sie, Signore, vor irgendetwas Angst haben."

„Ich bin nicht oft in kommunikativer Stimmung", sagte Ricordo; „Das glaube ich heute Abend. Vielleicht liegt es daran, dass mir so viel Freundlichkeit zuteil wurde. Ich bin zutiefst beeindruckt", und hier verneigte er sich vor Mr. Castlemaine und Olive, „von der Tatsache, dass ich, ein Außerirdischer, aufgenommen werde." die Heimat eines Vertreters dessen, was als stolze und exklusive Rasse gilt. Diese Gastfreundschaft kann ich nie vergessen. Aber eines hält mich davon ab, meine Gedanken mitzuteilen: Ich würde der Signorina nicht freiwillig Schmerzen bereiten."

„Für mich, Signor Ricordo?" sagte Olive. „Bitte, was mache ich mir Sorgen?"

„Direkt überhaupt nicht; aber da jede Frau eine Verfechterin ihres Geschlechts ist, umso mehr. Und ich möchte nicht einmal einen Gedanken vorschlagen, der das Geschlecht widerzuspiegeln scheint, dem die Signorina so viel Glanz verleiht."

„Aber sicherlich bin ich nicht für mein Geschlecht verantwortlich, Signore", sagte Olive lachend. Wieder hatte er sie mit einem Zauber belegt, und sie wollte hören, was er zu sagen hatte.

„Na ja, dann lass mich kommunikativ sein", sagte Ricordo. „Ich sagte, ich hätte nie geheiratet, weil ich Angst hatte. Ich habe die Wahrheit gesagt. Verzeihen Sie mir, wenn ich sentimental wirke; aber einmal, vor Jahren – ach, wie viele möchte ich nicht denken – hätte ich vielleicht der Liebe nachgegeben. Andere hatten es getan Ich habe es getan, und warum nicht? Aber ich hatte einen Freund, einen Mann, den ich über alle anderen liebte. Jahrelang waren wir mehr als nur Brüder gewesen, seine Gedanken waren meine, und meine waren seine. Dann verliebte er sich in eine Frau , schön und wahr und gut – so glaubten wir zumindest. Sie wurde sein Leitstern, seine Hoffnung, seine Freude, und ich wurde für ihn natürlich nichts. Ich wurde darüber nicht wütend. Mein einziger Wunsch war dass er glücklich sein sollte, und als er das Glück in ihrer Liebe fand, was war ich? Er war kein Engel, nicht ganz ein guter Mann, und oft versuchte ich in meiner Liebe zu ihm, ihn zurückzugewinnen; ich scheiterte; aber wo ich Es gelang dieser Frau nicht. Ach, großer Allah, wie er sie liebte! Er wurde ihr Sklave, und doch freute ich mich, weil sie ihn in den Himmel emporhob. Er war auf dem Weg, ein großer Mann im Osten zu werden, und dann – dies Frau, wegen einer

Unvollkommenheit in seiner Vergangenheit – wie nennt man das? – hat ihn im Stich gelassen. Mein Freund war ein intensiver Mann. Er hatte dieser Frau seine Hoffnung, seinen Glauben, seine Liebe gegeben, und dann, ohne ihm Gelegenheit zu geben, sich zu erklären, warf sie ihn verächtlich beiseite. Hat er ihre Verachtung verdient? Das weiß ich, mein armer Freund, das Sprichwort derer, die ihn kannten, überwältigt von einer hoffnungslosen Leidenschaft, auf das Meer des Lebens geworfen, ohne Anker und Ruder, treibend. Wo? Ah, das ist eine Geschichte, die ich nicht erzählen kann. Aber diese Frau, die seine Rettung hätte sein können und die vorgab, seine Liebe zu erwidern, schickte ihn in schrecklichere Regionen als je zuvor, die Ihr Milton oder unser italienischer Dante mit den Augen der Vision gesehen haben.

„Und wo ist er jetzt?" fragte Sprague.

„Wohin? Das kann ich dir nicht sagen. Eine Zeit lang folgte ich ihm und beobachtete ihn, wie er immer tiefer in die Grube sank. Ich stand am Rande und schaute hinein; aber er hatte weder die Kraft noch den Willen, mich zu packen Hand, und wenn er es getan hätte, wäre ich nicht stark genug gewesen, ihn herauszuziehen.

„Und die Frau?" fragte Sprague.

„Die Frau denkt, glaube ich, über die Ehe mit jemand anderem nach. Eine häufige Geschichte, ich weiß. Vielleicht könnten Sie ähnliche erzählen; vielleicht macht mir die Gemeinsamkeit solcher Geschichten auch Angst."

Während er sprach, saß er in seinem Stuhl zurück. Seine Augen waren halb geschlossen und er rauchte träge seine Zigarre. Dennoch glaubte Olive, dass er sie verstohlen beobachtete. Aber vielleicht lag das daran, dass seine Geschichte Erinnerungen weckte, die die Vergangenheit wieder lebendig werden ließen.

Von diesem Zeitpunkt an wandte sich das Gespräch anderen Themen zu, und Signor Ricordo zeigte sich äußerst angenehm. Ohne das Gespräch in irgendeiner Weise zu monopolisieren, rückte er in den Mittelpunkt des Interesses. Er zeigte, dass er, obwohl er ein Oststaatler war, mit der englischen Literatur vertraut war und dass er, obwohl er Englisch mit einem eigentümlichen Tonfall sprach, seine Gedanken mit großer Klarheit ausdrückte. Olive sagte nur wenig. Die Geschichte, die er erzählt hatte, hatte für sie eine solche Bedeutung, dass sie keine Lust hatte, etwas zu sagen; Dennoch hörte sie jedem seiner Worte gespannt zu. Außerdem übte seine Anwesenheit weiterhin eine gewisse Faszination auf sie aus. Warum, konnte sie nicht sagen, doch als er aufstand, um sich zu verabschieden, hatte sie das Gefühl, dass nach seinem Weggang alles zahm und alltäglich wirken würde.

Mr. Castlemaine drängte ihn erneut zu Erfrischungen; aber er weigerte sich erneut, sie anzunehmen. Zwar weigerte er sich mit großer Höflichkeit, aber er schien entschlossen, nichts zu essen, was das Haus zu bieten hatte.

„Ich fürchte, du denkst an meine traurige Geschichte", sagte er und wandte sich an Olive, als er gerade eine gute Nacht sagen wollte. „Natürlich habt ihr Engländer andere Gedanken und Bräuche als die Ostländer; dennoch würde ich euch gerne eine Frage stellen, wenn ich dürfte."

„Sicherlich", antwortete Olive und versuchte, fröhlich zu wirken.

„Glauben Sie, dass mein Freund berechtigt wäre, sich an der Frau zu rächen, die ihn in die Verzweiflung getrieben hat, und zwar schlimmer als den Tod?"

„Ich kenne nicht alle Umstände, Signore", antwortete sie, „und ich glaube auch nicht, dass Rache jemals gerechtfertigt ist."

„Ah nein. Sie glauben an die Lehre des Gründers Ihrer Religion: ‚Lieben Sie Ihre Feinde‘, nicht wahr? Aber wenn Sie es wüssten, Signorina, wenn Sie es wüssten!"

„Die Frau leidet möglicherweise mehr, als Sie denken."

„Leiden! Ach, ich habe sie gesehen. Ihr Leben ist ein einziges langes Lied. Sie ist sorglos, sie hat ein Leben voller Freude. Ihre Bewunderer drängen sich um sie. Sie bekennt sich auch zur Christin und geht in die Kirche; aber Sie denkt nicht an die arme Seele, die in der schwärzesten Nacht umherirrt. Aber ich denke, er hätte das Recht, sich zu rächen."

„Welche Rache?" fragte Olive. „Was für eine Rache könnte er nehmen?"

„Ich habe darüber nachgedacht, Signorina, und ich kann mir nicht vorstellen, was es sein soll. Sie ist allem Anschein nach außerhalb seiner Reichweite. Sie ist reich, mächtig, verhätschelt, umworben; während er – ach, wenn ich nur wüsste, wo er ist!" Dennoch denke ich manchmal, dass er seine Rache plant. Es wäre besser für sie, wenn er gestorben wäre. Denn wenn er sich rächt, wird es sicher sein, und die Folter wird exquisit sein."

„Vielleicht liebt er sie immer noch."

„Liebt sie! Nein, er hasst sie mit all dem Wahnsinn, mit dem er sie geliebt hat. Seine Liebesleidenschaft hat sich in Bitterkeit, in Wermut verwandelt. Deshalb denke ich, dass seine Erniedrigung und Verzweiflung ihn zur Rache treiben werden. Ich bin froh, dass ich." Ich bin in einem christlichen Land, in dem die Rache nicht bekannt ist. Gute Nacht, Signorina.

„Ist dir aufgefallen, Olive, dass er sich weigerte, irgendeine Erfrischung zu sich zu nehmen?" sagte John Castlemaine zu seiner Tochter, nachdem Sprague und Ricordo gegangen waren.

„Ja", sagte Olive; „Aber dann wurde mir gesagt, dass Menschen aus dem Osten selten Spirituosen trinken. Es tut mir leid, dass Sie ihn gefragt haben."

„Er ist ein bemerkenswerter Mann."

"Ja."

„Weiß ich, an wen du denkst, Olive?"

Sie nickte mit dem Kopf.

„Er erinnert mich auch an ihn. Manchmal kam es mir vor, als würde ich ihn sprechen hören. Aber das ist natürlich reine Einbildung. Olive, wann wirst du ihn vergessen?"

"Ich weiß nicht."

„Ich hatte gehofft, dass er aus deinem Leben verschwunden wäre."

„Ich dachte, er hätte es getan, aber die Geschichte dieses Mannes schien alles zurückzubringen."

„Ich muss gestehen, er hat mir ein Unbehagen bereitet. Trotzdem ist er ein äußerst unterhaltsamer Mann, und seine Position und sein Rang stehen außer Frage. Er gehört einer Firma an, die den Handel im Osten beherrscht, und er muss über gute Verbindungen verfügen, sonst würde er es nie tun." sind in die Partnerschaft aufgenommen worden. Wir müssen ihn hierher zu einer gesellschaftlichen Veranstaltung einladen, bevor er geht. Das würde Ihnen doch gefallen, nicht wahr?"

„Ja", sagte Olive, „er ist ein äußerst unterhaltsamer Mann. Lassen Sie uns ihn auf jeden Fall einladen."

In der Zwischenzeit gingen Ricordo und Sprague zurück zum Homestead, und während sie gingen, unterhielten sie sich über Geschäfte. Sprague war erstaunt über Ricordos Kenntnisse des englischen Geschäftslebens und begann mit großem Eifer eine Diskussion über dessen Stellung und Aussichten. Als sie das Haus erreichten, hatte Sprague dem Fremden viele Einzelheiten über seine eigenen Beziehungen zur Geschäftswelt offenbart.

Am nächsten Tag reiste Ricordo, ohne irgendjemandem seine Absicht mitgeteilt zu haben, nach London, wo er mehrere Tage blieb. Er hatte jedoch seine Zimmer im Homestead behalten und sagte der Dame, die die Verwaltung hatte, dass er jederzeit zurückkehren könne. Während seines Aufenthalts in London schien seine Zeit sehr ausgelastet zu sein und er führte lange Interviews mit Männern, die hohe Positionen in der Geschäftswelt innehatten. Er investierte auch maßgeblich und beteiligte sich an weitreichenden Transaktionen. Nach ein paar Tagen kehrte er wieder nach Vale Linden zurück.

„Es ist jetzt nur noch eine Frage der Zeit", sagte er sich, während der Zug weiter in Richtung Süden fuhr. „Ich habe meine Hände an allen Fäden und ich habe ihn umhüllt, wie die sprichwörtliche Spinne die sprichwörtliche Fliege umhüllt. Was auch immer er tut, er kann nicht entkommen. Was sie betrifft –"

Er lehnte sich im Eisenbahnwaggon zurück und verfiel offenbar in tiefe Gedanken. Für den zufälligen Beobachter schien er ein wohlhabender östlicher Gentleman zu sein, dessen gesamtes Verhalten und Aussehen auf einen Mann von Rang und Macht schließen ließen. Der genaue Beobachter hätte jedoch ein grausames Lächeln unter seinem schwarzen Schnurrbart entdeckt, während er in seinen Augen einen Ausdruck gesehen hätte, der auf dunkle Taten hindeutete. Das Gesicht hätte ihn mit der Andeutung eines unbezwingbaren Willens und einer Art herrischem Stolz beeindruckt, aber es war weder eine Spur von Gnade noch Mitleid darin zu erkennen.

Als er jedoch in Vale Linden ankam, hatte er seine alte Art zynischer Melancholie angenommen und begegnete den Menschen, die er kannte, mit der ihm eigenen, lockeren Anmut.

„Wir haben dich schmerzlich vermisst", sagte Sprague, als er beim Abendessen neben ihm saß; „Tatsächlich haben wir uns alle gefragt, wo Sie waren."

„Ah, Signor Sprague, wohin könnte man in England gehen, außer nach London? Ich hatte dort Geschäfte. Normalerweise mache ich mir über solche Dinge keine Sorgen, aber manchmal überfallen mich Anfälle von Fleiß."

„Ah ja. Ich habe gehört, dass Sie Teilhaber der großen Tripolis-Kompanie sind. Ich hatte keine Ahnung, dass ich jemanden kennengelernt hatte, der praktisch den Handel im Osten beherrscht."

„Man hat nicht die Angewohnheit, seinen Standpunkt von oben zu verkünden", antwortete Ricordo.

„Oh nein, natürlich nicht. Bleibst du noch viel länger?"

„Möglicherweise; ich weiß es nicht. Ich bin zurückgekommen, um noch ein bisschen Golf zu spielen."

„Sollen wir morgen unser Match haben?" fragte Sprague. „Ich habe ein gutes Spiel gespielt, während du weg warst."

„Das werde ich dir morgen früh sagen", antwortete der andere. „Warst du in dem großen Haus, seit ich gegangen bin?"

„Nein. Ich habe allerdings Miss Castlemaine gesehen. Sie war heute auf dem Golfplatz."

Ricordos Augen leuchteten vor Zufriedenheit, obwohl er nichts sagte; aber bald nach dem Abendessen verließ er das Haus und ging zu Olive Castlemaines Haus. Kaum hatte er das Dorf verlassen, sah er Olive aus einer Hütte kommen. Er hob seinen Fez halb und verneigte sich.

„Darf ich ein Geständnis ablegen, Miss Castlemaine?" er hat gefragt.

„Warum nicht, wenn es nicht ernster Natur ist?" antwortete Olive. Als sie ihn sah, lag in ihren Augen ein Ausdruck freudiger Erwartung.

„Dann wollte ich gerade zu Ihnen nach Hause gehen."

„Du wolltest Vater sehen. Ich bin sicher, er wird sich freuen. Ich gehe einfach nach Hause."

„Und darf ich mit dir zurückgehen?"

„Sicherlich, wenn es Ihnen gefällt."

„Ich hatte nicht vor, Ihren Vater zu sehen, Miss Castlemaine."

"NEIN?"

„Nein, ich wollte dich sehen. Wusstest du, dass ich Golf spiele, seit ich nach England gekommen bin?"

„Ja, ich habe gehört, dass Sie auf unseren Links Wunder vollbracht haben. Wie Sie sich erinnern werden, habe ich Sie dort gesehen."

„Und ich habe gehört, dass Sie großartig in dem Spiel sind. Ich hatte die Kühnheit, mich zu fragen, ob Sie morgen früh mit mir spielen würden. Ich kann Ihnen versichern, dass es ein Akt der Nächstenliebe gegenüber einem einsamen Mann wäre, wenn Sie das tun würden. "

„Ich fürchte, nach allem, was ich über Ihr Können gehört habe, dürfte ich kaum in der Lage sein, Ihnen ein Spiel zu bieten, aber wenn Sie sich soweit herablassen, werde ich mein Bestes geben."

„Vielen Dank, Sie sind sehr nett. Tatsächlich sind alle freundlich zu mir. Ich war erst ein paar Tage in London, und dennoch traf mich Mr. Sprague, als wäre ich ein alter Freund. Es ist angenehm, ihn dabei zu haben." ein Willkommen in einem fremden Land.

Während des restlichen Spaziergangs schien er in fröhlicher Stimmung zu sein, aber als sie das Haus erreichten, wollte er nicht hineingehen. Er habe Briefe zu schreiben, sagte er, und er wolle sie aus seinem Kopf verbannen.

„Du glaubst mir nicht", lachte er; „Sie glauben, dass wir Ostländer alle träge und träge sind. Aber nein, selbst ich kann manchmal sehr fleißig sein. Während ich in London war, habe ich härter gearbeitet als ein Araber."

„Arbeiten Araber hart?“

„Ah, Sie glauben mir nicht. Aber ich kann Ihnen versichern, dass meine Tätigkeit und mein Fleiß wunderbar waren. Sie würden nie erraten, warum.“

„Oh ja“, sagte Olive; „Geschäftsleute arbeiten, um Geld zu verdienen.“

„Ah nein, ich glaube, ich habe Geld verloren; aber das spielt keine Rolle, denn ich habe getan, was ich mir vorgenommen habe. *A rividerici*, signorina.“

„*Ein Domani.*“

„Dann kannst du Italienisch?“

"Nur ein bisschen."

„Aber immer noch ein bisschen. Das ist gut. Es gibt keine andere Sprache, wenn man Italienisch kann. *A domani* also. Soll ich dich hier treffen, und dann können wir gemeinsam zu den Links gehen?“

„Nein, ich muss noch ein paar Kranke sehen, bevor ich anfange, aber ich werde um zehn Uhr am Homestead vorbeikommen.“

„Das ist gut. *Buona sera*, Signorina.“

Aber Signor Ricordo kehrte nicht zum Homestead zurück. Stattdessen ging er zu den Golfplätzen und verbrachte Stunden in den großen Mooren dahinter. Er schien zu versuchen, sich zu ermüden, denn er stapfte von Gipfel zu Gipfel, ohne sich darum zu kümmern, wohin er ging. Es war nach Mitternacht, als er das Haus erreichte, dennoch begegnete er Olive am nächsten Morgen mit einem Lächeln.

„Ich glaube, die Welt hat Ihr englisches Wetter verunglimpft“, sagte er fast fröhlich und blickte zum blauen Himmel auf. „Und nun zum Kampf. Ich habe das Gefühl, dass heute eine neue Epoche in meinem Leben beginnen wird.“

Olive antwortete ihm mit einem angenehmen Lachen, doch sie fragte sich, was er meinte.

KAPITEL XXV

DAS KOMMEN VON WINFIELD

Während des Golfspiels auf den Links passierte nichts Wesentliches. Weder Ricordo noch Olive spielten ihr Bestes, und als das achtzehnte Grün erreicht war, schienen beide erleichtert zu sein.

„Wie spät ist es, Signore?" fragte Olive.

„Es ist kurz nach eins, Signorina."

„Dann ist es für mich zu spät, zum Mittagessen nach Hause zu gehen", sagte Olive.

„Das ist gut", sagte Ricordo. „Sie haben hier so hervorragende Vorkehrungen getroffen, dass die Angelegenheit des Mittagessens problemlos geklärt werden kann. Darüber hinaus haben Sie im Gegensatz zu vielen Clubs nicht auf der idiotischen Regel bestanden, dass Männer und Frauen in verschiedenen Räumen zu Mittag essen. Das ist eine Tatsache, so wie wir es kennen." Da ich erst um eins fertig werden konnte, habe ich mir die Freiheit genommen, der guten Frau hier zu sagen, dass sie ihre Kochkünste für uns einsetzen muss. Ich hoffe, ich habe nichts falsch gemacht."

Olive lachte fröhlich. Die Moorluft, die Helligkeit des Himmels und die gesunde Bewegung, die sie gemacht hatte, hatten sie hungrig gemacht.

„Vielmehr muss ich Ihnen herzlich danken", sagte sie; „Aber ich muss bald nach dem Mittagessen zurück sein. Ich denke, ich werde meinen Caddy mit einer Nachricht schicken, damit eine Falle für mich kommt."

„Ist das wichtig?" fragte Ricordo.

Olive sah ihn fragend an.

„Weil", fuhr Ricordo fort, „ich mich auf das Vergnügen gefreut hatte, mit Ihnen zurückzugehen – wenn Sie mir eine so große Ehre erweisen würden."

Einen Moment zögerte sie. Wäre er ein Engländer gewesen, hätte sie sich nichts dabei gedacht. Ihr Vater hatte ihn ins Haus eingeladen; er hatte ihn auch als eine Art Kaufmannsfürsten bezeichnet, und infolgedessen konnte es keinen Zweifel an seiner Stellung geben. Dennoch hielt sie die Tatsache, dass er keine englische Ausbildung und keine englischen Kontakte hatte, davon ab, seiner Bitte sofort nachzukommen.

„Ich frage das", fuhr Ricordo fort, „weil ich fürchte, dass ich in der Nacht, als ich Gast im Haus Ihres Vaters war, einen falschen Eindruck vermittelt habe. Selbst ein armer Außerirdischer wie ich möchte nicht in einem falschen Licht erscheinen."

Während er sprach, begegnete ihr Blick dem seinen, und die Kraft ihrer Einwände schien verschwunden zu sein.

„Ich dachte, du möchtest vielleicht heute Nachmittag noch einmal spielen", sagte sie; „Aber wenn Sie es wünschen, würde ich mich sehr freuen."

Eine Stunde später machten sie sich auf den Rückweg nach Vale Linden.

„Ich habe mich manchmal gefragt, ob Sie mich nicht für ein Rätsel halten, Signorina. Sie bauen ein wunderschönes Haus zum Nutzen von Menschen, die Ruhe und Abwechslung brauchen, sich aber den Komfort eines guten Hotels nicht leisten können, und Dann stellen Sie fest, dass es von einem Mann belastet wird, der es sich leisten kann, auch nur ein paar Luxusgüter zu bezahlen. Zweifellos ist Ihnen das seltsam vorgekommen?"

„Ich fürchte, ich habe nicht viel darüber nachgedacht", antwortete Olive.

„Dennoch, jetzt, wo ich so freundlich empfangen wurde, denke ich, dass ich es erklären sollte. Während ich in London war, traf ich einen Mann, mit dem ich Affären hatte, namens – lassen Sie mich nachdenken, ja, Winfield. Ich wurde London müde , und er erzählte mir von diesem Ort und von Ihnen. Er beschrieb die Arbeit, die Sie hier geleistet hatten, und Ihren gnädigen Einfluss auf das Dorf und die Nachbarschaft. Seine Geschichte gefiel mir. Ich sehnte mich danach, dieses wunderschöne Vale Linden zu sehen und ein zu sein einsamer Mann ohne Bindungen – nun, das ist alles, denke ich, Signorina. Aber jetzt, wo ich hier bin, möchte ich bleiben – zumindest eine Zeit lang. Ich erkenne die Tatsache an, dass ich von Ihrer grenzenlosen Nächstenliebe für die nicht mehr profitieren kann bedürftig, und——"

„Sicherlich, Signor Ricordo, besteht für Sie keine Notwendigkeit, das Gehöft zu verlassen."

„Ja, das gibt es, ich konnte nicht dort bleiben, wenn – nun ja, viele, die vielleicht Ihre Freundlichkeit brauchen, auf Einlass warten. Aber der Ort hat für mich einen Charme angenommen, Signorina. Die ruhige Ruhe, die rustikale Schönheit, das Reine." Luft – die Assoziationen haben mich erobert. Ich habe mich gefragt, ob es für Sie möglich wäre, mich als Mieter, als Nachbarn zu haben. Es gibt ein entzückendes Haus, von dem mir gesagt wurde, dass es vom Verwalter des verstorbenen Besitzers bewohnt wurde, und das auch so ist jetzt leer. Ich würde es entweder kaufen oder mieten. Wäre das möglich, Signorina?"

„Das ist kaum eine Angelegenheit, die in meinen Zuständigkeitsbereich fällt", antwortete Olive. „Mein Vater verwaltet das Gut. Da er sich teilweise aus dem Gewerbe zurückgezogen hat, ist es sein großes Hobby."

„Entschuldigen Sie, Signorina, alles hängt von Ihnen ab."

„Auf mich?"

„Ja. Auf diese Weise. Ich könnte nicht daran denken, hier zu bleiben, wenn Ihnen der Gedanke daran nicht gefallen würde. Ich bin ein einsamer Mann, Signorina, ein Mann, dessen Freunde entweder gestorben oder verschwunden sind, und der Gedanke, dort zu leben Nachbarschaft wie du selbst macht mir Freude; aber ich würde es nicht tun, wenn der Plan nicht deine Zustimmung hätte.

Sie hatten inzwischen die Straße erreicht, die den Hügel hinunter nach Vale Linden führte, und Olive drehte sich gerade um, als Ricordo seine Hände ausstreckte, als wollte er sie aufhalten.

„Verzeihung", sagte er, „es gibt einen anderen Weg nach Vale Linden. Er ist etwas länger; er führt über die Moore und ist sehr schön. Darf ich Sie bitten, den längeren Weg zu nehmen?"

Fast ohne Einwände stimmte sie zu. Obwohl sie es nicht bemerkte, hatte der Mann erneut eine Art Faszination auf sie ausgeübt. Für den Moment wurde sein Wille zu ihrem. Auch der Mann schien überdurchschnittlich interessiert zu sein. In seiner Stimme lag ein flehender und eindringlicher Ton, den sie noch nie zuvor gehört hatte. Er zeigte sich in einem neuen Licht.

„Danke", sagte er, als sie den Moorweg entlang gingen; „Ich hoffe fast, dass Ihre Zustimmung, den längeren Weg einzuschlagen, ein gutes Zeichen für meinen Plan ist. Denn Ihr englisches Leben hat für mich eine Art Charme, Signorina. Ja, ich, der ich den Osten mit seinen Geheimnissen, seinen großen stillen Räumen usw. gekannt habe Es ist ein wundersames Leben, bekenne es. Es hat mir die Bedeutung deines englischen Wortes „Heimat" beigebracht. Und ich habe es nie in der Praxis erlebt, Signorina – nie."

„Trotzdem denke ich, dass Ihr Leben im Osten sehr faszinierend sein muss?"

Ein seltsamer Ausdruck huschte über sein Gesicht, aber das Lächeln auf seinen Lippen wurde von seinem dicken Schnurrbart verdeckt.

„Faszinierend, großer Allah, ja! Ich würde dir gerne einmal davon erzählen, Signorina – die Geschichte meines Lebens. Sie würde dich interessieren; ja, ich verspreche dir, dass sie dich interessieren würde. Es würde lange dauern, Ich fürchte, aber du würdest zuhören, ja, du würdest bis zum Ende zuhören."

Er sprach leise, aber in seinem Ton lag eine Intensität, und während er sprach, begann Olives Herz schneller zu schlagen. Wieder wurde sie an Leicester erinnert, den Mann, den sie einst zu heiraten versprochen hatte und der vor mehr als sechs Jahren gestorben war. Sie hatte fast Angst, denn es schien ihr, als würde er ein schreckliches Geheimnis preisgeben. Darüber hinaus beeindruckte sie seine Persönlichkeit, genau wie früher die von Leicester.

„Wissen Sie", fuhr er fort, „warum ich die Gastfreundschaft Ihres Vaters nicht angenommen habe – das heißt, warum ich Essen und Trinken abgelehnt habe, als ich Ihr Haus an dem Abend des Konzerts besuchte?"

„Ich nehme an, weil du keinen Hunger hattest und, wie du sagtest, nie Rauschmittel trinkst", sagte sie und brachte die erste Antwort hervor, die ihr über die Lippen kam.

„Nein, das war es nicht. Ich weiß auch, dass es unhöflich war, als ich ihm die Zigarren verweigerte. Selbst ich weiß genug von Ihren englischen Gastfreundschaftsgesetzen dafür. Ich wollte mit Ihnen zurückgehen, um Ihnen davon zu erzählen. Soll." Ich sage Ihnen?"

„An Unhöflichkeit habe ich nie gedacht. Ich dachte, du meinst, was du gesagt hast. Sag es mir, wenn du willst."

„Ich habe mich geweigert, weil ich dachte, Sie ärgern sich über meine Anwesenheit. Verzeihen Sie mir, wenn ich Ihr Gesicht falsch interpretiert habe. Sie sahen aus, als wären Sie wütend auf mich und wütend auf das, was ich gesagt habe."

„Es tut mir außerordentlich leid, wenn eine meiner Handlungen oder ein Blick einem Gast im Haus meines Vaters Schmerzen bereitet hat. Nichts könnte weiter von meinen Wünschen entfernt sein. Auch habe ich Ihre Weigerung, das Angebot anzunehmen, nicht in diesem Licht interpretiert."

„Und doch wurdest du blass, als ich den Whisky verweigerte."

Olive schwieg.

„Ich gebe zu, dass ich das unter allen Umständen hätte tun sollen", fuhr er fort. „Dort sind die Mohammedaner den Christen weit überlegen. Nicht, dass ich ein Mohammedaner wäre – die Religion, an die ich glaube, ist christlich; aber Whisky, nein. Die Tiefen, in die er so viele hineingezogen hat, sind zu tief. Trotzdem bist du blass geworden, wie ich erwähnt habe." es. Ich fragte mich warum.

Olive sagte immer noch nichts. Überall um sie herum erwachte die tote Vergangenheit wieder zum Leben, und doch dachte sie seltsamerweise nicht mit Zärtlichkeit an Leicester. Obwohl die Erinnerungen, die mit ihm verbunden waren, immer dichter und schneller aufstiegen, verschwand er selbst vielmehr in der trüben Ferne.

„Ich bin froh, dass ich mich geirrt habe", fuhr Ricordo fort; „Und darf ich das auch als Ihre Zustimmung akzeptieren, dass ich mich Ihrem Vater nähere, mit der Absicht, Ihr Nachbar zu werden?"

„Ich bin sicher, wenn Sie sich entscheiden, hier zu leben, hoffe ich, dass Sie sehr glücklich sein werden", sagte Olive.

„Danke, du lässt meine Sonne hell scheinen", war die Antwort. „Ob ich lange hier leben werde, kann ich nicht sagen, denn der Osten beansprucht immer den Mann, den er in seinen Bann gezogen hat. Und er hat mich in seinen Bann gezogen. Ja, irgendwann muss ich Ihre Zustimmung einholen, Ihnen von meinem zu erzählen Leben dort. Ich darf, darf ich nicht?"

Bevor ihr klar wurde, was sie tat, hatte sie ihr Einverständnis gegeben. Die Anwesenheit des Mannes deutete auf Geheimnisse hin, die sie wissen wollte.

Sie waren nun den Hügel hinuntergebogen und gingen zum Vale Linden. Es tat ihr fast leid, dass ihr Spaziergang so bald zu Ende gehen würde, und sie wünschte, er würde ihr beim Gehen etwas von der Vergangenheit erzählen. Aber als sie sich dem Dorf näherten, wurde Signor Ricordo launisch und still, so still, dass ihr Spaziergang fast schmerzhaft wurde. Als sie jedoch die Parktore erreichten, sprach er erneut.

„Es ist nett von dir, Mitleid mit einem einsamen Mann zu haben", sagte er, „ja, und mit einem, der ein Fremder ist, der vor seiner Zeit gealtert ist."

„Alt, Signore?" sagte sie mit einem fast gezwungenen Lachen.

„Ja, alt, Signorina. Wie alt sollten Sie denken?"

Sie richtete ihren Blick auf sein Gesicht, und als sie hinsah, spürte sie, wie ein Schauer sie durchlief.

„Ich möchte keine Vermutung wagen", sagte sie.

„Nein", antwortete er, „das glaube ich nicht; und doch, glauben Sie es, ich bin nur wenig älter als Sie. Wie ich Ihnen sagte, als ich Sie zum ersten Mal sah, war ich in der Hölle, in ihren tiefsten Tiefen." Und es lässt einen Mann altern – ja, es lässt ihn altern, es gibt ihm keine Jahre, aber es gibt ihm Weisheit. Guten Tag, Signorina.

Olive fühlte sich seltsam deprimiert, als er sich von ihr trennte, und sie wunderte sich über viele Dinge, die er sagte. Tatsächlich war er den Rest des Tages in ihren Gedanken. Sie hatte seltsames Interesse an ihm und doch hatte sie eine Art Angst vor ihm. Er war anders als der Rest ihrer Welt, anders als ihr Vater, anders als Herbert Briarfield, anders als alle Gäste, die ins Haus gekommen waren. In vielerlei Hinsicht erinnerte er sie an Leicester, und doch wurde Leicester von diesem Tag an immer mehr zu einer Erinnerung für sie.

Ein paar Tage später hörte sie, dass Signor Ricordo Zimmer auf der Linden Manor Farm bezogen hatte, einem ziemlich schönen alten Haus, das von einem Bauern namens Briggs bewohnt wurde. In der Zwischenzeit erzählte ihr ihr Vater, dass Ricordo sich an ihn gewandt hatte, um das Haus zu kaufen, über das er mit ihr gesprochen hatte. Danach trafen sie sich gelegentlich, aber nicht oft; Dennoch interessierte sich Olive jedes Mal mehr für ihn, wenn sie sich trafen. Die Tatsache, dass er aus dem Osten kam, stellte immer weniger ein Hindernis für ihre Freundschaft dar, und John Castlemaine gab dies zu, obwohl er nie die gewisse Zurückhaltung überwinden konnte, die den Mann zu umgeben schien, der in ihrer Mitte zu leben schien er war die interessanteste Persönlichkeit, die er je getroffen hatte.

Als die Wochen vergingen, wurde Olive klar, dass die Zeit bald kommen würde, in der Herbert Briarfield zum letzten Mal das Recht beanspruchen würde, seine Klage zu vertreten, und sie begann sich zu fragen, was sie ihm sagen würde. Seit der Gelegenheit, als er sich auf dieses Privileg berief, war er nicht mehr oft bei ihr zu Hause gewesen; Aber jedes Mal, wenn sie ihn sah, zeigte er mehr und mehr, was für ein feiner, männlicher junger Kerl er war. Sicherlich, wie ihr Vater ihr mehr als einmal gesagt hatte, würde sie bald entscheiden müssen, ob sie ihr Leben lang Single bleiben oder ob sie die Liebe, die er ihr anbot, annehmen würde. Doch während sie darüber nachdachte, fragte sie sich, was Ricordo sagen würde, und sie dachte auch an das Versprechen, das sie Leicester in der Nacht vor dem Tag gegeben hatte, an dem sie hätten heiraten sollen. Denn dieses Versprechen verfolgte sie immer noch. Sie erinnerte sich an den Gesichtsausdruck von Leicester, als er sein Versprechen einlöste, und an ihre Zusicherung, dass sie, egal was passieren würde, niemals einen anderen Mann heiraten würde, so schnell nicht vergessen werden sollte.

Eines Morgens saß Ricordo auf dem Rasen vor dem Manor Farm House. Er hatte im Freien gefrühstückt und saß nun auf einem Gartenstuhl und rauchte eine Zigarre. Ricordo galt in der Nachbarschaft noch immer als Mysterium. Niemand wusste mehr über ihn als am Tag seiner Ankunft, außer dass er Teilhaber einer großen Handelsfirma im Osten war. Dass er reichlich Geld hatte, stand außer Frage. Er hatte bei der nächstgelegenen Bank ein Konto eröffnet, und der Manager hatte vor Erstaunen die Augen geöffnet, als er den Betrag auf dem ihm vorgelegten Scheck sah. Natürlich wurde diese Summe der Öffentlichkeit nicht mitgeteilt, aber die Angestellten der Bank machten keinen Hehl daraus, dass ihr neuer Kunde enorm reich war. Aber darüber hinaus war nichts bekannt. Die besten Häuser weit und breit hatten ihm ihre Türen geöffnet; aber Ricordo betrat sie nie. Abgesehen davon, dass er gelegentlich The Homestead und das große Haus in Vale Linden besuchte, zeigte er keinerlei Verlangen nach Gesellschaft. Wenn er nach zwei Monaten gegangen wäre, hätte man ihn als den geheimnisvollen Herrn aus dem Osten bezeichnet, der einen Fez trug, und obwohl alle möglichen Vermutungen über ihn geäußert worden wären, hätte man nichts davon erfahren.

Signor Ricordo.

Heute Morgen lehnte sich Signor Ricordo in seinem Stuhl zurück und rauchte eine Zigarre. Wie immer waren seine Augen fast geschlossen und derselbe Ausdruck zynischer Melancholie ruhte auf seinem Gesicht. Ein- oder zweimal nahm er die Zeitung vom Vortag zur Hand, warf sie dann aber beiseite. Offensichtlich hatte er nur wenig Interesse an den Angelegenheiten des Landes. Dann hob er schnell den Kopf und sah den Postboten des Dorfes auf sich zukommen.

„Morgen, sur."

„Guten Morgen, Beel. Hast du ein paar Briefe für mich?"

„Sever'l, sur. ,Hier bist du."

"Danke schön."

Der Postbote verließ ihn und machte sich auf den Weg zum Haus.

Eine Zeit lang saß er tief in Gedanken versunken da und bezog sich nicht auf die Briefe, aber sein Gesicht ließ nicht erkennen, ob seine Gedanken angenehm waren oder nicht. Es war so ausdruckslos wie das Gesicht der Sphinx. Nach einer Weile wandte er sich den Briefen zu und warf einen flüchtigen Blick darauf. Schließlich zeigten seine Augen jedoch ein Leuchten des Interesses. Er riss einen der Briefe auf und las ihn fast eifrig:

„ SEHR GEEHRTER SIGNOR RICORDO , – endlich kann ich
Ihre freundliche Einladung annehmen, und wenn Sie diese

erhalten, werde ich mich auf den Weg nach Vale Linden machen. Da ich mit einem frühen Zug abreise, werde ich um eins am Bahnhof ankommen Uhr. Ich sehne mich einfach danach, inmitten der wunderschönen Landschaft zu sein, die Sie so eloquent beschreiben, und vor allem danach, ein langes Gespräch mit Ihnen zu führen. Alle Neuigkeiten, wenn wir uns treffen. – Mit freundlichen Grüßen

„ A. WINFIELD. "

„PS – ich werde im Zug zu Mittag essen."

Gewiss, in dem Brief stand nichts Auffälliges, dennoch ging Ricordo wie jemand, der sehr gerührt war, auf dem Rasen auf und ab.

„Es kommt, es kommt", wiederholte er mehr als einmal.

Er überflog hastig die anderen Briefe, ging ins Haus, schloss sie sorgfältig in einen Safe ein, ging hinaus ins Moor und lief viele Meilen zu Fuß. Um ein Uhr war er am Bahnhof Vale Linden, aber niemand hätte gedacht, dass er an diesem Sommertag eine weite Strecke zurückgelegt hatte. Während er auf den Zug wartete, sah er so cool aus, als hätte er sich gerade nach einem kalten Bad angezogen.

„Ah, Mr. Winfield, ich freue mich, Sie zu sehen", sagte er, als der Zug am Bahnsteig anhielt und Winfield ausstieg. „Ich freue mich, dass Sie gekommen sind, um an der Schönheit dieses Ortes teilzuhaben. Ich bin Ihnen viel schuldig, dass Sie mir geraten haben, hierher zu kommen."

„Es ist nett von Ihnen, mich zu bitten, zu kommen", sagte Winfield, „ich finde, ich schaffe gerade mal drei Tage."

„Ah, länger, länger, mein Freund. Bist du übrigens müde? Hier wartet ein Mann mit einer Falle, falls du zurückreiten möchtest."

„Nein, ich würde lieber gehen, wenn es Ihnen nichts ausmacht", sagte Winfield. „Die Luft ist so köstlich und ich sitze schon so lange im Eisenbahnwaggon, dass der Gedanke an einen Spaziergang auf dem Land bezaubernd ist."

„Das ist gut. Ich werde Ihr Gepäck an der Falle zurückschicken, und wir werden zu Fuß gehen. Wenn es Ihnen nichts ausmacht, über einen Umweg über die Moore."

„Genau das, was mir gefallen würde", sagte Winfield und die beiden fuhren zusammen.

Während sie einen steilen Fußweg hinaufstiegen, der ins Moor führte, wurde wenig gesprochen, doch als sie bald eine Anhöhe erreicht hatten, von der aus sie eine weite Landfläche überblicken konnten, holten beide Luft.

„Das ist herrlich", sagte Winfield; „Dadurch fühle ich mich zehn Jahre jünger."

„Ich möchte Ihnen den einsamsten und eindrucksvollsten Spaziergang im Bezirk zeigen, Mr. Winfield", sagte Ricordo. „Auf diese Weise sind es acht Meilen bis zu meinem Bauernhaus. Macht es Ihnen etwas aus?"

„Je länger, desto besser", sagte Winfield. „Was für ein herrlicher Anblick! Schauen Sie sich die Hügel und Täler an, denken Sie an die Herrlichkeit von Stechginster und Heidekraut! Und die Luft ist wie ein sagenumwobenes Lebenselixier. Sie müssen hier sehr glücklich sein, Signore."

„So glücklich wie Luzifer, als er aus dem Paradies vertrieben wurde", sagte der andere ruhig.

Winfield sah ihn neugierig an.

„Du wirst deinen Witz haben", lachte er.

„Ich scherze nie", sagte der andere.

„Übrigens", fuhr Winfield fort, „haben Sie den Schutzengel dieses Ortes kennengelernt?

„Ja, ich habe sie gesehen."

„Nun, und welchen Eindruck haben Sie? Ich kannte sie schon ein wenig, vor Jahren."

„Und was denkst du über sie?"

Ein Schatten zog an Winfields Gesicht vorbei.

„Ich habe sie unter unangenehmen Umständen gesehen", sagte er. „Ich fürchte, ich bin nicht in der Lage, fair zu urteilen."

„Ich habe gehört", sagte Ricordo langsam, „dass sie eine Frau mit einer Geschichte ist. Gerüchte besagen, dass sie vor Jahren eine unglückliche Liebesbeziehung hatte. Stimmt das? Nicht, dass ich dem Klatsch viel Aufmerksamkeit schenke; aber ich dachte an dich." könnte es wissen.

„Ja, ich fürchte, da ist etwas Wahres dran."

„Erzähl es mir, *amico mio* ."

Winfield schwieg eine Sekunde lang.

„Hast du Interesse an ihr?" er hat gefragt.

Der andere zuckte mit den Schultern.

„In gewisser Weise ja. Ich lebe auf ihrem Land; sie ist – nun ja, die gute Fee des Bezirks. Ja, ich bin interessiert.“

„Ich sehe keinen Grund, warum ich es Ihnen nicht sagen sollte“, antwortete Winfield. „Es ist jetzt sechs Jahre her und der Mann ist tot.“

„Tot, was? Wer war er?“

„Ein Kerl namens Radford Leicester.“

„Ein guter Kerl? Ein vorbildlicher junger Mann, was?“

„Nein, alles andere als das. Trotzdem mochte ich ihn. In vielerlei Hinsicht war ich vermutlich sein bester Freund – vielleicht sein einziger Freund Ich glaube, dass er ein sauberes, aufrichtiges Leben führte und über Moral, Wahrheit und Tugend lachte. Ein Trunkenbold, habe ich gesagt? Nun, das ist wahr und falsch zugleich. Er war ein Sklave des Trinkens, und doch wirkte er nie betrunken . Nun, er hatte brillante Begabungen, war ein guter Redner, ein scharfsinniger Denker, und alle glaubten, dass er ein großer Mann werden könnte, wenn er sein Laster aufgeben würde. Wie gesagt, er glaubte an nichts. Er war ein Atheist , und verachtete Tugend. Eines Nachts saß ich mit ihm und zwei anderen zusammen, und er wurde zur Rede gestellt für seine –“

„Ja, ich verstehe; mach weiter.“

„Nun, er verteidigte sich und erklärte, dass es keine Frau auf der Welt gebe, die nicht ihren Preis habe. Die anderen beiden Kerle, Sprague und Purvis mit Namen, verteidigten die Frauen. Dann bot Leicester an, eine Wette abzuschließen, dass er, eine Art Paria So wie er war, konnte er jede Frau gewinnen, die sie nennen wollten, vorausgesetzt, er war in der Lage, den Preis zu zahlen. Dann nannte ich Olive Castlemaine. Leicester bot daraufhin an, 100 Pfund zu setzen, damit er sie gewinnen würde. Er sagte das, obwohl sie wusste, dass er es war Als Trunkenbold, Atheist, Zyniker, Frauenverächter würde er sie gewinnen, indem er sie glauben ließ, er würde ihr einen hohen Platz im Land geben. Nachdem er sie gewonnen hatte, sollte er –“

„Was du nennst, vergiss sie“, schlug Ricordo vor, als er sah, wie Winfield nach einem Wort zögerte.

„Genau. Nun, er hat sie gewonnen. Der Tag der Hochzeit wurde arrangiert. In der Zwischenzeit glaubten Sprague und Purvis, dass er lediglich seine Wette gewinnen wollte. Tatsächlich gestand er ihnen dies etwa eine Woche vor der Hochzeit. Denn Was mich betrifft, glaube ich, dass Leicester, obwohl er mit einem grimmigen Scherz begann, am Ende doch einen tödlichen Ernst an den Tag legte.

„Ja, mach weiter, mein Freund“, sagte Ricordo, als der andere innehielt. „Ich interessiere mich sehr für Ihre Geschichte. Mehr Interesse, als Sie sich vorstellen können. Ich werde Ihnen gleich sagen, warum.“

KAPITEL XXVI

OFFENBARUNGEN

„Ja, ich glaube, er liebte sie wirklich. Er hörte mit dem Trinken auf, und obwohl er auf seine Bekannten so zynisch und treu wie eh und je wirkte, sah ich, dass eine Veränderung in ihm stattgefunden hatte. Er wählte mich zu seinem Trauzeugen bei der Hochzeit. Nun ja Am Vorabend des Hochzeitstags erhielt Miss Castlemaine einen Brief, in dem sie die ganze Geschichte erzählte. Ich persönlich glaube, dass Sprague sie geschrieben hat. Ich nehme an, der Brief schien bis zum Äußersten zu beweisen, dass Leicester nur das Spiel spielte, um zu gewinnen Ich wette, und dass er, obwohl er bereit war, sie zu heiraten, dies tat, weil sie eine der reichsten Erbininnen Londons war.

"Also?"

„Die Hochzeit kam nie zustande. Als er sie besuchte, fuhr sie ihn aus dem Haus. Ich war dort und habe alles gesehen und gehört. Ich werde Leicesters Aussehen nie vergessen, solange ich lebe. Ich habe mein Bestes für ihn getan.“ , aber vergebens. Sie ging ins Ausland, und er – ging zum Teufel.“

„Sag mir wie, mein Freund.“

„Er flog zum Whisky; er übergab sich dem Teufel. Dann kam es zu den Parlamentswahlen, und er ging in seinen Wahlkreis, nur um bei einer öffentlichen Versammlung in einem Zustand rührseliger Trunkenheit auf das Podium zu fallen. Das war er.“ wurde aus dem Wahlkreis geschrien. Wohin er ging, weiß nur Gott. Aber ein paar Wochen später wurde seine Leiche gewaschen auf den Stufen der Blackfriars Bridge gefunden.“

„Ecco! Das ist fast eine Tragödie, oder?“ und Ricordo lachte fast fröhlich.

„Es war eine Tragödie für mich; denn um die Wahrheit zu sagen, ich mochte ihn. Ich hatte mehr von ihm gesehen als vielleicht jeder andere.“

„Und sie, meine Freundin – hat sie getrauert?“

„Ich weiß es nicht. Ich denke nicht. Ich habe gehört, dass ihr Vater ein paar Wochen später Vale Linden gekauft hatte und dass sie mit ihren Freunden fröhlich war.“

„Genau wie eine Frau“, sagte Ricordo leise; „Aber es gibt eine Sache, die mir nicht ganz klar ist. Warum hat sie, wenn es ihr egal war, nicht jemand anderen geheiratet?“

„Nun, ich bin mir nicht ganz sicher, ob das der Grund ist, aber sie hat Leicester am Abend vor dem für die Hochzeit festgelegten Tag geschworen, dass sie niemals einen anderen Mann heiraten würde, egal was passieren würde."

„Und du denkst, sie hält ihr Gelübde?"

„Möglicherweise; ich weiß es nicht."

„Eine sehr interessante Geschichte, Mr. Winfield. Ich denke, ich könnte Ihnen eine ebenso interessante Geschichte erzählen. Und Sie sagen, der Mann hat Selbstmord begangen?"

„Ja", sagte Winfield mit einem Seufzer.

"Warum?"

„Nun, ich nehme an, er hatte nichts, wofür es sich zu leben lohnte. Er war in Ungnade gefallen, er wurde aus seinem Wahlkreis vertrieben, er hatte Freunde entfremdet und er hatte weder Glauben noch Hoffnung."

Ein paar Minuten lang gingen sie schweigend weiter. Dann sagte Ricordo:

„Und war er der Typ Mann, Mr. Winfield, der Ihrer Meinung nach Selbstmord begehen würde?"

„Daran kann es keinen Zweifel geben. Zwar war die Leiche nicht wiederzuerkennen, aber es wurden Briefe bei ihm gefunden, anhand derer er identifiziert werden konnte. Daran hatten weder Gerichtsmediziner noch Geschworene Zweifel."

„War er ein schwacher, unfähiger Mann – ein Mann ohne Mittel?"

„Großer Himmel, nein! Er war ein Mann, der alles konnte. Hätte er gewusst, was gut für ihn war, wäre er wahrscheinlich Premierminister geworden."

„Ein Mann mit schwachem Willen, was?"

„Nein, eher ein Mann mit eisernem Willen, wenn er sich entschieden hat."

„Und er hatte geschworen, diese Miss Castlemaine zu heiraten?"

"Ja."

„Und war er der Typ Mann, der so schnell aufgibt?"

„Ich glaube nicht, dass Sie sich der Umstände ganz bewusst sind."

„Ich versuche, den Mann zu erkennen."

„Ja; aber die Buchstaben, die man auf der Leiche gefunden hat."

Ricordo lachte leise.

„Haben Sie gesagt, die Leiche sei identifiziert worden? War sie erkennbar?"

"NEIN."

"Ah!"

„Ich war bei ihm, als er alle Hoffnung aufgegeben hatte, jemals Miss Castlemaine zu gewinnen", sagte Winfield. „Er war in einem Zustand völliger Verzweiflung."

„Ein schwacher Mann hätte vielleicht Selbstmord begangen; aber ein starker Mann, der ein solches Gelübde abgelegt hätte – niemals!"

„Sie glauben nicht, dass Radford Leicester Selbstmord begangen hat?"

„Ich meine, dass ein solcher Mann, wie Sie ihn beschrieben haben, wieder auferstehen würde, auch wenn er gestorben wäre."

Winfield schüttelte den Kopf und seufzte.

"Du glaubst es nicht?"

„Ich kannte Leicester. Ich sah, in welchem Zustand er sich befand. Er war kein glücklicher Mann, bevor er Miss Castlemaine traf, dann – nun, sie wurde alles für ihn. Danach, als er durch seine eigene Tat alles unmöglich gemacht hatte, was war." für ihn übrig geblieben ist? Er würde sagen: ‚Lass mich sterben und es ist vorbei.'"

Wieder lachte Ricordo leise.

„Waren Sprague und Purvis Freunde von ihm?" fragte er plötzlich.

„Nein. Er mochte keinen von beiden und er schwor, dass er sich an ihnen rächen würde, wenn einer von ihnen Miss Castlemaine jemals etwas über die Wette verraten würde."

„Und war er der Typ Mann, der dieses Gelübde unerfüllt ließ?"

„Ich glaube, er war so verzweifelt, dass er lebensmüde war", sagte Winfield.

„Dann glauben Sie, dass dieser Radford Leicester tot ist?"

„Ja, das glaube ich."

Sie gingen eine Schlucht entlang. Zu beiden Seiten erhoben sich steile, steile Klippen. Zu ihren Füßen plätscherte ein Moorbach zum Fluss Linden.

„Winfield", sagte der andere in verändertem Tonfall, „sehen Sie mich genau an. Vergessen Sie die braune Haut und den schwarzen Bart. Stellen Sie sich mich etwas dünner und blasser vor. Glauben Sie also, dass Radford Leicester tot ist?"

Er nahm seinen Fez ab und stand dem Mann gegenüber, mit dem er sprach.

„Das ist es, schauen Sie genauer hin – Merkmal für Merkmal. Glauben Sie nun, dass Radford Leicester tot ist?"

"Mein Gott!" sagte Winfield.

„Ah", sagte der andere leise, „ich dachte, du würdest mich erkennen, wenn ich es dir ehrlich sagen würde."

"Aber aber--"

„Ja, du erkennst jetzt meine Stimme. Ich bin nicht mehr der orientalische Gentleman mit der ruhigen, musikalischen Stimme. Der tote Mann ist auferstanden, nicht wahr?"

„Aber ich sage, Leicester –"

„Noch nicht, Winfield. Ich bin Signor Abdul Ricordo. Ich habe einen italienischen Vater und eine maurische Mutter, und ich spreche Englisch mit einer östlichen Stimme und einem leichten Akzent. Aber ich spreche Ihre Sprache gut, nicht wahr?"

„Ich – ich kann es nicht glauben!" stammelte Winfield.

„Ja, das kannst du. Warum" – und er bewegte seine Schultern wie das alte Leicester – „glauben Sie, dass ich jemand bin, der sich von Eselsmilch ernährt, ein armes, schwaches, breiiges Ding, das mir erlauben würde, das zu sein?" „Spielball einer Frau und zweier Schurken wie Sprague und Purvis? Hast du das geglaubt, Winfield?"

„Dann hast du nicht –"

„Sterben? Nein. Ich bin zur Hölle gegangen, aber ich bin nicht gestorben."

„Aber, sage ich – ich bin benommen, verwirrt. Ich weiß kaum, wo ich bin. Ich habe das Gefühl, dass ich gleich aufwachen und feststellen werde, dass ich das geträumt habe."

Der andere lachte leise, und Winfield erkannte das Lachen von Radford Leicester vor sechs Jahren.

„Aber ich sage, Leicester, sagen Sie mir – das heißt, sagen Sie mir – die Bedeutung des Ganzen."

Der andere sah sich fast ängstlich um. Der Ort war totenstill. Außer dem Plätschern des Moorbachs war kein Laut zu hören.

„Erwähnen Sie diesen Namen nicht noch einmal, Winfield – zumindest noch nicht. Ich bin Abdul Ricordo. Ricordo ist, wie Sie wissen, ein italienisches Wort, das ‚erinnern' bedeutet." Ich erinnere mich, mein Freund; ich erinnere mich. Ich habe nichts vergessen; nein, beim Himmel, *nichts* ."

„Aber sag es mir, alter Mann –"

„Ich sage, Winfield, du scheinst nicht froh zu sein. Du gratulierst mir nicht; du bietest mir nicht die Hand an, noch sagst du mir, wie dankbar du bist, dass ich mich nicht in den Fluss geworfen habe."

„Weißt du, alter Mann. Das versteht sich von selbst. Aber ich bin völlig aus der Fassung gebracht. Ich weiß kaum, ob ich auf dem Kopf oder auf den Fersen bin. Freut mich, dich zu sehen! Ich bin mehr als froh. Ich brauche es dir nicht zu sagen." Nun, was ich dir gerade gesagt habe, als ich nicht wusste, wer du bist. Aber ich wusste nicht, dass es möglich war, dass ich so getäuscht werden konnte; außerdem tappe ich über alles im Dunkeln. Sag es mir, alter Mann, sag es mir Alles. Richtig, zieh diesen Fez nicht wieder an. Ohne ihn kann ich dich besser sehen. Ich erinnere mich jetzt an die Form des Kopfes. Ja, und behalte deine alte Stimme, mein Freund – sie hilft mir, mich so zu fühlen auf festem Boden. Erzählen Sie mir nun, was passiert ist.

„Winfield, ich vertraue dir. Du warst der einzige Mann, der mir in den alten Tagen treu war. Du wirst immer noch treu sein. Nichts, was du entdeckt hast, nichts, was ich dir sagen werde, wird über deine Lippen kommen, bis ich es dir sage." Du darfst sprechen.

„Das verspreche ich, mein Freund. Nichts wird über meine Lippen kommen – kein Hinweis, kein Vorschlag."

Der andere setzte wieder seinen Fez auf. „Das ist also klar", sagte er leise. Er sprach in den alten fließenden Tönen, die er seit seiner Ankunft in Vale Linden angenommen hatte. „Ich sage, Winfield, schau mich noch einmal an. Ich vergesse es nie, egal – egal."

Für einen Moment hatte Winfield ein Gefühl wie Angst. Vielleicht lag es daran, dass er sich von dem Schock, den er erlitten hatte, noch nicht erholt hatte.

„Wir werden von Radford Leicester bitte in der dritten Person sprechen. Ich bin immer noch Signor Ricordo, beachten Sie das. Betrachten Sie mich als solchen, bis ich Ihnen etwas anderes sage. Signor Abdul Ricordo, Partner der großen Handelsgesellschaft von Tripolis, nicht wahr? " und er verneigte sich feierlich vor dem anderen. „Ich spiele immer noch meine Rolle. Bald werde ich meine Kleidung und meine Rolle ändern; dann werde ich sein, was ich war. Nun, Sie möchten etwas über Radford Leicester wissen. Ich werde es Ihnen sagen. Ja, er dachte über Selbstmord nach, aber wenig Da er das Leben liebte, liebte er es zu sehr, um ihm ein Ende zu setzen. Außerdem fürchtete er sich vor dem, was jenseits dessen lag, was wir den Tod nennen. Ist irgendjemand ein Atheist, *amico mio* ? Ich glaube nicht. Eines Nachts, als er an der Blackfriars Bridge stand Als er darüber nachdachte, was passieren würde, wenn er sich dem Fluss überlassen würde, sah er einen toten Körper auf den Stufen angeschwemmt. Es war eine helle Nacht und er sah, dass das Gesicht des Mannes nicht wiederzuerkennen war; außerdem sah er, dass das Ding einmal dort gewesen war was man einen Gentleman nennt. Dann wurde in seinem Kopf ein Plan geboren. Nachdem er sich vergewissert hatte, dass das, was er sah, keine Erkennungszeichen enthielt – nun, Sie sehen den Rest. Radford Leicester las seine eigenen Todesanzeigen. Ha! mein Freund, Es war eine angenehme Lektüre. Er ist sogar zu seiner eigenen Beerdigung gegangen. Er hat dich dort gesehen. Danke, Winfield, dass du deinem Freund die letzte Ehre erwiesen hast."

Winfield wischte sich den Schweiß von der Stirn; Es war viele Jahre her, dass er so bewegt gewesen war.

„Du warst bei der Beerdigung!" Er hat tief eingeatmet.

„Radford Leicester war bei der Beerdigung. Er las, was eine bestimmte religiöse Zeitung über ihn zu sagen hatte. Viele Prediger zogen nützliche Moralvorstellungen aus seiner Karriere. Nachdem alles vorbei war, ging er weg. Er hatte sich entschieden, was er tun sollte. Er war gestorben, und er wollte wieder auferstehen. Er ist wieder auferstanden. Er hatte einen großen Kampf zu kämpfen, Signor Winfield. Sie erraten, was es war. Einst hatte er seinen Feind aus Liebe zu einer Frau fast besiegt, jetzt entschied er sich ihn vollständig zu erobern, aber aus einem anderen Motiv."

„Whisky", sagte Winfield.

„Whisky", wiederholte der andere. „Er wusste, dass er, solange es die Herrschaft über ihn ausübte, das Spielzeug von – allem sein würde. Zwei Jahre lang ging er dorthin, wo er es nicht bekommen konnte."

"Wo?"

„Irgendwann wird er es dir selbst sagen – das und andere Dinge. Aber er hat dagegen gekämpft und er hat es gemeistert, nicht aus Liebe, sondern für etwas anderes."

"Was?"

„Können Sie es nicht erraten? Denken Sie an die Art von Mann, der Radford Leicester war, Winfield. Was, glauben Sie, wäre sein Motiv?"

Winfield schwieg.

„Wenn man zum Grundgestein unserer kleinen menschlichen Natur vordringt, Winfield, stellt man fest, dass dieselben elementaren Leidenschaften existieren, egal welcher Rasse oder welchem Land wir angehören. Shakespeare wusste es, als er die Figur des Shylock erfand und wann Er schrieb „Othello". Wofür würde Radford Leicester Ihrer Meinung nach leben wollen?"

„Du liebst sie immer noch?“

„Liebe sie! So sehr, wie Shylock Antonio, meinen Freund, liebte; so sehr wie jeder andere Mann jemanden liebt, der ihn in den Himmel gehoben hat, nur um ihn in die Hölle zu stürzen.“

„Dann liebst du sie nicht?“

„Warum sollte Radford Leicester sie lieben, mein Freund? Sag mir das.“

„Vielleicht weil er nicht anders kann.“

„Nein; er hasst sie, weil er nichts dagegen tun kann.“

"Hasse sie!"

„Wenn es eine Sache gibt, die der Osten einem Mann beibringt, dann ist es, wie man gut hasst. Er hat seine Lektion gelernt. Großer Gott, er hat sie gut gelernt!“

„Und warum bist du zurückgekommen?“

„Warum sollte Radford Leicester zurückkommen, Winfield? Sagen Sie mir das. Denken Sie ruhig über den ganzen Fall nach. Warum sollte er zurückkommen? Ihre Bibel ist voller menschlicher Natur. Diese alten Juden erkannten die elementaren Leidenschaften des Lebens – ein Auge für ein Auge, ein Zahn um einen Zahn. Das erscheint einem Mann als gerecht.“

„Aber – aber, ich sage –“

"Ja sag es mir."

„Denken Sie darüber nach, was es bedeutet. Es ist nicht richtig.“

Ricordo lachte leise.

„Richtig, falsch. Sie gehören zum Standardwerk Ihrer Moralisten. Lassen Sie einen Mann durchmachen, was Leicester durchgemacht hat, mein Freund, und selbst wenn er vorher ein wenig Respekt davor hätte, würde alles zerstört werden.“ aus ihm heraus. Warum, Mann, Radford Leicester hat das Leben eines Sklaven in Marokko geführt und draußen in der großen Wüste wilde Tiere in Menschengestalt zusammengetrieben. Er hat die Religion der Christen und der Mohammedaner gesehen und der Hindu wurde geprüft; er weiß, was es bedeutet. Glaubst du, nachdem du durchgemacht hast, was er durchgemacht hat, dass deine kitschigen moralischen Phrasen bei ihm Gewicht haben werden? Nein, nein; Hassen ist so natürlich wie Lieben ; und wenn die Liebe richtig ist, ist es auch der Hass.“

„Aber ich sage, alter Mann –“

"Ja mach weiter."

„Um es in einfachen Worten auszudrücken: Was du meinst, ist Folgendes: Als du erkannt hast, dass – dass sie dich verstoßen hat –, hat sich deine Liebe in Hass verwandelt; dass du der Welt einen bösen Scherz gespielt hast, indem du alle glauben gemacht hast, du wärst tot ; dass Sie sechs Jahre lang über dem gegrübelt haben, was Sie für Ihr Unrecht halten, ständig auf der Suche nach Rache, und dass Sie zurückgekehrt sind – um sich, nun ja, an der Frau zu rächen, die Sie einst geliebt haben. Ist es das? "

„Es klingt melodramatisch, nicht wahr? Genau wie ein Teil aus einem der alten Adelphi-Melodramen. Wir haben immer über sie gelacht, nicht wahr, als wir hörten, wie der Graben und die Galerie den Bösewicht zischten und den Helden anfeuerten. Aber Schon damals sympathisierte ich mit dem Bösewicht.

„Aber das meinst du nicht so?“

"Warum nicht?"

„Es wäre nicht richtig.“

„Richtig! Und selbst nach Ihrer selbstgefälligen Moral ist es richtig, dass sie einen Mann dorthin stößt, wo sie Leicester gestoßen hat, ihn die Qualen erleiden lässt, die er erlitten hat, und sie dann ungestraft davonkommen lässt?“

„Vielleicht hat sie gelitten.“

„Gelitten! Beobachten Sie sie, so wie ich sie beobachtet habe. Schauen Sie sich ihr glattes, helles Gesicht an. Es gibt keine Spur von Sorge und Leid. Hören Sie, wie sie spricht, wie ich sie gehört habe. Jedes Wort sagt Ihnen, dass sie ohne Sorge ist. Hören Sie sie lachen, wie ich sie gehört habe, und Sie werden wissen, dass sie nicht mehr daran denkt, einen Mann in den Untergang getrieben zu haben, als ein herzloser Spieler sich um das Opfer kümmert, das er ruiniert hat.

„Und du bist von den Toten auferstanden für –“

„Genau das, mein Freund, genau das.“

„Welche Rache?“

„Eines, das ausreichen wird, Signor Winfield.“

Die beiden Männer gingen weiter. Plötzlich lag die Schlucht hinter ihnen, und sie standen auf dem hohen Moorland, während sich auf allen Seiten die wilde, raue Landschaft erstreckte. Die Sonne schien hell, die Luft war süß und sauber, die Vögel sangen fröhlich. Rache schien in einer solchen Umgebung unmöglich zu sein.

„Ich sage, Lei-“

„Signor Ricordo. Ja.“

„Woher willst du wissen, dass ich nicht zu ihr gehen und ihr alles erzählen werde?“

„Du konntest es nicht tun, mein Freund. Glaubst du, ich habe nicht alles durchdacht, bevor ich dir erzählt habe – was ich habe? Woher weiß ich, dass du es ihr nicht sagen wirst? Weil ich dich kenne. Und das tust du auch.“ Glaubst du, dass es wichtig ist? Glaubst du, du könntest mich abschrecken? Du weißt nicht, was in meinem Kopf vorgeht. Du könntest ihr alles erzählen, was du weißt – aber das würde mich nicht daran hindern, meine Pläne auszuführen. Nein, nein, ich bin nicht aufgestanden wieder ein zweites Mal frustriert zu sein.

„Soll ich dir sagen, was ich denke?“

„Ich weiß. Sie denken, es wäre besser gewesen, wenn ich nicht aufgestanden wäre, dass Sie es vorgezogen hätten, wenn ich in der Themse gestorben wäre, als hierher zurückzukommen, um sie so leiden zu lassen, wie ich gelitten habe. Sehr gut, Signor Winfield, aber das ändert mich nicht.“

„Du meinst, dass du die Drohung wahr machen wirst, die du Sprague und Purvis gemacht hast?“

„Ich meine, dass ich immer versuche, meine Schulden zu bezahlen, mein Freund – immer.“

Wieder wischte sich Winfield den Schweiß von der Stirn. Dennoch konnte er kaum begreifen, was geschehen war. Es schien ihm, als seien alle Grundfesten seines Wesens erschüttert.

„Gib auf, Leicester.“

„Was aufgeben, mein Freund?“

„Dieser verrückte Plan von dir.“

„Verrückt! Nein, ich habe jahrelang darüber nachgedacht. Ich habe an stillen Orten darüber gebrütet. Ich habe gelitten, wie nur wenige Menschen gelitten haben, um die Macht zu erlangen, die ich wollte. Nein, mein Freund, Ich werde sie so tief ziehen, wie sie mich gezogen hat. Ich werde sie den Schmerz der Verachtung und Beleidigung spüren lassen, so wie sie es mich spüren ließ. Sie kümmerte sich nicht um meine Schande, und denkst du, ich werde meine Hand zurückhalten?“

"Aber wie?"

„Ich wage es nicht einmal dir, das zu sagen, mein Freund. Selbst meiner Vertrauenswürdigkeit sind Grenzen gesetzt. Aber fürchte dich nicht; es wird sicher sein, auch wenn es lange auf sich warten lässt.“

„Aber, Leicester, du warst ein Mann. Auch wenn du zynisch warst und über die Tugend der Frauen lachtest, warst du auf deine Art ehrenhaft und ritterlich."

„Ehre! Ritterlichkeit! Ich habe ihnen vor Jahren Lebewohl gesagt. Arbeite zwei Jahre lang mit einer Bande arabischer Raufbolde zusammen, wie ich es getan habe, und wo wären deine Ehre und deine Ritterlichkeit?"

„Aber Sie haben das aus eigenem Antrieb getan. Sie hat Ihnen nicht Ihr Vermögen, Ihre Freiheit oder Ihr Leben geraubt."

„Sie hat mir die Hoffnung und den Glauben genommen – alles, was aus Ihrer Sicht das Leben lebenswert macht. Ja, ich weiß, ich war ein Sklave des Trinkens; ich weiß. Vielleicht habe ich den Geschmack dafür geerbt. Ich war ein Ungläubiger, Ich habe über die Standardmoral gelacht – ja, das alles. Aber ich war immer noch ein Mann, Winfield. Sie hatte es in ihrer Macht, mich sogar zu einem guten Mann zu machen. Aber als sie tat, was sie tat, raubte sie mir alles – alles . Ich hörte auf, ein Mann zu sein; ich wurde ein Teufel. Ohne sie wäre ich niemals in die Tiefen gesunken, in die ich seitdem gesunken bin. Als sie aus meinem Leben verschwand, trat der Teufel in mich ein. Mann, wenn ich es sagen würde Du bist alles, was ich seitdem durchgemacht habe – ich habe dich das letzte Mal gesehen, du würdest – aber was nützt es?"

Sie unterhielten sich noch eine Stunde lang, wobei Winfield eifrig Vorwürfe machte und flehte, während der andere kalt und grausam antwortete, aber nie seine Stimme erhob oder irgendwelche Anzeichen von Aufregung zeigte.

„Dann sind Sie entschlossen?" sagte Winfield schließlich.

„Mein Freund, ich mache nie den Plan, es an einem Tag aufzugeben, um es am nächsten aufzugeben."

„Dann entschuldigen Sie mich, da bin ich mir sicher."

"Wofür?"

„Nichts, nur ich fahre heute Abend nach London zurück. Ich kann nicht Ihr Gast bleiben, so gut ich weiß."

Ricordo hob halb seinen Fez und verneigte sich spöttisch.

„Ich fühle mich von Ihrer Gesellschaft geehrt, auch nur für ein paar Stunden, Signor Winfield", sagte er. „Es war angenehm, über alte Zeiten zu reden, nicht wahr? Ich werde der geschätzten Frau Briggs auf der Farm, die ihren Mann klug regiert, sagen, dass sie Ihr Gepäck zum Bahnhof zurückschicken soll. Ein vielbeschäftigter Redakteur – rief plötzlich zurück, nicht wahr? „Guten Tag, Signor Winfield."

Der andere blieb unentschlossen.

„Ich sage, Leicester, alter Mann, wird dich nichts bewegen?“

„Nichts, mein Freund, nichts. Ich habe vorerst nur eine Sache zu leben, und die werde ich auch haben. Es ist ein angenehmer Spaziergang zum Bahnhof, Signore. Ich hoffe, es wird Ihnen gefallen.“

Winfield wandte sich schweren Herzens ab. Zweimal blieb er stehen, als wäre er unschlüssig, was er tun sollte, und ging dann, als ob er einen endgültigen Entschluss gefasst hätte, schnell auf den Bahnhof zu. Was den anderen betrifft, so stand er da und beobachtete ihn, bis er außer Sichtweite war; aber sein Gesicht behielt seinen unerbittlichen Ausdruck, in seinen Augen lag der wilde Blick eines Verrückten.

„Selbst wenn ich sie so sehr lieben würde, wie ich sie hasse, würde ich trotzdem tun, was ich mir vorgenommen habe“, sagte er, als Winfield außer Sichtweite verschwand.

An diesem Abend verkündete ein Diener im Haus Vale Linden, dass Signor Ricordo bei Miss Castlemaine vorbeigekommen sei.

KAPITEL XXVII

RICORDO WIRBT

Olive Castlemaine war allein, als der Diener ihr die Nachricht überbrachte, und zum ersten Mal seit ihrer ersten Begegnung mit Ricordo war die Nachricht von seiner Anwesenheit ihr nicht gerade willkommen. Sie wollte allein sein und nachdenken. An diesem Nachmittag hatte Herbert Briarfield noch einmal für seine Sache plädiert, und sie hatte versprochen, ihm in zwei Tagen ihre Antwort zu geben. Zum ersten Mal, seit sie ihn kannte, wollte sie seinen Wünschen nachkommen. Nicht, weil ihr das Herz ihm gegenüber wärmer geworden wäre, sondern weil sie ihn als Freund und Beschützer betrachtete. Was auch immer er sonst sein mochte, er war ein starker, gesunder Mann, jemand, der treu und liebevoll war. Und fast zum ersten Mal in ihrem Leben verspürte Olive eine Sehnsucht nach so etwas. Denn eine große Angst war in ihr Herz aufgetaucht – eine Angst vor Signor Ricordo. Sie konnte es weder erklären noch definieren. Der Mann hatte sie fasziniert – tatsächlich hatte er eine Art Zauber auf sie ausgeübt. Sie dachte ständig an ihn. Leicester war in den Hintergrund ihres Lebens gerückt. Ohne ihr Versprechen, niemals einen anderen Mann zu heiraten, schien er aus ihrer Existenz verschwunden zu sein. Doch anstelle von Leicester war Ricordo gekommen, und obwohl sie ihn in gewisser Hinsicht nur als einen zufälligen Bekannten betrachtete, wusste sie, dass er in anderer Hinsicht einen mächtigen Einfluss auf sie ausübte. Als sie über Herbert Briarfields Bitte nachdachte, dachte sie an Ricordo. Sie hatte Angst davor, was er sagen würde; Dabei hatte sie das Gefühl, dass sie ihn konsultieren sollte, bevor sie eine endgültige Entscheidung trifft. Warum das so war, konnte sie nicht sagen. Signor Ricordo war nur ein angesehener Ausländer, der in der Nachbarschaft wohnte und den sie nur gelegentlich traf; und doch war er der mächtigste Faktor in ihrem Leben. Die Tatsache machte sie fast wütend. Warum sollte dieser Mann mittleren Alters ständig seine Persönlichkeit in ihren Gedanken aufdrängen? Warum sollte es sie interessieren, was er von Herbert Briarfields Vorschlag hielt? Aber sie tat es. Selbst an diesem Nachmittag, als er um seine Liebe flehte, sah sie das dunkle Gesicht des Fremden aus dem Osten.

Während sie also allein war und darüber nachdachte, welche Antwort sie dem jungen Knappen geben sollte, überkam sie ein Gefühl der Angst, als der Diener die Ankunft von Ricordo ankündigte. Sie wünschte fast, sie hätte Briarfield akzeptiert. Sie hatte das Gefühl, dass er sie beschützen würde; dass sie als seine Frau frei von den vagen, undefinierbaren Ängsten sein würde, die sie verfolgten. Trotzdem würde sie ihn sehen. Es kam ihr nicht in den Sinn, dem Diener zu sagen, er solle ihn wegschicken. Obwohl sie Angst vor ihm hatte, verspürte sie tatsächlich ein seltsames Verlangen, mit ihm zu reden.

Als sie das Zimmer betrat, in dem er sich befand, sah sie, wie er sich mit einer würdevollen Verbeugung erhob. Sie fand, dass er älter aussah als sonst, während in seinen Augen ein Ausdruck lag, den sie noch nie zuvor bemerkt hatte. Dennoch sprach er mit seiner alten, lockeren Anmut und verriet nichts von der Leidenschaft, die in seinem Herzen brannte.

„Entschuldigen Sie meinen Anruf ohne Einladung, Signorina?" er sagte. „Aber um ehrlich zu sein, ich habe heute Abend etwas gesehen, das mich fasziniert hat."

Mit klopfendem Herzen blickte sie zu ihm auf, denn in seiner Stimme lag etwas, das ihr seltsam vorkam.

„Man fragt sich, was es war", fuhr er fort. „Ich werde es Ihnen sagen. Ich habe Mr. Herbert Briarfield vor einiger Zeit getroffen."

Widerwillen spürte sie, wie ihr das Blut in die Wangen schoss, aber sie behielt ihre Selbstbeherrschung.

„Sicherlich ist daran nichts so Wunderbares", sagte sie.

„Nein, nicht darin, ihn zu sehen; das Staunen lag in dem, was ich in seinem Gesicht lesen konnte."

Daraufhin schwieg sie, während Ricordo fortfuhr:

„Ja, ich sah dort Liebe, Hoffnung – nein, mehr als Hoffnung sah ich etwas, das nach Eroberung und Gewissheit aussah. Habe ich recht, Signorina?"

Wieder spürte sie die Art von Herrschaft, die seine Anwesenheit stets über sie ausübte; aber sie beschloss, dem nicht nachzugeben. Vielmehr war sie fast wütend auf ihn.

„Ich weiß nicht, warum Sie mich fragen sollten, was Sie in seinem Gesicht gesehen haben", sagte sie.

„Denn was ich gesehen habe, hängt von dir ab", antwortete er leise.

„Und was dann, Signore?"

„Wenn ich es wirklich sehe, weiß ich, dass Sie Worte der Hoffnung gesprochen haben. Ich weiß, dass er glaubt, Sie hätten ihm Grund gegeben, sich für einen Sieger zu halten. Deshalb, Signorina."

„Trotzdem kann ich kaum verstehen, warum eine solche Angelegenheit Sie interessieren kann, Signore."

„Nein? Darum bin ich gekommen, Signorina. Als ich sein Gesicht voller Lächeln sah; als ich in seine Augen blickte, die von dem Gedanken an den Sieg erleuchtet waren; als ich seine Stimme hörte, die vor Freude klang, offenbarte mir das etwas." Ah, Sie haben es nicht erraten. Wer bin ich – ein armer Außerirdischer –, dass ich solche Gedanken haben sollte? Aber kein Mensch ist Herr seines Herzens, Miss Castlemaine. Denn wenn ich wahrhaftig gesehen habe und er in den Himmel gehoben wurde, dann ich Ich werde in die Hölle geschleudert. Nein, daran denkst du nicht. Warum solltest du? Du betrachtetest mich als einen sanftmütigen Ausländer, der gekommen ist, um in deiner schönen Nachbarschaft zu leben. Aber hast du nachgedacht, als ich dir sagte, dass ich es wollte? Hier zu bleiben, das lag an deiner Landschaft, deinem Klima? Du hättest nicht gedacht, dass die Feuer der Liebe in meinem Herzen brennen könnten. Warum solltest du? Ich habe es nicht gewagt, es dir zu sagen. Aber deine Hügel und Täler bedeuten mir nichts; Ihr gesundes Klima beeinträchtigt mich nicht; Sie waren es – Sie, die alles sind. Zuerst versuchte ich zu glauben, dass keine Gefahr bestehe. Ich lachte über mich selbst, weil ich daran gedacht hatte; aber als ich das Gesicht des jungen Gutsbesitzers sah, konnte ich nicht länger lachen. Da wusste ich, dass er dir gesagt hatte, dass er dich liebte, wusste, dass er dich gebeten hatte, seine Frau zu sein; und dann konnte ich nicht ruhen – ich konnte nichts tun, als zu dir zu kommen und es dir zu sagen. Hören Sie zu, Signorina, und hören Sie Ihrer Güte mit Güte im Herzen zu. Sie halten mich für einen Mann mittleren Alters, der seine besten Jahre hinter sich hat und kaltherzig ist. Aber Sie erinnern sich vielleicht, dass ich Ihnen gesagt habe, dass ich nur wenig älter bin als Sie. Es stimmt; Ich bin nur jung an Jahren; Ich habe mein Leben noch zu leben, und Sie werden mir sicher glauben, wenn ich Ihnen sage, dass ein Mann noch nie gegenüber einer Frau so empfunden hat wie ich gegenüber Ihnen. Signorina, ich denke immer an dich. Seit ich dich zum ersten Mal sah, habe ich an dich gedacht. Niemals warst du eine Stunde lang in meinen Gedanken abwesend, nie eine Stunde lang. Ob schlafend oder wach, es gibt nur ein Gesicht, eine Form, die mich verfolgt. Nur eine Stimme klingelt in meinen Ohren. Ich habe gegen dieses Gefühl gekämpft – nur Gott weiß wie – aber alles umsonst, alles umsonst. Bevor ich heute Herbert Briarfield sah, vor – ach, vor langer Zeit – hatte ich von unserer Zukunft geträumt, mit einer Freude geträumt, die Sie nicht kennen und die Sie nicht verstehen können, und anstatt diese Träume aufzugeben, würde ich sterben . Oh ja, ich würde viel lieber sterben.

Seine Stimme zitterte vor Leidenschaft, seine Augen leuchteten in einem seltsamen Licht. All seine alte zynische Gleichgültigkeit war verschwunden. Daran konnte es keinen Zweifel geben, er meinte es furchtbar, furchtbar ernst. Olive spürte dies und die Ernsthaftigkeit seines Appells berührte sie. Aber darüber hinaus beherrschte sie die Persönlichkeit des Mannes. Er schien ihren gesamten Horizont auszufüllen. In diesem Moment löste sich

Herbert Briarfield in Nichts auf; Es war, als ob er nicht existierte, während die Vergangenheit dunkel, weit, weit weg war.

„In der letzten Stunde weiß niemand, was ich gelitten habe", fuhr er fort; „Denn der bloße Gedanke daran, dass du seine Frau bist, ist für mich schrecklich. Du weißt nicht, was das alles für mich bedeutet; du kannst es nicht wissen; ich könnte es dir nicht sagen. Die Hoffnungen, die Träume von Jahren aufgeben – sie haben zerstört--"

"Von Jahren?" fragte Olive schnell. Sie war froh über diesen Fehler, den er gemacht hatte. Irgendwie gab es ihr die Gelegenheit zu sprechen und dem wilden Aufruhr ihres Herzens einen kleinen Ausdruck zu verleihen.

„Von Jahren", wiederholte der andere schnell. „Ah, das verstehst du nicht. Ich bin ein Ostler, und ein Ostler denkt lange, lange Gedanken. Wie jeder Mann habe ich von der Frau geträumt, die ich lieben sollte und die für mich alles und in allem sein sollte; und das tust du." Wissen Sie, Signorina, dass ich Sie sah, als ich draußen im Sand der Wüste war, ganz allein in der Nacht, mit den unzähligen Sternen, die vom klaren Himmel leuchteten. Ja, das war vor Jahren. Ich erinnere mich noch genau daran. Es gab keine Wolkenflecken das wunderbare Blau des Himmels, kein Mond schien, und doch machten die Sterne Dunkelheit unmöglich. Um mich herum war nichts zu sehen außer der weiten Sandfläche, kein Ton störte die Stille. Und ich war allein, ganz allein mit meinem Herzen und der große Geist der Wüste. Dann sah ich dein Gesicht und hörte deine Stimme. Ja, so deutlich, wie ich diese Nacht gesehen und gehört habe. Ich wusste, dass ich dich in Wirklichkeit treffen würde. Ich habe damals von dieser Nacht geträumt; ich habe geträumt von dem, was ich dir sagen sollte, davon geträumt, was wir füreinander sein sollten. Wunderst du dich dann, was ich fühlte, als ich den Ausdruck in Briarfields Augen sah, als ich das Lachen in seiner Stimme hörte? Was fühlt er im Vergleich zu dem, was ich fühle? Was sind seine Hoffnungen, seine Gedanken zu meinen? Und so komme ich zu Ihnen, Signorina, und ich bitte Sie, ihn zu vergessen, zu vergessen, dass er jemals mit Ihnen gesprochen hat. Ich frage dich, nein, ich flehe dich an: Willst du meine Frau sein?"

Olive konnte den Schlag ihres eigenen Herzens hören und wusste, dass Herbert Briarfields Bitten im Vergleich zu dem, was dieser Mann gesagt hatte, nur leere Worte waren. Mehr noch: Sie wusste, dass sie den ehrlichen jungen Knappen aus Devonshire niemals heiraten konnte, auch wenn ihre Angst um ihn sie nicht verlassen hatte. Ob sie Ricordo liebte oder nicht, war sie sich nicht sicher, aber sie wusste, dass der Gedanke an ihn es ihr unmöglich machte, an einen anderen zu denken. Alle Rassen-, Bildungs- und Vereinsunterschiede wurden aufgehoben. Es gab kein Rennen. Dieser Mann liebte sie, und seine Liebe bewegte ihr Herz auf eine Weise, die sie nicht verstehen konnte. Für sie war alles wunderbar real, und doch war nichts real.

Irgendwie schien seine Stimme die Stimme von vor langer Zeit zu sein. Als Herbert Briarfield an diesem Tag mit ihr gesprochen hatte, schien ihr der Gedanke an ihr Versprechen an Leicester nicht real zu sein, außer wenn sie darüber nachdachte, was Ricordo sagen würde, aber jetzt wurde die Vergangenheit wieder lebendig. Sie hatte nie das Gefühl gehabt, dass sie Briarfield irgendetwas über ihre Liebe zu Leicester erzählen musste, aber sie wusste, dass sie nichts vor ihm verbergen konnte, wenn sie versprach, die Frau von Ricordo zu sein. Seine Augen würden wie die eines Basilisken sein, der ihre Seele durchdringt.

"Wirst du?" fuhr Ricordo fort. „Ich bitte in aller Demut, aber ich kann, nein, ich kann eine Ablehnung nicht ertragen. Ich kann mir nicht vorstellen, dass du mich in die Dunkelheit werfen würdest. Du wirst den Traum meines Lebens erfüllen, du wirst den Traum in die Realität umsetzen. Sag mir, Signorina, sag es mir!"

Sie sah ihm ins Gesicht und hatte Angst. Er sah blass aus, trotz der Jahre, die er unter der östlichen Sonne verbracht hatte; seine Stimme zitterte, seine Hände zitterten.

„Ich kann Ihnen heute Abend nicht antworten", antwortete sie. „Ich muss Zeit zum Nachdenken haben."

„Aber wann, wann?" er hat gefragt.

„Morgen – ja, morgen um diese Zeit."

„Morgen Abend dann – um diese Zeit werde ich hier sein. Gute Nacht, Signorina."

Er ging ohne ein weiteres Wort weg. Als er den Park erreichte, wandte er sich ab und wandte sich den Golfplätzen zu, anstatt die Auffahrt hinunterzugehen. Er überquerte den Fluss Linden über eine kleine Holzbrücke, kletterte den Hügel hinauf und erreichte bald die weite Heidelandschaft. Dann, und erst dann, zeigte er überhaupt irgendwelche Gefühle.

Niemand war in der Nähe, die großen Moore waren in der Nacht verwüstet. Vögel, Tiere und Blumen schliefen. Die Nachtwinde fegten sanft über die Räume und erzeugten eine Art traurige Musik. Der Mann lachte laut – ein wildes, raues Lachen. In dem Lachen lag eine Art Freude, aber es war unheilige Freude. Es war das Lachen eines Mannes, der glaubte, ihm sei etwas Böses gelungen – ein Lachen wie Mephistopheles, als er den Untergang von Faust und Marguerite beobachtete.

Stundenlang wanderte er durch die Heidemoore; er schien sich über die Stille der Nacht, über die Einsamkeit der Gegend zu freuen.

„Morgen Abend“, sagte er schließlich. „Meine Antwort ist, morgen zu kommen. Nach sechs Jahren werde ich sie wieder in meinen Armen halten. Sechs Jahre! Großer Gott, was ich in dieser Zeit durchgemacht habe! Vor sechs Jahren hat sie mich von sich vertrieben und zerstört alles, was in mir gut war, aber jetzt ist meine Zeit gekommen!“

Zum ersten Mal seit Jahren konnte er in dieser Nacht nicht schlafen. Stunde um Stunde wälzte er sich in seinem Bett hin und her, und als der erste Morgen anbrach, stand er auf und trat ans Fenster.

Wie ruhig und friedlich alles war! Außer dem leisen Zwitschern der Vögel, die ihren frohen Dankgesang noch nicht begonnen hatten, und dem sanften Plätschern des Flusses war kein Laut zu hören. Das Tal lag in einem leichten, dünnen Dunst, der Tau hing an Millionen Grashalmen, die Luft war süß von der Reinheit des Morgens. Es schien für niemanden unmöglich, inmitten einer solchen Szene Racheträume zu hegen, aber in Ricordos Augen war keine Erweichung zu erkennen.

Er zog sich schnell an und ging hinaus. Die Sonne war inzwischen aufgegangen und die ganze Natur war zu neuem Leben erwacht. Überall stimmten die Vögel ihr Loblied an, die Lämmer tummelten sich auf den Wiesen, das Vieh fraß eifrig das taufrische Gras; Überall war das Leben eine Freude. Er schaute über das Tal und hinauf zum Hügel, wo zwischen den Bäumen Olives Haus zu sehen war. Die Ruhe und Schönheit der Szene schien ihn zu berühren. Ein Ausdruck des Staunens trat in seine Augen und auf seinem Gesicht lag ein Ausdruck, der schwer zu beschreiben ist. Aber es verging schnell.

„Nein, nein“, rief er, „es gibt keine Hoffnung für mich. Es gibt im Moment nichts, was es zu leben lohnt, außer dem. Oh, wie ich sie hasse!“

Als er zum Frühstück zurückkam, war er immer noch derselbe höfliche, aber zynische Mann, an den sich Mrs. Briggs gewöhnt hatte.

„Wunderschöner Morgen, sur. Es ist wunderschön, hier im Sommer.“

„Aber der Winter wird kommen, Mrs. Briggs.“

„Dann lasst uns den Sommer genießen, während wir etwas haben, sur.“

„Sie sind eine Philosophin, Frau Briggs; aber jeder muss auf seine Weise genießen.“

„Ja, das stimmt; aber ich habe oft das Gefühl, dass Vale Linden so etwas wie der Garten Eden sein muss, in dem unsere ersten Eltern zusammen lebten.“

„Aber die Schlange kam herein, Mrs. Briggs.“

„Iss, er hat es getan. Aber du kennst das Versprechen: ‚Der Same der Frau
wird der Schlange den Kopf zertreten.' Und das tat es, wissen Sie, klar, das
tat es.

„Die Schlange scheint ziemlich lebendig zu sein", bemerkte er

Ricordo.

Den ganzen Tag über streifte er durch die Moore. Er nahm eine Pastete mit,
die Frau Briggs gebacken hatte, blieb den ganzen Tag allein und kehrte erst
zurück, als die Sonne hinter den westlichen Hügeln unterzugehen begann.
Genau zur gleichen Zeit, als er am Abend zuvor Vale Linden Hall besucht
hatte, näherte er sich erneut dem Haus. Er wollte gerade klingeln, als er Olive
unter den weit ausladenden Zweigen eines großen Baumes sitzen sah.

Eifrig ging er auf sie zu.

„Signorina", sagte er eifrig, „ich erfahre mein Schicksal. Von Ihrer Antwort
hängen die Probleme meines Lebens ab. Soll ich ins Paradies erhoben
werden oder soll ich in die äußere Dunkelheit geworfen werden?"

Olive schwieg einen Moment, dann sagte sie:

„Bevor ich Ihnen antworten kann, Signore, muss ich ein Geständnis
machen."

"Ein Geständnis!" er sagte. „Oh, aber ich werde am Ende ein sehr
nachsichtiger Beichtvater sein – aber Sie wissen, was ich sagen würde. Es
würde Sie ermüden, zu wiederholen, was ich letzte Nacht gesagt habe, und
es ist auch nicht nötig, dass ich es tun sollte. Sicher wissen Sie, was es ist." in
meinem Herzen. Seit ich dich letzte Nacht gesehen habe, hat mich kein
Schlaf mehr heimgesucht. Die eine Hälfte der Nacht bin ich durch die Heide
gewandert, die andere Hälfte habe ich schlaflos auf meinem Bett hin und her
geworfen. Wie könnte ich schlafen, wenn ich nicht weiß, wie meine Zukunft
aussehen wird? Kümmern Sie sich nicht um das Geständnis, Signorina –
sagen Sie mir, ich soll glücklich sein.

„Ich glaube nicht, dass ich das kann", antwortete sie.

„Aber du musst, du musst", rief er gebieterisch. „Ich sage dir, ich werde deine
Einwände wegfegen, wie der Wind Distelflaumen wegfegt. Du weißt nicht,
was deine Weigerung für mich bedeuten würde."

„Ich muss dir etwas sagen", sagte sie leise. „Gestern Abend hast du mich
gebeten, deine Frau zu sein. Lass mich dir wenigstens sagen, warum – warum
ich glaube, dass ich das nicht kann."

Ein seltsames Lächeln huschte über Ricordos Gesicht.

„Ja, sag es mir", sagte er leise.

„Ich kann dich nicht heiraten, weil ich versprochen habe, dass ich es nie tun würde.“

„Versprochen, dass du mich nie heiraten würdest!“ er weinte. „Versprochen wem?“

Sie erzählte die Geschichte, die wir bereits kennen, ohne darüber nachzudenken, welche Wirkung sie auf ihren Zuhörer hatte. Sie ließ kein Detail aus, das für die Geschichte von Bedeutung war. Die Anwesenheit des Mannes sorgte dafür, dass ihr jedes Vorkommnis mit schmerzlicher Lebhaftigkeit in den Sinn kam. Die Vergangenheit lebte wieder auf. Manchmal schien es ihr, als stünde nicht ein Fremder, sondern Leicester neben ihr, während sie sprach.

„Und du hast diesen Mann – diesen – diesen Leicester geliebt?“ fragte er plötzlich.

„Ja, ich denke schon – das heißt, ich muss ihn geliebt haben, sonst hätte ich nie versprechen sollen, seine Frau zu sein.“

„Und du hast ihn aufgegeben, weil er ein schlechter Mann war?“

„Weil er mich beleidigt hat. Weil er mich nicht gesucht hat, weil er mich liebte, sondern weil er seine Wette gewinnen würde. Wie könnte ich anders tun?“

„Aber er hat dich wirklich geliebt – das heißt, danach?“

„Er sagte es; aber woher wusste ich das? Er sagte diesen Männern, dass es nur darum ginge, die Wette zu gewinnen.“

„Und er hat Ihnen erklärt, dass der Scherz für ihn zu einem ernsten Ziel geworden ist?“

Er sprach leise, als wäre er ein Richter, der Beweise prüft.

„Ja, aber als ich ihn beschuldigte, weniger als einen Monat vor dem Hochzeitstag gegenüber diesen Männern zugegeben zu haben, dass er nur darauf aus war, die Wette zu gewinnen, konnte er es nicht leugnen.“

„Und dann hast du ihn verstoßen?“

„Ich habe ihm gesagt, dass ich ihn nie wieder sehen würde.“

„Und er – was ist aus ihm geworden? Ach ja, Sie haben mir erzählt, er hat Ihren Namen vor einer öffentlichen Versammlung geschleppt, er ist bei einer öffentlichen Versammlung betrunken auf den Podiumsplatz gefallen – und dann hat er Selbstmord begangen.“

"Ja." Sie schauderte, als sie sprach; Sie hatte die Tragödie des Umstandes nie so empfunden wie jetzt.

„Und vor dem für deine Hochzeit festgesetzten Tag hast du versprochen, niemals einen anderen Mann zu heiraten?"

"Ja."

„Und das ist der Grund, warum Sie nie geheiratet haben?"

Sie nahm diese Art, ihr Fragen zu stellen, nicht übel. Irgendwie hatte sie das Gefühl, dass er das Recht hatte. Er hatte sie gebeten, seine Frau zu sein, und er hatte das Recht, es zu erfahren. Außerdem war sie seltsam gereizt. Wenn er seit der vergangenen Nacht nicht geschlafen hatte, hatte sie es auch nicht getan.

„Ja – nein", antwortete sie, „das heißt, ich habe noch nie jemanden kennengelernt, der mir so wichtig war – genug, um ihn zu heiraten."

„Dann liebst du diesen Mann – Leicester – immer noch?"

"NEIN."

„Er bedeutet dir jetzt nichts mehr?"

"Nein, ich denke nicht so."

„Du hattest nie das Gefühl, dass du ihn hart und ungerecht behandelt hast; dass du ihm keine Chance gegeben hast, dir zu beweisen, dass seine Liebe echt ist?"

"Was könnte ich tuen?" Sie fragte. „Keine Frau mit Selbstachtung könnte einer solchen Behandlung zustimmen. Er hatte mich einmal betrogen, wie könnte ich ihm wieder vertrauen?"

„Wie eigentlich?"

Sie sah ihn schnell an. Sie konnte den Tonfall seiner Stimme nicht verstehen, und wieder erfasste sie eine große Angst. Er schien eher ihren Willen als ihr Herz beherrscht zu haben. Sie hatte beinahe Ehrfurcht vor diesem Mann, dessen Leben ihr immer noch ein Rätsel war, der ihr aber auf eine für sie unverständliche Weise das Gefühl gegeben hatte, dass er für sie alles bedeutete. Denn er hatte dies getan, und dennoch hatte sie in ihrem tiefsten Herzen nicht das Gefühl, dass sie ihn liebte.

„Ist Ihnen jemals aufgefallen", fuhr er fort, „dass dieser Mann – Leicester, wie Sie ihn nennen – keinen Selbstmord begangen hat?"

"Aber er tat es!"

"Woher weißt du das?"

„Die Papiere, die Untersuchung des Gerichtsmediziners, das heißt, es konnte keinen Zweifel geben. An ihn gerichtete Briefe wurden an seiner Leiche gefunden."

„Ich habe es nur aus der Sicht von jemandem betrachtet, der an all dem furchtbar interessiert ist, mehr interessiert, als selbst Sie denken können. Denn Ihre Geschichte hat eine lebenswichtige Bedeutung für mich, Signorina; das können Sie sich vorstellen. Wie könnte es anders sein, Wenn Ihre Antwort auf meine Bitte so viel bedeutet? Denn lassen Sie mich Ihnen eines sagen: Auch wenn mir Ihre Weigerung mehr bedeuten würde als alles, wovon Sie träumen können, würde ich keine Frau heiraten, deren Herz zur Hälfte im Grab eines anderen Mannes begraben liegt .Darf ich Ihnen noch eine Frage stellen, Signorina?"

Sie nickte mit dem Kopf, wunderte sich und fürchtete sich, sie wusste nicht warum, was es sein würde.

„Angenommen, dieser Mann wäre nicht tot, angenommen, er lebt noch und würde zurückkommen, vielleicht reuig und geläutert – würden Sie ihn jetzt heiraten?"

"Nein! Niemals." Sie sprach die Worte eifrig aus.

„Er bedeutet dir jetzt nichts mehr?"

„Seine Erinnerung ist ein schwarzer Schatten auf meinem Leben."

„Aber nur ein Schatten?"

"Das ist alles."

„In gewisser Weise hast du ihn also vergessen?"

„Ja, er ist – in letzter Zeit – wie – nichts für mich geworden."

„Seit wie lange?"

Sie antwortete nicht.

„Signorina", und er sprach sehr sanft, „ist es seit – seit dem Tag, an dem ich oben auf den Hügeln dort zum ersten Mal mit Ihnen gesprochen habe?"

Sie antwortete nicht, aber sie wusste, dass seine Frage die Wahrheit enthielt.

„Sie werden meine Frau sein, Signorina? Verzeihen Sie mir, wenn ich Ihnen nicht alles sagen kann, was mir auf dem Herzen liegt. Aber es ist der sehnlichste Wunsch meines Lebens – nein, mehr noch: Alles, worauf ich hoffe, alles, wofür ich lebe, hängt von Ihrer Antwort ab." . Lass diese Geschichte vergessen. Da ist sie für immer verschwunden. Sag mir, dass du meine Frau sein wirst.

„Aber mein Versprechen“, sagte sie schwach.

„Dein Versprechen – was ist das?“ er lachte. „Ein Versprechen, das in einem Moment der Aufregung gemacht wurde, als Sie nicht wussten, was es bedeutete. Sie dachten nicht, dass er sterben würde, und wenn er tot ist – was nützt es? Das ist alles weg. Es hat keine Bedeutung. Es hat nicht mehr bindende Kraft als ein hauchdünner Faden. Du musst mir gehören. Ich wurde hierher geführt, damit diese Stunde kommen könnte. Du wirst meine Frau sein, Signorina?“

Sie zögerte immer noch, und dann flehte der Mann erneut, flehte mit brennenden Worten, und während er sprach, schienen die Barrieren eine nach der anderen einzustürzen. Ihre Angst verschwand, ihr Herz wurde wieder warm. Er schien sie erneut mit einem Zauber zu belegen, und sie hatte keine Lust, ihn abzulehnen.

„Du wirst meine Frau sein“, sagte er, „du wirst die Träume von Jahren erfüllen, du wirst Licht und Freude in mein Leben bringen – sag, du wirst es tun – Olive.“

Sie streckte ihre Hand aus und sah ihm ins Gesicht, und dann nahm er sie in seine Arme; Aber noch während er das tat, schien es, als ob die tote Vergangenheit wieder zurückkam und dass es Leicester und nicht der Fremde war, der sie an seinem Herzen hielt.

KAPITEL XXVIII

Das zweite Treffen des Zynikers und der Landfrau

„Sie kommen zum Mittagessen zurück, Mr. Ricordo?"

„Nein, Mrs. Briggs. Ich mache einen langen Spaziergang, einen sehr langen Spaziergang; ich weiß nicht, wie weit."

„Aber Sie kommen heute Abend zum Abendessen zurück?"

„Erwarte mich nicht, bis du mich siehst."

Die einfache Landfrau schaute ihm ins Gesicht, und obwohl sie nicht wusste, warum, glaubte sie, eine Veränderung in ihm zu sehen. Der alte Ausdruck zynischer Melancholie war verschwunden, die Augen waren nicht mehr halb geschlossen, sondern weit geöffnet, gespannt und erwartungsvoll.

„Hast du letzte Nacht gut geschlafen, oder?"

„Ich hatte seltsame Träume, Mrs. Briggs, sehr seltsam."

„Angenehm, hoffe ich, sur."

„Sie waren sehr seltsam, sehr wunderbar. Guten Morgen, Mrs. Briggs. Machen Sie sich keine Sorgen um mich."

Er verließ das Haus und nahm die Straße hinauf zu den Golfplätzen. Als er die Spitze des Hügels erreichte, blieb er stehen und warf einen langen Blick auf Olives Haus. Er wusste, dass sie ihn heute Morgen erwartete; Er hatte ihr gesagt, dass er kommen und ihren Vater um seine Zustimmung bitten würde, sie seine Frau zu werden. Aber er hatte nicht vor zu gehen; Er wollte in den Mooren sein, er wollte nachdenken. Die Erlebnisse seines letzten Abends hatten ihm mehr bedeutet, als er wusste. Mrs. Briggs hatte Recht, als sie glaubte, eine Veränderung in ihm zu sehen. Die Welt von gestern und die Welt von heute waren anders, und er war anders. Er war nicht mehr der nachdenkliche, melancholische Herr aus dem Osten, der sich Ricordo nannte; er war Radford Leicester. Er war nicht nur von den Toten auferstanden, sondern auch die Vergangenheit war auferstanden. Die verschütteten Jahre schienen wieder bei ihm zu sein, auf eine Weise, die er kaum begreifen konnte.

Als er England vor vielen Jahren verlassen hatte, hatte er es mit einem einzigen Gedanken im Kopf verlassen. Er würde gehen, nur um wieder zurückzukehren, und er würde nur zurückkehren, um sich an der Frau zu rächen, die er geliebt hatte. Denn seine Liebe hatte sich in Hass verwandelt. So wie er leidenschaftlich und mit der ganzen Inbrunst seiner Natur geliebt hatte, hasste er jetzt mit ebenso großer Intensität. Einige Wochen lang hatte er im Paradies gelebt, nur um dann in ein Inferno gestürzt zu werden, das umso grässlicher war, als das Paradies, in dem er gelebt hatte. Durch sie war er in Ungnade gefallen, durch sie war er zum Inbegriff aller geworden, die ihn gekannt hatten. Er war ein stolzer Mann gewesen, und diese Frau hatte seinen Stolz verletzt, sie hatte seinen Sinn für Gerechtigkeit verletzt, sie hatte alles Böse in ihm geweckt. Und er hatte Rache geschworen. Rache ist eine der primitiven Leidenschaften der Menschheit, und als Leicester sich ohne Anker und Ruder auf dem Meer des Lebens befand, beschloss er, Olive Castlemaine so leiden zu lassen, wie er gelitten hatte. Seine Schande sollte ihre sein. Wenn er für alle, die ihn gekannt hatten, der Inbegriff gewesen wäre, dann sollte sie es auch sein.

Als die Zeit reif war, kam er schließlich wieder nach England. In seinem Kopf hielt nur ein Gedanke Besitz, in seinem Herzen war nur ein Gefühl vorherrschend – sein Hass auf die Frau, die er einst geliebt hatte, sollte Ausdruck finden. Als er nach Vale Linden kam und sah, wie die Dinge standen, formulierte er seine Pläne. Das, was er sich ausgedacht hatte, war grausam, aber er hatte sich darüber gefreut. Schließlich zählt der Anstrich der Zivilisation sehr wenig. Wenn man einen Mann seiner Religion beraubt, ist er nur noch ein Wilder mit den Instinkten und Wünschen eines Wilden. Der mosaische Code drückt die natürliche Neigung des Herzens aus; „Auge um Auge und Zahn um Zahn." Jahrelang hatte Leicester über seinem Gelübde gebrütet, und nun sollte die Schuld bis auf den letzten Pfennig beglichen werden. Kein Gedanke an Mitleid oder Gnade kam ihm in den Sinn. Er hatte das Gefühl, dass ihm Unrecht getan wurde; Die Liebe hatte sich in Hass verwandelt, und er würde sich rächen. Die Wildheit in ihm war von der dünnen Fassade der Zivilisation verdeckt, aber sie war da.

Er schien in einer seltsamen Stimmung zu sein, als er schnell durch das Moor ging. Manchmal lachte er leise, als ob ihn ein angenehmer Gedanke besäße, und wieder wurde er launisch, streng und schweigsam. Aber er war nicht länger der „östliche Gentleman mit Fez". Der Tag war warm und er hatte einen Anzug aus leichtem Flanell angezogen und anstelle eines Fez einen Panamahut. Trotz seines schwarzen Bartes und seiner braunen Haut würde man ihn nicht länger für einen Eastern halten. Jede Bewegung war die eines athletischen Engländers. Er spielte keine Rolle mehr; Das alte Leben sollte bald zu Ende gehen und er würde von neuem beginnen. Was dieses neue Leben war, wagte er kaum zu gestehen, aber es war da, im Hintergrund seines Geistes.

„Ich habe gewonnen, ich habe meinen Willen durchgesetzt, ich habe gesiegt", sagte er immer wieder, während er weiterschritt. „Gott, wenn es einen Gott gibt, gibt mir meine Rache. Und wenn es Gerechtigkeit auf der Welt gibt, dann ist sie gerecht."

Stunde um Stunde ging er; Er schien zu versuchen, sich zu ermüden, um auf irgendeine Weise die reichlich vorhandene Energie abzuschütteln, die in ihm aufstieg. Bald gelangte er zu einer schattigen Senke, wo er anhielt. Zu seinen Füßen plätscherte ein Strahl klaren Wassers. Er legte sich flach auf sein Gesicht und nahm einen großen, kräftigen Schluck.

„Ich frage mich, wie Whisky jetzt schmecken würde", sagte er sich. „Es ist sechs Jahre her, seit ich es berührt habe, sechs Jahre; aber das erste Jahr war ein Jahr der Qual."

Er schauderte bei dem Gedanken daran. Die Erinnerung an die Zeit, als es ihn versklavte, war für ihn immer noch schrecklich.

„Aber ich habe es erobert", fuhr er fort; „Ich habe geschworen, dass ich es tun würde, und das habe ich auch getan. Wäre der Kampf zehnmal so hart gewesen, hätte ich ihn gemeistert. Kein Mensch ist Herr über irgendetwas, wenn Whisky ihn beherrscht."

Er setzte sich unter den Baum und aß ein einfaches Mittagessen, dann nahm er einen weiteren großen Schluck Wasser und setzte seinen Spaziergang fort. Vor ihm lag ein hoher Hügel, der mit Ginster und Farn bedeckt war. Nach ein paar Minuten erreichte er den Gipfel und sah sich dann um.

Ein Ausdruck des Erkennens erschien in seinen Augen. Er sah die Hütte, in der er übernachtet hatte, nachdem er aus Taviton vertrieben worden war; In der Ferne befand sich der Teich, von dem die Landbewohner sagten, er sei vom Teufel heimgesucht worden. Als er es das letzte Mal gesehen hatte, erinnerte er sich daran, dass es dunkel und bedrohlich war, aber heute glänzte es im Sonnenlicht. Unter ihm, kaum mehr als eine Meile entfernt, befand sich das Bauernhaus, in dem er sich vor einem Sturm geschützt hatte, als er überlegte, was er mit seinem Leben anfangen sollte.

Kaum ohne zu wissen, warum, wandte er seine Schritte der Farm zu.

„Ich frage mich, ob die Frau noch dort wohnt?" er sagte zu sich selbst. „Lass mich mal sehen, wie hieß sie? Ja, Mrs. Pethick, ich erinnere mich jetzt, und sie redete mit mir über Religion. Sie glaubte auch daran!"

Er dachte noch einmal an die Jahre zurück und erinnerte sich daran, was die Frau zu ihm gesagt hatte.

„Ich frage mich, ich frage mich, ob überhaupt etwas drin ist?" sagte er mit einem Seufzer.

Als er dort ankam, war alles ruhig auf dem Hof. Ein Schäferhund hob schläfrig den Kopf und bereitete sich auf ein Knurren vor, doch als er einen gut gekleideten Mann sah, kam er zu dem Schluss, dass alles in Ordnung sei. Die Hühner kauerten im Schatten eines Baumes; Offensichtlich war der Tag zu warm, als dass sie sich um die Nahrungssuche gekümmert hätten. Außer dem Summen der Insekten und dem gelegentlichen Zwitschern eines Vogels war nichts zu hören. Dort auf dem Hof war es viel wärmer als oben im Moor, wo er spazieren gegangen war.

Leicester ging zur Küchentür und klopfte.

„Kommen Sie herein", sagte eine Stimme, an die sich Leicester trotz der vergangenen Jahre erinnerte.

Er öffnete die Tür und ging hinein. Er erkannte sofort die Küche – den kühlen Schieferboden, den riesigen Kamin am Ende und den langen Tisch aus Fichtenholz. Dann sprang ein riesiges Feuer den Schornstein hinauf. Jetzt gab es nur noch ein paar rote Glutnester, auf denen ein Kessel fröhlich sang.

Mrs. Pethick erschien, als er eintrat. Sie hatte sich nur wenig verändert; Die sechs Jahre hatten ihr nichts ausgemacht, und sie sah genauso gesund und üppig aus wie eine Landfrau, die sie damals ausgesehen hatte. Und doch glaubte Leicester, einen traurigeren Ausdruck in ihren Augen zu sehen, und fragte sich, warum das so war.

„Ich habe mich gefragt, ob Sie mir ein Glas Milch verkaufen würden, Ma'am", sagte er, um sich vorzustellen.

„Ein Glas Milch", antwortete sie. „Du kannst so viel Milch haben, wie du möchtest, aber ich werde dir keinen Schluck Milch geben.

„Du meinst, dass du kein Geld nimmst?" sagte Leicester.

„Natürlich möchte ich das nicht. Ich muss mich schämen, dir ins Gesicht zu schauen, wenn ich dir Geld für einen Tropfen Milch nehmen will."

Leicester lachte über die Heftigkeit der Frau.

„Sind Sie denn von weit her gekommen? Sie sehen wirklich müde und müde aus?" Sie fuhr fort.

„Ja, ich bin viele Meilen zu Fuß gegangen – von Vale Linden aus. Haben Sie schon einmal davon gehört?"

„Ja, ich habe es schon erlebt, aber ich war noch nie dort. Das müssen mehr als zwanzig Meilen sein."

„Sehr wahrscheinlich. Ich bin von dort aus zu Fuß gegangen."

„Und wie wäre es, zurückzukommen?"

"Ich werde gehen."

„Meine Güte! Warum – aber wudden wir lieber eine Tasse Tay, sur?"

„Ich fürchte, es würde dich beunruhigen."

„Ärger! Nichts dergleichen. Außerdem werde ich mir selbst eins besorgen. Wenn du nur zwei oder drei Minuten wartest, ist es nicht fertig. Also geh und setz dich dort in den Sessel, während Ich würde es tun.

Zum ersten Mal merkte er, dass er müde war. Er nahm die Einladung der Frau an und setzte sich. Wie ruhig und friedlich alles war! Kein Laut außer dem Ticken der Acht-Tage-Uhr und dem Gesang des Kessels auf der glühenden Glut. Wenig später legte Mrs. Pethick ein schneeweißes Tuch auf das Ende des Tisches, das Leicester am nächsten war, und brachte dann einen Laib Weißbrot und eine Schüssel mit Clotted Cream.

„So", sagte sie plötzlich, „muntern Sie sich und nehmen Sie sich etwas Zeit; das ist an so einem schlechten Tag wie diesem besser als verstopftes Zeug wie Milch."

Es schien nicht verwunderlich, dass diese Frau ihn so freundlich behandelte. Er wusste, dass ihre Gastfreundschaft in ländlichen Gegenden keine Seltenheit war. Dennoch war er ihr dankbar. Der Anblick ihres Gesichts tat ihm gut.

„Dann ist es das Richtige für dich?" Sie fragte.

„Es ist wunderschöner Tee", antwortete er. „Was deine Devonshire-Creme betrifft, sie ist köstlich."

„Ich bin froh, dass es dir gefällt, aber ich würde es lieber als kornisches Craim bezeichnen. Ich habe jetzt länger als zwanzig Jahre gelebt, aber ich kann nie erkennen, dass ich nicht in Cornwall bin. Ich kann es nicht." Ich bin mir nicht sicher. Ich bin dort gelandet, du Zee. „Warst du jemals in Cornwall gewesen, oder?"

"Niemals."

„Dann schweigst du, zur. Manche Leute mögen Devonshire am liebsten, aber ich habe in Devonshire noch nie etwas so Puristisches gesät wie Truro Revver. Außerdem vermisse ich die Renaissance in Cornwall, das stimmt."

„Wiederbelebungen?"

„Iss; ich wurde bei einer Erweckungsveranstaltung bekehrt, das war ich. Nicht, aber wir haben gute Treffen drüben in der Brianitenkapelle, aber wir sind wie in Cornwall. Bist du dann selbst ein Perfessor, sur?"

„Ein Professor? – wovon?"

„Von der Religion, zur. Sei ein überzeugter Christ?"

„Ich fürchte nicht", antwortete er.

„Ah", sagte sie, „ich dachte, ich hätte die Freude des Herrn nicht in deinen Augen gesehen."

So sehr er sich auch bemühte, er konnte sich ein Lachen nicht verkneifen. Aber in seinem Lachen war nichts Höhnisches. Die Frau war zu aufrichtig.

„Ich fürchte, ich habe zu viel vom Teufel gesehen, um die Freude am Herrn zu haben", antwortete er.

„Ach, mein Lieber", sagte sie und verfiel in die kornische Umgangssprache, „Sie stören mich doch an einem Gen'l'man, der vor vielen Jahren genannt wurde, bevor mein Mann und mein allerliebster Junge starben."

„Oh", sagte Leicester, „welcher Herr?"

„Nicht, dass Sie auch nur annähernd so wären", versicherte Mrs. Pethick. „Ach, mein Lieber, er war so blass wie ein Geist und so dünn wie ein Blässhuhn. Nicht, aber er war ein feiner Herr und ein guter Herr, übrigens. Das war's, Lev Ich zee, vor sechs Jahren in diesem letzten Frühling. Ach, er hat komisch geredet, er hat gesagt. Er hat den Teufel geliebt, hat er gesagt, und hat mir erzählt, wie der Teufel ihn dazu verführt hat, nach Crazzick Pool zu gehen und unterzugehen und sinken und sinken und so Frieden finden.

„Und was hast du zu ihm gesagt?"

„Ich habe dir gesagt, dass du auf diese Weise niemals Frieden finden würdest. Es gibt keinen Frieden außer beim lieben Herrn. Es tut mir leid, dass du kein perfessioneller Christ bist, sur."

Es kam Leicester nicht seltsam vor, dass sie auf diese Weise redete. Es kam ihr natürlich vor. Außerdem ist Religion in den ländlichen Teilen von Cornwall und Devonshire das Hauptgesprächsthema unter denen, die die kleinen Kapellen am Straßenrand lieben.

„Nun, wie ich schon sagte", fuhr sie fort, „dieser Herr hat wirklich komische Dinge getan. Er hat weder Vater, noch Mutter, noch Frau, noch Geliebte gesehen, und das hat er getan." Es ist mir egal, ob ich lebe. Und dann hat er mir plötzlich gesagt, was ich tun würde, wenn ich an seiner Stelle wäre.

„Und was hast du ihm erzählt?" fragte Leicester.

„Ich habe ihm gesagt, dass er den Herrn suchen und den Teufel bekämpfen muss. Es gibt keinen anderen Weg."

„Und hat er das, meinen Sie?"

„Ich fürchte mich nicht, klar. Denn später wurde mir klar, wer er war. Ich glaube, er war der Herr, der versucht hat, für Taviton ins Parlament zu kommen. Ich schätze, er war ein schrecklicher Charakter. Er Enttäuscht ist eine junge Dame, er war ein furchtbarer Trunkenbold, und dann stürzte er sich hinterher mit dem Auto nach London. Er war es, der den Teufel besiegen wollte, aber der Teufel besiegte ihn. Na ja, der Das arme Ding ist jetzt fertig, es ist wirklich schade.

„Und glauben Sie, wenn er den Herrn gesucht hätte, wie Sie es nennen, hätte er den Teufel besiegt?"

„Das glaube ich nicht, klar, da bin ich mir sicher."

Wieder interessierte sich Leicester für die einfache Rede der Landfrau. Ihre Stimme klang so aufrichtig, dass er nicht umhin konnte, respektvoll zu sein.

„Frau Pethick", sagte er, „ich war in vielen Ländern und habe viele Religionen gekannt, aber ich finde nicht, dass der Teufel leicht zu töten ist."

„Der Herr Jesus kann et, sur tun."

"Woher weißt du das?"

„Wissen Sie, klar! Ich kenne den Unterschied in meinem Herzen, bevor ich bekehrt wurde und danach. Außerdem gab es Aaron Goudge; du kennst Aaron Goudge nicht, nehme ich an?"

„Nein, ich kenne ihn nicht."

„Nun, wenn du aus dem Fenster schaust, kannst du sein Haus sehen. Aaron war ein schrecklicher Charakter, das war er. Er hat seine Frau getötet, das war's. Ach, das arme Tier, sie hat ein Leben gelebt! Nicht so, wie man es vielleicht sagen würde, um zu wollen, dass er sie nicht getötet hat, sondern nach und nach. Sie ist einfach verschwunden, sie ist tot. Aaron war auch ein Wilderer und hat immer Dinge aufgehalten. Er war immer noch betrunken und hat gestritten '. Er war ein Schrecken für die Gemeinde, das war er. Oh, oft habe ich mit uns gesprochen, aber es hat einfach keinen Zweck. Grace hat ihm das Herz gebrochen, sozusagen. Dann nach seiner armen Frau starb, seine Magd geriet in Schwierigkeiten, und wenn es etwas im Leben gab, das Aaron interessierte, dann war es diese Magd, und der Mann, der sie ruinierte, war Bill Liddicoat, der Wildhüter von Squire Hendy. Nichts konnte bewiesen werden, und Um die Sache noch klarer zu machen, erwischte Bill Liddicoat Aaron beim Wildern, und er wurde ins Gefängnis gesteckt. Als Aaron aus dem Gefängnis herauskam, sprach ich mit ihm und versuchte, etwas Gutes zu tun. „Mrs. Pethick", sagte er. „Ich habe mich zum Teufel geschworen, Bill Liddicoat etwas zu tun. Ich habe meine Seele geopfert, wenn sie mir helfen wird, und ich habe es versprochen." Und ich sage dir was, ich werde nie ruhen, bis ich Bill Liddicoat ausgezahlt habe, wenn ich mich dafür entscheiden muss und wenn ich dafür in die Hölle gehen muss, bin ich damit einverstanden un.' „Aber was nützt das?" ses I. „Jetzt muss ich leben", ses „ee, „und ich glaube, ich könnte mich bewerben, wenn ich es auszahlen könnte." Und ich werde es auch tun, bei Gott, ich werde es tun!' Ich habe versucht, etwas zu beschaffen, aber es hat nichts geholfen. Man konnte ihm den Mord in den Augen sehen, als er durch die Straßen ging. Dann wachten wir morgens auf und hörten, wie Bill Liddicoat in einer Blutlache in den Wäldern von Ternouth aufgefunden wurde. Er war noch nicht tot, aber die Ärzte hatten ihm kein großes Vertrauen geschenkt. Aaron wurde festgenommen und vor Gericht gestellt, aber man konnte ihm nichts nachweisen. Er hat bewiesen, was man einen Verbündeten nennt – das heißt, er hat noch in derselben Nacht herausgefunden, dass er ein anderer sei.

Leicester hörte der Geschichte gespannt zu.

„Und wurde er jemals herausgefunden?" er hat gefragt.

„Nein, wie Sie vielleicht sagen, er wird nie herauskommen. Aber ach, mein Lieber, was für ein Weg ist er. Man sieht nie ein so grässliches Gesicht wie ‚ee'. Wenn der Teufel jemals einen Mann heimgesucht hat, dann war Aaron. Er wurde so dünn und blass wie ein Gespenst. In gewisser Weise hatte er das Recht, Bill Liddicoat auszuzahlen, aber er ertrug die Qualen der Verlorenen. Er würde nichts sagen und nichts könnte erneut bewiesen werden Un, aber 'ee war der elendeste Mann, der jemals auf der Erde gelebt hat. Wawn Day habe ich mit uns gesprochen, aber 'ee wudden zay nothin', aber 'Der Teufel ist ein 'ard maaster, Mrs. Pethick'.' Ich beschloss, zur Kapelle zu kommen, aber er kam plötzlich. Nacht für Nacht kämpfte ich im Gebet für uns, aber er hatte sich nicht verändert. Er ging einfach umher wie ein Mann, der einen Altar um den Hals trägt. Das habe ich Das war die Klasse, die schon seit langem in der christlichen Bibelkapelle lag, und eines Abends fragten wir uns: „Wie würden wir zustimmen, für Aaron zu beten, und wir taten es." Zwei Wochen lang beteten wir und dann kam Aaron am Sonntagabend in die Kapelle . Der Betende kam an diesem Abend nicht, also verwandelten wir den Gottesdienst in ein Gebetstreffen. Oa, Aaron wurde der Sünde überführt, aber er musste lange Zeit nachgeben, aber nach einer Zeit fiel er auf die Knie und begann zu schreien: „Gott sei mir Sünder gnädig." Aber er hatte keine Freiheit. „Warum kann ich keine Ruhe haben?" Er weinte. Da sagte ich: „Wenn wir unsere Sünden bereuen, ist Er treu und gerecht, um uns unsere Sünden zu vergeben und uns von aller Ungerechtigkeit zu reinigen." „Was soll man tun, indem man Buße tut?" ses 'ee. 'Bereue all das Unrecht, das du getan hast', sagte ich; 'schließe deinen Frieden mit den Menschen und Gott und verzeihe allen und vertraue dann auf die Barmherzigkeit des Herrn für die Erlösung.' „Was, der glühende Bill Liddicoat?" Er sagte: „Niemals!" „Aber du hast uns ausgezahlt", sagte ich. „Sicherlich kannst du uns jetzt auszahlen." „Woher weißt du, dass ich es ausgezahlt habe?" fragte er. „Der Herr hat es mir gesagt", sagte ich. Lange Zeit war er verhärtet, dann sagte er: „Herr, wenn du mich vergibst, werde ich Bill Liddicoat verzeihen." Und trotzdem hatte ich keine Ruhe. Da geriet mein Glaube ein wenig ins Wanken; dann wurde mir klar, dass ich die Bibelstelle nicht richtig zitiert hatte, also wiederholte ich et agean. „Wenn wir unsere Sünden bekennen", sagte ich sed. 'Was gestehen?' ses 'ee. 'Gestehen Sie, was Sie Bill Liddicoat angetan haben, und bitten Sie ihn, mir zu vergeben. 'ee', sagte ich. 'Was, bitten Sie Bill Liddicoat, mir zu vergeben?' Er sagte: „Was, was hast du meine kleine Magd ruiniert? Ich werde zuerst in der Hölle schmoren." „Wenn ihr den Menschen ihre Sünden nicht verzeiht, wird euer himmlischer Vater eure Sünden auch nicht vergeben", sagte ich. „Steht das in der Bibel?" ses 'ee. „Unser lieber Herr hat es selbst gesagt", antwortete ich. Oh, der Kampf war schrecklich. „Ich bin seit Wochen in der Hölle", ses 'ee, „seit ich versucht habe, Bill zu töten. Ich dachte ef." Ich wollte mich rächen, ich hätte mich freuen sollen, aber ich war in der Hölle. Dann schrie er plötzlich auf: „Herr, wenn du mir gibst, dann machst du einen neuen Mann aus mir, ich werde tun, was auch immer du willst. Ich werde Bill Liddicoat vergeben, das werde ich." Wenn du mir verzeihst, werde ich gestehen, dass ich versucht habe, dich zu töten. 'Tes ter'ble 'ard, but I'll do et.'"

Mrs. Pethick hielt in ihrem Vortrag inne und blickte in das eifrige Gesicht des Mannes, der sie beobachtete.

„Würden Sie glauben, dass sich sein Gesicht in einem Augenblick veränderte. Er schien wie ein kleines Kind zu werden. Dann stand er auf und lobte den Herrn. Das war vor fünf Jahren, und Aaron Goudge ist jetzt ein örtlicher Prediger." , und der glücklichste Mann in der Gemeinde. Und was Bill Liddicoat betrifft, nun ja, ihm ging es besser, und jetzt ist Aarons Magd seine Frau. Das ist, was der liebe Herr Jesus für einen Mann tun kann, sur."

Leicester gab keine Antwort. Er versuchte, sich etwas Spöttisches auszudenken, aber die Worte kamen ihm nicht in den Sinn. Es schien unmöglich, angesichts des einfachen Glaubens der Frau ein Hohnlächeln hervorzurufen.

„Bitte verzeihen Sie mir, dass ich so geredet habe. Aber ich habe gerade gebetet, als ich Sie klopfen hörte; außerdem lassen Sie mich in gewisser Weise an den armen Herrn denken, der vor Jahren hierherkam, und Was warf sich danach in den Revver. Als ich zu „ee" sagte: „Wenn wir den Teufel nicht besiegen, werden wir uns besiegen. Du bist nicht beleidigt, sei „ee, sur?"

„Beleidigt? Sicherlich nicht." Er versuchte zu lachen, aber irgendwie erstarb das Lachen auf seinen Lippen. „Aber sehen Sie, es ist schon lange her, dass ich jemanden so reden hörte."

„Es et, sur? Ah, aber der liebe Loard Jesus es oal, für den ich jetzt leben muss. Vor vier Jahren starb mein Mann, und dann wurde mein Junge im Krieg getötet. Ich fühlte mich eine Weile lang bitter und verbittert wenig Zeit. Aber es ist ganz richtig, ich werde sie wiedersehen. Sie werden nicht zu mir kommen, aber ich werde zu ihnen gehen.

Leicester stand auf und suchte nach seinem Hut.

„Du möchtest noch eine Tasse Tee haben, oder?“

"Nein danke."

„Du wirst einer alten Frau verzeihen, klar, und ich weiß, dass ich in Spanisch sehr mutig bin, und ich greife schnell auf sechzig, aber du siehst nicht ‚appetitlich aus, klar. Ich‘ Mir wurde manchmal gesagt, dass ich zu viel über den Herrn Jesus rede, aber er ist alles, was ich jetzt habe, und verdammt, du bist ins Haus gekommen, ich hatte das Gefühl, dass du dich nicht bewerben würdest , sur?"

„Nein, großer Gott, nein“, und Leicester ergriff seinen Hut, als wäre er wütend.

„Dann macht es dir nichts aus, wenn eine alte Frau für dich betet, oder?“

„Ja, beten Sie für mich, ich brauche es“, sagte er. „Vielen Dank für den Tee, und übrigens möchte ich, dass du deiner Kapelle etwas für mich gibst.“

Er gab ihr einen Sovereign und ging weg. Ein paar Minuten später war er wieder draußen im Moor.

KAPITEL XXIX

GOTT UND DER MANN

Als er die Spitze des Hügels erreichte, holte er tief Luft. Überall erstreckte sich das schöne, hügelige Land – Waldstücke, gemütliche Bauernhöfe, gut bestellte Felder und weite Heideflächen. Es war ein Tag zum Jubeln, es war eine Szene zum Genießen; aber Leicester freute sich nicht. Und doch hatte er das erreicht, wofür er gekämpft hatte. Olive Castlemaine hatte versprochen, seine Frau zu sein, und so würde er in der Lage sein, die Rache zu üben, über die er gegrübelt hatte. Gestern Abend hatte ihm dieser Gedanke eine grausame, wilde Freude bereitet; an diesem Morgen hatte sogar er sich über den Gedanken an seine Rache gefreut; aber jetzt war alles anders. Angenommen, er hätte seinen Willen durchgesetzt, angenommen, er hätte das Spiel, das er spielte, bis zum bitteren Ende gespielt, was hätte das alles für einen Nutzen? Er hätte sein Gelübde erfüllt; aber irgendwie schien es gemein, dürftig, unwürdig. Außerdem war sein Plan teuflischer Natur. Es war Wildheit, überzogen mit dem Anstrich der Zivilisation. Mord wäre weitaus barmherziger.

„Diese Frau kennt ein Geheimnis, das mir fremd ist", sagte er, während er auf das einsame Bauernhaus hinunterblickte. „Natürlich könnte ich alles erklären, was sie gesagt hat, und ich könnte über ihren kindischen Aberglauben lachen, aber sie besitzt etwas, das mir verborgen bleibt. Und sie hatte auch Recht. Welcher Mann ist besser für Rache? Wenn man sie gehabt hat." sein Auge um Auge, wenn er Maß für Maß an Verachtung und Schande gegeben hat, wer ist der Bessere? Angenommen, ich setze meinen Willen durch und – tue, was ich gesagt habe, was dann? Angenommen, wenn ich meinen Willen umgesetzt habe, gehe ich weg, Wenn ich nur Trostlosigkeit und Schande zurücklasse, sollte ich glücklicher sein? Nein, ich sollte immer noch in der Hölle sein!"

Er schritt weiter wie ein Mann im Zorn.

„Ich fühlte mich wieder wie Radford Leicester, als sie mich letzte Nacht küsste", fuhr er fort. „Ich war wieder bei The Beeches und für eine Minute war ich im Himmel – ja, im Himmel. Ich war wieder einmal der Liebhaber, und, großer Himmel, wie süß war es zu lieben!"

Ein neues Licht erschien in seinen Augen und er sah mehr aus wie das alte Leicester, Leicester von seiner besten Seite. Für einen Moment wurden dunkle Leidenschaften durch etwas Höheres, Reineres vertrieben; Der Sonnenschein der Freude ruhte auf ihm, aber nur für einen Moment.

„Nein", rief er, „das ist alles weg. Ich werde die Sache bis zum Ende durchziehen. Außerdem bin ich es nicht, den sie liebt. Es ist ein reicher Ausländer, ein Teilhaber der Großen Tripolis-Kompanie, ein Signor Ricordo." , ein Mann mit einem italienischen Vater und einer maurischen Mutter. Radford Leicester bedeutet ihr nichts; sie sagte es. Sie erklärte, sie könne ihn niemals heiraten; ja, und trotz ihres Versprechens an ihn ist sie bereit, Ricordo zu heiraten. A Das Versprechen einer Frau! Byron hatte Recht, allen schwatzhaften Moralisten zum Trotz. Die Treue einer Frau ist wie Distel, und ihre Versprechen sind in den Sand geschrieben.

„Ich frage mich, warum diese Frau so glücklich ist?" Er fuhr sofort fort. „Als einsame Witwe hat sie ihren Mann verloren und ihr Sohn wurde im Krieg getötet, und doch ist sie glücklich. Ihr Glaube ist stark, sie hat keine Angst. Natürlich ist sie einfach und unwissend; aber wenn sie glücklich ist – Großer Gott, was bedeutet all unser Lernen? Welchen Wert hat diese ganze Kultur, deren wir uns rühmen? Sie hätte alles über mich wissen können, als sie die Geschichte von Aaron Goudge erzählte, denn schließlich waren es die Beweggründe dieses mürrischen Schurken waren genauso hoch wie meine. Liddicoat hat ihm Unrecht getan und er hat versucht, ihn zu ermorden. Olive Castlemaine hat mir Unrecht getan, und ich habe über etwas gegrübelt, das wirklich schlimmer ist als Mord. Er hatte seinen Willen und lebte dann in Qualen; und ich nehme an, ich habe es getan Mein Weg, was soll ich besser sein? Oh, was für ein bitterer Spott ist das Leben!"

Er schritt durch das Tal, das er betreten hatte, und dann, als er den Hügel vor ihm hinaufstieg, stieß er auf ein langes Stück Ödland.

„Sie hat mir gesagt, dass sie mich liebt", fuhr er fort; „erzählte mir, dass ihr Herz trotz des Kampfes mit mir verbunden war; sie sagte mir, dass sie, obwohl sie mich fürchtete, nie glücklich sei, wenn ich nicht in ihrer Nähe sei; ja, und sie sagte mir, dass ihr Versprechen, niemals zu heiraten, mir schien Wenn sie an andere dachte, war es für sie bindend, aber wenn sie an mich dachte, schien es immer weniger real zu werden. Nun, warum kann ich nicht glücklich sein? Warum kann ich meinen Charakter nicht bewahren und glücklich mit ihr leben? Sie liebt Ich, und ich – nein, das tue ich nicht – ich hasse sie immer noch – ja, ich hasse sie mehr als je zuvor!"

Aber offensichtlich war er nicht zufrieden. Die einfache Bäuerin hatte ihn auf einen neuen Gedankengang gebracht.

„,Nichts ist es jemals wert, falsch gemacht zu werden; das war es nie und wird es auch nie sein.' Wer hat das gesagt? Es ist schließlich wahr. Wir mögen über richtig und falsch spotten, wir können sagen, dass sich richtig und falsch bei verschiedenen Völkern, verschiedenen Ländern ändern, aber sie bleiben; ja, und richtig ist der Himmel und falsch ist die Hölle. Und ich Ich weiß genug vom Leben, um gelernt zu haben, dass Hass schwarze Nacht bedeutet.

Die Freude darüber ist Teufelsfreude, nur um sich in Bitterkeit und Frechheit umzuwandeln. Was ist Rache schließlich anderes, als selbst in die Hölle zu gehen, um jemand anderen dorthin zu zerren? Und darüber habe ich nachgedacht. Aber wenn ich es nicht tue, was dann? Lassen Sie mich jetzt darüber nachdenken, aber nein, das werde ich nicht. Ich bin nicht jemand, der schwört, etwas zu tun, und dann aufgibt es ging leicht vorbei.

Die Sonne begann zu sinken und die Luft wurde kühler. Die süße, frische Luft der Moore wehte ihm über die Stirn und schien ihn auf gesündere Gedanken zu bringen.

„Winfield weigerte sich, als mein Gast bei mir zu bleiben, obwohl er wusste, was in meinem Herzen war", sagte er, „und Winfield behauptet nicht, ein Heiliger zu sein; er ist nur ein reiner, ehrlicher Kerl. Hatte er Recht? Ich frage mich? Warum kann ich schließlich nicht glücklich sein? Lassen Sie mich jetzt nachdenken; ja, ich werde es mir ausdenken. Angenommen, ich gebe meinen Racheplan auf; angenommen, ich gehe weg und lasse meine Pläne unerfüllt. Nicht, dass ich Ich werde es tun; aber nehmen wir der Argumentation halber an, dass ich es getan habe, was dann? Ich würde sie nie wieder sehen, und sie würde mich für einen Abenteurer aus dem Osten halten, der ihr einen Heiratsantrag machte und dann gehen musste aus der Nachbarschaft, weil er Angst vor dem Gesetz oder Ähnlichem hatte. Ich werde sie nie wieder sehen!"

Er blieb stehen, als ob ihm eine unsichtbare Kraft den Weg versperrte.

„Sehe sie nie wieder!" wiederholte er immer wieder. Der Gedanke schien ihn zu verblüffen, je realer er für ihn wurde.

"Ich hasse sie!" er weinte. „Hat sie mich nicht von ihr vertrieben, und indem sie mich vertrieben hat, hat sie mich in Regionen geschickt, die –"

Er machte sich wieder auf den Weg.

„Ich habe sie letzte Nacht eine Minute lang geliebt; ja, ich habe sie damals geliebt. Ich habe alles vergessen und war im Paradies. Ich habe sie geliebt; ja, und oh Gott, ich glaube, ich liebe sie jetzt!"

Eine Stunde lang ging er mit strenger, ernster Miene dahin. In der Ferne konnte er den Felsturm sehen, der sich hinter dem neunten Loch an den Golfplätzen erhob. Mit diesem Orientierungspunkt konnte er sich nicht verirren. Nicht, dass es ihn interessiert hätte, wenn er es getan hätte. In ihm brannte eine große Leidenschaft, die selbst ihm fremd gewesen war.

„Könnte ich – könnte ich – schließlich tun, was ich mir vorgenommen habe? Konnte ich aus reiner Teufelei und Rachegelüste ihren Namen in den Schlamm der Schande ziehen? Konnte ich sie zum Inbegriff für Klatsch und Tratsch machen? Frauen? Könnte ich ihr eine zerstörte, ruinierte Frau hinterlassen, nur weil ich – Was sollte ich außerdem fühlen? Hölle! Keine Hölle, in die ich jemals eingetreten bin, wäre so tief. Sprechen Sie über eine bodenlose Grube voller Feuer und Schwefel – es wäre nichts im Vergleich zu dem, was ich fühlen sollte.

Wieder dachte er an die Frau im Bauernhaus, während ihm die Geschichte von Aaron Goudge wieder einfiel; Und während er nachdachte, stieg ein neues Gefühl in ihm auf, als ob er etwas sagen hörte: „Sei ein Mann, tue das Richtige."

"Was ist richtig?" er hat gefragt. „Angenommen, ich würde jetzt zu ihr gehen und ihr alles erzählen – alles. Was würde sie tun? Sie würde mich vertreiben, als wäre ich ein Aussätziger. Sie sagte mir, dass sie Radford Leicester nicht liebte und dass sie niemals heiraten würde ihn, selbst wenn er reuig und würdig zurückkäme. Wie viel weniger würde sie ihn dann lieben, wenn ich ihr die ganze Wahrheit sagen würde? Wenn ich vor sechs Jahren ihrer unwürdig war, wie viel weniger bin ich ihrer jetzt würdig ! Lassen Sie mich jetzt nachdenken. Es gibt drei Dinge, die ich tun könnte. Erstens könnte ich weggehen und ihr sagen, dass Signor Ricordo ein Abenteurer war und aus Angst um sein Leben fliegen musste. Dann wäre alles so, als ob ich war nie gekommen. Nein, würde es nicht. Damals hasste ich sie; aber jetzt, ja, ich glaube, ich hasse sie immer noch! Aber ich sollte meinen Racheplan aufgeben und sie bleiben lassen, um ihr eigenes Leben zu leben. Das ist die Erstens. Dann, zweitens, konnte ich meinen Plan ausführen. Ich konnte so weitermachen, wie ich es mir vorgenommen hatte. Ich konnte sie verwundet und beschämt zurücklassen, da ich wissen sollte, dass sie sich verletzt und beschämt fühlen würde. Und oh, der Gedanke an Rache ist süß! Dann, drittens, könnte ich mit der Mütze in der Hand zu ihr gehen und ihr die ganze Geschichte erzählen – dass Leicester tot war, aber dass er wieder auferstanden ist. Aber in jedem Fall müsste ich sie verlassen; Ich sollte weggehen und sie nie wieder sehen. Und könnte ich das ertragen? Nein. Und das erinnert mich daran, dass es auch anders geht. Ich, Signor Ricordo, könnte sie heiraten. Ich könnte hier leben. Ich könnte den Knappen spielen; Ich könnte glücklich sein. Aber könnte ich? Die ganze Zeit zu wissen, dass ich eine lebende Lüge war! Außerdem würde die Wahrheit zwangsläufig ans Licht kommen. Nein, so würde es weder Ruhe noch Frieden geben.

Alles, er wusste kaum warum, war verändert. Das, wonach er sich gesehnt hatte, war in seiner Reichweite, und doch wollte er seine Hand nicht ausstrecken und danach greifen. Der Kuss, der immer noch auf seinen Lippen brannte, weckte irgendwie neue Gefühle in ihm. Die Geschichte der Landfrau veränderte seinen Gedankengang. Er sehnte sich immer noch nach Rache, aber die Süße davon war verschwunden.

Es gab eine Veränderung im Aussehen des Himmels. Direkt vor ihm und hinter dem Felsen stieg schnell eine große blauschwarze Wolke auf. In wenigen Minuten schien es den gesamten südlichen Horizont zu bedecken. Der Wind wehte kälter, die Luft schien mit Schwefel angereichert zu sein. Nicht, dass es ihm etwas ausgemacht hätte. Tatsächlich bemerkte er die Veränderung der Atmosphäre kaum. Plötzlich schien die Sonne ihre Farbe zu ändern. Zuerst schien es durch einen großen violetten Dunst, und dann wurde es ausgelöscht.

Er merkte, dass er zitterte. Über die wilden Einöden der Moore hinweg hörte er ein Stöhnen, wie das Stöhnen eines verzweifelten Monsters. Er wusste, dass es nur der Wind war, aber für ihn steckte eine Art Persönlichkeit dahinter. Der große Geist der Moore atmete über die weite Fläche, so wie er den Geist der Wüste über die großen Sandwüsten atmen hörte.

Ein paar Minuten später hörte er in der Ferne das Donnergrollen, und obwohl es noch Tag war, wurde es fast so dunkel wie ein Winterabend. Der Donner kam näher, und dann sah er einen Blitz. Er trottete immer noch weiter. Das Wetter spielte keine Rolle. Der Sturm in seinem Herzen vertrieb alle Gedanken an den Sturm, der über ihn hereinbrach.

Wieder rollte der Donner. Diesmal war es näher, während die Blitze deutlicher zu sehen waren. Auch der Regen begann zu fallen, nicht schnell, aber große, schwere Tropfen klatschten ihm ins Gesicht.

„Nein, ich kann das Schema der Jahre nicht aufgeben", rief er. „Ich werde nicht das Spielzeug einer vorübergehenden Fantasie sein. Sie hätte einen Mann aus mir machen können, aber stattdessen schickte sie mich in die äußerste Dunkelheit. Ich wäre vielleicht ein guter Mann gewesen, wenn – wenn sie es getan hätte – aber sollte ich? War mein." Reformation alles andere als eine vorübergehende Stimmung? Könnte ich sie nicht, wenn ich sie geheiratet hätte, in den Sumpf ziehen, wie ich es seitdem vorhatte? Schließlich war ich nur ein Strohhalm im Wind. In dem Moment, als sie mich aufgab Ich bin dem Trunk und dem Teufel zum Opfer gefallen. Welches Recht hatte ich schließlich, etwas anderes zu erwarten?"

Gegen seinen Willen zuckte er zusammen. Es schien, als würde direkt über seinem Kopf der Himmel in zwei Teile zerrissen, während der ganze Himmel von blauen, leuchtenden Lichtblitzen erleuchtet wurde. Der Regen fiel in Strömen.

„Wie unerbittlich ist doch die Natur!" er dachte. „Was kann der Mensch angesichts solcher Mächte tun? Steckt hinter allem Gott, frage ich mich? Wenn ja, welchen Nutzen haben wir dann, wenn wir gegen ihn arbeiten? Möge der Atem des Allmächtigen einen Menschen berühren, und er schrumpft zusammen Blätter im Herbst. Wenn er nicht im Einklang mit der

Natur arbeitet, zermalmt ihn die Natur. Habe ich all die Jahre versucht, gegen Gott zu kämpfen, frage ich mich?"

Es regnete weiter, aber er stapfte trotzdem weiter. Er verspürte eine Art wildes Vergnügen, den Regen auf sich schlagen zu spüren, den Blitz zu sehen und das Donnergrollen zu hören.

„Ich war ein blinder Narr", rief er. „Ich glaubte, dass ich sie hasse, ich glaubte, dass ich sie für immer hassen sollte. Doch bei der ersten Berührung ihrer Lippen mit meinen fühle ich mich schwach wie ein Kind, und trotzdem kann ich meine Racheträume nicht aufgeben." . Was sind wir doch für Spielzeuge!"

Einen Moment später wurde er geblendet, zuerst von einem Blitz, von dem er glaubte, er hätte ihn getroffen, und dann von dem Regen, der in einer Sintflut über ihn hereinbrach.

„Dagegen kann ich nicht ankämpfen", sagte er; „Es ist unmöglich, aber es gibt nirgendwo Schutz." Durch den blendenden Sturm sah er einen riesigen Felsen. Das würde ihm zumindest einigermaßen Schutz bieten, und mit Mühe gelangte er dorthin. Von dort aus konnte er den Tornado der Elemente beobachten.

„Steht da ein Gott dahinter, frage ich mich?" dachte er, als ein Donnerschlag auf einen Donnerschlag folgte und der ganze Himmel mit Lichtstreifen erleuchtet wurde. „Wenn ja, interessiert ihn das? Ja, es gibt einen Gott, den muss es geben. Ich frage mich, ob diese Frau Recht hatte? Ist Jesus Christus gekommen, um uns zu sagen, wie Gott war? Hat diese Geschichte irgendeinen Sinn? Sie glaubt." es, und sie sagt, dass dieser Mann Aaron Goudge darin Frieden gefunden hat. Ich frage mich jetzt, ich frage mich.

"Gott hilf mir!" er weinte sofort. Es war ein unfreiwilliges Gebet. Es war über seine Lippen gekommen, noch bevor er es wusste, und doch war es, obwohl er es nicht wusste, der natürliche Ausdruck einer Seele in Qual.

Er lachte laut. „Ich habe gebetet", sagte er. „Nun, warum nicht? Ich frage mich jetzt, ob es Gott interessiert? Würde er mich hören, wenn ich mit ihm sprechen würde?"

Der Gedanke kam ihm seltsam vor. Er hatte kaum jemals in seinem Leben gebetet, aber irgendwie hatte es jetzt einen Sinn. Einige Worte kamen ihm wieder in den Sinn, wie die Erinnerung an einen vergessenen Traum. „Werden nicht zwei Spatzen für einen Pfennig verkauft? Und doch fällt keiner von ihnen ohne deinen himmlischen Vater zu Boden. Bittet, und ihr werdet empfangen; sucht, und ihr werdet finden; klopft, und die Tür wird euch geöffnet." "

Wer hat das gesagt? Ja, es war Jesus, der Mann aus Galiläa, der behauptete, der Sohn Gottes zu sein. War Gott sein Vater? Nun, und warum sollte er nicht beten?

Vielleicht lag es an der Erfahrung, die er gemacht hatte, vielleicht lag es an dem Sturm, der in wahnsinniger Wut über die Moore fegte, oder vielleicht lag es an einem tieferen Grund, den niemand in Worte fassen kann, aber Leicester kniete nieder auf dem Heidekraut nieder und betete, während die Blitze zuckten und der Donner rollte.

Er stieß keine wilden, zusammenhangslosen Schreie aus, er sprach kaum ein Wort; aber er betete, und während er betete, schien ihm das ganze Leben vor Augen zu laufen. Vergessene Dinge, seltsame Gedanken, nur aus der Ferne gesehene Visionen kamen zu ihm. Das Ganze hatte etwas Ehrfurchtgebietendes, Majestätisches – der vom Sturm gebeutelte Mann, der inmitten des vom Sturm zerrissenen Himmels seine Seele seinem Schöpfer ausschüttete.

„Großer Gott, sag mir, was ich tun soll, und ich werde es tun", sagte er schließlich. Keine Stimme kam vom Himmel, keine Nachricht kam von den wütenden Winden zu ihm. Der Sturm fegte immer noch in wilder Wut weiter. Wie lange er kniete, wusste er nicht, es mochten Stunden gewesen sein, aber er wusste, dass er tief in den Kern der Dinge eingedrungen war. Ein Mann, der wirklich betet, macht eine Erfahrung, die dem Gebetslosen fremd ist. Welche Gedanken ihm durch den Kopf gingen, kann ich nicht sagen; Vielleicht hätte er es sich selbst nicht sagen können – er wusste nur, dass die Grundfesten seines Lebens zerstört worden waren. Er erkannte, was er gewesen war, er wusste, was er war. Er sah das Leben, wie er es noch nie zuvor gesehen hatte – er sah, wie arm und eitel die Gedanken der Menschen waren, wie großartig die Gedanken Gottes waren. Die großen Tiefen schienen sich ihm zu offenbaren, und er wusste, dass kein Mensch lebt, wenn er sich nicht mit dem Ewigen Herzen verbindet, dem Herzen, das durch den Sohn Gottes verwirklicht wurde, der lebte und starb. Die Überlegungen des Menschen schienen nichts anderes als das Weinen von Kindern; die Logik der Schulmänner nicht mehr als Kinderburgen im Sand. Es gab große Tiefen jenseits all ihrer Theorien, Tiefen, die der Verstand niemals begreifen, die aber die Seele spüren konnte. Gott hatte gesprochen.

Als er aufstand, wusste er auch, dass er von den Toten auferstanden war. In seinem Herzen war ein neues Leben, und er war sich dessen bewusst. Das Radford Leicester von vor Stunden und das Radford Leicester von heute waren unterschiedlich. Er war vom Tod zum Leben übergegangen.

Eine Zeit lang ging er weiter, fast ohne darauf zu achten, wohin er ging, aber als der Himmel klarer wurde, sah er die undeutlichen Umrisse des Felsens, der einst sein Wahrzeichen gewesen war. Als er es sah, wurde ihm klar, dass er nicht mehr als eine Stunde zu Fuß von Vale Linden entfernt war. In etwa zwei Stunden würde er Olive wiedersehen und ihr sagen, was für ihn richtig war. Denn er wusste, was er jetzt tun musste. Der einzige Weg war der richtige Weg, und er musste darin gehen. Er wusste auch, was es bedeutete. Als er Olive erzählte, wer er war, und die Geschichte der letzten sechs Jahre erzählte, forderte sie ihn auf, zu gehen, wie sie es ihm schon vor langer Zeit gesagt hatte; aber er muss ihr alles erzählen. Er war es ihr schuldig, und er würde seine Schuld begleichen. Die Zukunft lag nicht in seinen Händen, sondern in Gottes Händen, und er würde nicht länger gegen seinen Schöpfer kämpfen.

„Meine Güte, sur, du warst bei dem ganzen Wetter draußen."

„In jeder Hinsicht, Mrs. Briggs."

„Und es gibt keinen trockenen Thread zu ‚ee'."

"Nicht eins." Und er lachte, während er sprach.

„Ich habe mich gefragt, ob es für uns geht. Es ist ein schrecklicher Sturm."

„Es war ganz wunderbar. Haben Sie heißes Wasser, Mrs. Briggs?"

„Viel, Sir."

„Ich werde ein Bad nehmen und mich für das Abendessen anziehen. Je einfacher das Essen, desto besser, Mrs. Briggs."

„Sicherlich, sur. Ich bin dankbar, dass es dir gut geht. Ich hatte Angst, dass du vom Blitz getroffen wurdest, sur. Hattest du vor allem Angst, sur?"

„Ja, ich glaube, das war ich."

„Na ja, Gott sei Dank, du bist sicher in Sicherheit."

„Ja, ich danke auch Gott, Frau Briggs."

Die Frau sah ihn neugierig an; Da war ein neuer Ton in seiner Stimme, ein neues Licht in seinen Augen. Er schien ihr kein „seltsamer orientalischer Gentleman" mehr zu sein.

Er aß schweigend sein Abendessen. Er hatte nur wenig Appetit, aber er ließ sich auf die Form des Essens ein, aus Angst, dass Mrs. Briggs denken könnte, er sei mit ihrer Küche nicht zufrieden.

Dann erhob er sich, um hinauszugehen. „Wieder rausgehen, klar? Ich hätte denken sollen, dass du nach all dem Sturm müde wärst. Ich denke, dass es in der Gegend, aus der du kommst, keine wilderen Stürme gibt."

„Anders, Mrs. Briggs, ganz anders."

„Ich schätze, es ist sehr großartig, in seinen pelzigen Teilen“, sagte Mrs. Briggs, „aber ich möchte Vale Linden nicht verlassen.“

„Ich auch nicht, Mrs. Briggs; aber ich werde es tun müssen.“

„Noch nicht, hoffe ich.“

„Ja, sehr bald, erwarte ich.“

„Es tut mir leid. Ich hatte gehofft, dass du lange bleiben würdest, das war ich ganz sicher. Das Haus wird ohne 'ee nicht mehr wie dasselbe aussehen. Du sprichst ja auch mehr Englisch, das ist ja dreist. "

„Danke, Frau Briggs; Sie waren sehr gut zu mir.“

„Du wirst doch nicht vor Ende des Sommers schlafen gehen, oder?“

„Sehr wahrscheinlich werde ich morgen abreisen.“

„Ich hoffe, es ist nichts Schlimmes passiert, oder?“

„Es ist viel passiert, aber nichts Schlimmes. Frau Briggs, glauben Sie, dass ein Mann von den Toten auferstehen kann?“

„Nicht in diesen Tagen, sur. Natürlich taten sie das zur Zeit unseres Herrn. Da waren Lazarus und der junge Mann im Dorf Nain. Natürlich kann der Herr tun, was Er will.“

„Ja“, sagte Leicester ruhig, „ich glaube, dass er es kann.“

Er ging in die Nacht hinaus. Der Sturm war inzwischen verschwunden und der Himmel war wolkenlos. Nach dem wilden Sturm war Frieden eingekehrt. Die Luft war frisch und rein und süß. Die Natur war eine Parabel seines eigenen Lebens. Nach dem schwarzen Tod des Winters kam die Wiederauferstehung des Frühlings, nach dem wilden Sturm kam Frieden. Das Leben war neu für ihn. Er spürte es in jeder Faser seines Wesens; Altes war vergangen, aber er fühlte eine große Trauer in seinem Herzen. Denn er wusste, was vor ihm lag. Von dieser Nacht an würde Signor Ricordo nicht mehr sein, und er, Radford Leicester, musste erneut in die Wildnis hinaus.

Er zögerte einen Moment und ging dann wieder in sein eigenes Zimmer. Ein paar Minuten später kam er wieder heraus und machte sich auf den Weg nach Vale Linden Hall.

„Es ist der Wille Gottes“, sagte er, als er ging, „es ist der Preis, den ich zahlen muss. Nun, ich werde ihn bis zum letzten Pfennig bezahlen. Dann werde ich weggehen und mein neues Leben leben.“

Es dauerte nicht lange, bis er das Haus erreichte, und er wurde wortlos eingelassen.

KAPITEL XXX

DER MANN, DER WIEDER AUFERSTANDEN IST

Der Diener öffnete die Tür des Wohnzimmers, in dem es zwar schon untergegangen war, es aber noch lange nicht dunkel war. Es war Sommer und die Luft war so klar, dass Dunkelheit unmöglich schien.

„Ich werde eine Lampe anzünden und dann Miss Castlemaine sagen, dass Sie hier sind", sagte sie.

„Nein, nein", sagte Leicester fast eifrig; „Machen Sie sich keine Sorgen um eine Lampe. Es wäre schade, das Licht des Mondes zu verderben. Außerdem ist es fast so hell wie der Tag. Sagen Sie Miss Castlemaine, dass ich hier warte, ja?"

Der Diener ging wortlos weg; Sie schenkte dem Verhalten des Herrn keine große Beachtung. Was konnte man von diesen seltsamen Männern aus dem Osten erwarten? Von ihnen konnte nicht erwartet werden, dass sie sich wie zivilisierte Engländer verhielten.

„Signor Ricordo ist im Salon, Miss", sagte sie zu Olive. „Ich wollte die Lampen anzünden, aber er bat mich, es nicht zu tun. Er sagte, das Mondlicht sei so wunderschön."

Olive lachte fast nervös. Sie war den ganzen Tag in einem Zustand der Spannung gewesen. Sie hatte ihn bald nach dem Frühstück erwartet und fragte sich mit vielen Ängsten im Herzen, warum er nicht gekommen war. Wenn sie alles gewusst hätte, was Leicester an diesem Tag durch den Kopf gegangen war, hätte sie noch mehr Angst gehabt. Mehr als einmal war sie wütend gewesen. Um es gelinde auszudrücken: Es war seltsam, dass er, nachdem sie versprochen hatte, am Abend seine Frau zu sein, am Morgen nicht zu ihr kam, und sie erkannte mehr denn je die seltsame Angst vor ihrem versprochenen Ehemann. Außerdem war ihr wieder der Gedanke an Leicester gekommen. Sie erinnerte sich, wie er nach ihrer Verlobung jede Minute, die er konnte, um sich von seinen Angelegenheiten loszureißen, an ihrer Seite verbrachte. Dieser Mann hingegen hatte den ganzen Tag von ihr getrennt verbracht, während zwischen ihnen nur ein schmales Tal lag. Alle möglichen seltsamen Fragen verfolgten sie, und besonders beunruhigt war sie, als ihr Vater sie fragte, warum er nicht gekommen sei, wie er es versprochen hatte. Sie hatte ihn jede Stunde des Tages erwartet, und als John Castlemaine, nachdem der Sturm vorüber war, wegfuhr, um in einem Nachbarhaus zu speisen, überkam sie ein Gefühl völliger Einsamkeit.

Aber er war jetzt gekommen, und sie eilte auf ihn zu. Als sie den Raum betrat, sah sie ihn nur undeutlich. Er stand in einem Teil des Raumes, wo dunkle

Schatten fielen. Sie ging schüchtern auf ihn zu, ihr Herz klopfte wild. Sie dachte jetzt nicht mehr an Leicester; Dieser Mann erfüllte den gesamten Horizont ihres Lebens. Als sie nur noch wenige Meter von ihm entfernt war, blieb sie stehen. Ihr Herz wurde bleischwer. Warum kam er ihr nicht entgegen? Warum stand er da im Schatten, ohne einen Schritt auf sie zu machen, nachdem er den ganzen Tag weg gewesen war?

„Endlich bist du gekommen", sagte sie.

„Ja. Wirst du kommen und dich zu mir setzen?"

Fast ängstlich tat sie, was ihr gesagt wurde. Das Sofa, auf dem sie saßen, lag so sehr in der Dunkelheit, dass sie sein Gesicht nicht deutlich sehen konnte; nur die undeutlichen Umrisse seiner Gestalt waren sichtbar. Er verhielt sich äußerst lieblos. Er bot ihr nicht einmal an, ihre Hand zu nehmen. Sie hatte fast Angst, neben ihm zu sitzen.

„Bist du nicht – bist du sehr spät dran?" sie stammelte. „Ist irgendetwas los?" Sie wusste kaum, was sie sagte, und die Stille war bedrückend geworden.

„Ja", antwortete er, „etwas ist los."

„Du – du bist nicht krank, oder?"

„Ich weiß es nicht – oh nein, ganz sicher nicht – nicht so, wie du denkst."

„Warum bist du nicht früher gekommen – heute Morgen, wie du versprochen hast?" Sie fragte. Es war kein bisschen das, was sie sagen wollte, aber sie hatte die Kontrolle über sich selbst verloren.

„Ich war sehr beschäftigt – das heißt, ich habe etwas herausgefunden."

"Was?"

„Ich habe mich erkundigt über – Leicester."

"Über wen?"

„Über Leicester. Ich habe etwas entdeckt."

Ihr Herz hörte auf zu schlagen. Was meinte er, als er so mit ihr sprach? Was könnte er über Leicester herausgefunden haben? Außerdem war seine Stimme seltsam. Sie hörte nicht mehr die tiefen, fließenden Töne eines Orientalen, sondern die Stimme der Vergangenheit.

"Was?" Sie fragte.

„Ich habe herausgefunden, dass Leicester nicht tot ist."

"Was!"

„Ich habe herausgefunden, dass Leicester nicht tot ist. Deshalb war ich den ganzen Tag weg. Es hat alles, was ist, in ein neues Licht gerückt."

Sie saß regungslos da wie eine Statue. Seine Stimme klang weit weg. Es war auch sehr seltsam und doch sehr vertraut.

"Nicht tot?"

„Nein. Daran kann kein Zweifel bestehen. Er ist gestorben, aber er ist wieder auferstanden."

Ein seltsames Gefühl erfasste ihr Herz. Sie war sich nicht sicher, ob es eine überwältigende Freude oder eine schreckliche Angst war. Vielleicht war es beides. Aber die Nachricht war auch ein großer Schock und der Raum schien um sie herum zu schwimmen.

„Aber, aber", stammelte sie plötzlich, „wie erklären Sie – das – das, das heißt –"

„Wie erkläre ich die Untersuchung des Gerichtsmediziners und alles, was damit zusammenhängt? Ich werde es Ihnen sagen. Es ist dunkler als ich dachte. Werden Sie die Lampe anzünden?"

Wie im Traum tat sie, was ihr gesagt wurde. Ihre Hand zitterte so sehr, dass sie das Streichholz kaum an den Docht der Lampe halten konnte; aber es gelang ihr schließlich, und das sanfte Licht erfüllte den Raum.

„So", sagte sie und versuchte zu lachen, „ich habe es geschafft. Aber sag mir, dass du mit mir scherzst."

„Nein, ich scherze nicht. Schau mich an."

Sie drehte sich zu ihm um, während er sprach, aber sie konnte kein Wort sagen.

„Habe ich nicht die Wahrheit gesagt? Ist Leicester nicht wieder zum Leben erwacht?"

Sie sah ihn wie verzaubert an. Vor ihr stand Leicester. Der riesige schwarze Bart und der Schnurrbart waren abrasiert; Er trug den Fez nicht mehr, der ihm ein orientalisches Aussehen verliehen hatte. Sein Gesicht war blasser. Er war kräftiger als das alte Leicester, und an ihm lag immer noch ein Hauch von Fremdheit; aber der schwarze Bart und Schnurrbart, der Fez und das orientalische Aussehen waren verschwunden. Sie konnte an ihren Augen nicht zweifeln.

Sie sah ihn verblüfft an.

Sie dachte, dass sie zum ersten Mal in ihrem Leben ohnmächtig werden würde. Ihr Blut floss wie Eisströme durch ihre Adern; Ihr Kopf schwamm. Mittlerweile beherrschte sie sich jedoch.

„Ich habe geschworen, dass ich wiederkommen würde, und ich bin gekommen; aber fürchte dich nicht, Olive."

Noch immer stand sie da und sah ihn mit weit aufgerissenen Augen an. Sie konnte noch nichts realisieren. Wo war Ricordo, der Mann, den sie zu heiraten versprochen hatte? Und warum war Leicester dort? Wie war sie getäuscht worden? Was hatte das alles zu bedeuten?

„Bevor Sie mich wieder vertreiben, habe ich Ihnen etwas zu sagen", fuhr er fort, „etwas, das Sie hören müssen. Es ist eine seltsame Geschichte, aber Sie müssen sie hören."

„Aber sagen Sie es mir", sagte sie; „Ich kann es nicht verstehen. Du bist —"

„Ich bin Radford Leicester. Es gibt keinen Signor Ricordo, es gab nie einen Signor Ricordo – außer dem Namen nach."

Er sprach ganz ruhig, doch seine Stimme zitterte etwas. Sie schaute noch einmal hin und die Wahrheit wurde ihr klarer; Dennoch konnte sie nicht ganz verstehen, was passiert war.

„Willst du dich nicht setzen?" er sagte. „Fürchte dich nicht; ich verstehe deine Gefühle durchaus. Ich werde nicht in deiner Nähe sitzen. Aber bevor ich gehe, möchte ich dir etwas sagen. Ich möchte alle quälenden Ängste aus deinem Kopf verbannen. Natürlich verabscheuen Sie meine Anwesenheit – wie Sie sagten Vor langer Zeit; natürlich fühlst du dich befleckt bei dem Gedanken, dass ich in deiner Nähe bin. Das ist mir durchaus bewusst; du hast es mir an unserem Hochzeitstag in The Beeches gesagt. Dennoch wirst du froh sein zu erfahren, was ich dir zu sagen habe . Danach werde ich in die Dunkelheit gehen, um dich nie wieder durch meine Anwesenheit zu belästigen."

„Aber sagen Sie mir", sagte sie fast mitleiderregend, „ich – ich fürchte, ich bin krank und verstehe es nicht. Aber Sie sind Radford – das heißt Radford Leicester; und was den anderen betrifft –"

„Es gibt keinen anderen, es gab nie einen anderen. Er war einfach meine große Lüge, die Lüge, mit der ich meinen Willen durchsetzen wollte. Radford Leicester ist nie gestorben, wirklich gestorben – er hat nur so getan. Er hat einen Betrug begangen, einen grausamen, unwürdiger Betrug; aber er ist nie gestorben. Er ist der Welt gestorben, das ist alles. Ich war die ganze Zeit der Fremde aus dem Osten – ein Fremder aus dem Osten mit einem seltsamen Aussehen. Ich war das, um Sie zu täuschen. Ich werde es Ihnen sagen warum; dann wird alles klar sein, und dann werde ich wieder weggehen."

Er machte ein paar Schritte durch den Raum, und als er das tat, sah sie das Leicester, das sie aus alter Zeit kannte, und doch ein neues Leicester, mit einem neuen Licht in seinen Augen und mit einem Klang in seiner Stimme, den sie noch nie gehört hatte Vor. Irgendwie wusste sie nicht warum, aber in ihrem benommenen Zustand war Ricordo verschwunden. Wie Leicester gesagt hatte, gab es keinen Signor Ricordo – einen solchen Menschen hatte es nie gegeben.

„Ich muss unbedingt über Dinge sprechen, die für dich schmerzhaft sind", sagte er; „Und doch werden sie es vielleicht nicht sein. Sie tun mir weh. Erinnern Sie sich an den Tag, der unser Hochzeitstag hätte sein sollen? Sie wissen, dass ich mit Winfield zu Ihnen gekommen bin. Der Mann, Sprague, hatte Ihnen einen Brief über mich geschickt. Nun ja , der Brief war wahr, und doch waren es schwarze Lügen. Ich habe versucht, dir alles zu erklären, aber du wolltest nicht zuhören. Du weißt, ob du mit deiner Ablehnung recht hattest."

Er erzählte die Geschichte der Wette. Er hat sich nicht geschont; er sagte nur die nackte, ungeschminkte Wahrheit. Es war keine angenehme Geschichte; aber er erzählte es wahrheitsgemäß, während Olive ohne Zeichen oder Bewegung dasaß und zuhörte.

„Ja, ich habe dich geliebt", fuhr er fort, „aber ich war deiner nicht würdig. Meine scheinbare Reformation war nur ein Hohn. Ich dachte damals, es sei real, aber das war nicht der Fall. Wenn du mich geheiratet hättest, Ich hätte wieder fallen sollen, und vielleicht hätte ich dich verfluchen sollen. Ich weiß es jetzt und du wirst gleich sehen, warum das, was ich sage, wahr ist. Aber ich war wütend vor Wut und gab meinem alten Laster nach. Du hattest mir geholfen um es eine Zeit lang zu erobern, aber die ganze Zeit über war ich im Herzen ein böser Mann, die ganze Zeit war ich ein Trunkenbold. Wenn du mich wirklich gerettet hättest, hätte ich nicht wieder nachgegeben; ich wäre nicht dorthin geflogen Moment, in dem du mich verstoßen hast. Ja, ich habe dich so sehr geliebt, wie ich lieben konnte; aber es war in erster Linie Selbstliebe.

„Du weißt, was in Taviton passiert ist – die Trunkenheit, die Erniedrigung, die Schande. Ich wurde aus der Stadt vertrieben und ich schob die Schuld auf deine Türen. Ich ging in die Heide und versuchte zu überlegen, was ich tun sollte Ich schwor dir die ganze Zeit Rache, sah aber nie, wie meine Rache geübt werden sollte. Ich kehrte nach London zurück und blieb dort einige Zeit im Versteck. Niemand wusste, wo ich war, außer einem alten Anwalt, der meine Geldangelegenheiten verwaltet hatte . Eines Nachts sah ich an der Blackfriars Bridge die Leiche eines toten Mannes. Sie war auf die Stufen gespült worden und dort gestrandet. Sie war nicht mehr wiederzuerkennen; offensichtlich hatte sie einige Zeit im Wasser gelegen. Ich legte einen meiner Briefe hinein die Tasche der Kleidung des Toten und dann wartete. Alles verlief so, wie ich es erwartet hatte. Niemand hatte irgendwelche Zweifel. Ich hatte Selbstmord begangen, und das war mein Körper. Ich werde mich nicht länger damit aufhalten, es besteht keine Notwendigkeit. Ich bin in den Osten gegangen. Ich habe das aus einem bestimmten Grund getan. Ich bin weggegangen, damit die Welt mich vergisst, und im Großen und Ganzen hat sie mich vergessen. Aber ich habe es nicht vergessen. Ein Ziel erfüllte meinen Geist und mein Herz; Ich werde Ihnen jetzt sagen, was es war. Ich war ein böser Mensch, als ich dich zum ersten Mal sah; schlecht mit dem Anstrich von Seriosität und Stolz. Danach ging es mir ohne diese Fassade schlecht. Denken Sie an das Schlimmste von mir, Sie werden nicht zu schlecht denken, außer in einer Sache: Ich würde mein Verlangen nach Alkohol besiegen. Nichts wäre möglich, wenn ich das nicht getan hätte. Und das habe ich getan. Seit ich England vor mehr als sechs Jahren verlassen habe, ist mir noch nie Alkohol über die Lippen gekommen. Ich brauche die Hölle, in der ich lebte, nicht zu beschreiben, außer zu sagen, dass ich die ganze Zeit über meinem

Traum von Rache an dir nachgedacht habe. Ich bin zu dem Schluss gekommen, dass es für Sie und – Sprague gelten sollte: Auge um Auge und Zahn um Zahn. Ich habe Ihnen vor Jahren gesagt, dass mein Glaube an Gott nur gering war. Während dieser Jahre, die ich im Osten lebte, lernte ich, an einen Gott zu glauben; aber es war ein Gott des Schreckens, ein Gott, der meinem Traum von Rache zuzustimmen schien.

„Manchmal dachte ich, ich sei verrückt. Vielleicht war ich es, aber es war ein Wahnsinn, den niemand ahnte, und es war ein Wahnsinn mit einem Ziel. Nachdem ich zwei Jahre weg war, konnte ich dem Chef einen Dienst erweisen der Großen Tripoli-Kompanie. Ich brauche nicht zu beschreiben, wie; aber durch ein Stück Glück habe ich nicht nur sein Leben, sondern auch seine Ehre gerettet. Er sagte auch, dass ich das Vermögen der großen Gesellschaft gerettet habe. Wie dem auch sei, Diejenigen, die seine Feinde waren, hätten nie gedacht, dass ich ihm helfen könnte. Ich war nur ein unwissender Maultiertreiber, der ihre Sprache nicht kannte und ihre Absichten nicht begreifen konnte. Aber ich tat beides und rettete diesen großen Mann. Es scheint ein weit hergeholtes Melodram zu sein, nicht wahr? Aber die Sache ist wahr. Nach und nach sickerte vermutlich durch, dass ich ein Mann mit einiger Bildung und Fähigkeiten war, und nach und nach wurde ich gebunden in die Geschicke dieses großen Handelskonzerns einsteigen.

„Alles entsprach meinen Plänen. Ich hatte gelernt, dich immer mehr zu hassen, und ich beschloss, dass mich nichts von meinem Vorhaben abbringen sollte. Nur einmal fürchtete ich, dass ich bei dem scheitern würde, was ich geschworen hatte. Ich wurde von einer Seuche heimgesucht, die in diesem Teil der Welt verbreitet ist, und ich wurde für tot erklärt. Selbst in meinem Wohlstand war es mein großer Wunsch zu leben, dass ich meinen Hass auf dich zum Ausdruck bringen könnte. Aber es ging mir besser, und ich hatte das Gefühl, dass es so war Der Gott, an den ich zu glauben gelernt hatte, würde dich in meine Hände geben; denn eines hatte die Krankheit mit mir bewirkt: Sie veränderte mein Aussehen sehr wesentlich – so sehr, dass, als ich hierher zurückkkam, niemand ahnte, wer ich war.

„Ich werde jetzt bald am Ende angelangt sein. Sobald ich dazu in der Lage war, kam ich nach England, fest entschlossen, deinen Untergang, deine Schande herbeizuführen. Nein, fürchte dich nicht; ich erzähle dir das nur, damit du weißt, was los ist.“ Ihr Recht, es zu erfahren. Ich wusste nicht, was mit Ihnen geschehen war, aber ich beschloss, dass ich Sie finden würde, wo auch immer Sie waren, und wie auch immer Ihre Umstände waren, ich würde meine Ziele erreichen.

„Ich habe Sie hier gefunden – immer noch unverheiratet, aber anscheinend glücklich. Ich habe auch festgestellt, dass Sie sehr bewundert wurden und dass Sie über eine Heirat mit diesem jungen Gutsherrn nachgedacht haben.

Ich habe meine Pläne gemacht. Ich werde Ihnen sagen, was sie waren. Ich würde Ihre gewinnen." Liebe; ich war mir sicher, dass ich es schaffen könnte; selbst wenn ich das nicht gewinnen könnte, glaubte ich genug an den Teufel, um sicher zu sein, dass ich deine Zustimmung zu meiner Heirat gewinnen könnte. Ich erinnerte mich auch daran, dass ich dich einst gewonnen hatte Tage, und ich hoffte, dass ich etwas von der Macht besitze, mit der ich dich damals gewonnen habe. Selbst wenn ich scheiterte, sollte mein Vorsatz, mich zu rächen, nicht vereitelt werden, denn ich hasste dich mit der ganzen Intensität meines Seins."

Olive saß die ganze Zeit mit großen, starrenden Augen und bleichem Gesicht da. Manchmal kam es ihr so vor, als wäre das Konzert nur ein grässlicher Albtraum, aber als sie in das Gesicht des Mannes sah, spürte sie, dass es Realität war. Der Mann war Leicester, der Mann, von dem sie glaubte, er sei vor sechs Jahren gestorben; aber trotzdem konnte sie nicht alles verstehen. Was war das für ein Racheplan, den er an ihr in die Tat umsetzen wollte? Es wäre schwierig, ihre Gefühle in diesem Moment zu analysieren. Vergangenheit und Gegenwart, Bekanntes und Unbekanntes waren so miteinander verwoben, dass nichts real schien.

„Du fragst dich, wie ein Mann so hassen kann?" Er ging weiter. „Das tue ich jetzt auch; aber schließlich ist der Mensch nur ein beginnender Teufel, wenn er seinen Leidenschaften nachgibt, und ich war nur eine Rückkehr zum Typus. Das war der Gedanke, den ich gehegt hatte; durch dich war ich verachtet, in Ungnade gefallen, Durch dich war ich in die Hölle geworfen worden. Ich habe nicht realisiert, was alles vorhergegangen ist; ich habe mich nur an die Dinge erinnert, die meinen Hass geschürt haben. Und das habe ich beschlossen zu tun."

Er zögerte einen Moment, als hätte er Angst, weiterzumachen.

„Es scheint gemein, es scheint teuflisch", sagte er plötzlich, „und es ist, wie es scheint. Ich habe geschworen, dass ich dich mit der ganzen Pracht einer großen Hochzeit heiraten würde, und dann, als alles vorbei war, als wir bekannt wurden." Ich würde der Welt als Mann und Frau sagen, wer ich bin, und ich würde dir sagen, dass du überhaupt keine Frau bist, weil ich woanders eine andere Frau geheiratet habe. Auch das würde ich der Welt sagen und dich in Ungnade zurücklassen. ruiniert, Gegenstand eines Skandals, die Frau, die zum Betrüger geworden war, das Spielzeug eines Abenteurers, der Ehemann einer anderen Frau, Vater von Kindern in einem anderen Teil der Welt.

Wieder ging er durch den Raum und kam zurück.

„Oh, ich weiß, es scheint dürftig zu sein, und es ist dürftig, der Plan eines Harlekins; trotzdem wusste ich, dass du dadurch dasselbe fühlen würdest, wie ich es gefühlt hatte. Ich kannte deine stolze Natur und wusste, dass du es niemals schaffen würdest deinen Kopf wieder hochzuhalten. Ich war mir sicher, dass dich das tausendmal mehr verletzen würde als Armut oder jedes andere Unglück, das die Menschen fürchten. Was Sprague betrifft, hatte ich mich auf seinen Sturz vorbereitet. Er sollte ruiniert, in Ungnade gefallen und mittellos sein Landstreicher.

„Du verachtest mich. Ja, ja, ich weiß; aber es war mein Racheplan, und wie ich dich kenne, war es das Abscheulichste, was ich mir vorstellen konnte. Nicht, dass ich eine Frau hätte; nein, großer Gott, Nachdem ich dich kennengelernt hatte, konnte ich nie wieder einen anderen heiraten, aber das war mein Plan. Ich beschloss auch, dass eine Geschichte des Mannes, den du geheiratet hattest, dieses Leicester, den du verachtet hattest, in allen Zeitungen veröffentlicht werden sollte – eine Geschichte, die erzählte von ihm als einem, der sechs Jahre lang in der schlimmsten Korruption gelebt hatte. Ich stellte mir vor, dass Sie in jedem Clubraum in London, in jedem Bierlokal in England über Sie, die stolze Olive Castlemaine, gesprochen wurden, die Sie Radford Leicester vertrieben hatten Ihr Stolz, hatte ihn später geheiratet – ihn, den Ehemann einer anderen Frau und den korruptesten Schurken, der jemals auf Gottes Erde wandelte.

„Ja, ja, es war gemein genug, armselig genug, aber es war auch grausam, und ich freute mich über meinen Plan, denn der Teufel hatte mich besessen. Ich war wieder von den Toten auferstanden, um meine Rache zu üben."

„Nun, erinnerst du dich an letzte Nacht? Du hast versprochen, meine Frau zu sein. Ich hielt dich in meinen Armen, ich habe dich geküsst, du hast mich geküsst. Für einen Moment hörte ich auf zu hassen; ich liebte wieder, und die Liebe war himmlisch. Aber wann Ich habe dich verlassen, ich habe geschworen, dass ich den Weg, den ich vorgezeichnet hatte, nicht verlassen werde. Heute Morgen konnte ich nicht zu dir kommen, ich wollte allein auf die Hügel gehen, ich wollte die Szenen besuchen, die ich geschaffen hatte meine Gelübde vor Jahren.

„Ich ging in ein Bauernhaus, wo früher eine einfache und reine Bäuerin mit mir sprach. Heute redete sie wieder mit mir und gab mir das Gefühl, ich sei ein Idiot. Sie ließ mich das erkennen, wenn ich dich mitschleppte in die Hölle, ich sollte selbst in eine tiefere Hölle gehen. Sie machte mir klar, dass es einen anderen Gott auf der Welt gab, als ich wusste. Dennoch beschloss ich, so weiterzumachen, wie ich begonnen hatte.

Er hielt erneut inne, als wüsste er nicht, wie er mit seiner Geschichte fortfahren sollte; Dann erzählte er ihr von seinem Spaziergang durch die Moore und von diesem wunderbaren Erlebnis, das zu tief war, um es in Worte zu fassen, wie Gott zu ihm gekommen war und ihm ein neues Herz geschenkt hatte.

„Seit letzter Nacht weiß ich, dass ich dich liebe", sagte er; „Ja, ich wusste, dass ich dich mit einer Liebe liebte, die zu tief war, als dass man sie in Worte fassen könnte, aber ich würde es mir erst heute gestehen. Aber ich wusste auch, dass es zu spät war, denn wenn ich deiner Jahre unwürdig wäre." vor, ich bin jetzt tausendmal weniger würdig. Dann sagte Gott mir, ich solle dir sagen, was ich dir gesagt habe.

Leicester stand auf.

„Jetzt habe ich dir gesagt – was ich dir sagen wollte", sagte er. „Es war richtig, dass du es wusstest, und ich habe es dir gesagt. Das ist alles, denke ich; also werde ich gehen. Ich bitte dich nicht um Verzeihung – das tue ich nicht, das kann ich nicht erwarten. Gute Nacht."

Er zögerte einen Moment, als erwarte er, dass sie etwas sagen würde, aber kein Wort kam über ihre Lippen. Er fand den Ausdruck in ihren Augen hart und abstoßend. Als er zur Tür ging, warf er einen letzten Blick auf sie, aber sie machte kein Zeichen und sagte auch kein Wort.

„Gute Nacht, auf Wiedersehen", sagte er und war weg.

Sie hörte, wie er in den Flur ging und die Haustür öffnete; danach erreichte sie das Geräusch seiner Schritte auf der Auffahrt; aber sie rührte sich nicht. Die Enthüllungen des Mannes hatten sie verblüfft; sie fühlte sich unfähig zu handeln oder zu denken. Sie wusste nur, dass sie von einem Gefühl völliger Verzweiflung erfasst wurde.

Sie war froh, dass ihr Vater nicht mehr zu Hause war, denn sie fürchtete sich gerade davor, jemanden zu treffen. Auf eine unbestimmte Weise verspürte sie das Verlangen, die Bedeutung dessen zu verstehen, was sie gehört hatte. Mehr als eine Stunde lang saß sie in völliger Stille da. Nach und nach wurde ihr die Realität von Leicesters Geschichte klar. Leicester war nicht tot. Er war zurückgekommen, um sich an ihr zu rächen.

Zuerst war sie wütend. Dass der, den sie vertrieben hatte, als Fremder zurückkam, um sie in Ungnade zu ziehen, verletzte ihren Stolz.

Doch die Wut hielt nicht lange an. Sie dachte darüber nach, dass er seinen Racheplan aufgegeben hatte. Mehr noch, er war fast demütig zu ihr gekommen und hatte ihr gesagt, dass er gelernt hatte, sich seiner unwürdigen Absichten zu schämen.

Ohne es zu wissen, begann sie, ihre Gefühle zu analysieren. Was sollte aus ihr werden? Ricordo war verschwunden – es hatte nie einen Ricordo gegeben, außer dem Namen nach. Und doch hatte sie ihn geliebt. Als sie am Abend zuvor versprochen hatte, seine Frau zu sein, und seine Lippen auf ihren spürten, wusste sie, dass ihr Leben ihm anvertraut worden war . Obwohl sie es nicht verstehen konnte, wusste sie, dass es so war. Trotz der

Angst, die sie befallen hatte, hatte ihr Herz auf seine Bitten reagiert. Schon damals war der Gedanke daran seltsam. Wenn ihr vor Jahren jemand gesagt hätte, dass sie ihr Herz einem Mann mit Ricordos angeblichen Vorfahren geschenkt hätte, hätte sie über einen solchen Vorschlag als unmöglich gelacht. Und doch hatte sie ihn wider Willen geliebt, sie liebte ihn wirklich. Und doch gab es keinen Ricordo; das hatte es noch nie gegeben.

Dann, wie ein Blitz, wurde ihr die ganze Wahrheit klar. Es war Leicester, das sie die ganze Zeit geliebt hatte. Jetzt wurde ihr klar, warum er bereits bei ihrem ersten Treffen einen solchen Einfluss auf sie hatte. Es war kein Fremder mit einem italienischen Namen, es war Leicester, der Mann, der sie vor Jahren gewonnen hatte und den sie wütend weggeschickt hatte, den sie aber nie hatte vergessen können. Ihr Herz war begeistert, als sie den Mann erkannte, obwohl sie ihn für einen Fremden hielt. Es war die ganze Zeit Leicester. Jetzt war ihr alles klar; es hatte nie einen Signor Ricordo gegeben; höchstens war er nur ein Name, eine Fantasie. Deshalb kam es ihr am Abend zuvor so vor, als wäre es Leicester gewesen, der sie geküsst hatte. Es war überhaupt keine neue Liebe. Es war nur die Wiederauferstehung einer alten Liebe, der einzigen Liebe ihres Lebens.

Für einen Moment vergaß sie alles in diesem einen großen Gedanken. Leicester lebte noch, sie liebte ihn immer noch und sie hatte nie jemand anderen geliebt. Sie hatte sich nur um den Fremden gekümmert, weil ihr Herz wusste, dass er es war.

Dann wurde ihr klar, dass er gegangen war, und mit dieser Erkenntnis breitete sich große Dunkelheit über ihr Leben aus. Trotz allem, was er ihr erzählt hatte, liebte sie ihn immer noch. Vielleicht war sie wütend über die Rache, von der er ihr erzählt hatte, ihre Wut ging in ihrer Sehnsucht nach ihm verloren. Dennoch war er gegangen und hatte sie verlassen zurückgelassen.

Wo war er jetzt? Sie wunderte sich. Er hatte es ernst gemeint, als er ihr gesagt hatte, dass er sie für immer verlassen würde. Er glaubte, dass sie ihn jetzt verachtete, wie sie ihn vor Jahren verachtet hatte, und dass er nicht darauf warten würde, vertrieben zu werden, wie er damals vertrieben worden war. Er war weggegangen und sie würde ihn nie wieder sehen. Wenn er es nur wüsste! – oh, wenn er es nur wüsste!

Der Raum war bedrückend; sie konnte kaum atmen. Sie ging zum Flügelfenster und öffnete es weit. Die süße, reine Luft der Sommernacht wehte zu ihr, und dort, unter den Strahlen des Mondes, bot sich einer der schönsten Anblicke Englands. Aber sie dachte nicht daran; Ihr Herz war zerrissen bei dem Gedanken, dass sie sich von dem einzigen Mann verabschiedet hatte, den sie jemals geliebt hatte oder lieben konnte.

Langsam schleppte sie sich in ihr eigenes Schlafzimmer und versuchte, sich dem Gedanken an die Zukunft zu stellen. Sie hatte die letzten sechs Jahre ohne ihn gelebt, und sie muss sich der Aussicht stellen, ihr ganzes Leben ohne ihn zu leben. Er wusste nichts von ihrer Liebe und würde es auch nie erfahren, es sei denn, sie sagte es ihm, und das konnte sie auch nie tun, denn sie wusste, dass er nie wieder zu ihr kommen würde.

Lange Zeit saß sie allein da und sah sich der scheinbar unvermeidlichen Dunkelheit gegenüber, dann stand sie plötzlich auf. Es war ihr Stolz, der sie vor sechs Jahren dazu veranlasste, ihn zu vertreiben, und es war immer noch der Stolz, der sie davon abhielt, ihm jetzt die Wahrheit zu sagen. Sie ließ zu, dass eine arme und unwürdige Eitelkeit zwischen ihr und ihrem Glück stand.

Ein paar Minuten später war sie auf dem Weg zur Manor Farm. Es hatte einen Kampf zwischen Liebe und Stolz gegeben, und die Liebe hatte gesiegt. Sie glaubte, dass nicht nur ihr Glück, sondern auch seines auf dem Spiel stand. Sie wäre fast durch den Park geflogen, so begierig darauf, ihn zu erreichen. Der Stolz war verschwunden, die Angst davor, was die Welt denken könnte, wenn die Welt es wüsste, war verschwunden. Sie wusste nur, dass sie liebte und dass sie, wenn nötig, um Vergebung bitten würde.

Sie überquerte die Brücke, die den Fluss überspannte, und ging den Fußweg hinauf, bis sie das Gartentor erreichte. Eine Minute später war sie auf dem Rasen vor seinem Fenster. Für einen Moment schien ihr Herz stehen zu bleiben. Was wäre, wenn er sie vertreiben würde, so wie sie ihn vertrieben hatte? Könnte sie zu ihm gehen und ihm eine Liebe anbieten, die möglicherweise abgestoßen würde? Als sie dort auf dem Rasen stand, konnte sie ihn deutlich sehen. Offensichtlich bereitete er sich auf die Abreise vor. In der Mitte des Raumes stand eine große Kiste, in die er seine Sachen legte. Wie fasziniert schaute sie zu. Ab und zu hielt er in seiner Arbeit inne, blieb stehen und starrte scheinbar ins Leere, um dann, wie von einem geheimen Gedanken angespornt, seine Arbeit eifrig fortzusetzen.

Der Raum, in dem sie ihn sah, war der Salon des Manor House, eine Wohnung mit niedriger Decke und großen Flügelfenstern, die auf den Rasen hinausgingen. Das Licht vom Fenster fiel auf die Stelle, wo sie stand, aber er sah sie nicht. Sie konnte jedoch sein Gesicht deutlich sehen. Sie fragte sich, warum sie ihn nicht erkannt hatte, obwohl er hinter seinem dicken Bart verborgen gewesen war, denn als sie ihn beobachtete, sah sie das Leicester, das sie vor Jahren gekannt hatte. Aber sein Gesicht wirkte furchtbar hart und streng, und sie verstand den Ausdruck in seinen Augen nicht. Wie konnte sie es wagen, zu ihm zu gehen und ihm zu sagen, was in ihrem Herzen vorging? Würde er sie nicht verachten, so wie sie ihn verachtet hatte? So wartete sie Minute für Minute, voller Angst davor, das zu tun, was sie sich vorgenommen hatte. Sein Gesichtsausdruck kam ihr so hart und unversöhnlich vor, dass sie sich fast abwenden wollte, als sie sah, wie er sich wie ein überwältigter Mann hinsetzte und sein Gesicht in seinen Händen vergrub. Dann zögerte sie nicht länger. Als sie sich dem Fenster näherte, klopfte sie sanft, und sofort hob er den Kopf mit einem gespannten Blick.

Mit zitternden Händen öffnete sie das Fenster und trat ein.

„Olive – Miss Castlemaine!" sagte er wie jemand, der benommen war.

Sie ging direkt zu ihm.

„Radford", sagte sie, „ich bin gekommen, um dich etwas zu fragen, dir etwas zu sagen."

Er sagte kein Wort, sondern sah sie mit neugierigen, fragenden Augen an.

„Ich bin gekommen, um dich um Verzeihung zu bitten", sagte sie, „und um dir zu sagen, dass ich dich die ganze Zeit geliebt habe. Es gab nie einen Fremden, Radford. Ich liebte ihn, weil mein Herz wusste, dass es so war." Du."

Einen Moment lang konnte er es nicht verstehen, aber als ihm klar wurde, was sie meinte, brannten seine Augen in einem neuen Licht, sein Herz sang vor Freude, er wusste, was der Himmel bedeutete.

„Verzeihen Sie mir, Radford, ja?" Sie machte weiter. „Ich habe es von dir nicht verdient, das weiß ich. Ich habe meinen Stolz über meine Liebe gestellt und dich von mir vertrieben. Aber, Radford, verzeih mir, ja? Mein ganz dummer Stolz ist jetzt verschwunden. Ich liebe dich, Radford – und – wirst du mich wieder in dein Herz schließen?"

Dann wusste Radford Leicester, dass Gott ihm vergeben hatte und dass das Leben von diesem Tag an tatsächlich einen neuen Sinn haben würde.

„Wirst du – Radford?" sagte sie flehend.

Als Antwort streckte er seine Arme aus und drückte sie einen Moment später an sein Herz.

Es steht mir nicht zu, zu Protokoll zu geben, was sie zueinander sagten oder welche Erklärungen abgegeben wurden, aber ich weiß, dass der Himmel ihres Lebens etwas später, als Radford Leicester und seine versprochene Frau zu ihr nach Hause zurückkehrten, der Himmel war so wolkenlos wie die große blaue Kuppel über ihnen, denn jeder wusste, dass Gott sein Glück gewollt hatte.

DAS ENDE